성서 인물에게서 듣다 : 신약

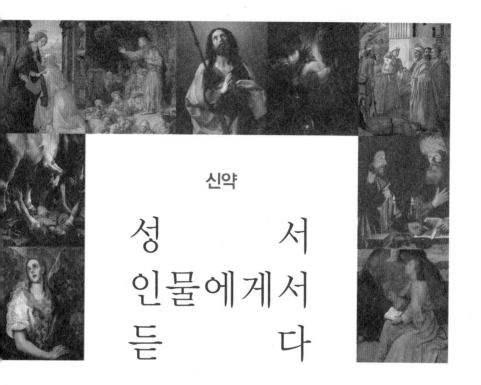

신약

성서
인물에게서
든   다

이상명 지음

홍성사.

타인과 관계를 맺지 않고 타인에게 영향을 주거나

받지 않고서는 자신을 살찌워 나갈 수 없다.

차례

1부 복음의 시작
새 시대가 열리다

2부 순종
제자의 길을 가다

3부 믿음
속박으로부터 해방되다

4부 도전

미답의 땅을 복음으로 개척하다

5부 섬김

세속적 가치를 뒤엎다

6부 거짓

배교의 길로 가다

1부
복음의 시작

| 새 시대가 열리다 |

역사의 중심에 선 여인
마리아

본문　　마태복음 1:18-2:23; 누가복음 1:26-56
이름의 뜻　가장 높으신 분, 존귀한 분

• 삼겹줄 사랑인 하나님 사랑의 축소판, 모성애

어머니의 사랑은 하나님의 영원한 사랑을 닮았다고 한다. 하여, 하나님은 세상 모든 곳에 존재할 수 있기에 당신의 어린 자녀들을 사랑 가득한 어머니의 손길 안에 두셨다는 말이 있다. 그것만으로도 하나님은 위대하시다. 신달자는 〈어머니의 땅〉이란 시에서 어머니 사랑의 위대함을 다음과 같이 읊조린다.

대지진이었다
지반이 쩌억 금이 가고
세상이 크게 휘청거렸다
그 순간
하나님은 사람 중에
가장 힘센 사람을
저 지하 층층 아래에서

땅을 받쳐 들게 하였다

어머니였다

수억 천 년

어머니의 아들과 딸이

그 땅을 밟고 살고 있다

- 신달자의 《바람》(도서출판 시월. 2009)에서.

시인은 어머니를 '금이 간 지구의 저 깊은 곳에서 수억 천 년 동안
이나 땅을 받쳐 들고 있는 사람'으로 표현했다. 어머니가 없으면 우리
는 지금 이 땅을 밟고 걸을 수 없다. 어머니를 통해 희생이야말로 사랑
의 본질임을 깨닫는다. 희생 없는 사랑은 사랑이 아니다. 자녀를 위해
희생하는 어머니의 사랑은 그런 점에서 하나님 사랑의 축소판이다. 시
편 103편 8절은 하나님의 사랑을 다음과 같이 노래했다.

여호와는 긍휼이 많으시고 은혜로우시며 노하기를 더디 하시고 인자하
심이 풍부하시도다(시 103:8).

위 구절에서 나오는 '긍휼'과 '은혜'와 '인자'와 관련된 세 히브리어
단어는 각각 '라훔ם헤רַ', '하눈נֵוּןַח', '하세드דֶסֶח'이다. 모두 하나
님 사랑의 다양한 표현이다. 이는 끊어질 수 없는 하나님 사랑의 세 겹
줄이다(전 4:12). 사도 바울은 강철 같은 하나님 사랑의 위대함을 다음
과 같이 표현했다.

내가 확신하노니 사망이나 생명이나 천사들이나 권세자들이나 현재 일이나 장래 일이나 능력이나 높음이나 깊음이나 다른 어떤 피조물이라도 우리를 우리 주 그리스도 예수 안에 있는 하나님의 사랑에서 끊을 수 없으리라(롬 8:38-39).

세상을 구원하려 희생되어야만 했던 메시아를 아들로 두었기에 여느 어머니보다도 금 간 세상을 떠받치는 희생을 온몸으로 견뎌 낸 한 여인이 있었다. 그녀는 아들의 몸이 피범벅 되어 찢기는 희생을 처절하리만치 강한 모정으로 묵묵히 지켜본 여인이다.

• 마리아, 역사의 중심에 서다

새로운 시대가 동틀 무렵, 헤롯왕의 가혹한 정치는 팔레스타인 땅을 더욱 옥죄어 오고, 높아 가는 세금과 찌든 가난으로 유대에는 메시아의 탄생을 예언하는 이들이 늘어 간다. 이런 암울한 시대에 갈릴리 지방의 촌락인 나사렛의 한 소녀는 열두세 살의 어린 나이에 목수인 청년 요셉과 정혼하게 된다. 이후 이 시골 여인의 운명은 갑작스레 역사의 중심에 서게 되는데, 이 여인의 이야기는 기독교 2천여 년 역사에서 음악, 미술, 문학, 영상 등 다양한 매체로 표현되었다. 오고 오는 세상에서 어느 여인도 갖지 못한 그녀만의 프로필은 '세상의 구세주이신 메시아의 어머니'이다. 그녀의 이름은 마리아.▲

▲ '마리아Mary'의 히브리어 명은 '미리암Miriam'이다.

엘 그레코, 〈수태고지〉, 1603~05년, 유채, 캐나다, 유사이이스터 세포롤라 병원

어느 날 마리아는 천사 가브리엘에게서 뜻밖의 소식을 듣게 된다. 그 소식이란 마리아가 장차 한 아들을 잉태케 된다는 청천벽력과 같은 통고였다. 정혼한 지 보통 1년 혹은 그 이상이 지나서 결혼하는 것이 관례였기에, 아직 사내를 알지 못하던 정혼한 처녀가 아이를 낳게 되면 그것은 추문이요, 그 추문 하나로도 유대 사회는 그녀의 목숨을 빼앗을 수 있었다. 이러한 위험을 모를 리 없었지만 그녀는 이 수태고지受胎告知를 하나님의 은총으로 받아들였다.

메시아를 낳아 그의 어머니로 살아간다는 것이 당대의 현실에서 무엇을 의미하는지는 자명하다. 메시아로 태어났지만, 그에 걸맞은 대접은커녕 질시와 냉대 끝에 가장 잔인한 고문 형틀인 십자가에서 서서히 죽어 가는 아들을 지켜보아야 했던 어머니. 그 시간은 이 세상의 가장 잔인함과 가장 고귀함이 교차하는 순간이 아니던가? 마리아는 심장이 갈가리 찢기는 고통을 느끼며 온몸을 전율케 할 처절한 고통으로 아들의 마지막 순간을 지켜보아야 했다.

• 하나님의 긍휼이 아니었다면……

미켈란젤로는 '피에타'▲라는 작품에서 십자가 처형을 당하여 죽은 아들 예수를 무릎에 놓고 슬퍼하는 마리아의 모습을 조각했다. 어머니 마리아의 품에 의지한 예수는 한 평범한 아들의 모습이며, 이제는 싸늘한 시신이 된 아들을 내려다보는 마리아는 세상에서 가장 큰 슬픔을 안고 있는 여인의 모습이다. 마리아는 어쩌면 그녀가 죽기 전에 이미 아들로 인해 여러 번 죽음을 경험한 여인이었던 셈이다. 십자가에 달린 '독생자'▲▲의 처절한 고난을 가슴이 미어질 듯한 슬픔으로 지켜보시는 하나님의 고통뿐만 아니라 피붙이 아들을 잃고 세상이 무너진 듯 애곡하는 마리아의 인간적인 슬픔 또한 기억하자! 자궁을 지닌 어머니 마리아와 아버지 하나님의 긍휼한 마음은 죄로 찌든 인간 세

▲ 피에타*pietà*: 이탈리아어로 '연민', '경건한 마음'을 뜻한다.
▲▲ 헬라어로는 '모노게네스μονογενής'인데, 예수님이 '하나님의 아들'로서 오직 유일한, 또는 독특한 존재라는 의미를 강조한다. 참조: 요 1:14, 18; 3:16, 18; 요일 4:9.

상을 품었다. 둘 다 새 창조를 이루기 위한 큰 진통이었다. 생명을 출산하기 위해 진통하는 어머니의 자궁처럼 하나님의 긍휼한 마음은 산통을 겪는 듯 크게 떨렸다.

어머니의 사랑을 가장 압축적으로 표현할 수 있는 단어가 있다면 모태, 즉 자궁일 것이다. 그래서일까, 히브리어에서는 하나님의 '긍휼'과 어머니의 '모태(자궁)'는 어원이 같다. 즉 '자궁'을 뜻하는 '라함 םחר'과 긍휼을 뜻하는 '라하밈םימחר'은 같은 뿌리에서 나온 단어. 긍휼이란 자비, 즉 불쌍히 여기는 마음을 뜻한다. 태아를 품은 자궁인 라함이 하나님의 긍휼과 어원적으로 연결되어 있다는 것은 참으로 의미심장하다. 태아를 품은 어머니의 자궁을 생각해 보라! 비록 핏덩이에 지나지 않는다 할지라도 자궁은 이미 그 생명을 자신의 테두리 속으로 받아들여서 자기 속에 있는 태아와 함께 살아간다. 자궁은 자신과 태아를 분리해서 생각하는 것이 아니라 자신의 일부로 여긴다. 자기 속에 들어 있는 태아를 품고 감싸고 지키고 보호하기 위해 자궁은 잠시도 쉬지 않는다. 그 태아에게 필요한 모든 것을 탯줄을 통해 아낌없이 공급한다. 자궁이 태아를 위해 하는 이 모든 활동을 한마디로 표현한다면 '긍휼'일 것이다. 열 달 동안 어머니의 자궁은 자기 속에 품은 태아를 위한 온갖 긍휼을 베푼다. 그 사랑은 아무런 보상도 전제하지 않는다.

태아를 품고서 모든 것을 아낌없이 공급하고 위험한 것들로부터 태아를 보호하려는 어머니의 자궁처럼, 우리를 향한 하나님의 긍휼은 바로 그러하다. 단 한 순간이라도 하나님의 긍휼이 없다면 우리는 살수 있는 존재가 아니다. 우리가 위기와 고난의 상황에 처해 있는 순간에도 하나님의 자비의 손길이 우리 위에 머물러 있다는 사실은 우리의 고백이기 이전에 우리의 실존이다. 어머니의 자궁이 그 속에 든 태아를 버릴 수 없듯이 우리를 향한 하나님의 긍휼 또한 그러하다. 이처럼 '라함'은 가장 원초적이고 무조건적이며 일방적인 사랑, 그야말로 자궁에서부터 잉태된 사랑이다. 하나님이 이 세상을 향하신 긍휼도 우리의 생각보다 더 강하고 원초적인 것이라고 할 수 있다.

> 여호와께서는 모든 것을 선대하시며 그 지으신 모든 것에 긍휼을 베푸시는도다(시 145:9).

자신의 긍휼을 몸소 보여 주시기 위해 하나님은 아들 예수를 이 땅에 보내셨다. 그리고 아들 예수의 십자가 처형을 통해 아버지 하나님의 긍휼은 이 세상을 한껏 품으신다. 어머니의 따스한 자궁 안으로 생명의 씨앗을 품듯 말이다.▲ 생명을 잉태하기 위해 피 흘리며 산통을 겪는 산모처럼, 피 묻은 십자가는 인류에게 새로운 생명을 분여分與하는 하나님의 자궁과도 같다. 우리가 겪고 있는 모든 아픔과 고난은 우리의 죄와 그 죄로 인해 받아야 할 저주의 결과다. 하나님은 정의로우시기 때문에 죄를 심판하지 않으실 수 없다. 하지만 그 긍휼하심 때문에 이 땅에 어머니를 보내시고 궁극적으로 독생자 예수님을 보내셨다. 예수님은 우리가 받아야 할 저주와 심판과 죽음을 대신해서 져 주심으로써 하나님의 긍휼 안으로 우리를 감싸 안으셨다.

▲ "너희를 낳은 하나님을 잊었다." 신 32:18 참조.

악한 자는 그 길을 버리고, 불의한 자는 그 생각을 버리고, 주님께 돌아오너라. 주님께서 그에게 긍휼을 베푸실 것이다. 우리의 하나님께로 돌아오너라. 주님께서 너그럽게 용서하여 주실 것이다(사 55:7, 새번역).

나의 하나님, 나의 하나님 어찌하여 나를 버리셨나이까(막 15:34).

처참한 모습으로 절규하는 십자가상의 아들 예수의 모습을 바라다보시는 아버지의 긍휼한 심장이 벌겋게 녹아내린다. 그때 또 다른 긍휼한 자궁을 지닌 인간 어머니 마리아는 처절한 고통 속에서 이 땅을 받쳐 들고 있었다.

02 | 가장 큰 자를 낳은 석녀
엘리사벳

본문　　　누가복음 1:5-66
이름의 뜻　하나님은 나의 맹세

• 기적 너머에 있는 상징과 만나라

자연법칙이나 경험적 사실을 초월한 이상 현상을 우리는 기적이라
한다. 과학이 규명하지 못하는 현상을 기적이라 한다면 우리가 사는
세상에는 여전히 무수한 기적이 일어나고 있다. 되풀이되는 자연 현
상 속에서 하나님의 섭리로 시연되는 기적 같은 사건들이 날마다 일어
나지만 우리는 그러한 기적을 단순히 자연의 법칙으로 돌린다. 생명을
경외하는 마음을 지닌 이에게는 한갓 미물이 지닌 '생명 현상'조차 신
비한 기적 같은 사건으로 비춰진다. 미국의 시인이자 수필가 월트 휘
트먼Walt Whitman은 〈나 자신의 노래Song of Myself〉라는 시의 일부에서 우
리가 일상에서 만나는 기적을 다음과 같이 노래한다.

풀잎 하나가 별들의 운행에 못지않다고 나는 믿는다.
개미 역시 똑같이 완전하고
모래알 하나, 굴뚝새의 알 하나도 그렇다고 나는 믿는다.

청개구리는 최고의 걸작이다.

땅에 뻗은 딸기 덩굴은 천국의 응접실을 장식할 만하다.

내 손의 가장 작은 관절이라도 그것을 능가할 만한 기계는 세상에 없다.

고개를 숙인 채 풀을 뜯는 소는 어떤 조각품보다도 훌륭하다.

그리고 한 마리 생쥐는

몇 억의 무신론자들을 깜짝 놀라게 하기에 충분한 기적이다.

    – 월트 휘트먼의 《풀잎 Leaves of Grass》(열린책들, 2011)에서.

마음속에 경건의 뜨락을 마련한 사람은 일상의 작은 사건조차도 기적으로 체험한다. 영성의 깊이에 따라 자연과 일상을 대하는 민감도는 제각각이기에 기적을 규정하는 방식도 다를 수밖에 없다. 하나님의 계시를 수신하는 영적 감도가 높은 사람은 작은 사건 속에서도 그분의 뜻을 감지하여 일상을 은혜로 살아간다. 이것이 일상 속 충만한 기적으로 살아가는 비결이다.

성서는 불치의 병자를 치유한다든가 죽은 사람이 살아난다든가 귀신을 축출한다든가 하는 많은 기적 이야기를 기록해 놓고 있다. 그러나 중요한 것은 기적 자체보다는 그 기적이 우리에게 주는 메시지다. 그 메시지를 놓친 기적은 신문 귀퉁이를 장식하는 가십성 기사에 불과하다. 예수께서 일으키신 기적은 새로운 시대를 여는 신호였고 하나님 나라의 도래를 알리는 전조였다.

기적은 그것을 추동케 한 예수라는 인격을 만나게 하고, 희망 꺾인 세상 속에서 그가 꿈꾼 세상을 함께 열 수 있게 하는 힘과 용기를 준다. 그러나 그러한 힘과 용기는 기적 자체에서 오기보다는 그것이 함의

하는 상징과 만날 때 생긴다. 그러기에 기적은 그 너머에 있는 상징과 만나야 한다. 이것이 기적이 지닌 메시지고 힘이다. 예수님이 일으키신 기적을 강도에 따라 혹은 크고 작음에 따라 분류하는 것은 의미 없는 일이다. 기적 가운데 의미 없는 것이 어디 있는가? 기적은 의미 있는 신적인 퍼포먼스performance요 메시지다. 숨 쉬며 살아가는 일상이 기적의 연속이다. 우리가 벗하는 자연 속에서, 일상의 만남 속에서, 꺼져 가는 생명의 회복 속에서, 기적은 늘 우리 곁에 있다. 다만 우리의 무딘 영성이 기적을 기적으로 받아들이지 못할 뿐이다. 하나님의 은혜로 살아가는 사람에게는 일상이 기적으로 충일하다.

매일 7천 명의 사산아가 발생하는 가운데 23만 명의 신생아가 태어나는 것도 기적이다(2011년 기준). 고대에, 대를 이을 생명을 간절히 사모하지만 월경이 끊어져 고목같이 된 여인에게는 생명을 품는 것은 꿈같은 이야기일 뿐이다. 그러나 하나님의 손길은 그 여인의 메마른 모태에 생명 기운을 감돌게 하셨다. 밑동 잘린 그루터기에서 새싹을 돋게 하시듯 하나님은 그 여인의 모태에서 새로운 세상을 열게 될 한 생명의 씨앗을 자라게 하셨다.

• 엘리사벳, 석녀石女로서 가장 큰 자를 낳은 여인이 되다

유대의 사제직에 있던 사가랴를 남편으로 둔 엘리사벳은 최초의 제사장이었던 아론 가문의 여인이다. 사가랴와 엘리사벳은 하나님의 규례와 계명대로 살아가는 흠 없는 사람으로 하나님께도 의인이라 칭함 받았다(눅 1:6). 그러나 엘리사벳에게는 큰 시름이 있었으니 아이를

도메니코 기를란다이요, 〈성모의 엘리사벳 방문〉, 1491년, 템페라, 파리, 루브르 박물관

생산치 못하는 석녀라는, 평생 그녀를 짓눌러 온 수치스러운 딱지였다(눅 1:25). 유대 여자들에게 독신 생활이나 과부 생활이 지속되는 것(사 4:1; 54:4), 그리고 임신하지 못하는 것(창 30:23)은 치욕으로 여겨졌다. 특히 아들 없는 과부는 재혼하여 여자로서 임무를 다하기 전에는 수치 속에 살아갈 수밖에 없었다. 그래서 하나님의 백성을 대표하는 예루살렘의 몰락을 자식 없는 과부로 그리기도 한다(사 54:4; 애 1:1). 그렇게 느끼게 된 원인 중 하나는 틀림없이 아브라함의 씨에 관한 하나님의 약속과 그 씨가 "바닷가의 모래와 같게" 될 것이라는 약속(창 22:17) 때문이었을 것이다. 자신이 낳은 남자아이로 여성의 가치가 매겨지던 당시 유대 사회의 현실을 고려할 때, 엘리사벳의 고충은 이루 말할 수 없이 컸으리라. 그러다가 폐경기를 넘겼을 법한 엘리사벳의 닫힌 태가 열리게 된다는 뜻밖의 소식을 듣게 된다.

사가랴는 제사장 직분을 행하러 들어간 성소 안 분향단 우편에 서 있는 하나님의 사자와 만나게 된다. 하나님의 사자는 그에게 아내 엘리사벳이 아들을 낳게 될 것인데, 그 아들의 이름을 요한이라 지으라고 지시한다(눅 1:13). 늘그막에 아이라니! 사가랴는 하나님의 사자에게 생물학적으로 출산할 수 없는 두 부부의 나이를 근거로 믿을 수 없다는 듯 "무엇을 보고 그런 일을 믿으라는 말씀입니까?"(눅 1:18, 공동번역)라고 퉁명스럽게 대꾸한다. 그 불신앙의 언사로 사가랴는 한동안 벙어리가 되어야 했다(눅 1:20).

신약성서는 세례자 요한을 인류 역사상 여인이 낳은 자 중에서 가장 큰 자라 했다(마 11:11; 눅 7:28). 세례자 요한은 예수님보다 앞서 와서 그의 길을 예비한 선지자(마 3:3; 막 1:2-3; 눅 3:4)로, 예수님의 공생애 초기에 나란히 등장하여 예수님과 함께 도래할 천국을 선포했던 선 굵은 하나님의 사람이다. 그런 '큰 자'를 잉태하기 위해 농익은 시간이 필요했을까? 하나님의 때는 인간의 때와는 다른 법. 엘리사벳이 생명 잉태를 포기할 무렵, 하나님은 한 생명의 탄생을 통해 새 시대의 문을 여시려고 그분의 때에 엘리사벳의 자궁에 생명 현상을 일으키셨다. 엘리사벳의 자궁은 새 시대의 도래를 알릴 하나님의 큰 사람의 탄생을 준비하는 산실産室이었다.

석녀였던 엘리사벳의 태가 열린 사건은 하나님이 베푸시는 구원의 새 시대가 동텄음을 알리는 여명과도 같았다. 그러기에 예언자 이사야는 구원이 하나님으로부터 온다는 것을 인간의 불임과 결부시켜 다음과 같이 외친다.

환성을 올려라, 아기를 낳아 보지 못한 여인들아! 기뻐 목청껏 소리쳐라, 산고를 겪어 본 적이 없는 여자야! 너 소박맞은 여인의 아들이 유부녀의 아들보다 더 많구나……(사 54:1, 공동번역).

이렇듯 경수가 끊어진 한 여인의 태를 여신 하나님은 우리네 인간사에서 희망이 사라진 불모지에 '불가능한 가능성impossible possibility'의 싹을 틔우신다.

• 신앙, 불가능한 가능성의 싹

인간이 하늘을 날 수 있도록 만드는 기계의 조립은 불가능한 일이다
(1901년).

달에 가겠다는 것은 인간의 어리석은 생각이며 이것은 근본적으로 불가
능한 일이다(1962년).

위의 글은 미국의 가장 저명한 신문에 실린 기사를 그대로 인용한
것이다. 신문 기사에서조차 불가능이라고 단언했던 일들이 몇십 년도
채 지나지 않은 지금, 우리에겐 지극히 당연한 현실이 되었다는 사실
앞에 '피식' 하고 웃음이 나온다. 남들은 '불가능'이라고 이야기했지만
자신의 머릿속에서 그 단어를 지워 버린 몇몇 사람들의 굴하지 않는
정신이 있었기에 그러한 불가능한 일들이 가능해졌다. 이러한 불가능
한 일에 도전하는 사람들이 무수한 실패와 좌절을 딛고 일어서서 그
것을 실현할 수 있는 원동력은 지칠 줄 모르는 태도에 있다. 그러나 그
들의 성공이 너무나 크게 보인 나머지 그 뒤에 아로새겨진 시련과 좌
절을 간과해서는 안 된다.

사방이 막힌 듯한 현실에, 삶의 무게에 짓눌려 희망을 품을 수 없을
때, 우리는 무엇으로 살아가는가? 17세기 스페인 작가 세르반테스의
풍자소설《돈키호테Don Quixote》를 대본작가 데일 와써맨이 뮤지컬로 각
색한 작품이 〈맨 오브 라만차Man of La Mancha〉다. 이 작품의 주제곡이라
할 만한 '이룰 수 없는 꿈The Impossible Dream'은 불가능한 줄 알면서도

꿈을 이루기 위해 목숨을 바치려는 각오를 다짐하는 돈키호테의 결기에 찬 독백을 담고 있다.

그 꿈, 이룰 수 없어도
싸움, 이길 수 없어도
슬픔, 견딜 수 없다 해도
길은 험하고 험해도
정의를 위해 싸우리라
사랑을 믿고 따르리라
잡을 수 없는 별일지라도
힘껏 팔을 뻗으리라

이게 나의 가는 길이요
희망조차 없고 또 멀지라도
멈추지 않고, 돌아보지 않고
오직 나에게 주어진 이 길을 따르리라

내가 영광의 이 길을 진실로 따라가면
죽음이 나를 덮쳐와도 평화롭게 되리
세상은 밝게 빛나리라

이 한 몸 찢기고 상해도
마지막 힘이 다할 때까지

꿈을 상실한 시대에 〈맨 오브 라만차〉는 꿈꾸는 것의 가치와 꿈꿀 수 있는 기회의 소중함을 예찬한다. 불가능한 꿈을 향해 무모하게 돌진하는 돈키호테와 같은 이들과 그것에 감동한 사람들이 이 세상을 희망으로 밝힌 예는 많다. 이들 때문에 우리는 실현된 그들의 꿈속에서 새로운 꿈을 꾸게 된다.

승리를 뜻하는 영어의 '빅토리Victory'의 'V'가 아래로 내려갔다가 위로 올라오는 것처럼, 일단 실패하여 가장 밑바닥까지 떨어졌다가 다시 올라와야 인생에서 승리할 수 있다. 지치고 힘겨워서 살려는 마음조차 꺾여 모든 것이 불가능하다고 판단되는 상황 속에서 밑바닥을 치고 오르게 하는 힘이 신앙이다. 신앙은 '불가능한 가능성'이라는 역설을 현실화하는 것이다.

'불가능한 가능성'이란 말은 미국의 신학자 라인홀드 니버Reinhold Niebuhr가 《기독교 윤리 해석학An Interpretation of Christian Ethics》이란 책에서 사용한 말이다. 니버의 윤리에서 궁극적인 규범으로서의 사랑은, 희생적이며 무조건적인 사랑인 동시에 영원히 충만하고 영원히 넘치는 자유이며, 그리스도의 십자가의 측량할 수 없는 사랑, 즉 아가페로서의 사랑을 의미한다. 이것은 그리스도를 통해 계시된 인간을 향한 하나님의 사랑에서만 그 완전한 표현을 발견할 수 있다. 니버는 이런 궁극적인 규범으로서의 사랑을 '불가능한 가능성'이라고 말한다. 궁극적인 규범으로서의 사랑은 악한 본성과 이기심으로 점철된 인간 역사 속에서는 실현될 수 없기 때문에 '불가능한' 것이지만, 그것은 다른 모든 규범들의 상대성을 드러내 주며 그 수준을 끌어올린다는 점에서 '가능성'을 갖는다는 뜻이다.

사랑할 수 없는 인간을 구원하시기 위해 독생자를 십자가 처형장으로 보내신 하나님의 사랑이 불가능한 가능성이다. 예수께서 자신을 죽이려는 자들 앞에서 도살장에 끌려가는 양처럼 침묵하시고 오히려 그들의 죄를 사하여 달라고 기도하신 것이 불가능한 가능성이다. 하늘을 찌를 듯이 솟아오른 교권과 교황의 권위에 맞서 성서로 돌아가자고 외친 마르틴 루터는 불가능한 현실의 벽을 믿음으로 넘어 개혁을 일구어 낸 인물이다. 흑인들의 인권을 위해 그들과 손잡고 비폭력 행진을 한 마틴 루터 킹 목사는 불가능한 가능성을 실현한 사람이다. 그리스도인은 아니지만 영국의 식민지 지배로부터 인도의 독립을 꿈꾸며 비폭력 무저항 운동을 전개한 마하트마 간디도 불가능한 가능성을 향해 도전한 인물이다.

우리에게 불가능한 일들이 하나님 안에서는 가능한 일들로 변환된다. 이러한 '불가능한 가능성'을 실현케 하는 힘이 신앙이다. 그러기에 신앙은 역설paradox이다. 신앙의 두께는 불가능한 가능성이라는 역설의 깊이를 이해하는 정도에 비례한다. 이해할 뿐만 아니라 불가능한 현실을 '그리스도 안에서' 가능함을 믿고 실현해 나가는 힘이다.

예수께서 이르시되 할 수 있거든이 무슨 말이냐 믿는 자에게는 능히 하지 못할 일이 없느니라 하시니(막 9:23).

나에게 능력을 주시는 분 안에서, 나는 모든 것을 할 수 있습니다

(빌 4:13, 새번역).

힘들고 불가능해 보여도 하나님의 말씀에 삶으로 순종할 때 하나님의 나라가 임한다. 불가능한 가능성을 인내하며 믿음으로 실행하는 사람이 희망의 불모지에 희망을, 메마른 생명 공간에 생명을 싹틔운다. 불가능한 가능성의 문고리를 믿음으로 잡은 그들을 보시고 하나님은 새로운 세상으로 나아가는 문을 열어 주신다. 석녀의 몸에 새 시대를 여는 희망의 씨앗을 품게 하신 하나님은 불가능을 가능케 하시는 분이시다. 죄인인 우리를 구속하시고 양자 삼아 주신 것이 불가능한 것을 가능케 하신 그분의 가장 큰 은혜가 아니겠는가?

03

예수님의 길을 예비한 들사람
세례자 요한

본문   마태복음 3:1–17; 11:1–19; 14:1–12; 마가복음 1:4–11; 6:14–29;
                    누가복음 1:5–25, 57–66; 3:1–22; 7:18–35; 9:7–9

이름의 뜻   하나님은 은혜로우시다

• 함석헌의 '들사람 얼'

　기독교 운동가이자 구도자 함석헌은 장자의 무위자연無爲自然과 맹자의 호연지기浩然之氣로 한 시대를 천의무봉天衣無縫하게 사는 사람을 들사람으로 규정했다. 들사람[野人]은 아웃사이더로서 잘못된 권력에 저항하고 그것을 향해 날 선 비판을 쏟아내는 시대의 양심이다. 그들은 당대의 패배자이지만 영원한 승자들이다. 속박이나 규제의 생활이 아니라 자유롭고 해방된 삶을 추구하며, 이것을 신념과 생활에 일치시킨 사람들이 들사람들이다. 함석헌은 들사람의 얼을 다음과 같이 풀어낸다.

　들사람은 사실 '맨사람'이다. 민중이라고 하여도 된다. 씨알이기도 하다. 사람씨를 가지고 나서 살아가면서 사람열매를 맺는 사람이 들사람, '맨사람'이다. 가식 없이 순정한 정신을 지닌 사람 들사람, '맨사람'이 본래 사람이다. '맨사람'은 그래서 땅에 우뚝 바로 서서 하늘 소리를 듣고 제소

리를 내는 것이다. 그래서 들사람의 행동은 하늘의 섭리에 합치되고 참
에 합치된다.

얼은 무엇인가? 얼은 정신이기도 하지만 정신 안의 기둥을 얼이라 할 것
이다. 얼은 돌려져야 한다. 그래서 얼이 돌려져야 얼이 기화하여 정신으
로 나온다. 얼은 사람이 사람다운 본질이다. 얼빠진 놈은 짐승이지 사람
아니다. 얼이 모여 있는 곳이 얼굴이다. 그 사람 얼굴 보면 그래서 얼이 보
이는 것이다.

들사람은 얼이 있다. 얼이 차 있다. 본래 가지고 있다. 그래서 들사람은
빈 들에서 외친다. 하늘의 소리를 낸다.

– 함석헌의《들사람 얼–함석헌저작집 1》(한길사, 2009)에서.

함석헌이 말한 '들사람'으로 빈 들에서 하늘의 소리를 외친 인물이
있다. 그는 어그러진 권좌를 향해서도 스스럼없이 비판했다. 그는 예수
님보다 앞서 와서 그의 길을 예비한 들사람, 세례자 요한이다.

• 세례자 요한, 들사람으로 예수님의 길을 예비하다

해가 떠오르면 달이 기울듯 예수 그리스도 시대의 도래와 함께 역
사의 전면에 나타나 강렬한 빛을 발하고 역사의 뒤안길로 황급히 스러
져 간 예언자가 있었다. 그는 광야에 기거하면서 성서의 무대에 나타
날 때를 기다렸다.

아기는 자라서, 심령이 굳세어졌다. 그는 이스라엘 백성 앞에 나타나는

렘브란트, 〈세례자 요한의 설교〉, 1634~36년, 유채, 베를린, 국립미술관

날까지 광야에서 살았다(눅 1:80, 새번역).

그가 외친 첫 일성—聲이 들린다.

회개하라 천국이 가까이 왔느니라(마 3:2).

……광야에서 외치는 이의 소리가 있다. 너희는 주님의 길을 예비하고, 그 길을 곧게 하여라. 모든 골짜기는 메우고, 모든 산과 언덕은 평평하게 하고, 굽은 것은 곧게 하고, 험한 길은 평탄하게 해야 할 것이니, 모든 사

람이 하나님의 구원을 보게 될 것이다(눅 3:4-6, 새번역).

세례자 요한의 외침이다. 산과 골짜기를 깎고 메워 평평하게 하듯, 인간의 굴곡진 모든 차별과 불평등과 불의를 곧게 펴고 평등하게 바로 잡으라는, 우리를 향한 비전선언문이다.

이스라엘 백성 앞에 나타날 때, 그는 광야의 사람답게 약대털 옷을 입었고 허리에는 가죽띠를 띠었으며 음식은 메뚜기와 석청▲을 먹으면서 요단강에서 사람들에게 세례를 베풀었다. 옛 시대(구약)와 새 시대(신약)의 분기점에서 새 시대가 동터 오르자 예수 그리스도가 새 시대의 구원자임을 공포하면서 자신의 죽음으로 옛 시대의 종언을 고했다.

세례자 요한은 유대의 사제였던 스가랴와 아론의 계보를 잇는 어머니 엘리사벳이 늘그막에 낳은 아들이다. 복음서에 따르면 예수님의 공생애의 시작은 세례자 요한에게서 받은 세례와 더불어 시작되었다(마 3:13; 막 1:9; 눅 3:21). 당시 유대인들에게는 종말의 날 심판하러 메시아(혹은 그리스도)가 오기 전에 반드시 엘리야가 먼저 도래해야 한다는 믿음이 있었다. 당대 사람들은 세례자 요한을 환생한 엘리야로 인식했다. 메시아는 이미 이 땅에 와서 활동하고 있었지만 사람들은 예수님이 그분인 줄 알지 못했다. 세례자 요한은 예수님(메시아)의 등장에 앞서 그의 길을 예비하러 온 엘리야였던 셈이다.

세례자 요한은 도끼가 나무뿌리에 놓여 있듯 진노가 임박했으니 회개에 합당한 열매를 맺으라고 추상 같은 메시지를 선포했다(마 3:10; 눅

▲ 산속의 나무나 돌 사이에 벌이 모아 둔 꿀.

3:9). 그의 예언자적 선포는 분봉왕 헤롯 안티파스의 악행 또한 좌시하지 않았다. 헤롯이 자기 동생 빌립의 아내 헤로디아▲를 취한 데 대해 요한은 그 부당함을 비난했다. 그 결과 헤롯은 그를 옥에 가두었다. 그것도 모자라 분을 삭이지 못한 헤로디아와 그녀의 딸 살로메의 사주로 결국 요한을 참수시켰다. 요세푸스▲▲의《유대전쟁사*Bellum Judaicum*》에 따르면 그의 참수터는 사해 동쪽 7킬로미터 지점에 있던 마케루스 요새라고 한다. 참수된 요한의 머리는 당시 총독이 주재하고 있던 다마스쿠스로 보내졌다. 아마도 헤롯 안티파스에게는 민중의 전폭적인 지지를 받고 있던 세례자 요한은 제거해야 할 눈엣가시 같은 존재였을 것이다.

예수님은 세례자 요한을 이렇게 평하셨다. "여자가 낳은 자 중에 세례자 요한보다 큰 이가 일어남이 없도다"(마 11:11; 눅 7:28). 세례자 요한은 깊은 영적 침체기에 예수님과 동시대에 등장하여 세례를 베풀면서 강력한 회개와 쇄신 운동을 펼침으로써 유대 땅 전역에 큰 반향을 불러일으킨, 선 굵은 하나님의 사람이다. 새 생명 탄생에 산고가 따르듯 새 시대의 시작은 쉬 오지 않았다. 옛 시대가 물러가고 새 시대가 오는 격변의 전환기에서 가장 큰 사람 세례자 요한은 스러졌다. 새 시대의 시작은 아무런 희생 없이는 오지 않는다. 살아 있는 갈대는 소리를 낼 수 없다. 소리를 내려면 갈대는 반드시 꺾여야 하고 뚫려야 한다. 죽은 후에야 소리가 난다. 세례자 요한은 죽은 갈대가 되어 새 시대가 왔음

▲ 헤로디아Herodia는 헤롯 대왕Herod the Great의 아들인 헤롯 빌립 1세와 이혼하고 그의 이복형 헤롯 안티파스와 결혼함.
▲▲ Flavius Josephus: 1세기 제정 로마 시대의 유대인 출신 정치가이자 역사가.

을 들소리로 알렸다. 새 시대의 도래를 알리고 옛 시대와 함께 역사 속으로 총총히 사라진 세례자 요한이 여인이 낳은 자 가운데 가장 큰 이가 된 이유가 여기 있다 할 것이다.

• 배제와 포용 사이에서

신앙인들은 자유와 절제, 은혜와 율법, 수용과 분리, 성과 속 사이에서 방황한다. 어디에도 속하지 못한 채 어중간하게 그 사이에서 서성거리고 있다. 위대한 세례자 요한도 그 사이에서 흔들렸었다.

헤롯 안티파스에 의해 감옥에 갇혀 있던 세례자 요한은 제자들을 예수께 보내어 "오실 그이가 당신이오니이까 우리가 다른 이를 기다리오리이까"(눅 7:20; 마 11:3)라고 묻게 했다. '오실 그이'란 구약성서에서 예언된 메시아의 칭호로 사용된 말이다(시 40:7; 118:26). 세례자 요한의 질문에 예수님은 즉답보다는 메시아의 사역과 관련된 이사야의 예언(사 35:5-6)을 인용하여 에둘러 답하셨다. "너희가 가서 보고 들은 것을 요한에게 알리되 맹인이 보며 못 걷는 사람이 걸으며 나병환자가 깨끗함을 받으며 귀먹은 사람이 들으며 죽은 자가 살아나며 가난한 자에게 복음이 전파된다 하라"(눅 7:22). 그들이 떠난 후 예수님은 제자들에게 다음과 같이 말씀하신다.

……너희는 무엇을 보러 광야에 나갔더냐? 바람에 흔들리는 갈대냐? 아니면, 무엇을 보러 나갔더냐? 비단 옷을 입은 사람이냐? 화려한 옷을 입고 호사스럽게 사는 사람은 왕궁에 있다. 아니면, 무엇을 보러 나갔더

냐? 예언자를 보려고 나갔더냐? 그렇다. 내가 너희에게 말한다. 그는 예언자보다 더 위대한 인물이다. ……내가 너희에게 말한다. 여자가 낳은 사람 가운데서, 세례자 요한보다 더 큰 인물이 없다. 그러나 하나님 나라에서는 가장 작은 자라도 요한보다 더 크다(눅 7:24-28, 새번역).

세인을 향해 '회개하라' 외치고 서슬 퍼런 권력 앞에서도 당당했던 들사람 세례자 요한은 흔들렸다. 왜 흔들렸을까? 예수님은 장터의 비유로 다음과 같이 말씀하신다. "아이들이 장터에 앉아 서로 불러 이르되 우리가 너희를 향하여 피리를 불어도 너희가 춤추지 않고 우리가 곡하여도 너희가 울지 아니하였다 함과 같도다"(눅 7:32). 장터 한 모퉁이에서 한 무리의 아이들은 춤추며 피리 불며 잔치판을 벌였고, 다른 한 무리의 아이들은 죽은 메뚜기를 시신 삼아 애곡하며 상가 분위기를 흉내 내며 놀고 있었다. 비유를 통해 예수님은 자신과 세례자 요한 사이에 대비를 이루는 사역의 성격을 말씀하셨다. 피리 장단에 덩더꿍 춤판이 벌어진 축제 분위기와 같은 예수님의 사역과 애곡조의 장중하고 근엄한 세례자 요한의 사역의 대비다. 엄정한 외침으로 불의한 시대를 일갈했던 세례자 요한의 들소리는 그와 동일하게 회개를 촉구하면서도 천국 복음을 가르치신 예수님과는 닮은 듯 닮지 않았다. 그 차이와 간격 때문에 세례자 요한은 예수님이 메시아이심을 의심했다.

의로움으로 충일했던 세례자 요한은 혼곤한 영혼의 잠에 취한 사람들을 흔들어 깨우는 추상같은 들소리를 외쳤다. 그러기에 영혼의 동통과 애곡이 동반되었다. 그러나 의로움은 불의한 영혼에게 '접근 금지' 팻말과도 같다. 부박한 인생이 범접하기에는 너무나 근엄하고 엄정하다. 이 점이 세례자 요한의 위대한 점인 동시에 한계였다. 또한 여인이 낳은 자 가운데 가장 큰 자인 동시에 하나님 나라에서 가장 작은 자라 할지라도 요한보다 큰 자가 되는 이유이기도 했다.

예수님은 세리와 창녀라 할지라도 그의 식탁에서 그들을 배제하지 않으셨다. 인간의 연약한 본성을 아셨기에 그들조차 품으신 것이다. 우리의 죄와 허물, 연약함과 벌거벗음에도 불구하고 포용하셨다. 이것이 복음이다. 율법이 정죄했던 당대의 사람들을 신분, 자격, 성별을 따지지 않고 하나님의 나라로 초청하셨다. 다만 필요한 것은 행함으로 완성되는 믿음이었다. 믿음은 명사라기보다는 동사다. 소유가 아니라 과정인 것이다. 예수님은 마태복음의 산상수훈 결론부에 해당하는 두 건축가의 비유에서 "누구든지 나의 이 말을 듣고 행하는 자는 그 집을 반석 위에 지은 지혜로운 사람" 같다고(마 7:24) 말씀하셨다. 예수님은 긍휼의 식탁으로 준비된 복된 잔치를 여셨다. 건강한 자가 아닌 병든 자를, 의인이 아닌 죄인을 초청하는 천국 향연이다.

예수님은 분리와 배제가 아닌 수용과 포용을 통해 생명 세상을 창조하기를 원하셨다. 예수님의 복음에는 율법의 준엄한 잣대로 볼 때 배제되어야 할 사람도 끌어안는 가없는 넉넉함이 있다. 하나님의 주권과 통치로 세워지는 생명 세상을 진정 맛본 자는 의로움을 추구한다. 순서의 문제다. 의로움이 아니라 은혜가 우선이다. 성령의 새 술에 취한 자는 하나님의 뜻(율법)대로 살게 되어 있다. 포용은 사랑이다. 사랑은 은혜다. 은혜는 변화를 가져온다. 예수님이 가르치신 천국 복음은 누구에게나 열려 있다. 믿음으로 마음만 열면 맞아들일 수 있는 나라다. 이것이 세례자 요한의 외침이 예수님의 복음에 길을 내어 주어야 하는 이유다. 들소리는 복음을 예비하는 소리였다. 배제와 포용 사이에서 흔들리는 갈대가 되지 마라. 갈대를 흔든 것은 외부의 바람이 아니라 내부에서 부는 의심의 바람이었다. 이제 의심의 바람을 잠재우고 청신한 영성과 호방한 기상으로 세상을 끌어안자. 그 끌어안음이 변화라는 기적을 일으킬 것이다. 삭막한 지구가 꽃피는 것은 불의한 이들조차 너른 은혜의 복음으로 끌어안는 포용 속에서다.

04

격동기에 예루살렘교회를 이끈 수장
야고보

본문 마가복음 6:3; 사도행전 15:13–21; 21:17–26;
　　　갈라디아서 1:18–19
이름의 뜻 발꿈치를 잡다

• 이신칭의, 개신교의 면죄부인가?

중세 가톨릭교회는 마태복음 16장 19절, "내가 천국 열쇠를 네게 주
리니 네가 땅에서 무엇이든지 매면 하늘에서도 매일 것이요 네가 땅
에서 무엇이든지 풀면 하늘에서도 풀리리라"에 근거하여 일곱 성사▲
가운데 하나인 고해성사와 연관된 면죄부를 발행했다. 가톨릭교회는
고해성사에서 죄를 참회하면 사제의 기도를 통해 그 죄를 용서받는다
고 가르치면서도 죄의 형벌은 남게 되므로 그것을 기도나 선행으로써
갚을 것을 권했다. 이것이 면죄부 발행의 교리적 근거가 된 셈이다. 가
톨릭교회가 죄를 면하는 대가로 금품을 받고 면죄부를 발행하는 폐단
이 극에 달한 것은 성베드로 대성당의 막대한 건축 비용을 마련하기
위해 그것을 남용할 때였다. 이러한 상황에서 마르틴 루터는 1510년
가을에 로마를 순례할 기회를 얻게 되었다. 그때 루터는 죄 사함의 고

▲ seven sacraments: 세례, 견진, 성체, 고해, 혼인, 성품, 병자 성사다.

행을 위해 28층계로 된 '거룩한 계단Scala santa'을 무릎으로 기어오르면서 주기도문도 외우고 계단에 입을 맞추기도 했지만 마음의 평안은 얻을 수 없었다. 로마 방문을 통해 가톨릭교회의 부패를 목도한 루터는 이러한 면죄부 발행에 반대하여 1517년 10월 31일, 비텐베르크 대학교 부속 교회 정문에 〈95개조 반박문〉을 붙임으로써 그 폐단을 공개적으로 지적했다. 이 일은 유럽 전역에 종교개혁을 촉발케 하는 사건이 되었다.

그러나 루터의 종교개혁은 〈95개조 반박문〉에서 시작된 것이 아니라, 이미 이전에 성서 안에서 복음을 재발견하게 된 그의 체험에서 시작되었다. 1512년 어느 날 루터는 비텐베르크 성 탑 꼭대기 골방에서 회심을 체험하는 '탑의 체험'을 하게 된다. 그때 그는 로마서 1장 17절을 새롭게 깨닫게 되었다.

복음에는 하나님의 의가 나타나서 믿음으로 믿음에 이르게 하나니 기록된 바 오직 의인은 믿음으로 말미암아 살리라 함과 같으니라.

루터는 하나님의 의는 행위나 공로로 이를 수 있는 것이 아니라 예수 그리스도를 믿음으로 말미암아, 그 믿음을 통해 하나님께서 은혜로 주시는 것임을 확신하게 된다. 이것을 한마디로 '이신칭의以信稱義'라 하는데, 종교개혁의 주요 슬로건이 되었다. 이러한 '이신칭의'는 의로움을 얻는 데는 믿음과 더불어 행위가 필요하다는 당시 로마 가톨릭교회의 가르침에 대한 강한 비판을 함축하고 있다. 개신교의 토대가 되는 '이신칭의' 교리는 이후 잘못 해석되거나 불완전하게 이해되어 믿음과 행함이 이원화되는 결과를 낳기도 했다. 어떤 이들은 현대 그리스 도인들의 윤리적 실종을 초래한 주범을 '오직 믿음'에서 찾기도 한다. 이것은 현대 교회에서 종종 발생하는 상황이기도 하지만, 초기 교회에도 바울이 전한 '이신칭의'를 율법 폐기 혹은 도덕 폐기로 오해한 이들이 있었다. 이방인들에게 율법으로부터 자유케 되는 복음과 함께 '이신칭의'를 가르친 바울의 신학 사상은 율법 종교에 매여 있는 이들에게는 불온하기 짝이 없는 이단 사상이었을 것이다. 바울이 "죄가 많은 곳에, 은혜가 더욱 넘치게 되었습니다"(롬 5:20, 새번역)라고 말한 것은 그가 전한 복음을 율법 폐기로 오해한 이들이 '은혜를 받기 위해서는 죄를 지어야겠네!'라고 바울의 복음을 빈정거리듯 말한 것에 대한 그의 해명을 반영한 것이다. 이쯤에서 '이신칭의'를 반영하는 바울의 메시지를 살펴보자.

……나는 율법에서 생기는 나 스스로의 의가 아니라, 그리스도를 믿는 믿음으로 말미암아 오는 의 곧 믿음에 근거하여, 하나님에게서 오는 의를 얻으려고 합니다(빌 3:9, 새번역).

그렇다면 사람이 자랑할 것이 어디에 있습니까? 전혀 없습니다. 무슨 법으로 의롭게 됩니까? 행위의 법으로 됩니까? 아닙니다. 믿음의 법으로 됩니다. 사람이 율법의 행위와는 상관없이 믿음으로 의롭다고 인정을 받는다고 우리는 생각합니다(롬 3:27-28, 새번역).

바울이 주장하는 믿음은 행함과는 어떤 관계인가? '이신칭의'는 자

첫 개신교의 면죄부로 오인될 수 있다. 바울은 자신이 기록한 서신의 후반부에서 믿음에 따른 실천적 권고를 명령법으로 표현해 놓았다. 그 권고는 구원 받은 우리가 예수께서 재림하시어 세상을 최종적으로 심판하실 그때까지 어떻게 살아야 하는지에 초점을 맞추고 있다. 바울이 강조한 믿음은 살아 있는 믿음이지 죽은 믿음이 아니다. 믿음만으로는 부족하여 행함이 필요하다고 가르치는 것이 아니다. 믿음의 진정성과 성숙성은 삶 속에서 그 열매인 행함으로 빚어져야 함을 바울 또한 인식하고 있는 것이다.

행함이 없는 믿음은 죽은 믿음이라고 질타하면서 행함으로 온전케 되는 믿음을 가르친 사도가 있다. 그는 야고보인데, 온전한 믿음이란 행함으로 증거되어야 함을 가르친다.

네가 보거니와 믿음이 그의 행함과 함께 일하고 행함으로 믿음이 온전하게 되었느니라(약 2:22).

야고보가 행함을 강조한 이유는 온전한 믿음을 강조하기 위함이다. 이러한 야고보의 가르침은 바울의 '이신칭의'를 자칫 오해하여 행함을 소홀히 여기거나 윤리를 무시하는 거짓 믿음으로 흐르는 폐단을 없애기 위함이었다. 그의 신학은 '믿음'을 기치로 내걸은 바울의 신학과 조화와 균형을 이루어 온전한 신앙으로 나아갈 수 있는 터전을 마련해 주었다.

귀도 레니, 〈성 야고보〉, 17세기 초, 유채, 휴스턴 미술관

• 야고보, 예루살렘교회의 수장으로 격동기를 헤쳐 나가다

2002년경 야고보의 유골함이 발견되었다는 뉴스가 있었다. 유골함의 표면에는 아람어로 '야고보, 요셉의 아들, 예수의 형제'라는 문구가 선명하게 각인되어 있다. 이것이 위조된 것이 아니라면 예수님의 동생 야고보의 유골함일 것이며, 예수님의 실존에 관한 가장 오래된 고고학적 증거가 될 것이다. 이 유골함의 진위 여부는 아직도 공방 중이지만, 우리는 1세기 격동기를 헤치고 갓 부화한 예루살렘교회를 이끈 야고보에 대해 다시 관심을 갖게 되었다.

신약성서에 따르면 요셉과 마리아 사이에는 예수님 말고도 아들이 네 명* 더 있었다. 예수님 바로 밑의 동생 야고보는 예수님의 살아생전에는 그분을 메시아로 믿지 않았었다(요 7:5). 그러나 예수님의 부활 후 오순절 성령강림 사건을 통해 변화된 그는 예루살렘교회의 수장이 되었고, 교회의 분쟁과 혼란을 조정했다(행 15:13-21). 야고보는 예수님의 형제들 가운데 유일하게 지상 교회에 그 흔적을 남긴 인물이다. 야고보가 이끈 교회는 유대교의 중심지이자 성전이 있던 예루살렘에 있었기에 율법의 날 선 유대교와 율법으로부터 자유로운 복음을 이방인들에게 외친 바울 사이에서 외줄타기를 하는 현실에 놓여 있었다. 1세기 격동기에 유대교의 모태에서 서서히 새 시대의 종교로 태어나 부상한 기독교의 한 축을 이끈 야고보는 바울과 달리 그리스도 복음의 선포와 함께 율법을 준수할 것을 가르쳤다. 그가 남긴 작품인 야고보서에서 우리는 "행함이 없는 믿음은 그 자체가 죽은 것이라"(약 2:17) 하고

▲ 야고보, 요셉, 시몬, 유다. 참조. 마 13:55; 막 6:3.

외치는 그의 생생한 목소리를 듣는다.

예수님도 산상수훈의 결론부(마 7:21)에서, 하늘에 계신 내 아버지의 뜻을 행하는 사람이라야 하나님 나라에 들어간다 하셨다. 예수님은 자신이 말씀하신 산상수훈(마 5-7)을 들을 뿐만 아니라 그 들은 바를 행하는 자가 지혜로운 건축자라고 가르치셨다(마 7:24). 따라서 믿음은 명사(이름씨)라기보다는 동사(움직씨)로 이해하는 편이 낫다. 믿음은 소유가 아니라 과정이다. 예수님의 말씀과 야고보의 가르침은 듣고 행함이라는 동사가 믿음과 무관하지 않음을 새삼 일깨운다.

서슬 퍼런 유대교권자들 틈바구니에서 예수 그리스도의 복음을 외친 야고보는 결국 순교의 제물이 되고 만다. 1세기 유대인 역사가 요세푸스는 야고보가 주후 62년 유대교 이단자들에게 돌에 맞아 죽었다고 기록했다. 요세푸스의 진술과 달리 초기 기독교 저술가 헤게시푸스Hegesippus는 서기관들과 바리새인들이 예루살렘 성전 탑에서 야고보를 밀고 돌과 몽둥이로 때려 그가 순교 당했다고 전한다.▲ 야고보는 행함과 믿음, 유대교와 그리스도교 사이에 선 경계인이면서 교회 정치가로서 그리스도교를 유대교의 텃밭에서 이끈 위대한 지도자다.

• 참된 신앙은 하나님의 말씀을 삶으로 번역하는 과정이다

야고보는 율법 종교의 중심이었던 예루살렘에서 강직한 성품과 올곧은 믿음의 행보로 격동기의 예루살렘교회를 이끈 걸출한 지도자였

▲ 유세비우스의 《교회사Historia Ecclesiastica》에서.

다. 예루살렘 한복판에서 복음을 전한 야고보가 경험했을 어려움은 바울이 이방 선교를 하면서 맞닥뜨린 숱한 장애와 고난(고후 11:23-27)과는 양상이 다를 수밖에 없었을 것이다. 바울과 야고보가 메시지를 전하는 대상도 달랐다. 바울의 선교 대상은 복음을 모르는 이방인들이었고, 야고보교회의 구성원들은 신앙에 입문했지만 믿음과 행함의 괴리를 드러내고 있는 신자들이었다. 따라서 바울의 '이신칭의' 교리가 이방인들이 주축을 이룬 그의 교회 회중을 향하고 있다면, 야고보서의 가르침은 믿음이 있다고 하지만 행함이 없는 야고보교회의 회중을 향한다. 야고보의 메시지는 유대인들이 주축을 이룬 마태교회 구성원들을 향한 엄중한 가르침과 닮았다.

내가 너희에게 이르노니 너희 의가 서기관과 바리새인보다 더 낫지 못하면 결코 천국에 들어가지 못하리라(마 5:20).

야고보가 말한 믿음이란 행함을 포함하는 신실함이다. 그는 아브라함을 예로 들어 다음과 같이 말한다.

그래서 "아브라함이 하나님을 믿으니, 하나님께서 그것을 아브라함의 의로움으로 여기셨다"고 한 성경 말씀이 이루어졌고, 또 사람들이 그를 하나님의 벗이라고 불렀습니다. 여러분이 아는 대로, 사람은 행함으로 의롭게 되는 것이지, 믿음으로만 되는 것이 아닙니다(약 2:23-24, 새번역).

아브라함이 의롭다고 인정받은 것은 이삭을 제물로 바치라는 하나

님의 명령에 대한 순종, 즉 행함에 근거한 것이라는 야고보의 주장과
바울이 주장한 믿음은 동전의 양면과도 같다. 바울이 강조한 믿음이
온전한 신뢰라고 한다면, 야고보는 그러한 신뢰가 필히 행함으로 나타
나야 한다고 말한다. 믿음이란 정적인 개념이나 추상적인 사유가 아니
라 액션이다. 하나님을 신뢰하는 사람은 그분이 원하시는 것을 이행하
려고 기꺼이 모험에 오르기도 한다. 지도 없이 하나님이 지시하시는 땅
으로 가야 했던 아브라함처럼, 그 여정을 추동케 한 것은 하나님에 대
한 그의 신뢰에 있었다. 야고보와 바울이 말한 신앙은 헤셸의 다음 말
에서 공명된다.

> 신앙은 모험과 위험, 선택과 결단의 속성을 지녀야 한다. 하느님을 믿는
> 삶을 살려면, 그 삶 속으로 뛰어들기 위하여 위험과 포기를 각오하라고
> 명령했다. 하느님의 길은 인간의 지적 능력을 훨씬 웃돌기 때문이다. 합
> 리주의자가 과연 하느님을 찾을 수 있는가? 신앙은 사유로써 얻을 수 없
> 는 것. 믿음이란 어떤 생각을 믿는 게 아니다. 왜냐하면 그것은 논쟁의 대
> 상이 될 수 없기 때문이다. 믿는다는 것은 장애물에 맞서 싸우는 것이며
> 논박에 맞서 논박을 거부하는 것이고 곤경을 받아들이는 것이다.
> ─ 아브라함 요수아 헤셸Abraham Joshua Heschel의 《어둠 속에 갇힌 불꽃
> A Passion for Truth》(한국기독교연구소, 2008)에서.

참된 신앙은 하나님의 말씀을 삶으로 번역하기 위해 고투하는 과정
이다. 신앙생활에 쉼표는 있을지언정 마침표는 없다. 성서를 기준 삼아
자기 생애를 조율하려 하기보다 자기 생각과 욕망을 기준 삼아 성서의

메시지를 재단하고 조율한다면 이것은 크게 잘못된 것이며, 이단의 행태다. 우리는 앞의 해석 방식을 '석의釋義exegesis'라 하고, 뒤의 것을 '자기 해석eisegesis'이라 한다. 성서가 전하고자 하는 음성을 들으려 하기보다 자기 생각과 욕망을 성서 본문에 투사하는 자기 해석으로 성서를 읽으려 할 때, 성서는 더 이상 그에게 하나님의 말씀이 아니라 그의 생각을 추인하는 잡서로 전락하고 만다.

참된 믿음은 삶을 자기 식대로 해석하는 것이 아니라, 하나님의 말씀에 근거하여 살아가는 것이다. 믿음이 있다 하나 하나님의 말씀을 자신의 삶으로 번역하지 않는 것은 죽은 믿음이다. 하나님의 말씀에 이끌려 그것에 따라 삶을 조율하고 번역해 나가라! 이것이 살아 있는 믿음의 행보를 걷는 사람이 취하는 삶의 방식이다.

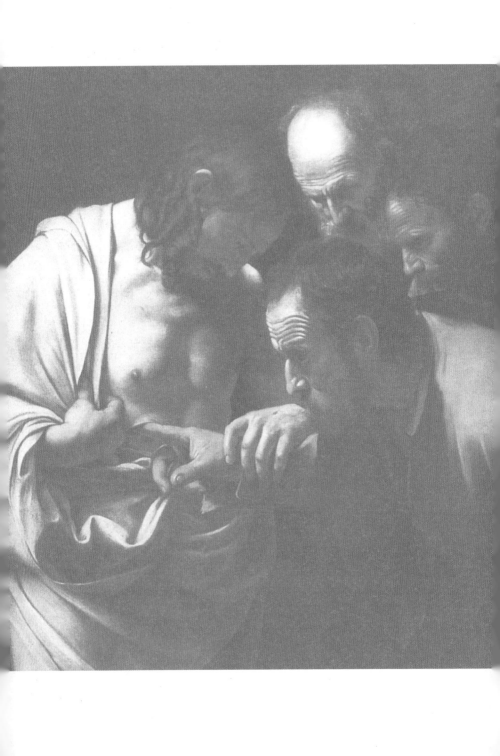

2부
순종

| 제자의 길을 가다 |

05

교회를 반석에 올린 믿음의 거인
베드로

본문   마태복음 14:22–33; 16:13–28; 26:31–35; 요한복음 21:15–23
이름의 뜻   반석, 바위

• 회개, 하나님과 그 뜻을 향한 전인적 전향

한국 개신교 역사에서 부흥의 기폭제가 된 사건은 20세기 벽두에 일어난 대부흥 운동이다. 암울한 일제 식민의 어둠이 짙게 드리운 채 스러져 가는 겨레를 세우기 위해 개최된 사경회에서 비롯된 부흥의 불길이 평안남·북도 서부 지역과 황해 남북으로 이어지면서 놀라운 부흥 운동을 일으킨 것이다. 송도(개성)와 서울의 감리교 사경회를 필두로 1903년 원산의 기도회와 사경회가 이어지면서 죄를 고백하고 성령의 임재를 체험하는 부흥 운동의 불길은 전국 각지로 퍼져 나갔고, 곳곳에서 "며칠 동안 날마다 하루 두세 번씩 모여 성경을 공부하고 기도하며 죄를 자백하는" 부흥회가 열렸다. 이 부흥의 불길이 마침내 1907년 '평양 대부흥'으로 폭발하여 다시 온 나라를 달구었고 압록강을 넘어 중국으로까지 번져 갔다. 윌리엄 헌트▲는 평양 대부흥 운동의

▲ William B. Hunt(1869~1953): 미 북장로교 선교사. 한국 이름은 한위렴.

발단이 된 평양 장대현교회의 겨울 남자 사경회를 다음과 같이 회고했다. "그때 대단히 힘 있는 여섯 명의 남자가 극심한 고통 가운데 자신들의 죄를 통회하고 용서를 구하는, 내가 전에는 결코 목격하지 못했던 성령의 임재가 이어졌다."

이 부흥 운동을 통하여 조선의 기독교인들은 자기 죄를 적나라하게 고백하고 용서를 빌었다. 평양 장대현교회에서 길선주 장로는 세상을 떠난 친구의 재산 일부를 사취했던 죄를 고백하면서 자신이 성령의 임재를 막는 아간이라고 공개적으로 회개했고, 어느 여인은 청일전쟁 당시 자기 아이를 죽인 죄를 고백하기도 했다. 이처럼 부흥 집회에 참여한 이들은 거짓말, 미움, 시기, 근친상간과 같이 인륜에 어긋나는 죄는 물론이고, 살인, 강도, 강간과 같이 사회 규범을 어긴 죄, 술주정, 도박, 축첩과 같이 기독교 윤리에 어긋나는 죄까지 그야말로 온갖 종류의 죄를 낱낱이 고백했다.

평양 숭실학교에서 학생들의 회개 장면을 목격한 선교사 애니 베어드▲가 "마치 지옥이 드러나는 것 같았다"고 말할 정도로 죄악을 고백하는 성령의 역사는 강력했다. 당시 낮 기도회와 밤 부흥 집회를 인도했던 선교사 그래함 리▲▲와 윌리엄 블레어▲▲▲는 다음과 같이 증언했다. "죄를 자백하는 중간 중간 회중 전체가 통성기도를 했는데 남자 수백 명이 소리 내어 하는 통성기도는 말로 형용할 수 없었다. 그리고

▲ Annie Laurie Baird: 1864~1916. 미 북장로교 선교사. 한국 이름이 배위량인 윌리엄 베어드 William Martyne Baird의 아내.
▲▲ Graham Lee: 1861~1916. 미 북장로교 선교사. 한국 이름은 이길함.
▲▲▲ William N. Blair: 1876~1970. 미 북장로교 선교사로 한국 이름은 방위량. 숭실대학교 설립자이자 초대 학장을 역임.

다시 자백하면서 주체할 수 없는 울음을 터뜨렸는데 우리도 달리 어찌할 바를 몰랐다."

1907년 촉발된 평양 대부흥 운동은 이후 100년간 지속될 한국 교회의 영적 각성과 복음 전파를 견인하는 출발점이 되는 사건이었다. 이 사건의 모체가 되는 성서적 근거는 사도행전에 나오는 오순절 사건이다. 사도행전 2장(새번역)에 따르면 오순절 날 베드로의 설교를 들었던 사람들이 마음에 찔려 베드로와 다른 사도들에게 물었다.

"형제들이여, 우리가 어떻게 하면 좋겠습니까?"

그러자 베드로는 이렇게 대답했다.

"회개하십시오. 그리고 여러분 각 사람은 예수 그리스도의 이름으로 세례를 받고, 죄 용서를 받으십시오. 그리하면 성령을 선물로 받을 것입니다."

베드로가 외친 회개의 메시지는 앞서 세례자 요한과 예수님이 선포하신 메시지의 핵심이었다.

"회개하라 천국이 가까이 왔느니라"(마 3:2; 4:17).

그렇다면 '회개'란 무엇인가? 회개는 헬라어로 '메타노이아μετάνοια'인데, 신약성서에는 그 단어의 명사형과 동사형이 합쳐서 56회 나타난다. '메타노이아'는 '뒤에'를 뜻하는 '메타μετά'와 '안다' 혹은 '깨닫는다'를 의미하는 '노에오νοέω'의 변형인 '노이아νοια'의 합성어다. 즉 문자적으로는 '뒤에(라도) 깨닫는다'는 의미이고, 좀더 종교적인 뜻풀이를 하자면 회개 혹은 회심으로 이끄는 마음의 변화다. 이 단어에 해당하는 히브리어는 '슈브שׁוּב'인데, 뜻은 '돌아오다'이다.

이스라엘 자손들아 너희는 심히 거역하던 자에게로 돌아오라(שׁוּבוּ) (사 31:6).

'야훼께 돌아오라'는 야훼 하나님과 맺은 언약을 파기하고 떠난 이스라엘 백성들을 향해 선지자들이 끊임없이 외친 구호였다. 따라서 '슈브'는 단순히 마음 상태의 변화가 아니라 끊어졌던 하나님과의 관계 회복을 의미한다. 예수께서 말씀하신 유명한 '탕자의 비유'(눅 15:11-32)에서 불순종한 아들이 아버지께 돌아오는 것, 즉 부자 관계의 회복이 '슈브'다.

예수께서 선포하신 '회개'는 '메타노이아'보다는 '슈브'에 가깝다. 마음 상태의 변화보다는 하나님과의 관계 회복에 초점을 맞추고 있다. 하나님을 떠난 불신앙으로부터 하나님과의 친밀한 관계로 돌아서는 것이다. 회개란 모든 종교에서 찾을 수 있는 영적 각성이나 도덕적 회심이나 성례전적 고해보다 더 근원적인 변화와 전향轉向이다. 따라서 회개는 죄로부터 돌아서서 하나님의 뜻대로 살겠다는 전인적 결단이고 실천이다. 중심이신 하나님으로부터 모든 것을 갈라놓아 언저리로 밀어내는 원심력을 '죄'라고 한다면, '회개'는 그 죄로 인해 벌어진 관계를 다시 중심으로 끌어당기는 구심력인 셈이다. 물론 그러한 구심력을 추동하는 힘은 전적으로 하나님의 은혜다. 옛 자아의 청산과 그 결과로 주어지는 하나님과의 관계 회복, 즉 하나님 형상의 회복까지 포함한다.

오순절 날 초기 교회의 힘찬 시작을 촉발했고 한국 개신교의 골격을 굳힌 평양 대부흥 운동을 일으킨 영적 동력은 회개였다. 회개는 우리의 죄로 분리된 하나님과의 관계를 회복하는 첩경이요 교회 공동체의 부흥을 일으키는 동력이다. 회개는 하나님과 더불어 사는 방식이다. 하나님과 더불어 살기를 포기한다면 생명의 역사는 결코 일어나지 않는다.

예수님과 맺은 개인적인 관계를 부정한 후 심히 통곡한 제자가 있다. 그의 통곡은 예수님과의 관계를 세 번씩이나 부인함으로써 그분과 절연한 것에 대한 깊은 회오에서 연유했다. 그러나 그는 깊은 회오와 절망으로 생을 마감하지 않았다. 회오와 절망에서 멈추는 것은 진정한 회개가 아니다. 그는 돌아서서 자신이 전에 부인했던 예수님의 길로 다시 나아가 새로운 역사를 써내려 갔다.

• 베드로, 믿음의 거인으로서 교회를 반석에 올리다

성 어거스틴은 베드로와 요한을 비교하여 "요한은 예수가 사랑한 제자이고, 베드로는 예수를 사랑한 제자이다"라고 말했다. 그 표현대로 베드로는 사랑을 바칠 대상을 만났을 때, 그 자리에서 생업과 가족을 포기하고 따를 만큼 격정적인 인물이었다. 베드로는 기후 변화가 심했던 갈릴리 호수처럼 감정의 기복이 심하여 누군가 그를 '갈릴리 호수 같은 사람'이라고 평했다. 물 위를 걸어서 오시는 예수님을 보고 물 위를 걸으려다 바람을 보고 무서워 빠졌던, 바람 앞에 갈대와 같은 사도였다(마 14:22-33). "주는 그리스도시요 살아계신 하나님의 아들이시니이다"(마 16:16)라는 최상의 고백의 여운이 채 끝나기도 전에 장차 십자가에 못 박혀 죽고 사흘 만에 부활하시리라는 예수님의 말씀에 정면으로 도전했던, 성급하고 경솔한 인물이다(마 16:22; 막 8:32). "오늘 밤 닭 울기 전에 네가 세 번 나를 부인하리라"(마 26:34; 막 14:30)는 예수님의 말씀에 "내가 주와 함께 죽을지언정 주를 부인하지 않겠나이다"(마 26:35; 막 14:31)라고 큰소리쳤지만 이내 돌아서서 그를 모른다고 세 번씩이나 부인하고 밖에 나가 심히 통곡한, 행동보다 말이 앞선 제자다(마 26:72, 75; 막 14:72).

그러나 이러한 베드로의 요철 닮은 신앙의 모습은 같은 산의 다양한 봉우리 모양처럼, 연약한 우리 속에도 있는 변화무쌍한 모습이 아니던가? 실패하지 않고 성숙한 영성에 도달한 사람이 없는 것처럼, 베드로는 이러한 가슴 시린 실패의 과정과 눈물 젖은 고뇌 속에서 주님을 향한 '심지'를 지녔다. 여러 번의 실패를 딛고 성숙으로 나아가는 그 심지가 있었기에 갈대 같은 베드로는 그 이름의 의미대로 초대교회의 '반석' 같은 수장이 될 수 있었다. 베드로는 그의 위대한 신앙 고백으로 인하여 '반석'이라는 이름을 얻었고, 예수님은 반석—베드로가 한 신앙 고백—위에 교회를 세우겠다고 선포하셨다(마 16:18).

부활하신 후 예수님은 베드로에게 "내 양을 먹이라"고 세 번이나 명하셨다(요 21:15-17). 세 번이나 예수님을 부인하고서 실추된 그의 명예를 회복시켜 주시고, 실패한 자리에서 다시 일으켜 교회의 수장으로 삼아 주시는 속 깊은 주님의 배려임을 베드로는 알았을 것이다. 그는 이후 오순절 설교를 통해 초대교회 부흥의 기수가 되었고(행 2:14-42), 바울에 앞서 이방 선교의 기초를 놓았다(행 10장). 베드로는 예루살렘 중심의 유대 교회와 바울이 주도했던 이방 교회 사이에서 주로 율법과 관련된 여러 주요 사안에 대해 둘 사이의 교량 역할을 한 조정자였고, 혼란기에 교회의 토대를 세운 믿음의 거인이다. 전하는 바에 따르면 베드로는 로마로 가서 활발한 선교 활동을 하다가 폭군 황제 네로에 의해 십자가에 거꾸로 매달려 처형되었다. 이제는 전설이 된 그의 이름 게바('반석')의 고백은 흔들리는 갈대와 같은 우리가 서 있는 신앙의 터전이 되어야 하리라.

• 회개悔改냐 회개回改냐?

"생각하는 대로 살지 않으면 결국 살아온 대로 생각하게 된다." 프랑스의 작가이자 비평가인 폴 부르제Paul C. J. Bourget가 남긴 말이다. 제대로 회개한 경험이 없으면 가슴 아픈 무수한 후회의 연속을 회개라 여기며 살게 된다. 그러면 존재 이유와 삶의 목적에 대해 진지하게 성찰하고 실천할 수 없다. 회개는 단순한 후회나 뉘우침이 아니다. 굵은 베옷을 입고 잿더미 속에 앉아 있는 그런 외적인 수행이나 고행도 아니다. 회개는 전향이다. 돌아섬이고 돌아감이다. 어디로? 죄로부터 돌아섬이고 하나님께로 돌아감이다. 하나님 나라의 가치를 추구하며 그나라를 향해 전향하는 것이다. 하나님은 죄 가운데 있는 이스라엘 백성을 향해 이렇게 말씀하신다.

> 그들이 그 죄를 뉘우치고 내 얼굴을 구하기까지 내가 내 곳으로 돌아가리라 그들이 고난 받을 때에 나를 간절히 구하리라(호 5:15).

이스라엘 백성 편에서의 진정한 회개가 이루어지기까지 하나님은

렘브란트, 〈예수를 모른다고 부인하는 베드로〉, 1660년, 유채, 암스테르담, 레이크스 미술관

계신 곳에 그냥 머물러 계시겠다고 말씀하신다. 회개치 않음이 하나님과의 관계 단절을 지속시키며, 결국 이것은 생의 저변을 흔드는 위기를 초래한다. 회개는 하나님께로 돌아감이다. 죄지은 인간은 하나님의 얼굴을 피할 수밖에 없고, 회개는 하나님의 얼굴을 다시 구하는 것이다. 죄로 인해 하나님과 깨어진 관계를 회복하는 것이 참된 복이고 평안이고 위로다.

회개는 자의적 결심과 노력으로 촉발되는 것이 아니라 하나님의 용서와 은총에 전인적으로 반응하는 영혼의 결단이자 관계 회복이다. 회개는 옛 자아가 죽고 하나님 안에서 살아가는 새 자아로 거듭나는 체험이다. 사도 바울은 삶의 모든 영역에서 하나님의 통치를 즐거움으로 수용하는 회심한 영혼의 상태를 다음과 같이 묘사한다.

> 우리가 알거니와 우리의 옛 사람이 예수와 함께 십자가에 못 박힌 것은 죄의 몸이 죽어 다시는 우리가 죄에게 종 노릇 하지 아니하려 함이니 이는 죽은 자가 죄에서 벗어나 의롭다 하심을 얻었음이라(롬 6:6-7).

회개는 카타르시스, 즉 자기 감정의 배설이 아니다. 눈물 뿌리는 회한을 넘어 일상의 초점을 바로잡는 일이다. 가치관과 세계관과 같은 사고의 바탕이 근본적으로 바뀌는 것이다. 의식 구조를 완전히 바꾸는 환골탈태의 경험이다. 그러한 변화의 폭은 개인적인 차원만을 갖는 것이 아니다. 하나님 나라의 가치가 개인과 교회 공동체를 넘어 사회에도 뿌리내릴 수 있도록 책임과 헌신을 다하는 것이다.

일반적으로 '회개'의 한자어 표기는 '뉘우칠 회悔'가 들어간 '悔改'이다. 그러다 보니 성서가 가르치는 회개의 의미가 축소되거나 변질되고 말았다. 성서적인 회개의 의미를 담으려면 '돌아올 회回'로 표기한 '回改'여야 할 것이다. 성서가 가르치는 회개는 뉘우침의 의미가 없는 것은 아니지만 그것에 멈추면 진정한 회개가 아니기 때문이다. 허물이 잘못이 아니라, 진정한 회개가 없는 것이 잘못이다. 사람은 회개를 통해 향상하는 존재다. 허물에서 돌이켜 하나님 닮음을 향해 진일보하라! 자신의 죄로 인해 하나님과의 관계가 단절된 자리에 서서 깊이 뉘우치고 그 끊어진 관계의 회복을 위해 돌아가는 것이 회개다. 참회를 과정 삼아 관계 회복을 위해 하나님께 돌아가야 진정한 회개에 이른다. 나사렛 예수의 도당이라고 추궁하는 무리 앞에서 저주하며 예수님을 부인했던 베드로가 대성통곡한 그 자리에 머물지 않고 예수님의 부활 이후 '돌이켜' 관계 회복을 이루었다는 사실이 중요하다. 그보다 더 중요한 것은, 그 무너진 관계 안으로 들어오셔서 용서와 회복을 주도하신 분이 배반당하신 예수님이셨다는 사실이다. 배반한 제자의 얼굴을 들어 자신을 볼 수 있도록 만나 주시고 그로 하여금 새 역사를 향해 나아갈 수 있도록 이끄신 분은 예수님이셨다. 그러니까 회개는 속죄를 이루는 은총의 선물일 뿐만 아니라 존재의 깨달음이고 거듭남이고 도약이다.

06

2천 년 앞선 친환경주의자
사도 요한

본문   마태복음 4:21-42; 20:27-28; 누가복음 9:54;
마가복음 3:17; 요한복음 3:16

이름의 뜻   하나님은 은혜로우시다

• 숫자로 본 생태계의 위기

건물은 높아졌지만 인격은 더 작아졌고,

고속도로는 넓어졌지만 시야는 더 좁아졌다.

소비는 많아졌지만 기쁨은 더 줄어들었고,

집은 커졌지만 가족은 더 적어졌다.

생활은 편리해졌지만 시간은 더 부족하고,

가진 것은 몇 배가 되었지만 소중한 가치는 더 줄어들었다.

학력은 높아졌지만 상식은 더 부족하고,

지식은 많아졌지만 판단력은 더 모자란다.

전문가들은 늘어났지만 문제는 더 많아졌고,

약은 많아졌지만 건강은 더 나빠졌다.

돈을 버는 법은 배웠지만 나누는 법은 잊어 버렸고,

평균수명은 늘어났지만 시간 속에 삶의 의미를 넣는 법은 상실했다.

달에 갔다 왔지만 길을 건너가 이웃을 만나기는 더 힘들어졌고,

우주를 향해 나아가지만 우리 안의 세계는 잃어버렸다.

공기 정화기는 있지만 영혼은 더 오염되었고,

원자는 쪼갤 수 있지만 편견을 부수지는 못한다.

자유는 더 늘었지만 열정은 더 줄어들었고,

세계 평화를 많이 이야기하지만 마음의 평화는 더 줄어들었다.

— 밥 무어헤드Bob Moorehead의 《경우에 합당한 말 Words Aptly Spoken》
(Overlake Christian Bookstore, 1995) 중 '우리 시대의 역설The Paradox of Our
Age'에서.

워싱턴 주 레드몬드에 있는 오버레이크 교회의 밥 무어헤드 목사가
쓴 시다. 이 시는 지금도 인터넷상에서 수많은 네티즌들이 자신들이
생각하는 역설을 보태어 계속 연작되고 있다.

우리가 살고 있는 이 시대는 거대 자본으로 쌓아 올린 외향적 화려
함과 성장을 향한 광기 서린 속도감에 비례해서 점점 벌어지는 빈부
격차, 정신적 빈곤, 삶의 의미의 상실, 타락한 심성과 오염된 환경으로
점점 황폐해져 가고 있다. 우리 시대의 역설 한가운데에는 현대인들의
주체할 수 없는 '탐욕'이 자리하고 있다. 인간 본성에 깊이 뿌리내려 이
성과 절제의 메커니즘을 근본부터 망가뜨리는 탐욕이 문제다. 인간의
탐욕은 우리의 생활 공간뿐만 아니라 생태 환경을 황폐케 하고 있다.
이제 생태계의 위기는 수치로 환산되어 시시각각 우리에게 전달되고
있다.

1미터, 6도, 10퍼센트, 25퍼센트, 5천, 3억 7천. 이 숫자들의 의미

는? 1미터는 기온 상승으로 금세기 상승될 해수면의 높이.▲ '6도'는 인간을 포함한 모든 생물체의 대멸종을 가져오는 온도 상승의 한계치. '10퍼센트'는 지구 온난화로 인한 해수면 상승으로 금세기 해수면에 잠길 세계 인구 거주지의 수치. '25퍼센트'는 이미 멸종 위기에 처한 포유류의 수치. '5천'은 기후 이상이 가져온 물 부족과 오염으로 매일 죽어 가는 어린이의 숫자. '3억 7천'은 지구 온난화가 가져온 기후 재난으로 6년 뒤 발생할 기후 이재민의 숫자를 각각 뜻한다. 이런 끔찍한 시나리오를 생각하면 내가 이와 같은 위기를 꿈에도 생각지 못했던 유년기가 있었는가 하고 푸른 기억의 상자를 더듬어 본다.

한쪽 귀퉁이가 떨어져 나간 대나무 소쿠리로 동네 친구들과 어울려 버들붕어와 미꾸라지와 물방개 잡던 개울가는 어린 시절 나의 조그마한 세계였다. 그 시절 어린 마음에 훗날 알게 된 '오염'이라는 단어를 어렴풋이 연상케 했던 것은 야비한 어른들이 석회를 개울에 뿌려 깔딱거리며 떠오르는 대량의 고기를 잡는 모습이었다. 이윤 추구에 눈먼 야비한 인간들이 벌인 자본주의 좌판과 같은 세계화globalization▲▲는 이제 어린 시절 개울이 아닌 전 세계의 지상, 해상, 공중을 온통 오염 물질로 물들이며 인간을 포함한 모든 피조물을 신음케 하고 있다. 사도 바울은 인간의 죄악으로 함께 고통 당하는 생태계의 현실을 증언한다.

피조물이 다 이제까지 함께 탄식하며 함께 고통을 겪고 있는 것을 우리

▲ 그린란드의 빙상이 모두 녹았을 때 상승될 수 있는 해수면의 높이는 7미터다.
▲▲ 물론 필자는 세계화에 긍정적 측면도 있음을 무시하지 않는다.

가 아느니라(롬 8:22).

생태 환경이 파괴되어 피조물이 고통 당하는 것은 죄악에 오염된 인간 영성의 문제와 직결됨을 바울은 직시하고 있다. 환경 보호 운동에 앞장선 공로로 2007년 노벨 평화상을 수상한 앨 고어Al Gore는 캘리포니아 팔로 알토Palo Alto에서 가진 기자 회견에서 자신의 수상과 관련하여 현 시대가 직면한 환경 문제에 대한 예리한 통찰을 다음과 같이 밝혔다.

우리는 참으로 세계적인 비상사태를 맞이하고 있습니다. 기후의 위기는 정치적 이슈가 아닙니다. 그것은 인류 모두에게 도덕적이고 영적인 도전입니다.

고어가 지적한 것처럼, 지구 온난화와 그로 인한 생태계 파괴는 인류가 직면한 가장 심각한 도전이다. 인간 영성의 근본적인 변화 없이는 21세기가 직면한 심각한 환경 문제에 대한 해법 또한 요원하다. 환경 파괴를 시대적 과제로 생각지도 않았던 1세기에 바울과 함께 친환경주의 선언을 한 성서의 인물이 있다.

• 사도 요한, 2천 년 전에 친환경주의 선언을 하다

사도 요한은 갈릴리 출신으로서 세베대와 살로메의 둘째 아들이며, 그의 형은 야고보였다. 그는 본래 세례자 요한의 제자였으나 갈릴리 바다에서 고기를 잡던 중 예수님의 부르심을 받고 형 야고보와 더불어 그의 제자가 되었다. 그 둘은 베드로와 함께 예수님을 가장 가까이에서 섬긴 제자들이지만 초반에는 출세지향적인 면모를 보이기도 했다. 예수께 대놓고 "주의 영광 중에서 우리를 하나는 주의 우편에, 하나는 좌편에 앉게 하여 주옵소서"라고 강청하는 발언을 하여 사도들 사이에 분란을 일으키기도 했다(막 10:35-37. 참조. 마 20:20-21). 이 일과 관련하여 예수님은 제자들에게 제자도와 관련된 중요한 말씀을 하셨다.

> 너희 중에는 그렇지 않을지니 너희 중에 누구든지 크고자 하는 자는 너희를 섬기는 자가 되고 너희 중에 누구든지 으뜸이 되고자 하는 자는 모든 사람의 종이 되어야 하리라(막 10:43-44).

예수님은 그들의 과격한 성격에 빗대어 '우레의 아들'이라는 뜻의 '보아너게Boanerges'라는 별명을 지어 주셨다(막 3:17). 사마리아의 한 마을이 예수님을 푸대접하자 분격해서 "주여 우리가 불을 명하여 하늘로부터 내려 저들을 멸하라 하기를 원하시나이까" 했다가 예수님에게 혼나기도 했다(눅 9:52-55). 외골수적이고 과격한 성격에다 야망까지 품고 살았던 '우레의 아들' 요한은 후일 '사랑의 사도'라는 별명이 붙을 정도로 인자한 사람으로 변했다. 성령 강림 이후, 요한은 베드로와 함께 예루살렘(행 3:1)과 사마리아(행 8:14)에서 전도 활동을 했다. 그러한 요한을 사도 바울은 야고보와 베드로와 함께 '교회의 기둥'이라고 불렀다(갈 2:9). 초대교회의 문헌에서 교부들은 요한을 '(예수님의)

가슴에 기댄 자'를 뜻하는 '호 에피스테디오스ὁ ἐπιστήθιος'라고 자주 부르는데, 영어로는 'The bosom-friend(of Jesus)'로 표현한다.

어느 정원사가 정원의 흙을 보고 "너는 어쩜 그처럼 좋은 향기를 풍기느냐?" 하고 물었더니 흙은 "사람들이 나를 장미꽃 옆에 두었기 때문이랍니다"라고 대답했다는 우화가 있다. 갈릴리 바닷바람처럼 거친 요한의 성품은 세상을 위해 스스로 낮아져 육신을 입으신 예수님의 인격과 만나 동화되면서 서서히 바뀌었다. 변화된 그의 인품이 가장 잘 드러나는 구절이 바로 요한복음 3장 16절이다. 생태계의 파괴라는 금세기적 도전 앞에서, 교회를 다니면 남녀노소 할 것 없이 외우는 요한복음 3장 16절 말씀이 새삼 새롭다.

하나님이 세상을 이처럼 사랑하사 (사랑) 독생자를 주셨으니 (희생) 이는 그를 믿는 자마다 (믿음) 멸망하지 않고 영생을 얻게 하려 하심이라 (구원).

이 구절은 사랑, 희생, 믿음, 구원을 토대로 하는 복음의 정신을 고스란히 담고 있다. 요한이 말한 '세상'은 인간을 포함한 모든 피조물뿐만 아니라 그들이 살고 있는 우주를 의미한다. 예수님이 우리와 같은 육신을 입고 이 땅에 내려오신 것은 우리가 살고 있는 이 땅을 향한 하나님의 사랑이라는 것이다. 사도 요한이 이야기하는 이 세상은 하늘과 땅, 그리고 그 안에 살고 있는 모든 피조물을 향한 하나님의 구원 드라마가 펼쳐지는 무대다. 그런 점에서 요한은 생태계란 단어조차 없던 시절, 인류와 다른 피조물의 유기적 상호 관련성을 신학적으로 이해한 친환경주의자였던 셈이다. 어떤 사도보다 고등한 우주관을 바탕으로 깊이 있는 신학 세계를 구축한 사도 요한에게 세상은 인간의 활동 무대인 동시에 지배하고 착취하는 대상이 아닌 사랑과 돌봄의 대상이었다. 이런 점에서 요한이 설파했던, 세상에 생명을 주기 위해 우리와 동일한 육신을 입으신 성육신 사상은 "우리는 가족We are family"이라는 친환경적 선언을 담고 있는 것이다. 물론 '우리'는 이 땅에 살고 있는 인간을 포함한 모든 피조물이 되겠다.

초기 교회 역사에서 영과 육체, 정신과 물질을 구분하는 영지주의자들▲이 가장 선호한 복음서가 요한복음서다. 그러나 세상을 사랑하시는 하나님과 육신을 입으시고 이 세상으로 내려오신 예수님을 강조하는 요한의 신학 세계는 영지주의자들의 극단적인 이원론적 성향과는 조화될 수 없었을뿐더러, 그들의 그릇된 신학과는 분명한 선을 그었다. 하나님이 그의 독생자를 파송하실 만큼 사랑하셨던 이 세상을 그분의 자녀인 우리도 사랑해야 함을 요한은 은연중 역설한다.

• 생태계는 '여관'이 아닌 '가정'이다

지구촌 생태계가 뿔났다. 그것도 단단히 뿔났다. 인간이 버린 쓰레기와 공장에서 내버린 온갖 화학물질로 뒤범벅된 폐수가 땅과 강과 바다를 오염시키고 있다. 해양을 떠다니는 쓰레기를 먹잇감으로 알고

▲ 영지주의Gnostics 는 영어로 '노스티시즘Gnosticism'으로, '지식'을 뜻하는 헬라어 '그노시스 γνῶσις'에서 파생되었다. 영지주의자들은 구원이 '믿음'이 아닌 신비적이고 밀교密敎적인 '영적 지식'을 통해 가능하다고 보았다. 영지주의는 그리스 철학, 유대교, 페르시아 종교 및 기독교적 요소를 혼합한 형태의 이단 사상이다. 극단적 이원론을 주장하여 정신과 영에 대비해 육체와 물질을 악한 것으로 보았다.

집어삼킨 해양 생물은 소화되지 않은 온갖 이물질로 심하게 배앓이를 하다가 서서히 죽어 가고 있다. 먹이사슬의 불균형과 교란으로 인한 먹잇감의 부족으로 북극곰은 으르렁거리며 서로를 뜯어먹고 있다. 어머니의 자궁과도 같은 대지는 심하게 오염되어 더 이상 생명을 잉태치 못하는 불임 상태로 변해 가고 있다. 나라마다 생활 쓰레기와 폐품이 매년 한 도시만큼 쌓인다. 대기의 온갖 오염 물질은 국경을 넘어 먼 지역까지 빠르게 이동하고 있다. 이처럼 땅과 강과 바다와 하늘은 인간이 버린 오염 물질로 인해 심하게 몸살을 앓고 있다.

'생태계'란 무엇인가? 특정 지역에 거주하는 인간을 포함한 생물과 그것을 둘러싼 물리적 환경을 뜻한다. 특정 지역이란 말이 무색해질 정도로 지구는 단일 촌락으로 변모하고 있다. 신속한 교통망과 광범위한 정보망으로 인해 예전의 축구공만 하던 지구는 이제 작은 탁구공처럼 느껴지고 있고, 전 지구촌이 하나의 통일된 유기체로 인식되고 있다. 이제는 환경 파괴로 인한 재난과 재해도 특정 지역에 한정되지 않고 지구 전체로 확산되고 있다.

중국의 급속한 사막화로 인한 황사는 오염 물질과 함께 기류를 타고 한반도를 거쳐 미국의 로스앤젤레스까지 날아간다. 대도시에 짙게 드리운 스모그는 시민들의 기관지를 병들게 한다. 대기 오염으로 인한 산성비는 건물뿐만 아니라 생태계를 급속히 파괴시키고 있다. 해양으로 유입된 폐수로 인해 각종 물고기의 서식지인 산호초는 급속히 황폐해지고 있다. 북극이 해빙되고 남태평양 섬들은 침수되어 지도에서 하나씩 사라지고 있다. 지구의 폐와 같은 기능을 하는 남미 아마존 지역의 밀림은 과도한 벌목으로 피폐해져 가고 있다.

하나님이 창조하신 세계를 관리하고 돌보아야 할 인간이 오히려 생태계 파괴의 주범이 되었다. 뿔난 생태계는 인간의 안전과 생명을 위협하고 있다. 그러한 인간의 오염과 파괴에 대해 자연은 인간이 한 만큼만 되갚아 주는 게 아니라 몇 배로 늘어난 재앙을 내리다가 결국 돌이킬 수 없는 치명적인 타격을 가할 것이다. 인간이 뿌린 죄악의 씨앗들은 도처에 흩뿌려져 움트고 자라 가시덤불처럼 뻗어나가 우리의 삶의 터전인 생태계를 황폐화시킨다. 내 몸이라는 작은 생태계는 내 몸을 둘러싼 더 큰 생태계와 유기적으로 연결되어 있다. 인간과 생태계는 공생공사共生共死, 즉 상생相生해야 하는 관계다. 뒤늦은 감은 있지만 이제 뿔난 생태계를 돌보아야 할 때다. 하나님이 인류에게만 허락하신 이 푸른 지구촌을 내 몸처럼 돌보아야 한다. 지구촌은 우리의 하나밖에 없는 주거 공간이 아니던가? 우리가 거처하는 이 땅은 우리가 잠시 머물다 떠나야 하는 '여인숙inn'이 아니라 우리가 사는 동안 가꾸고 돌보면서 후세에게 물려주어야 하는 '가정home'과 같은 곳이다.

석회로 뿌옇게 흐려진 개울에서 더 이상 고기를 볼 수 없을지도 모른다는 생각으로 무너져 내린 나의 세계의 일부가 아련한 추억이 된 지금, 나는 옛날의 개울가처럼 좁아진 현재의 지구촌에서 인간이 자행한 생태계 파괴로 오늘도 깔딱거리며 죽어 가는 수많은 생물들을 생각한다. 그 생물들처럼 우리와 우리 후손들이 그러한 운명을 맞이하지 않기 위해 요한의 친환경적 메시지를 귀담아 듣고 오늘부터 작은 실천이라도 해야 하지 않을까? 공존과 상생을 위한 실천 말이다.

07 | 편견에서 믿음으로 나아간 사도
나다나엘

본문　　　 요한복음 1:43-51
이름의 뜻　하나님의 선물

• 속으로 꽃을 피우는 무화과에 깃든 상징

속이 꽉 찬 잘 익은 무화과를 쪼개어 달콤한 붉은색 과육을 먹어 본 적이 있는가? 무화과는 고대 올림픽 선수들과 로마 검투사의 정력 보강 식품이었고, 설사를 멎게 하는 효능도 있다. 그뿐인가? 클레오파트라가 가장 좋아했으며, 그리스의 호메로스와 플라톤이 예찬한 과일이다. 로마에서는 바쿠스라는 주신이 무화과나무에 열매가 많이 달리게 하는 방법을 가르쳐 주었다고 하여 다산의 표지로 삼고 있다.

무화과나무는 꽃이 필 무렵 꽃받침과 꽃자루가 길쭉한 주머니처럼 비대해지면서 수많은 작은 꽃들이 주머니 속으로 들어가 버리기 때문에 꽃 없이 열매가 달리는 것처럼 보인다. 그 주머니 속에서는 위쪽의 수꽃과 아래쪽의 암꽃이 서로 은밀하게 수정하게 되고 이로 인해 깨알 같은 씨가 생긴다. 그래서 무화과나무에 꽃이 피는 것을 볼 수 없고 어느 날 열매가 익기 때문에 꽃 없는 과일, 즉 무화과無花果로 불린 것이다. 이러한 무화과의 특성을 잘 살려 김지하는 암울한 시대를 살아간 자신의 젊은 시절의 초상을 〈무화과〉라는 시로 표현했다.

돌담 기대 친구 손 붙들고

토한 뒤 눈물 닦고 코 풀고 나서

우러른 잿빛 하늘

무화과 한 그루가 그마저 가려섰다

이봐

내겐 꽃 시절이 없었어

꽃 없이 바로 열매 맺는 게

그게 무화과 아닌가

어떤가

친구는 손 뽑아 등 다스려주며

이것 봐

열매 속에서 속꽃 피는 게

그게 무화과 아닌가

어떤가

일어나 둘이서 검은 개굴창가 따라

비틀거리며 걷는다

검은 도둑괭이 하나가 날쌔게

개굴창을 가로지른다

– 최두석과 박수연이 엮은 《나는 상처를 사랑했네―실천시선 200호 기

념 시선집》(실천문학사, 2012)에서.

'잿빛 하늘'과 '검은 개굴창가'로 형상화된 암울한 현실 속에서 시인은 꽃피우지 못하는 무화과처럼 아름다운 젊음▲을 제대로 마음껏 누려 보지도 못한 채 현실과 부딪쳐야 했던 자신의 삶을 한탄조로 풀어냈다. 그러나 시인은 이내 무화과가 비록 꽃을 피우지 않는 듯 보이지만 무화과 속이 바로 꽃인 것처럼, 암울한 현실 속에서 내면적 성숙을 위한 자기 성찰의 마음가짐을 통해 가치 있는 삶의 의미를 발견했다.

김지하가 시적 언어로 풀어낸 무화과는 이스라엘의 운명과도 닮았다. 여러 강대국의 수탈과 압제를 경험해야 했던 이스라엘은 애환과 한탄을 속으로 끌어들여 내면적 성숙을 위한 자양분으로 삼았다. 그래서일까? 무화과나무(렘 8:13; 마 24:32; 막 13:28; 눅 21:29)는 포도나무(사 5:1-4; 렘 2:21. 참조. 요 15:1)와 올리브(감람)나무(삿 9:8-9; 롬 11:17-24)와 함께 이스라엘을 상징하는 나무로 자주 언급된다. 성서 시대에 기도하고 만나는 장소로 무화과나무 아래만큼 적격인 곳이 있었을까? 그 나무 아래서 민족의 회복을 위해 기도하다 예수님을 만나고, 새로운 세상에 눈 뜬 이가 있다.

• 나다나엘, 편견에서 믿음으로 나아가다

나사렛에서 무슨 선한 것이 날 수 있느냐?(요 1:46)

▲ 시에서는 '꽃 시절'로 표현됨.

빌립에게서 나사렛 예수님을 소개받은 누군가가 빈정거리며 내뱉은 말이다. 메시아를 대망하고 있던 당대 유대인들의 입장에서 보면 나사렛이란 지명과 메시아는 도저히 하나로 묶을 수 없는 조합이 아니던가? 예수님이 태어나고 자라신 나사렛은 비옥한 이스르엘 평원*이 멀리 바라보이는 해발 380미터 가량의 언덕 위에 산으로 둘러싸인 작은 마을이다. 메시아가 그런 촌구석에서 나올 수 없다는 편견에 사로잡힌 나머지 그는 '나사렛'이란 말에 콧방귀를 뀌고 말았다. 그러나 그는 예수님을 만난 뒤 그러한 편견을 깨고 "랍비여 당신은 하나님의 아들이시요, 당신은 이스라엘의 임금이로소이다"(요 1:49)라고 놀라운 고백을 한다. 그 고백의 주인공이 바로 나다나엘이다.

나다나엘을 보신 예수님은 "보라 이는 참으로 이스라엘 사람이라 그 속에 간사한 것이 없도다"(요 1:47)라고 칭찬하셨다. 아울러 예수님은 그가 무화과나무 아래 있었음도 말씀하셨다. 무화과나무는 그늘이 시원하여 유대에서는 조용히 휴식하며 묵상하는 곳으로 쓰였다. 나다나엘도 그 나무 아래에서 민족의 회복과 메시아의 도래를 기원했을 것이다. 빌립이 소개한 나사렛 예수님에 대한 자신의 솔직한 느낌을 표현했듯이, "와서 보라"는 빌립의 초청에 군소리하지 않고 예수님을 만나러 따라 나선 것도 나다나엘의 꾸밈없는 단순한 성격을 짐작게 한다. 빌립의 초청에 나다나엘이 선뜻 따라 나선 것은 그의 내면에 해갈되지 않는 영적 갈증이 있었기 때문이리라. 예수님과의 짧은 대화를 통해 시원한 생수가 쏟아지는 것처럼 그 갈증이 해소되는 경험을 한 나다나

▲ '이스르엘 평원Jezreel Valley'은 갈멜 산 북부에서 팔레스타인을 가로지르는 평원을 가리키는데, '에스드라엘론' 또는 '므깃도 평원'이라고도 부른다.

엘은 편견의 틀을 깨고 예수님의 뒤를 따라가는 지난至難한 여정에 동참하게 된다. 일설에 따르면 나다나엘은 동쪽으로 여행하여 아르메니아에서 사역하다 순교한 것으로 전해진다.

• 무화과나무 아래 쉼터와 같은 나만의 공간을 마련하라!

무화과나무 아래 있다는 것은 무슨 의미인가? 유대 랍비들의 전통에 따르면 이는 성경을 묵상하고 기도한다는 뜻이다. 어거스틴은 《고백록Confessions》에서 무화과나무 아래에서 눈물로 기도한 자신의 경험을 기록해 놓았다.

> 나는 홀로 조용히 통곡하고 싶었습니다. 알지도 못하는 사이에 무화과나무 아래 엎드렸고 눈에서는 눈물이 폭포처럼 흘렀으니 그것은 '하나님이 기쁘게 받으실 신령한 제사'(벧전 2:5)가 되었습니다(8권에서).

무화과나무 아래서 기도했던 어거스틴과 나다나엘의 모습에서 우리의 영성을 고양시키기 위한 생활 신앙의 한 모범을 본다. 무화과나무 그늘은 팔레스타인의 가난한 사람들이 쉽게 찾을 수 있는 쉼터이자 기도처였다. 우리에게도 그와 같은 소박한 기도 자리가 필요하다. 어떤 이는 정신 없이 바쁘고 급하게 돌아가는 현대인에게 정말로 필요한 것은 '흔들의자'라 했다. 흔들의자처럼 몸을 맡긴 채 편히 앉아 쉴 수 있는 자리가 필요하다는 것이다. 쉬면서 기도할 수 있는 처소가 필요하다.

'바쁠수록 돌아서 가라'는 말이 있다. 움직임을 위한 정지의 긴장감이 필요하다. 정지와 움직임, 이 두 영역은 상호 대비되기도 하지만 불가분의 관계에 있다. 바쁜 일상 속에서 작은 즐거움을 발견하기 위한 숨 고르기이다. 창조적 영성은 쉼과 노동, 기도처와 일터 사이의 긴장 관계에서 자란다. 이러한 긴장 관계가 깨지면 육신이 병들거나 영성이 쇠락한다. 매가 사냥할 때 하늘을 느린 속도로 빙글빙글 돌면서 기다린다. 왜 그럴까? 준비하기 위함이다. 매는 강한 힘을 얻기 위해 준비하고 우회하면서 먹이가 보이면 수직하강하여 매섭게 먹이를 낚아챈다. 《손자병법》의 키워드 가운데 하나가 '우직지계迂直之計', 즉 '돌아서 간다'이다. 눈앞에 보이는 지름길을 놔두고 돌아서 간다. 돌아가는 것이 시간과 에너지를 낭비하는 것 같지만 실제로는 유리할 수 있다. 때로 쉬고 기도하면서 먼 길을 돌아가는 것이 인생의 정도正道로 가는 지름길이다. 삶의 '속도'가 중요한 것이 아니라 '깊이'와 '방향'이 더 중요하다. 기본과 원칙을 지키며 천천히 가면서 삶의 깊이와 방향을 음미하는 아름다운 걸음이 우리의 영성을 자라게 한다. 인생은 경주가 아니라 한 걸음 한 걸음 음미하는 여행과 같다.

구약성서가 말하는 가장 큰 복은 날마다 하나님과 동행하는 삶(하나님의 현존)이었다. 그리고 그 결과로 주어지는 무병장수, 자손의 번성, 토지의 획득은 부수적인 복이었다. 어제는 역사이고 내일은 미스터리이며 오늘은 하나님이 우리에게 주신 최상의 선물이다. 그래서 우리는 '현재present'를 '선물present'이라고 부르는 것이다. 오늘은 어제 죽은 사람들이 그토록 살고자 한 내일이다. 오늘은 하나님이 우리에게 주신 최상의 선물이다. 생명의 선물이다.

현대인은 분주한 생활을 하며 살아가고 있다. 하루 삶의 준비는 기도다. 우리가 침묵의 시간을 가져야 하는 이유는 하나님이 우리에게 들려주시는 말씀을 듣기 위해서다. 기도를 위한 침묵은 입을 다무는 행위라기보다 귀를 여는 행위이다. 입을 다물어도 하나님의 목소리에 귀를 기울이지 않으면 침묵이 아니다. 우리가 침묵의 시간을 가져야 하는 또 다른 이유는 나 자신을 있는 그대로 대면하기 위해서다. 우리를 둘러싼 삶의 환경은 너무나 소란스럽고 분주하여 우리 내면을 보지 못하게 만든다. 바쁘면 쉽게 자기 근본을 잊고, 인생의 우선적인 것들을 잊으며, 무엇보다 생명의 원천이신 주님을 잊고 죽음을 맞게 되는 것이다.

우리 삶의 무화과나무는 어디에 있을까? 우리 삶의 중심을 주님께 두기 위해 하루 일과 가운데 구체적으로 언제 주님과 함께 있을 것인지 결심해 보자. 다람쥐 쳇바퀴 돌듯 하는 바쁜 일상을 뒤로 하고 잠시나마 자신을 돌아볼 수 있고 기도할 수 있는 무화과나무 아래 쉼터와 같은 나만의 공간이 우리에게 필요하다.

08

진지한 회의주의자
도마

본문   요한복음 11:16; 20:24-29
이름의 뜻   쌍둥이

• 《도마복음》과 도마

1949년 6월 10일, 카이로의 프랑스어판 신문에는 다음과 같은 기사
가 실렸다.

이집트 정부는 이 귀중한 문서를 찾고자 애쓰고 있다. 전문가의 말에 따
르면 이것은 지금까지 이집트 땅에서 보존되어 오다가 발견된 가장 귀한
것 중 하나며, 그 학문적 중요성은 투탄카멘 왕▲의 무덤을 발견한 것과
같은 극적인 발견보다 더한 것이라고 한다.

위 기사가 언급한 '귀중한 문서'란 '나그함마디 문서Nag Hammadi
Library'를 가리킨다. 최근 신약 학계뿐만 아니라 일반인들 사이에서도
《도마복음Gospel of Thomas》이 비상한 관심을 끌고 있는데, 《도마복음》은

▲ Tutanchamun: 이집트 제18대 왕조의 파라오. 그의 황금마스크는 이집트 문명의 대표적 아이
콘이 되었다.

78

바로 나그함마디 문서 가운데 한 작품이다.《도마복음》의 고대 그리스어 원문을 콥트어Coptic로 번역한 것으로 보이는 완전한 콥트어 판본이 이집트 나그함마디▲에서 발견되었다.《도마복음》은 신약성서에 포함되지 않은 많은 외경 복음서 가운데 하나로, 주후 2세기에 기독교의 가장 강력한 라이벌이자 이단이었던 영지주의의 문헌에 속한다. 이 영지주의 문헌들은 발견된 장소의 이름을 따서 '나그함마디 문서'로 부른다. 나그함마디 문서는 1945년 12월에 단지에 밀봉되어 있던 가죽 장정 파피루스 코덱스Papyrus Codex▲▲ 13권, 총 52편의 문서로 지역 농민인 무하마드 형제가 발견했다. 이집트의 건조한 기후 덕택에 나그함마디 문서는 손상되지 않은 채 고스란히 발견될 수 있었다. 이 문서는 사해 사본▲▲▲에 버금가는 금세기 최고의 고고학적 가치를 지닌 것으로 알려졌다.

4세기 초 콘스탄티누스 대제가 로마 제국을 통일하고 기독교를 승인할 당시, 북부 이집트의 한 지역에 세워진 기독교 최초의 수도 공동체였던 파코미우스 수도원에는 종교 철학 서적들이 많이 소장되어 있었다. 신약성서에 포함시킬 내용들을 확정한 뒤, 이집트 알렉산드리아의 추기경이며 권력자였던 아타나시우스Athanasius는 이단적 성향을 띤

▲ Nag Hammadi: 이집트의 룩소르Luxor 북쪽으로 80킬로미터 정도 떨어진 작은 도시. 고대에는 케노보스키온Chenoboskion으로 불렸다.
▲▲ 파피루스는 나일강을 따라 풍부하게 서식하던 갈대 같은 식물로, 그것의 섬유질을 포개고 압축하여 종이로 사용하였다. 이러한 파피루스의 낱장들을 접어서 한데 모아 접힌 부분을 따라 묶어 놓은 것을 코덱스라 한다.
▲▲▲ Dead Sea Scrolls: 1947년에서 1956년경까지 사해 서쪽 둑에 있는 와디 쿰란(사해의 북서쪽 해변에 있는 고대 키르벳 쿰란 근처) 주변과 11개의 동굴들에서 발견된 구약성서를 포함한 900여 편의 다양한 종교적 문서들.

책들을 모두 소각하거나 파기하라는 명령을 내렸다. 파코미우스의 수도승들은 그들이 소중히 간직해 온 문서들을 비밀리에 항아리에 담아 나그함마디 근처 바위 옆에 묻었다. 세인에 의해 발견되기까지 1,600년 동안 그곳에 묻혀 있었던 고문서가 바로 '나그함마디 문서'다.

나그함마디 문서에 속한 《도마복음》에는 도마가 가장 위대한 사도로 묘사되고 있다. 114개의 로기온▲으로 구성되어 있는 도마복음의 서두는 이렇게 시작한다.

이것은 살아 계신 예수께서 말씀하시고 디두모 유다 도마가 받아 적은 비밀의 말씀이다.▲▲

《도마복음》 로기온 13에서 예수님과 제자들 사이에 이런 대화가 오간다.

예수께서 그의 제자들에게 말씀하셨습니다. "나를 비교하여 내가 누구 같은지 말해 주시오." 시몬 베드로가 그에게 말했습니다. "당신은 의로운 사자使者와 같습니다." 마태가 그에게 대답했습니다. "당신은 지혜로운 철인과 같습니다." 도마가 그에게 말했습니다. "선생님, 내 입으로는 당신이 누구와 같다고 감히 말할 수가 없습니다." 예수께서 도마에게 말씀하셨습니다. "나는 자네의 선생이 아닐세. 자네는 내게서 솟아나는 샘물을 마시고 취했네." 그러고는 예수님이 도마를 데리고 물러가셔서 그에

▲ 헬라어 '로기온λόγιον'은 '말씀'이라는 뜻.
▲▲ '디두모Didymos'는 그리스어, '도마Thomas'는 아람어, 둘 다 '쌍둥이'라는 뜻이다.

게 세 가지 말씀을 하셨습니다. 도마가 자기 동료들에게 돌아오자 동료들은 그에게 물었습니다. "예수님이 자네에게 무슨 말을 하셨는가?" 도마가 그들에게 말했습니다. "예수님이 내게 하신 말씀 중 하나라도 자네들한테 말하면 자네들은 돌을 들어 나를 칠 것이고, 돌에서 불이 나와 자네들을 삼킬 것일세."

– 오강남의 《또 다른 예수》(예담, 2009)에서.

이 로기온에서 단연 돋보이는 인물은 도마다. 도마의 대답에 예수님은 "나는 자네의 선생이 아닐세"라고 답하신다. 깨닫는 순간 선생과 제자의 구분은 사라지고 모두가 동격, 즉 '도마'라는 이름의 뜻처럼 '쌍둥이'가 될 수 있음을 예수님은 가르치신 것이다. 계몽되는 순간 지상의 제자는 천상의 예수님과는 어떤 차이도 없이 하나가 된다.

도마는 예수님에게 따로 이끌려 나가서 특별한 비법을 전수받는 인물로 묘사되고 있다. 어떤 학자들은 요한복음에 비춰진 도마의 부정적인 이미지는 《도마복음》에 묘사된 도마의 탁월함을 폄하하려는 요한 공동체의 의도가 반영된 것으로 보기도 한다. 즉 요한 공동체와 도마 공동체Thomas Community 사이에 오간 신학적 논쟁이 요한복음의 행간에 깔려 있다고 보는 것이다.

정경 복음서와 달리 《도마복음》은 기독론보다는 인간학에 관심을 두고 있으며, '믿음'보다는 '깨달음'을 강조한다. 영지주의의 일파인 도마 공동체의 작품인 《도마복음》이 강조하는 '지식'을 뜻하는 헬라어 단어 '그노시스γνῶσις'는 '깨달음'을 가리킨다.▲ 이렇듯 《도마복음》에 반영된 예수의 이미지는 깨닫는 순간 누구나 붓다가 될 수 있다는 불교의 붓다의 가르침에 가깝다.▲▲

이제 《도마복음》에서 눈을 돌려 요한복음에 반영된 도마의 짧은 행적을 따라가 보자!

• 진지한 회의주의자 도마, 예수님의 부활을 의심하다

요한복음에 따르면 도마는 예수께서 병든 나사로를 방문하시려고 할 때 다른 모든 제자들의 반대에 맞서 "주와 함께 죽으러 가자"(요 11:16)고 말할 만큼 담대하고 의리가 있는 사람이다. 또한 도마는 "나의 주님이시요 나의 하나님이시니이다"(요 20:28)라고 예수께 바칠 수 있는 최상의 고백을 한 것으로 묘사된다. 예수님을 "하나님의 아들"로 고백한 베드로(마 16:16)와 비교해 보면 기실 그렇다. 이러한 도마의 고차원적 신앙 고백과는 대조적으로 그의 별명은 '의심하는 도마'인데, 그것은 제자들 가운데 예수님의 부활을 믿지 않았던 그의 언행에서 유래한 것이다.

도마는 예수께서 부활하신 후 처음 제자들에게 나타나실 때 마침 바로 그 현장에 없었다(요 20:24). 다른 제자들이 그에게 전한 예수님의 부활 소식에 그는 냉철한 이성적 잣대로 예수님의 부활과 관련된

▲ 도마 공동체의 작품으로는 《도마복음》 외에 《도마행전Acts of Thomas》과 《도마서Book of Thomas》가 있다.
▲▲ '붓다Buddha'는 '깨달음을 얻은 자'라는 뜻이다.

진실 게임을 풀려고 했다. 도마는 다음과 같이 단호한 목소리로 자신의 입장을 표명했다. "내가 그의 손의 못 자국을 보며 내 손가락을 그 못 자국에 넣으며 내 손을 그 옆구리에 넣어 보지 않고는 믿지 아니하겠노라"(요 20:25).

예수님이 재차 나타나셔서 십자가 처형 과정에서 생긴 몸의 성흔 聖痕을 보여 주시자 도마는 그제야 그 유명한 고백을 주님께 바친 것이다. "나의 주님이시요 나의 하나님이시니이다".

우리 주위에는 눈으로 보고 손으로 만져 보고도 다르게 인식하며 제각각의 해석을 내놓는 경우가 얼마나 많은가? 나아가 우리의 오감에 기초한 인식의 차원에서 포착되지 않는 일들은 비일비재하다. 믿음은 때로 인식과 경험의 영역을 넘어선다. 도마 이야기는 예수님의 다음과 같은 말씀으로 종결된다. "너는 나를 본 고로 믿느냐 보지 못하고 믿는 자들은 복되도다"(요 20:29). 이런 점에서 도마는 보지 않고서도 믿을 수 있는 성숙한 믿음의 단계에 오르지 못한, 믿음의 날개를 반쯤 접은 이들을 대변한다고나 할까.

그러나 '의심하는' 도마는 의심의 안개에 갇혀 생을 마감하지는 않았다. 전설에 따르면 그는 멀리 인도까지 복음을 전하다가 순교한 것으로 알려져 있다. 도마의 생애가 보여 주는 것처럼, 비 온 뒤에 땅이 굳어지듯 때로 진리를 향한 의심과 진지한 회의는 믿음의 열매를 알차게 영글게 하는 자연스런 과정인 것이다. 그러기에 짚어 가며 믿으려는 이들을 너무 타박하지 말아야 할 것이다.

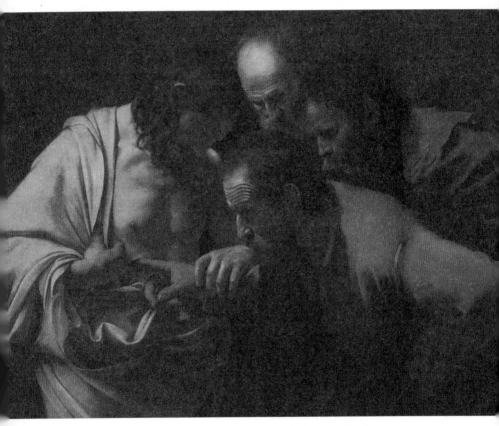

카라바지오, 〈도마의 불신〉, 1595~1600년, 유채, 베를린, 국립미술관

• 의심을 넘어 참된 신앙으로!

인간다움과 지성과 교양을 가져다주는 학문을 라틴어로 '스투디아 후마니타티스*studia humanitatis*', 즉 인문학이라 한다. '휴머니즘의 아버지'라 불리는 이소크라테스Isocrates는 고대 그리스의 웅변가로, 수사학을 최고의 학문으로 여겼다. 이렇듯 고대 그레코-로마 사회에서 수사학은 철학과 함께 최고의 학문으로 간주되었다.

국토 전체가 산악 지역인 그리스의 지리적 환경은 도시국가의 탄생과 함께 여러 도시국가의 여론을 취합해야 하는 민주주의를 시도하게 했다. 고대 그리스가 안고 있는 지리적 제약과 한계는 호소력 있는 설득을 통해 자신의 주장을 관철하고 당면한 현안을 해결할 수 있는 수사학을 발전시켰다. 아리스토텔레스는 《수사학》에서 '설득'을 수사학의 목표로 삼았다. 그는 누군가를 '설득'하는 데 필요한 핵심 요소를 '로고스logos', '파토스pathos', '에토스ethos'로 꼽았다. 그렇다면 그리스도인은 세상과 어떻게 소통해야 하며, 세상을 향한 거룩한 설득의 토대는 어떻게 마련되는가?

'로고스'는 "태초에 말씀이 계시니라"(요 1:1)에서처럼 주로 '하나님의 말씀'이란 의미로 쓰이지만, 헬라어의 원래 의미는 '논리'와 '합리성'을 뜻한다. 누군가를 설득하려면 기본적으로 그 말에 '논리'와 '합리성'이 있어야 한다. 오류와 왜곡과 자기모순이 없어야 한다.

사도행전의 기사에 따르면 베뢰아▲ 사람들의 신앙에 대해 칭찬하는 내용이 나온다. "베뢰아에 있는 사람들은 데살로니가에 있는 사람들보다 더 너그러워서 간절한 마음으로 말씀을 받고 이것이 그러한가 하여 날마다 성경을 상고하므로"(행 17:11). 여기서 '상고하다'에 해당하는 헬라어 단어는 '아나크리노ἀνακρίνω'인데, 뜻은 '조사하다'이다. 베뢰아 사람들이 바울에게 들은 복음이 과연 그러한지 날마다 성경을 신중하고 꼼꼼하게 조사했다는 뜻이다. 자신이 서 있는 믿음의 토대를 스스로 '상고'하는 태도, 즉 비판적으로 검토하는 태도를 칭찬한 것이다.

▲ Berea: 데살로니가에서 서쪽으로 40킬로미터쯤 떨어진 베르미우스산Mount Bermius 기슭에 있는 마케도니아의 도시. 현재의 지명은 베리아Beria이다.

'따지지 말고 덮어 놓고 믿으라'는 강요와 '믿음'을 방패 삼아 '무지'를 강변하는 것은 복음적 태도가 아니다. 맹신은 쉽게 자기도취와 자기 해체로 이어지고 이단적 신앙으로 흐를 수 있다. 이런 신앙으로는 하루가 빠르게 급변하는 세상 속에서 스스로 복음적으로 사고하고 실천하는 그리스도인 지성인은 양육될 수 없다.

우리 주위에는 신앙과 이성을 대립 관계로 놓고 따지며 믿는 것을 무조건 비판하는 반지성적인 분위기가 있다. 신앙과 이성은 진리를 향해 날아오르기 위해 반드시 있어야 하는 두 날개와도 같다. 참된 신앙이란 이성과 믿음이 적절히 균형을 이룬 바람직한 태도라면, 맹신은 옳고 그름에 상관없이 덮어 놓고 믿는 것이며, 광신은 이성을 잃고 좌우를 분간치 않은 채 그냥 믿는 것이다.

도마가 비록 예수님의 부활을 의심했지만, 그 의심은 참된 신앙으로 나아가기 위한 과정이었다. 독일의 신학자 폴 틸리히Paul Tillich는 "의심은 믿음의 반대가 아니라 믿음의 일부"라고 말했다. 한 번도 회의하지 않고서 덮어 놓고 믿는 신앙이 오히려 맹신이나 광신보다 더 위험하다. 한 번도 흔들리지 않고 자로 잰 듯 반듯한 신앙은 너무나 신성하게 느껴져 왠지 우리 것이 아닌 것 같다. 의심의 여백이 주어지지 않은 믿음이 독단으로 흐르기 쉬운 것처럼, 앞만 보고 일직선으로 달리는 이들이 보여 주는 경직성은 안타깝기만 하다. 꽃이 바람결에 흔들리면서도 흔들리지 않으려고 잇닿은 뿌리로 땅을 더욱 움켜쥐듯이 우리의 신앙은 그렇게 자라는 것이다. 흔들리며 위로 커가는 것이다. 소설가 이철환은 흔들림 속에 깃든 인생의 참맛을 〈아픔과 슬픔도 길이 된다〉라는 시로 이렇게 노래한다.

오랜 시간의 아픔을 통해 나는 알게 되었다

아픔도 길이 될 수 있다는 것을

바람 불지 않는 인생은 없다

바람이 불어야 나무는 쓰러지지 않으려고

더 깊이 뿌리를 내린다.

바람이 나무를 흔드는 이유다

바람이 우리들을 흔드는 이유다

아픔도 길이 된다

슬픔도 길이 된다

‑ 이철환의 《반성문》(랜덤하우스코리아, 2007)에서.

　나무는 흔들림 없이는 뿌리를 깊이 내릴 수 없고, 줄기를 높이 뻗을 수 없다. 의심의 바람으로 흔들리는 과정은 강한 믿음으로 채워 우뚝 서기 위한 지난한 몸부림이다. 이러한 치열한 몸부림 없이 급조된 신앙은 낯선 영혼을 품은 몸과 같다. 회의의 용광로를 거치지 않은 믿음은 단단해 질 수 없다.

　당시 무리들이 예수께서 행하신 표적을 보고서 믿었지만(요 2:23) 표적이 그들의 눈앞에서 사라지고 처참한 십자가가 나타나는 순간, 그들은 믿음의 대열에서 이탈했다. 그러나 아이러니하게도 요한복음이 제시하려 한 가장 큰 표적은 십자가였다! 십자가는 당대 사람들로 하여금 실족케 한 '스칸달론'▲이 아니었던가? 예수께서 도마에게 요구하신 최고의 신앙은 감각에 의존하는 어떤 표적(손에 난 못 자국과 옆구리에 난 창 자국)을 구하지 않고도 믿을 수 있는 단계, 즉 보지 않고도 믿을 수 있는 신앙이다. 표적을 구하는 신앙은 어쩌면 더 성숙하고 명징한 신앙으로 나아가기 위한 우리 내면의 흔들림이 아니겠는가? 그러나 표적만을 구하는 신앙에 머문다면 그 표적이 눈앞에서 사라질 때, 신앙 또한 처참히 무너지고 말 것이다. 신앙은 지성을 희생하고서 얻는 것이 아니다. 지성이 없는 믿음, 회의가 용납되지 않는 믿음이 오히려 위기를 자초하는 법이다.

▲ 헬라어 '스칸달론σκάνδαλον'은 '걸려 넘어지게 만드는 것', '올무', '추문'이라는 뜻을 내포한다.

09

애제자

본문 요한복음 13:23–26; 19:25–27; 20:1–10; 21:7, 20–24
이름의 뜻 ―

• 요한복음은 모노드라마다

한국의 가장 대표적인 모노드라마라면 추송웅이 혼자서 제작, 기획, 장치, 연출뿐만 아니라 연기까지 1인 5역을 한 '빨간 피터의 고백'이 아닐까 한다. '빨간 피터의 고백'은 프란츠 카프카▲의 "어느 학술원에 드리는 보고Ein Bericht für eine Akademie"를 원작으로 추송웅이 창경원 원숭이 앞에서 약 6개월간 매달려 만든 작품이라고 한다. 이 모노드라마의 줄거리는 이렇다. 주인공 사육 보조사는 어느 동물원 침팬지 우리의 미화 작업에 참여하게 된다. 그 후 '피터'라는 이름의 침팬지가 동물원에 들어오게 되는데, 보조사는 '피터'와 자신을 동일시하는 정신착란 증세를 일으키면서 다양한 사건을 경험하게 된다. 이런 과정을 통해 보조사가 진정한 자아를 발견하게 되는 것으로 모노드라마는 끝난다. '빨간 피터의 고백'은 총 482회 공연에 15만 명이 넘는 관객, 공

▲ Franz Kafka: 체코(당시의 오스트리아–헝가리 제국)의 유대계 소설가.

연 중에 무대 위에서 먹은 바나나가 700여 개, 포도가 500근, 관객이 땀을 닦으라고 던져 준 손수건이 300여 장이나 된다고 기록되어 있을 정도로 한국 연극사의 한 획을 그은 모노드라마였다. 빨간 원숭이로 분한 추송웅의 독특한 몸짓과 화술은 무대를 장악했고 객석을 꽉 채운 관객을 사로잡았다고 한다.

크레이그 바르톨로뮤와 마이클 고힌이 공저한 《성경은 드라마다*The Drama of Scripture*》(IVP, 2009)는 성서를 창조, 타락, 이스라엘, 예수 그리스도, 선교, 새 창조라는 큰 이야기에 초점을 맞추어 총 6막으로 된 한 편의 드라마로 재구성했다. 성서를 드라마로 읽을 때, 성서 속의 나무들만이 아닌 성서의 숲을 보게 하는 안목과 통찰력을 얻을 수 있다. 이 책의 한 문장을 인용한다.

> 하나님이 의도적으로 성경을 이야기 형태로 주셨다면, 성경을 이야기로 대하고 그것을 적극적으로 우리의 이야기로 활용할 때에만, 우리 삶 속에서 성경의 권위와 조명의 영향력을 온전히 경험할 수 있을 것이다.

그렇다면 성서 가운데 모노드라마로 볼 수 있는 작품이 있다면 어떤 책일까? 필자가 요한복음이라고 답하면 많은 이들은 의아하게 생각할 것이다. 요한복음은 수많은 인물들이 등장하고 하나의 이야기로 이어진다. 제자들 외에 세례자 요한(1장), 니고데모(3장), 사마리아 여인(4장), 서른여덟 해 된 병자(5장), 음행 중에 잡힌 여인(8장), 날 때부터 맹인 된 사람(9장), 마리아, 마르다와 나사로 남매(11장), 예수께 향유 부은 여인(12장) 등 수많은 인물들이 등장한다. 그럼에도 요한복음을 드라마에 견준다면 모노드라마라 할 수 있다. 요한복음이 왜 모노 드라마인가?

요한복음의 무대에서 스포트라이트는 무대 중앙에 계신 예수님만을 비추고 무대 전체를 비추는 조명의 조도照度는 어슴푸레할 정도로 최대한 약하게 했다. 밝은 중앙 무대를 제외한 다소 어두운 무대 위로 여러 등장인물들이 나타났다 사라진다. 단 한 번 등장했다가 사라지는 인물도 있고 세 번까지 등장하는 인물도 있다. 그들의 역할은 예수님이 어떤 분인지를 드러내는 조연이나 무대 소품에 불과하다. 이것은 요한복음의 기록 목적과도 정확히 부합한다.

> 오직 이것을 기록함은 너희로 예수께서 하나님의 아들 그리스도이심을 믿게 하려 함이요 또 너희로 믿고 그 이름을 힘입어 생명을 얻게 하려 함이니라(요 20:31).

요한복음의 저자는 예수님이 하나님의 아들 그리스도이심을 드러내기 위해 여러 문학적인 장치를 사용했다. 이러한 첫 번째 기록 목적은 두 번째 기록 목적인 '생명ζωή'과 직결되어 있다. '기적' 혹은 '이적'이라는 단어 대신 '표적'이란 단어를 사용했고, '나는……이다'라는 예수님의 신적인 자기 선언을 곳곳에 표현했다(6:35, 48, 51; 8:12 등). 그뿐 아니라, 인물들이 무대에 오르는 이유도 예수님의 정체와 본질을 드러내기 위함이었다. 철저히 예수님 중심으로 이야기가 전개되는 모노드라마다. 그러하기에 예수님 외에는 어떤 조명도 다른 등장인물들을 비추는 법이 없다. 무대 장치는 예수님을 제외한 다른 이들의 존재감이 드러나지 않도록 꾸며졌다.

다른 어떤 인물보다도 그 탁월함 때문에 존재감이 돋보임에도 이름 없이 등장하는 인물이 있다. 그는 자신의 정체를 철저하게 베일로 감추고서 주로 드라마 후반부에 등장해 극적 긴장과 묘미를 고조시킨다. 그러나 그는 세례자 요한처럼 '참 빛'(요 1:9)이신 예수님을 증거하는 자로서 역할을 다할 뿐이다. 그는 예수께서 사랑하신 무명의 제자였다.

• 애제자, 무명의 제자였지만 그 탁월함은 드러나다

요한복음에 "예수께서 사랑하시는 제자"(이하 '애제자')로 불리면서 중요한 순간마다 등장하는 이가 있다. '애제자'라는 명칭을 다른 복음은 언급조차 하지 않지만, 요한복음은 후반부(13-21장)에서 그 명칭을 7회 언급하고 있다. 여러 학자들이 미스터리한 그의 정체를 캐려 했지만 그는 여전히 두터운 베일에 싸여 있다. 애제자로 언급되는 후보자 명단에 오른 인물들로는 사도 요한을 비롯하여 요한 마가, 나사로, 아볼로, 도마, 막달라 마리아, 아리마대 요셉, 니고데모, 맛디아, 성모 마리아 등이 있다. 심지어 그는 실존적인 인물이 아니라, 요한교회(요한공동체)를 상징하기 위해 문학적으로 투사된 허구적 인물에 불과하다고 주장하는 학자도 있다.▲

▲ 2세기 말 프랑스 리용의 주교였던 이레니우스Irenaeus는 애제자가 사도 요한이라고 주장했지만, 2세기 초에 활동한 프리지아 히에라폴리스의 주교였던 파피아스Papias는 사도 요한이 아닌 장로 요한이라고 했다. 이후 학자들은 위에 언급한 여러 후보자들을 요한복음서의 애제자라고 의견을 폈지만 이 애제자는 현재까지 역사의 베일 뒤에 숨어 있다.

그가 등장하는 주요 장면을 요한복음의 진술대로 옮겨 본다.

#1: 제자 가운데 한 사람이 자신을 팔아넘길 것이라는 예수님의 말씀과 관련하여 애제자가 질문하는 장면에서.

"제자들 가운데 한 사람, 곧 예수께서 사랑하시는 제자가 바로 예수의 품에 기대어 앉아 있었다. 시몬 베드로가 그에게 고갯짓을 하여, 누구를 두고 하시는 말씀인지 여쭈어 보라고 했다. 그 제자가 예수의 가슴에 바싹 기대어 '주님, 그가 누구입니까?' 하고 물었다"(요 13:23-25, 새번역).

#2: 십자가 처형을 당하시는 예수님이 어머니 마리아에게 애제자를 양자로 소개하는 장면에서.

"예수께서 자기의 어머니와 사랑하시는 제자가 곁에 서 있는 것을 보시고 자기 어머니께 말씀하시되 여자여 보소서 아들이니이다 하시고 또 그 제자에게 이르시되 보라 네 어머니라 하신대 그 때부터 그 제자가 자기 집에 모시니라"(요 19:26-27).

#3: 예수님의 무덤이 비어 있다는 막달라 마리아의 말을 듣고서 베드로와 함께 달려가 그 빈 무덤을 확인하는 장면에서.

"베드로와 그 다른 제자가 나와서, 무덤으로 갔다. 둘이 함께 뛰었는데, 그 다른 제자가 베드로보다 빨리 달려서, 먼저 무덤에 이르렀다. 그런데 그는 몸을 굽혀서 삼베가 놓여 있는 것을 보았으나, 안으로 들어가지는 않았다. 시몬 베드로도 그를 뒤따라 왔다. 그가 무덤 안으로 들어가 보니, 삼베가 놓여 있었고, 예수의 머리를 싸맸던 수건은, 그 삼베와 함께 놓여 있지 않고, 한 곳에 따로 개켜 있었다. 그제서야 먼저 무덤에 다다른 그 다른 제자도 들어가서, 보고 믿었다. 아직도 그들은 예수께서 죽은 사람들 가운데서 반드시 살아나야 한다는 성경 말씀을 깨닫지 못하였다"(요 20:3-9, 새번역).

#4: 예수께서 부활하신 후 디베랴 바다▲에서 고기잡이 하는 제자들에게 나타나신 장면에서.

"예수가 사랑하시는 제자가 베드로에게 '저분은 주님이시다' 하고 말하였다. 시몬 베드로는 주님이시라는 말을 듣고서, 벗었던 몸에다가 겉옷을 두르고, 바다로 뛰어내렸다"(요 21:7, 새번역).

#5: 애제자의 운명에 대해 베드로가 예수께 묻는 장면에서.

"베드로가 돌아다보니, 예수께서 사랑하시던 제자가 따라오고 있었다. 이 제자는 마지막 만찬 때에 예수의 가슴에 기대어서, '주님, 주님을 넘겨줄 자가 누구입니까?' 하고 물었던 사람이다. 베드로가 이 제자를 보고서, 예수께 물었다. '주님, 이 사람은 어떻게 되겠습니까?'"(요 21:20-21, 새번역).

위의 주요 장면에서 베드로와 경쟁하듯 등장하는 애제자는 누구인가? 확실한 것은 그가 제자들 가운데 예수님과 가장 가까웠으며 모범적이고 탁월했던 인물로 소개되고 있다는 점이다.

독생자 예수님이 아버지 하나님의 품속에 계신 것처럼(요 1:18), 예

▲ 갈릴리 바다의 또 다른 이름인 '디베랴 바다the Sea of Tiberias'는 갈릴리 지역의 분봉왕이었던 헤롯 안티파스가 당시 로마 황제 티베리우스Tiberius에 대한 충성을 보여 주기 위해 부르기 시작한 이름이다. 갈릴리 바다의 모양이 다윗의 하프를 닮았다 하여 오늘날 유대인들은 '하프'를 뜻하는 히브리어 '킨노르כִּנּוֹר'에서 파생된 '키네레트 바다Yam kinneret'로 부르기도 하고, 갈릴리 바다 서북부에 있는 기노사르Ginnosar 평야와 관련하여 '게네사렛 호수the Lake of Gennesaret'로 부르기도 한다. 참조. 눅 5:1.

수님의 품에 기대어 질문하는 애제자와 예수님 사이에는 간격이 없을 만큼 친밀했다. 아마도 그는 예수님의 품에 기대어 세상을 녹일 만큼 뜨거운 사랑으로 펄떡거리는 그분의 심장 소리를 듣지 않았을까 싶다. 그 친밀함은 십자가 처형을 당하면서 죽어 가시는 예수께서 어머니 마리아를 애제자에게 부탁하시는 처연하고 애틋한 장면에서 재연된다. 동생들이 엄연히 있었음에도(마 13:55; 막 6:3) 예수님이 어머니를 애제자에게 부탁하신 것은 새로운 가족의 탄생을 예고한다.

예수님은 요한복음의 서두(2:4)와 말미(19:26)에서 마리아를 두 번씩이나 "여자여!"라고 불렀다. '여자여!'는 헬라어로 '귀나이γύναι'인데, 어떤 여인을 정중하고 예의 바르게 부를 때 사용하는 호칭이다. 그럼에도 이 호칭은 유교적 관습에 익숙한 우리에게는 왠지 낯설고 어색하다. 심지어 귀에 거슬릴 정도로 무례하게 들린다. 그렇다면 예수님은 왜 마리아를 '어머니'가 아닌 '여자여'라 부르시면서, 애제자에게 마리아를 부탁하셨을까? 그것도 첫 번째 표적이었던 물로 포도주를 만드신 사건(요 2:1-11)과 표적으로 불리지는 않지만 요한복음을 통틀어 가장 큰 표적으로 부각되는 십자가 처형 장면(요 19)에서 마리아는 어머니가 아닌 한 여인의 신분으로 요한복음의 처음과 마지막을 장식한다. 예수님은 자신의 십자가 처형 이후 마리아를 영적 어머니로 하고 애제자가 교회의 리더가 되는 새로운 공동체의 탄생을 예고하신 것이다. 더군다나 예수께서는 자신이 제자들에게 가르치신 모든 것과 말씀하신 모든 것을 생각나게 하시고(요 14:26), 자신을 증언하실(요 15:26) 또 다른 보혜사이신 성령(요 14:16)이 주도하시는 활기찬 교회의 출범에 관한 청사진을 제시하신 것이다.▲ 따라서 십자가 처형은 구원 드라마의 종결이 아닌 새로운 공동체의 탄생을 위한 전주곡이었던 셈이다.

애제자는 누구보다도 예수님과 친밀했고, 예수님에 대한 인식의 깊이가 남달랐다. 그는 제자들 가운데 리더 격인 베드로보다 탁월했으며, 예수께서 승천하신 후 요한교회를 이끌고 갈 지도자로 부상한 인물이다. 그의 정체를 감추고 있는 두터운 베일에도 불구하고 그의 존재감은 감출 수 없을 만큼 탁월했다. 이럴 때 사용되는 사자성어가 낭중지추囊中之錐다. 주머니 속의 뾰족한 송곳이 그것을 뚫고 나오는 것처럼, 애제자는 그가 지닌 능력과 인격이 뛰어나서 숨기고 싶어도 결국 드러날 수밖에 없는 제자였다. 예수님의 존재감을 한껏 드러내면서도 요한복음의 증인인 애제자의 존재감은 오목새김으로 깊이 파서 감춘 듯하다.▲▲ 이것이 깊은 통찰력과 신비로움을 간직한 요한복음의 묘미가 아닌가 생각한다.

• 참된 제자는 재에 묻힌 숯불과 같은 존재다

애제자는 누구였는가? 이 문제를 여기서는 다루지 않는다. 다만 우리는 복음서의 저자가 왜 그를 '이름 없는 제자'로 기록했을까 묻지 않을 수 없다. 예수께서 가장 사랑하셨던 제자가 중요한 장면마다 무명

▲ 요한복음에서만 언급되는 '보혜사'는 헬라어로 '파라클레토스παράκλητος'라 한다. 이 단어는 원래 법정에서 곤궁에 처한 사람을 도와주고 변호하는 위로자를 의미한다. 그 외에도 '협조자', '상담자', '돕는 자'라는 뜻이 있다. 참조. 요 14:16, 26; 15:26; 16:7.
▲▲ 신약성서의 다른 작품에 비해 요한복음은 예수님의 신성을 더 극대화한다. 우리는 이것을 '고 기독론high Christology'이라 한다. 참조. 요 1:1-3; 5:17; 10:30; 16:3; 17:5.

으로 등장하는 사연이 자못 궁금하다. 문학적으로 투사된 허구적 인물로 보기에는 그의 족적과 탁월함이 너무나 선명하다. 역사적 실존 인물로 추정되는 애제자는 분명 이상적인 제자로서 당시 요한교회의 실제적 지도자였다. 아니, 요한교회뿐만 아니라 오고 오는 세대를 위한 가장 이상적인 제자의 모델로 제시되고 있다. 이 점은 사도 중의 사도였던 베드로와 견주어도 탁월성에서 그를 앞선 인물이었음을 요한복음이 증언하고 있기 때문이다. 특히 예리한 지각과 영적인 인식력은 타의 추종을 불허할 정도로 깊이가 있었다.

애제자의 동선을 따라가 보면 최후의 만찬 때 예수님의 품에서, 십자가 현장에서, 빈 무덤에서, 디베랴 바다에서 예수님께 헌신적인 태도와 믿음으로 반응한 제자였음을 알 수 있다. 그러나 그의 탁월함은 이름으로 드러나지 않는다. 실제로 애제자는 세례자 요한과 함께 예수님의 부활 이전에 예수님의 정체와 본질을 정확히 인식한 사람이다.[▲] 이름을 감추고 예수님을 드러내려는 겸손이 그를 더욱 빛나게 한다. 생명의 구주이신 예수님을 더욱 돋보이게 하려고 자신을 베일 뒤에 철저히 숨기고 뒤로 물러서는 겸손함이 그의 탁월한 인식력보다 앞선다. 그는 자신의 탁월함을 무명으로 감추어 참된 제자의 표상으로 우뚝 서 있다. "숯불이 아름다우나 재로 묻지 아니하면 곧 사라지는 것같이 덕의 빛이 크나 겸손으로 덮지 아니하면 오래가지 않아 소멸된다"는 말이 있다. 소진되어 하얗게 변한 재로 자신의 아름다움을 덮는 숯불처럼, 애제자는 자신의 탁월함을 겸손함으로 감추어 드러내지 않았다. 겸손

▲ 예수님의 정체에 대해 세례자 요한이 정확히 인식하고 있음을 반영하는 요한복음 1장 34절 참조.

은 나를 거름으로 묻어 피는 꽃이다. 그 거름 같은 겸손함은 예수님을 주인공으로 하여 펼쳐지는 요한복음이라는 모노드라마를 생명의 장場으로 한껏 드러내기 위해 철저히 자기를 숨김으로써 발현되었다.

성서의 이야기가 펼쳐지는 역사의 무대에서 예수님을 향해 비추이는 스포트라이트를 돌려 자신에게로 향하게 하는 이들은 늘 있었다. 교회 안도 예외는 아니다. 예수님을 장식품 삼아 자신을 돋보이게 하려는 이들이 있다면 하나님께서 이 땅에서 펼치시려는 구원의 드라마에서 자신의 배역을 크게 잘못 정한 것이다. 하나님은 생명의 무대를 혼란에 빠뜨린 책임을 물어서 그를 그 무대에서 끌어 내리고 심판하시리라.

3부
민음

| 속박으로부터 해방되다 |

10 거라사의 광인

귀신의 쇠사슬을 끊고 세상으로 나아간 자

본문   마가복음 5:1–20; 마태복음 8:28–34; 누가복음 8:26–39
이름의 뜻 —

• 엑소시스트 예수님?

1949년 미국 레이니어 산Mount Rainier 근처에서 실제로 일어난 사건을 토대로 윌리엄 피터 블래티가 1971년에 쓴 소설 《엑소시스트The Exorcist》는 〈뉴욕타임스〉의 베스트셀러 차트에 올라간 다음 전 세계에 소개되기 시작했다. 그 소설은 윌리엄 프리드킨의 감독 하에 1974년 영화로 제작되어 다시 전 세계적인 반향을 불러일으켰다. 영화의 대체적인 줄거리는 나이 든 가톨릭 신부가 엑소시즘을 통해 귀신 들린 어린 여자아이를 악마로부터 구출한다는 내용이다. 이 영화가 끝날 때마다 극장 관리인들은 괴기하고 충격적인 영상으로 인하여 관객들이 흘린 토사물을 치우느라 골머리를 썩었다고 한다. 이후 〈엑소시스트〉는 공포 영화의 대명사로 인식되었고, '축귀逐鬼' 혹은 '축사逐邪'를 뜻하는 '엑소시즘exorcism'과 '축사자逐邪者'를 뜻하는 '엑소시스트'는 우리 곁의 일상적인 용어가 되었다.

엑소시스트 예수님? 이 두 단어의 조합에 다소 어리둥절한 이들도 있겠지만, 귀신을 물리치시는 예수님의 이야기는 공관복음서에 자주 등장하는 소재거리다(마 9:32-34; 12:22; 15:21-28; 막 1:21-28; 5:1-20; 7:24-30; 9:14-29; 눅 11:14).

> 내가 하나님의 성령을 힘입어 귀신을 쫓아내는 것이면 하나님의 나라가 이미 너희에게 임했느니라(마 12:28. 참조. 눅 11:20; 출 9:3).

하나님 나라의 도래를 선포하신 예수님은 그것을 가시화하기 위해 하나님의 주권과 역사를 거부하는 반신적反神的 세력을 축출하는 기적을 행하셨다. 하나님의 주권이 하늘에서처럼 땅에서도 실행되고 있음을 확신한 예수님은 이렇게 말씀하셨다. "사탄이 하늘로부터 번개같이 떨어지는 것을 내가 보았노라"(눅 10:18). 예수님은 이 땅에서 하나님의 주권으로 통치되는 그의 나라가 실현되고 있음을 보여 주시기 위해 하나님의 대행자로서 사탄, 곧 강한 자의 집을 쳐부수고 이 땅의 백성들을 억압에서 풀어 주는 사건으로서 축사를 행하신 것이다.

> 사람이 먼저 강한 자를 결박하지 않고는 그 강한 자의 집에 들어가 세간을 강탈하지 못하리니 결박한 후에야 그 집을 강탈하리라(막 3:27).

이렇듯 예수님의 하나님 나라 운동은 사탄과의 투쟁이었고, 그 구체적인 사역이 귀신 추방과 병 치유로 나타났던 것이다(마 10:6-8; 눅 9:2). 귀신은 우리 일상에서 어떤 영역이든 어떤 행위로든 성령의 지배를 받지 않는 바로 그곳을 지배하려 들 것이다. 결국 하나님의 통치를 거부하는 것은 귀신의 지배를 용인하는 것이다. 엑소시스트로서 예수님의 인상을 가장 강렬하게 남긴 이야기는 거라사▲ 광인의 이야기가 아니겠는가?

• 거라사의 광인, 귀신의 쇠사슬을 끊고 세상으로 나아가다

미치지 않으면 살 수 없는 세상에서 광인표人이 되고 만 사람이 있었다. 그의 상태를 신약성서는 다음과 같이 전한다.

> 그 사람은 무덤 사이에 거처하는데 이제는 아무도 그를 쇠사슬로도 맬 수 없게 되었으니 이는 여러 번 고랑과 쇠사슬에 매였어도 쇠사슬을 끊고 고랑을 깨뜨렸음이러라 그리하여 아무도 그를 제어할 힘이 없는지라 밤낮 무덤 사이에서나 산에서나 늘 소리 지르며 돌로 자기의 몸을 해치고 있었더라(막 5:3-5).

이 거라사 광인은 더러운 귀신에 사로잡혔는데, 마가복음은 그 악한 영을 레기온λεγιών으로 표현해 놓았다(막 5:9). '레기온'은 6천 명으로 구성된 로마의 사단 병력을 뜻한다. 왜 하필 '레기온'인가?

데가볼리▲▲의 하나인 거라사는 알렉산더 대제의 동방 원정 이후 그의 후계자들이 세운 헬라풍의 도시들 가운데 하나다. 데가볼리는 유

▲ Gerasa: 요단강 동편 갈릴리 바다 남단에서 동남쪽으로 약 56킬로미터 지점에 있는 도시. 마태복음 8장 28절에서는 '가다라Gadara'로 표기함.
▲▲ '10'(δέκα)과 '도시 국가'(πόλις)의 합성어로 영어의 '데카폴리스Decapolis'에 해당하며, 요단강 동편과 서편에 있는 헬라풍으로 건설된 열 개의 도시를 일컫는다.

대인들의 관할 구역으로 있다가 예수님이 활동할 당시 로마군에게 점령당했다. 거라사 광인의 이야기를 기록한 마가는 그를 사로잡은 더러운 귀신의 수를 단수와 복수 혼용으로 나타냈다(막 5:2, 9, 13). 이것은 악한 영으로 인해 비인간화된 그의 광증이 당시의 시대상과 무관하지 않음을 전하는 것이다. 거라사 광인은 로마 제국의 군사적 점령과 살육, 경제적 착취와 수탈, 그리고 문화적 말살로 인해 비인간화되고 미쳐 가는 세상의 한 단면을 보여 준다.

거라사는 팔레스타인의 전통적 유대 문화와 알렉산더의 군사적 점령 이후 서서히 뿌리 내린 헬라 문명과 강력한 군사력으로 통제하는 로마의 식민 통치가 소용돌이치는 여울목과 같은 지역이었다. 상당수의 로마군이 그곳에 상주하면서 잔혹한 행위를 일삼고 세금을 갈취하고 부녀자를 농락하는 일은 주민들이 늘 겪어야 했으리라. 이러한 거칠고 모진 환경에서 미쳐 버린 이 사람은 그 시대의 아픔과 질곡을 대변하는 사람이었다. 귀신에 사로잡혀 극단적인 우울증과 몸을 자해하는 그는 산 사람들과 같이 살지 못하고 죽은 사람들이 묻힌 무덤가에서 살 수밖에 없었다. 사회로부터 철저히 격리된 채 무덤 사이에서 광인으로 살아가던 그가 어느 날 예수님을 만난 것이다.

그를 사로잡은 더러운 귀신을 향해 예수님은 짧지만 권위에 찬 명령을 내리셨다.

더러운 귀신아 그 사람에게서 나오라(막 5:8).

예수님의 명령에 더러운 귀신은 마침 옆에 있던 돼지 떼 2천 마리에게 들어갔고, 미쳐 날뛰던 돼지들은 바다를 향하여 비탈로 내리달아 몰사했다(막 5:11-13). '레기온'으로 표현된 더러운 귀신은 바닷속으로 뛰어든 돼지 떼와 운명을 같이했다.

• 귀신 들린 현장, 복음의 능력으로 치유하라!

예수님이 이 땅에 오셔서 제일 먼저 하신 일은 '하나님 나라'를 선포하고 그것을 보여 준 퍼포먼스였다. 가장 대표적인 퍼포먼스는 귀신을 쫓아낸 것이었는데, 그것은 예수님의 사역으로 시작된 하나님 나라(통치)의 도래가 귀신의 통치와 함께 이 땅에 공존할 수 없음을 가시적으로 보여 주는 사건이다. 이 사건은 개인적인 차원의 축귀逐鬼뿐 아니라, 한 인간의 인격을 분열시키고 비인간화시키는 주변의 악마적 환경에 대한 깊은 통찰과 복음적 대처도 필요함을 일깨워 준다.

어릴 적 〈전설의 고향〉이라는 텔레비전 프로그램에서 한밤중 하얀 소복을 입고 머리를 산발한 채 깊은 원한을 품은 눈으로 흐느끼며 등장하는 처녀귀신의 모습을 본 후 한동안 화장실을 제대로 가지 못한 적이 있다. 그때 어린 마음에 우리나라 귀신은 왜 죄다 여자귀신인지 의아하게 생각한 적이 있다. 국문학자 최기숙은《처녀귀신: 조선시대 여인의 한과 복수》(문학동네, 2010)에서 귀신 담론을 인문학적 접근으로 흥미롭게 풀어낸다. 저자에 따르면 귀신 이야기는 '사회 부조리를 환기하는 문화 기호'다. 저자는《장화홍련전》이나《금오신화》와 같은 조선 후기 야담집에 자주 등장하는 우리나라 귀신의 아이콘이라 할 수 있는 처녀귀신의 이야기에 숨겨진 사회적 코드를 해독하려 했다. 귀신 이야기에 유독 여자귀신, 특히 처녀귀신이 자주 등장하는 것은 죽어 귀신이 되어서야 한을 쏟아낼 수밖에 없는 남성 중심 가부장적 사회의 불합리하고 부조리한 현실을 준열하게 비판하는 정신의 표현이라는 것이다. 인격적 실체로서의 귀신이 아닌 사회적 부조리를 환기하는 문화적 기호로서만 귀신 이야기를 풀어 나가는 저자의 입장에 전적으로 동의할 수는 없지만, 귀신 이야기가 지닌 사회문화적 차원을 짚어 준 점은 신선했다.

이미 언급한 것처럼 거라사 광인 이야기 또한 그 속에 사회문화적 코드가 숨어 있다. 귀신 들림이 개인적 차원만이 아닌 비인간화된 사회의 뒤틀린 현상임을 일깨워 주는 것이다. 인격적인 실체로서 인간을 비인간화하는 귀신은 급기야 사회도 거라사 광인의 거처였던 무덤과 같이 비인격적이고 반신적인 환경으로 만들어 버린다. 군대귀신 들린 거라사 광인은 예수님 당시 귀신 들린 사회의 단면을 고발하고 있다. 공관복음서는 예수님 주변에 엑소시즘이 필요한 귀신 들린 이들이 많았음을 전하고 있지 않은가? 2천 년 전만 그러한가? 우리 주변을 살펴보라! 하나님의 형상으로 창조된 인간을 비인간화하는 것들이 얼마나 많이 널려 있는가? 거라사 광인의 이야기는 '레기온'보다 더 강력한 이 땅의 악마적 세력을 물리칠 수 있는 유일한 무기는 복음의 능력 외에는 없음을 전하지 않는가? 귀신 들린 현장을 하나님 나라의 복음과 그 능력으로 치유하지 않으면 우리의 가정과 교회와 사회가 귀신의 영향권 안에 놓일 수 있다는 교훈을 마음 깊이 간직해야 할 터다.

11 소박한 믿음으로 구원 받은 여인
혈루증을 앓던 여인

본문   마태복음 9:20-22; 마가복음 5:25-34; 누가복음 8:43-48
이름의 뜻 —

• 이슬방울이 진주가 되는 이치

캐나다 밴쿠버에 있는 리젠트대학교에서 신학생들을 가르치는 마르바 던 교수는 세계적인 명성을 지닌 영성신학자다. 그녀는 세계 곳곳을 다니며 왕성하게 저술과 강연 활동을 하고 있지만 사실 버거운 육체의 병고를 안고 있다. 그녀의 질병 상태는 이러하다. 한쪽 눈은 보이지 않으며, 두 다리는 각기 다른 이유로 혼자 걸을 수 없을 정도로 불편하다. 어렸을 때 앓은 홍역 바이러스 때문에 45년 동안 당뇨를 앓고 있을 뿐만 아니라 극심한 저혈압에 시달리고 있으며, 신장을 이식 받은 후로는 정해진 시간에 하루 열한 번 약을 먹어야 한다. 평생 이런 심각한 질병을 안고 살아가지만 그녀가 외치는 메시지는 이것이다.

의미 없는 고난은 없습니다.
 - 마르다 던Marva Dawn의 《의미 없는 고난은 없다—질병과 장애 속에서 바라보는 온전함과 희망Being Well When We're Ill》(엔크리스토, 2010)에서.

던 교수의 말대로 믿음의 사람에게는 '의미 없는 고난'은 없다. 인생 학교에서 누구나 수강해야 하는 필수과목이 있다면 그것은 '고난'이다. 고난은 참된 인간이 되는 데 필요한 과정이다. 고난은 우리의 병든 영혼을 정화하는 묘한 힘이 있다. 골짜기가 깊으면 깊을수록 산은 높아진다고 한다. 영광의 정상에 오르기 위해서는 고난의 골짜기를 필히 거쳐야 한다. 고난의 골짜기가 깊으면 깊을수록 우리가 경험하는 하나님의 은혜는 강렬해지고, 우리의 영성은 고양된다. 그러나 고난을 극복하는 것보다 더욱 중요한 일이 있다. 그것은 우리에게 존재의 의미를 부여하고 참된 희망의 근거가 되는 것을 찾는 일이다.

동방교회의 한 익명의 수도사가 1970년 부활절에 레바논에서 쓴 한 편의 아름다운 글이 있다. 시보다 아름답고 보석처럼 영롱한 이 작품은 《길 떠나는 사람》이다. 그 중에서 짧은 '아침 이슬'이란 글의 전문을 소개한다.

아이야, 네가 나의 광활한 우주와 일치되기를 바란다. 우주의 무형의 열망과 찬미에 동참하기 바란다. 네가 무한한 사랑과 하나가 되기를 추구하는 순간에 특별히 겸손해지기 바란다.

아침 이슬을 보았을 것이다. 아침은 태양이 솟아오르기 직전이나 직후에 풀잎과 나뭇잎 끝에 진주알들을 굴려 매달아 놓는다.

이슬은 땅이 습한 지역에 풍성하며 날씨가 청명하고 고요할 때 잘 발견된다. 이슬방울들은 빛을 받아 무지갯빛으로 빛난다. 보잘것없는 이슬방울조차 우주의 근원적인 색조를 반사한다.

아이야, 사랑하는 마음에 태양을 받아들여 습한 땅에다 사랑을 잉태시키는 미소한 이슬방울처럼 되어라.

겸손한 자태로 한껏 세상의 아름다움을 반영하는 이슬처럼 되어라. 태양의 열기와 빛을 흡수하여라. 이슬방울에게 존재를 부여하는 것이 바로 태양이기 때문이다.

– 익명의 수도사의《길 떠나는 사람》(성바오로딸수도회, 1998)에서.

인생은 햇빛이 비치면 금세 사라지는 안개요 풀잎에 잠깐 맺혔다가 증발하는 아침 이슬과 같다. 그러나 수도사가 말한 것처럼 안개와 이슬방울과도 같은 우리에게 삶의 의미와 존재의 이유를 부여하는 것은 위의 시에서 태양으로 은유된 주님이 우리와 함께 계시기 때문이다. 금세 사라질 이슬방울 같은 우리가 영롱한 진주 같은 존재가 될 수 있는 이치는 주님께 있다. 주님께서 계신다면 한낮에 찌는 더위가 시련이 된다 할지라도 견딜 수 있으며, 세찬 고난의 비를 맞더라도 무지갯빛 희망을 꿈꿀 수 있다.

고난을 통해 희망과 구원의 근거가 되시는 예수님을 만나, 스러질 이슬방울 같았던 인생이 진주 같은 존재가 된 여인이 있다.

• 열두 해 동안 혈루증을 앓은 여인, 소박한 믿음으로 구원 받다

매일 하혈하는 피를 보면서 어두운 죽음의 그림자를 달고 사는 여인이 있었다. 그는 열두 해를 피가 유출되는 병[*]을 앓아 왔다. 그 여인

▲ '혈루증'으로, '월경과다'나 자궁질병으로 추정된다.

은 자신의 병을 고치기 위해 용하다는 수많은 의원도 만났고, 피를 멈추는 효험이 뛰어난 약재라고 이것저것 소개받아 먹어도 보았다. 그러나 차도가 보이기는커녕 몸과 마음만 지쳐 가고 가산만 기울 뿐이었다(막 5:26). 그뿐인가, 당시의 율법 종교(레 15장 참조)가 규정한 부정不淨한 여인이기에, 결혼한 여인이었다면 남편의 품에 안겨 본 이전의 그 따뜻한 기억도 저편에서 가물거릴 뿐이었다. 자녀들이 있었더라면 그 아이들조차 마음껏 안을 수 없었을 것이다. 왜냐하면 이 여인의 손으로 만지는 모든 것은 부정하게 되어 남편도 자녀도 덩달아 부정한 존재로 전락할 수 있기에. 몸 바깥으로 피가 유출되는 일상적 경험 속에서 이여인은 살아도 살아 있지 않은, 수액이 점점 말라가는 고목 같은 존재가 아니던가!

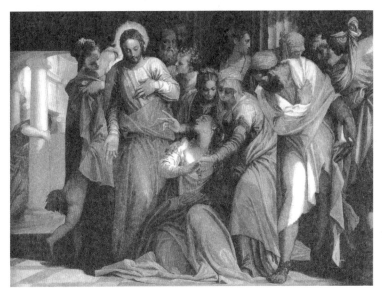

파올로 베로네제, 〈무릎 꿇은 여인에게 말을 거는 그리스도〉, 1546년경, 유채, 런던, 내셔널 갤러리

그 무성한 소문으로만 듣던 예수님을 만나기 위해 이 여인은 수많은 무리에 에워싸이신 그분에게 다가가 그 옷자락을 만졌다(마 9:20-21; 막 5:27-28). 그는 예수님의 공생애 기간 동안 주체적으로 예수님의 옷을 만진 첫 여인이다. 어찌 보면 이 여인의 행위는 사회가 정한 관례와 인습에 대한 도발이었다. 그 시대에 엄연히 존재한 성적 굴레도, 남녀 유별한 공간적 영역의 구분도, 율법이 정한 종교적 규정도 뛰어넘은 믿음의 행위였다. 그 결과 이 여인은 자신의 몸에서 일어난 기적을 보았다. 자신을 인간답게 살지 못하게 한 만성적인 혈루의 근원이 마르게 된 것이다(막 5:29; 눅 8:44). 도발적 행위를 하고 사시나무 떨듯 떨고 있는 이 여인에게 예수님이 말씀하신다. "딸아 네 믿음이 너를 구원하였으니 평안히 가라 네 병에서 놓여 건강할지어다"(막 5:34. 비교. 마 9:22; 눅 8:48).

이 여인이 행한 일종의 능력 강탈을 예수님은 '믿음'이라 하셨다. 정죄를 예상한 그 여인에게 찾아온 것은 구원이었다. 이로써 여인은 그동안 자신을 억눌러 왔던 신체적 고통뿐만 아니라 사회적·심적 고통에서 해방되었다. 여인이 당시의 종교적 관례에 자신의 믿음을 가두어두려고 했다면 일상 속의 이 큰 기적은 일어나지 않았으리라! 혈루증으로 고통에 빠져 있던 이 여인은 오직 하나의 희망을 안고 예수님 곁으로 다가왔다. 실은 그녀가 직면한 지독한 절망과 지속된 고난이 희망의 근거가 되시는 예수님께로 나아가게 했다.

• 예수님이 희망이고, 믿음은 해답이다

톨스토이는 《참회록》에서 인생을 다음과 같은 우화로 풀이했다.

동양의 옛 우화에, 초원에서 사나운 맹수의 습격을 받은 길손에 관한 이
야기가 있다. 맹수를 피해 길손은 오래된 마른 우물 속으로 뛰어들었다.
그러나 그는 우물 바닥에서 그를 한입에 삼키려고 커다랗게 입을 벌리고
있는 한 마리의 용을 보았다. 그래서 이 불행한 길손은……중간 틈바귀
에 나 있는 야생 관목 줄기에 매달려 힘겹게 몸을 지탱하고 있었다. ……
그러나 검고 흰 두 마리의 쥐가 기어오더니, 그가 매달려 있는 관목 줄기
를 오가면서 갉아먹기 시작했다. 이제 곧 관목 줄기는 뚝 부러질 것이고,
그는 용의 입 안으로 떨어질 것이 틀림없다. ……그런데 그는 그 자리에
매달려 있는 그 짧은 순간에도 관목 잎사귀에 꿀이 묻어 있는 것을 발견
하고는 느닷없이 혓바닥을 갖다 핥아먹기 시작했다.
– 톨스토이의 《참회록 Исповедь》(홍신문화사, 2012)에서.

이 이야기처럼 우리 인생은 잇따라 벌어지는 위기 상황에 편안할
날이 없을 지경이다. 계속되는 시련과 고난 속에 던져진 인생이 대장
장이가 무쇠를 만드는 과정을 닮았다. 대장장이는 쇠를 센 불에 집어
넣고 빨갛게 달아오를 때까지 기다렸다가 꺼내어 망치질하고 잠시 물
에 데치듯 담갔다가 다시 풀무에 집어넣는 과정을 반복하여 더 단단
한 강철을 만든다. 이 과정을 각각 '풀무질', '망치질', '담금질'이라고
부른다. 이러한 과정을 되풀이하여 더 단단한 강철을 만드는 것처럼,
고난은 우리를 단련시키는 하나님의 풀무불과 같다. 불은 쇠를 시험하

고 역경은 강자를 시험한다. 대장장이 손에 들려진 쇳조각처럼, 하나님은 우리를 때로 고난의 풀무불 속으로 집어넣는다. 우리를 '영적 강자'로 만들기 위한 하나님의 계획이다.

캘리포니아에는 파도타기를 할 수 있는 아름다운 해변이 많다. 파도타기하는 사람들을 서퍼surfer라 하는데, 가끔 해변에 가서 그들을 보고 있으면 눈뿐만 아니라 마음까지 시원해진다. 그들은 파도를 타며 파도에 저항하는 것이 아니라, 그것을 이용한다. 그들을 보면서 서퍼가 높은 파도를 이용하듯, 나 또한 고난의 파도를 이용할 수 있으면 좋겠다고 생각했다. 그리고 고난의 파도를 타고서 하나님이 원하시는 목적지까지 갈 수 있는 영적인 거인이 되고 싶었다. 서핑보드surfing board에 몸을 실은 채 출렁이는 파도를 타는 서퍼처럼, 우리는 시도 때도 없이 밀려오는 고난과 역경의 파고를 넘는 노련한 인생 항해자가 되어야 한다. 시오노 나나미의《로마인 이야기》에 이런 구절이 나온다.

> 로마를 로마로 만든 것은 시련이다. ……전쟁에 이겼느냐 졌느냐보다 전쟁이 끝난 뒤에 무엇을 어떻게 했느냐에 따라 나라의 장래는 결정된다.
> – 시오노 나나미鹽野七生의《로마인 이야기ロ―マ人の 物語》(한길사, 1995) 제2권에서.

덴마크의 철학자 키에르케고르Søren Kierkegaard가《죽음에 이르는 병 Sygdommen til Døden》에서 주장하는 죽음이란 육체적인 죽음이 아니라 영원한 생명의 상실을 의미한다. 그가 말하는 죽음에 이르게 하는 병은 절망이며, 절망이란 자기를 있게 한 하나님과의 관계를 상실하는 것이다. 나아가 그는 이 상실이야말로 죄라고 규정한다. 그러므로 하나님과의 관계를 회복하는 회개와 신앙만이 죽음에 이르는 병에서 회복할 수 있는 길이라고 했다.

고난과 절망을 딛고 일어서는 근원적 힘은 우리 안에 있지 않다. 키에르케고르가 주장하듯 하나님과의 바른 관계에 있다. 이런 관계를 상실했을 때 죽음에 이르는 병인 절망에 빠진다. 열두 해를 혈루증으로 앓아 온 여인은 참된 희망을 좇아 예수께로 나아갔다. 그녀가 구원받은 것은 "옷자락에 손만 대어도 나을 수 있겠다" 하는 소박한 믿음 때문이었다. 예수님은 때 묻지 않은 여인의 믿음을 보시고 열두 해 동안 괴롭혀 온 질병을 말끔하게 치료해 주신 것이다. 그녀의 믿음은 관계의 차원을 지닌다. 그녀는 예수님의 인격과 능력에 대한 신뢰로 그분의 옷자락을 영혼의 떨림으로 만졌다. 예수님의 옷자락을 만짐으로 그분의 인격과 만난 것이다. 참된 희망의 근거를 찾은 것이다. 그 희망이 그녀를 구원으로 이끄는 믿음을 추동케 했다. 이것이 예수님이 희망이고, 믿음이 해답인 이유다.

12

사도들에게 보내어진 최초의 여성 사도
막달라 마리아

> **본문**   마가복음 16:9-11; 누가복음 8:2; 요한복음 19:25; 20:1-18
> **이름의 뜻** 존귀하다

• 논란의 중심에 선 여인, 막달라 마리아

기독교 역사에서뿐만 아니라, 최근 전 세계적으로도 스포트라이트를 받고 있는 한 여인이 있다. 이 여인은 수많은 사람들의 상상력을 끊임없이 자극하고, 다양한 이미지를 창출했다. 그 여인은 다름 아닌 막달라 마리아다. 숱한 전설들로 채색되어 성녀와 죄인의 대명사 사이를 오르락내리락하면서 세인들에게 회자되어 논란의 중심에 선 여인이다.

뮤지컬 〈지저스 크라이스트 슈퍼스타*Jesus Christ Superstar*〉*와 영화 〈그리스도의 마지막 유혹*The Last Temptation of Christ*〉**에서는 창녀로, 영화 〈더 패션 오브 크라이스트*The Passion of Christ*〉***에서는 간통을 저질

▲ 1973년 캐나다 출신의 영화감독 노만 주이슨Norman Jewison이 예수의 최후의 7일간을 록 뮤지컬로 제작한 영화.
▲▲ 1960년 그리스 출신의 소설가 니코스 카잔차키스Nikos Kzantzakis의 동명 소설을 1988년 이탈리아계 미국인 마틴 스코세스Martin Scorsese가 감독한 영화.
▲▲▲ 2004년 미국 영화감독 겸 배우 맬 깁슨Mel Gibson이 감독한 영화. 그리스도의 수난과 죽음을 다루었다.

러 돌에 맞아 죽을 뻔한 여인으로, 소설《다빈치 코드*The Da Vinci Code*》▲에서는 예수님과 결혼하여 아이를 낳은 여인으로, 고대 영지주의 문헌 가운데 하나인《막달라 마리아 복음서*The Gospel of Mary Magdalene*》에서는 최고의 사도로 묘사되었다. 이 외경 복음서에는 부활하신 예수께서 막달라 마리아에게만 비밀스런 말씀을 전하신 것에 대해 베드로가 다른 제자들과 불만을 토로하는 장면이 나온다.

> 베드로가 말한다. "우리가 모르는 비밀을 이런 식으로 여자에게 말씀하셨다니 가당키나 합니까? 관습을 뒤엎고 여자의 말에 귀 기울여야 옳습니까? 정녕 우리보다 더 사랑하사 이 여자를 택하신 것입니까?"
> ─ 장 이브 를루Jean-Yves Leloup의《막달라 마리아 복음서*L'evangile de Marie*》(루비박스, 2006)에서.

또 다른 영지주의 문헌인《빌립복음서*The Gospel of Philip*》는 예수님이 여러 제자 중에서 그녀를 가장 사랑했으며, 그녀에게 자주 입맞춤을 했다고 적고 있다. 중세 후기의 베스트셀러였던《황금전설*Legenda aurea*》 등에 따르면, 막달라 마리아는 매춘부 출신으로 한동안 쾌락을 탐닉하다가 예수님을 만나 죄를 뉘우치게 되었다. 이 때문에 막달라 마리아에게는 창녀를 의미하는 '죄인'이라는 별명이 주어졌고, 르네상스 이후 그녀의 회개를 주제로 하는 회화나 조각이 많이 제작되었다.

그러나 모두 신약성서가 전하는 막달라 마리아의 모습과는 다르다.

▲ 미국의 소설가 댄 브라운Dan Brown이 2003년에 쓴 미스터리 추리 소설.

억측과 상상이 가미된 위조품일 뿐이다. 다만 그녀와 관련된 성서 기사는 예수께서 그녀에게서 일곱 귀신을 쫓아 주셨고 이후 자신의 재산을 바쳐 예수님의 일행을 시중들었다는 것(막 16:9; 눅 8:1-3)과 예수께서 처형되실 때 그 곁에 있었고(요 19:25), 그의 시신이 매장되는 것을 지켜보았다는 정도이다. 그러나 막달라 마리아를 가장 돋보이게 하는 것은 부활하신 예수님을 가장 먼저 만난 사람으로 성서가 소개하는 장면에서다(막 16:10-11; 요 20:1-18). 나아가 그 엄청난 부활 소식을 사도들에게 전한 사람이 막달라 마리아였다.

• 막달라 마리아, 절망을 딛고 깨어나 부활 소식을 최초로 전하다

갈릴리 호수 북서부에 인접한 막달라는 이방인들이 많이 사는 부유한 상업 지역이었다. 막달라는 염색업과 직물업으로 유명한 도시였고, 생선 염장 가공으로 유명하여 소금에 절인 생선을 예루살렘뿐만 아니라 멀리 알렉산드리아와 로마에까지 수출했다. 요세푸스의 《유대전쟁사Bellum Judaicum》에 따르면 한때 4만여 명의 주민과 230척의 배가 있었다. 주후 70년경 로마의 디도Titus 장군에게 이 도시가 함락되었을 때 6천 명의 유대인이 죽었으며, 건장한 청년 6천 명이 로마에 포로로 끌려가 고린도 운하 공사에 동원되었고, 3만 명은 노예로 경매되었다고 한다.

아르벨Are Bell 절벽에서 내려다보이는 아름다운 막달라의 주변 경관과 달리, 상업 도시가 그러하듯 막달라는 여러 갈등이 내재하고 있어 한 여인으로서 살아가는 것이 녹록지 않았을 것이다. 더군다나 마리

엘 그레코, 〈막달라 마리아의 회개〉, 1580~85년, 유채, 캔자스시티, 넬슨 앳킨즈 미술관

아는 일곱 귀신 들린 여인이 아니었던가! 그런 점에서 막달라 마리아
는 건져 올릴 희망조차 없는 여인이었다.

　그러나 막달라 마리아는 죽음 같은 절망을 딛고 깨어나 믿음의 여
정에 동참하게 된다. 엄격한 율법의 잣대로 통제되는 사회에서 일곱 귀

신 들려 질곡과 소외를 경험했던 막달라 마리아는 예수님으로 말미암아 진정한 깨달음에 이르는 '해방'을 경험했다. 나아가 그녀는 남성 제자들이 외면한 예수님의 십자가 처형 현장에까지 이른다.

막달라 마리아는 예수님이 숨을 거둔 후 그 시체를 아리마대의 요셉이 준비한 바위 무덤에 장사 지낼 때까지 줄곧 함께 있었다. 왜냐하면 예수님의 무덤이 어디 있는지를 누구보다도 잘 알고 있어서 안식일 후 첫날 새벽 미명에 무덤을 쉽게 찾아갔기 때문이다. 막달라 마리아는 안식일이 끝난 첫날 새벽에 다른 여자들과 함께 예수의 몸에 향유를 바르기 위해 무덤을 찾아갔는데, 무덤이 빈 것을 발견했고 이어 천사를 만났다(마 28:5). 천사는 막달라 마리아와 다른 여자들, 즉 살로메와 야고보의 어머니 마리아에게 "빨리 가서 그의 제자들에게 이르되 그가 죽은 자 가운데서 살아나셨고 너희보다 먼저 갈릴리로 가시나니 거기서 너희가 뵈오리라 하라 보라 내가 너희에게 일렀느니라"(마 28:7)라고 말했다. 그러나 요한복음에는 다른 여자들의 이름은 나오지 않고 막달라 마리아만이 새벽에 먼저 무덤으로 갔다고 되어 있다. 즉, "안식 후 첫날 일찍이 아직 어두울 때에 막달라 마리아가 무덤에 와서 돌이 무덤에서 옮겨진 것을 보고……"(요 20:1 이하)라고 되어 있다.

새로운 생명 역사가 동터 오는 새벽 미명에 그녀는 부활 현장을 목격한 첫 증인이 되었다(막 16:9; 눅 8:2). 그때 예수님은 막달라 마리아에게 부활 소식을 다른 사도들에게 증거하도록 위임하셨다(막 16:10-11; 요 20:17-18). 이런 까닭에 어떤 이는 그녀에게 '사도들에게 보내어진 사도Apostle to the Apostles'라는 고귀한 별칭을 부여하기도 했다. 무명에 가까운 한 여인에게 기독교의 가장 중요한 복음의 핵심인 부활 소식을 전하도록 위탁되었으니 그럴 만도 하다. 여성의 증언에 어떤 가치도 부여하지 않았던 유대 사회에서 여인, 그것도 한때 일곱 귀신들렸다는 멍에를 짊어진 막달라 마리아를 부활의 '목격자'로, '증인'으로 삼은 복음서 기자의 두둑한 배짱이 느껴진다. 아니, 배짱이라기보다는 부활 사건이 참되다는 반증이 아닐까?

막달라 마리아에게서 일곱 귀신의 굴레를 벗겨 내신 예수님처럼, 그녀를 둘러싼 진실 게임과 관련된 공방으로부터 구해 내어 그녀의 가치와 존재감을 성서가 그려 내듯이 그녀를 볼 수는 없을까? 억측과 상상이 아닌, 해방을 경험하고 십자가의 길까지 동행하여 결국 부활의 목격자와 증인이 된 진정한 제자의 삶을 산 여인으로 말이다.

• '남하당'과 '여당당'을 넘어 하나로!

예수께서는 여성 제자를 허용하지 않으신 것인가? 가톨릭은 열두 제자가 모두 남성임을 근거로 하여 여전히 여성 사제직을 허용하지 않고 있다. 예수님의 전도 사역 당시 곳곳을 유랑하며 복음을 전하셨던 방식과 유대 사회의 남성 중심의 언어적 관습과 문화적 배경을 고려하면 예수께서 열두 제자를 남성으로 뽑으신 까닭을 알 수 있다.▲ 그렇다고 예수께서 여성 제자들을 허용하지 않으셨다고 주장하는 것은 어불성설이다.

당시 유대 사회의 관례에 비춰 볼 때, 예수님 주변에 따르는 여성들

▲ 예수께서 열두 제자를 발탁하신 데는 이스라엘 백성 전부를, 곧 열두 지파를 재건하고 포용하시겠다는 뜻이 있다.

이 많았다는 것은 매우 이례적이고 파격적이다. 예수님의 행적과 가르침에는 무수한 여인들의 이야기가 등장한다.

열두 해 동안 하혈하는 여인(막 5:25-34), 가련한 과부(막 12:38-44; 눅 7:11-17; 18:1-8), 귀신들린 딸을 둔 수로보니게 여인(막 7:24-30), 예수께 향유 부은 여자(막 14:3-9), 창녀(마 21:31-32), 사마리아 여자(요 4:1-42), 간음한 여자(요 7:53-8:11)가 그들이다. 그들 대다수는 고귀한 믿음의 행위로 예수님께 크게 칭찬받은 여인들이다. 또한 이혼 논쟁(막 10:1-13), 마르다와 마리아 자매 이야기(눅 10:38-42), 허리를 펴지 못하는 여인이 치유 받은 이야기(눅 13:10-17)가 있다. 이 모든 이야기에는 당시 가부장적 전통에서 여성들을 하찮게 여기는 시각이 없다. 오히려 존중과 칭찬 일색이다.

그리고 여느 남성 제자 못지않게 예수님의 복음 선포에 적극 동참한 여성들이 있다. 이들 가운데는 자신의 재산을 바쳐 예수님을 시중들었던 요안나와 수산나가 있다(눅 8:3). 여기서 '시중든다'는 의미는 '섬기는 삶'을 요구한 예수님의 제자직의 본질이다. 그리고 죽었다가 살아난 나사로의 누이인 마르다와 마리아, 예수님의 십자가 죽음까지 함께했던 야고보와 요세의 어머니 마리아와 살로메(막 15:40-41)가 있다. 우물가에서 예수님을 만나 변화되고 이웃에게 예수님을 선포한 사마리아 여자도 이 위대한 여인들의 무리에 포함된다. 이중에서도 막달라 마리아는 사복음서에서 모두 언급되며, 예수님의 부활 또한 가장 먼저 목격한 인물로 기록되고 있다. 이렇듯 막달라 마리아는 초대교회를 부흥시켰고 교회 내 여성들의 위상을 드높인 여인이다.

여성들이 사라진 교회 현장을 상상할 수 있는가? 어디 교회 현장뿐인가? 남성 목사와 사제뿐만 아니라 이 땅의 수많은 남성 위인들을 낳고 양육하고 가르치는 여성들을 억압하는 공간에서는 인간다움 또한 잃게 된다. 여성은 여성다움으로, 남성은 남성다움으로 서로를 존중하는 평등한 관계를 형성해 나감으로써 교회는 영적 산실産室이 될 수 있다. 예수께서 선포하신 하나님 나라에는 어떤 성차별도 없었다. 하나님의 나라를 이 땅에서 구현해야 할 교회는 여성의 여성다움으로, 남성의 남성다움으로 함께 세워져 가는 신앙 공동체다. 교회 내의 여성 차별도 문제지만, 현대의 급진적인 페미니즘의 강력한 도전 앞에 남성들이 자칫 교회 안에서 위축되어 제 역할을 하지 못하는 것도 재고해야 할 문제다. 남성 우월과 여성 폄하도, 그 반대도 모두 예수님의 가르침에서 멀다. 하지만 한국 교회 안에는 개그 콘서트의 한 섹션이었던 〈두분토론〉처럼 다수당 '남하당(남자는 하늘이다 정당)' 대표들과 소수당 '여당당(여자가 당당해야 나라가 산다 정당)' 대표들이 여전히 서로 갑론을박하고 있다.

13

믿음의 모정을 지닌 여인

수로보니게 여인

본문   마태복음 15:21-28; 마가복음 7:24-30

이름의 뜻 —

• **개와 관련된 이야기들**

어릴 적 내가 자란 동네에는 제법 많은 누런 개들이 어슬렁거리며 돌아다녔다. 동네 친구들과 나는 이런저런 누렁이를 모두 똥개로 불렀다. 그놈들 가운데 실제로 자기가 싼 고구마 빛 똥이든 시커멓게 변한 사람 똥이든 가리지 않고 핥아 깨끗하게 먹어 치우던 놈들이 있었다. 그러다가 나를 보면 반갑다고 껑충 뛰어 올라 똥을 빨던 혀로 내 뺨이며 목덜미를 핥곤 했다. 그럴 때마다 나는 화들짝 놀라며 돌을 던져 그놈들을 내쫓던 기억이 있다. 그러나 신기하게도 내게로 달려드는 녀석의 혓바닥에서는 똥 냄새가 나지 않았다. 오히려 달짝지근한 냄새가 났다. 이것은 내가 어른이 된 후에도 풀지 못한 신비다. 내 어린 날, 추억 속의 개는 동네 똥을 죄다 먹어 치우고도 입에서 단내 나던 신비한 짐승이었다. 이렇듯 동심에 각인된 개의 이미지는 똥을 먹어서 누렁이가 되었다고 생각한 불쌍한 동네 개들과 관련된 추억에 따른 것이었다.

'개'라는 말은 개가 짖는 소리에서 유래되었다고 한다. 개 짖는 소리가 '강강', '캉캉', '깡깡' 등 다양하게 들릴 수 있지만, 예로부터 '강강' 하고 짖는다 하여 '가히' 혹은 '가이'라고 했다. 그 후 '가이'가 줄어서 '개'가 되었다. 개의 새끼를 의미하는 '강아지'는 '가히'에 축소접미사 '아지'가 붙어서, '가히야지'가 되었고, '가야지'로 단축되어 결국 '강아지'로 정착하게 되었다. 개가 사육되어 인간의 생활 공간으로 들어온 것은 대략 1만 2천~2만 년 전으로 본다.

개는 오랫동안 인간과 함께하면서 주인을 배반하는 법이 없다고 할 정도로 헌신하는 충복의 상징으로 여겨지기도 했다. 그러나 대조적으로 개는 개나발, 개소리, 개뿔, 개판 등과 같은 비속어로 사용될 만큼 비천한 것과 속된 것의 은유가 되기도 한다. 마경덕이 쓴 〈개〉라는 시에는 개와 관련된 이러한 비속한 정서가 표현되어 있다.

왠지 만만하다

개꿈, 개꽃, 개살구, 개집, 개떡, 개뿔……

개가 붙으니 꿈은 사라지고

꽃 앞에 개가 오니 꽃이 진다

개죽음, 개새끼, 개 같은.

개는 개라서

충분히 슬프다

— 마경덕의 《신발론》(문학의전당, 2005)에서.

고대 그리스 철학 학파 가운데 개와 관련된 명칭이 붙은 견유학파犬儒學派가 있다. 이 학파의 창시자는 일반적으로 안티스테네스Antisthenes

로 여겨지지만, '소크라테스에게 미친 사람'으로 알려진 시노페의 디오게네스Diogenes가 이 학파의 대표적인 인물이다. 디오게네스는 자신을 '아테네의 개'라고 칭했는데, 그는 길거리에서 사람들이 보든 말든 관계없이 대소변을 보기도 하고 노골적으로 자위행위를 하거나 여성과 성애를 나눈 것으로 유명하다. 그와 관련된 유명한 일화가 있다. 알렉산더 대왕이 디오게네스의 명성을 듣고 그를 방문했을 때, 나무통 속에 웅크리고 있던 디오게네스와 그가 나눈 대화의 한 토막이다.

"철학자여! 그대는 뭘 원하는가? 원하는 대로 다 해주겠노라."
"당신이 가리고 있는 태양에서 비켜서 주시오!"

견유학파Cynicism를 키니코스Cynikos 학파라고도 하는데, 이 명칭은 '개'를 뜻하는 헬라어 단어 '퀴온κύων'에서 파생된 단어로, '개와 같은 생활'을 하는 그들의 행태에서 유래된 것으로 보인다. 디오게네스는 웅덩이의 물을 핥고 있던 개를 보고 나서는 자신의 유일한 재산이었던 표주박마저 버렸다고 한다. 그들은 당대의 가치관과 풍습을 비판했고, 가진 것이라곤 남루한 옷과 지팡이, 목에 거는 수도사의 주머니밖에 없었을 정도로 반문명적인 생활을 추구한 것으로 유명하다. 디오게네스와 그를 따른 이들은 가장 자유로운 인간으로 살아가기 위해 스스로 개와 같이 되었다. 어쩌면 그들은 자유를 위해 개 같은 삶을 살고자 했던 이들이다.

신약성서에서 개는 주로 부정적인 비유로 쓰인다.

거룩한 것을 개에게 주지 말며 너희 진주를 돼지 앞에 던지지 말라. 그들이 그것을 발로 밟고 돌이켜 너희를 찢어 상하게 할까 염려하라 (마 7:6).

위 구절처럼 사람을 개와 돼지에 비유한 것은 엄청난 모욕이다. 이 구절에서 개와 돼지는 진리와 하나님 나라의 가치를 알지 못하고 자기 정욕에 취해 짐승처럼 살아가는 사람들을 일컫는 말이다. 또 "개들을 삼가고 행악하는 자들을 삼가고 몸을 상해하는 일을 삼가라"(빌 3:2)는 경고의 메시지에서 바울은 개를 하나님의 말씀에서 떠나 악과 저속함과 더러운 행위에 빠진 이들을 가리키는 상징으로 사용했다.

개의 비유와 관련된 가장 극적인 이야기가 신약성서에 기록되어 있다. 예수님께 개라는 모욕적인 말을 듣고서도 물러서지 않은 한 여인의 이야기가 뜨거운 믿음의 모정으로 채색된 아름다운 풍경이 되어 우리 눈앞에 선명히 펼쳐진다.

• 수로보니게 여인, 믿음의 모정으로 귀신 들린 딸을 살리다

어느 날 수로보니게▲ 족속의 이름을 알 수 없는 한 여인이 두로 지경을 방문하신 예수님을 찾아왔다. 그녀는 대뜸 땅바닥에 바짝 엎드리며 다짜고짜 예수님에게 흉악한 귀신 들린 자기 딸을 고쳐 달라고 간청했다. 그동안 사귀邪鬼 들려 사람 구실조차 하지 못하는 딸을 둔

▲ 수로보니게Syrian Phoenicia는 팔레스타인의 북방을 차지하고 있는 시리아 지방 중에서 지중해 연안 쪽에 있는 페니키아(혹은 베니게)를 가리킨다.

그 모정은 소문으로만 듣던 예수님을 만나는 순간, 한 맺힌 절규를 토했다.

> ······다윗의 자손이여 나를 불쌍히 여기소서. 내 딸이 흉악하게 귀신 들렸나이다. ······주여 저를 도우소서(마 15:22, 25).

그러나 이 여인의 애처로운 절규에 가까운 요청에 예수님은 묵묵부답이셨다. 이러한 잠깐의 정적을 깬 것은 이 여인의 돌발적 행동과 요청에 심드렁해진 제자들의 불평이다. "그 여자가 우리 뒤에서 소리를 지르오니 그를 보내소서"(마 15:23). 제자들의 반응에 응하시듯 예수님은 얼음장같이 쌀쌀맞은 비유로 이 여인의 간청을 거절하셨다. "자녀로 먼저 배불리 먹게 할지니 자녀의 떡을 취하여 개들에게 던짐이 마땅치 아니하니라"(마 15:26; 막 7:27). 가장 경멸받던 지역 출신인 사마리아인을 이웃 사랑의 본보기로 들었던 예수님이(눅 10:30-37), 도움을 구하러 찾아온 수로보니게 여인에게는 어찌 이렇게 냉랭하게 대하실 수 있는지 얼핏 이해가 되지 않는다. 평상시 예수님의 인자한 언행을 기억하고 있던 많은 이들은 자신들의 귀를 의심할 정도로 예수님의 이러한 싸늘한 반응에 놀라게 될 것이다.

당시 이 사건이 일어난 지역은 농지 제한 때문에 농작물 공급이 늘 문제였다. 이러한 상황에 특히 농작물이 귀한 계절(겨울)이 오면 상대적으로 가난한 유대 농부들은 예비한 곡식이 없어서 어려움이 생길 때마다 위의 비유를 말하곤 했다. 다시 말해 '자녀의 떡'▲을 취하여 '개들'▲▲에게 주는 것이 옳지 않다는 지적이었다.

'개'라는 모욕적인 언사와 함께 예수님께 매몰차게 퉁바리맞은 이 여인은 그 자리에서 물러서기는커녕 더욱 대담하게 예수님의 자비와 놀라운 능력에 호소했다. "주여 옳소이다마는 개들도 제 주인의 상에서 떨어지는 부스러기를 먹나이다"(마 15:27; 막 7:28). 예수님의 언행에 크게 실망하고 돌아갈 법도 한데 여인은 예수께서 동족 유대인들을 위해 베푸는 자비와 능력의 부스러기라도 좋으니 이방인인 자신의 딸을 위해 베풀어 줄 것을 당당하게 요청했다.

딸의 생존이 걸린 문제이기도 하지만, 예수님을 향한 이 여인의 믿음은 불요불굴不撓不屈의 믿음이었다. 이러한 여인의 태도와 믿음은 앞선 말을 철회하지 않으실 것 같았던 예수님의 마음을 움직였다. "이 말을 하였으니 돌아가라 귀신이 네 딸에게서 나갔느니라"(막 7:29).

여자여 네 믿음이 크도다. 네 소원대로 되리라(마 15:28).

이 세상에서 가장 강한 것은 모정이다. 그러나 그러한 모정보다 강한 것은 이 수로보니게 여인이 보여 주듯 믿음으로 충일한 모정이다.

▲ 이스라엘의 농작물을 가리킨다.
▲▲ 축소형으로 언급한 이 표현을 통해 예수님은 당시 이방인들이 취급받고 있는 방식을 은연중 비판하고 있다.

• 개와 인간 사이의 함수 관계, 신앙으로 푸는 방정식

〈윤동주 시집이 든 가방을 들고〉에서 시인 정호승은 사랑과 용서를 말하면서도 구두에 오줌 지린 강아지를 향해 구두를 내던진 자신에 대한 반성적 시를 썼다.

나는 왜 아침 출근길에

구두에 질펀하게 오줌을 싸놓은

강아지도 한 마리 용서하지 못하는가

윤동주 시집이 든 가방을 들고 구두를 신는 순간

새로 갈아 신은 양말에 축축하게

강아지의 오줌이 스며들 때

나는 왜 강아지를 향해

이 개새끼라고 소리치지 않고는 견디지 못하는가

(중략)

진실로 사랑하기를 원한다면

용서하는 법을 배워야 한다고

윤동주 시인은 늘 내게 말씀하시는데

나는 밥만 많이 먹고 강아지도 용서하지 못하면서

어떻게 인생의 순례자가 될 수 있을까

강아지는 이미 의자 밑으로 들어가 보이지 않는다

오늘도 강아지가 먼저 나를 용서할까 봐 두려워라

– 정호승의 《이 짧은 시간 동안》(창작과비평사, 2004)에서.

개가 바라보는 사람 세상이 궁금할 때가 있다. 제 주인을 한결같이 대하는 개의 눈에 아침과 저녁으로 마음 변하는 인간이 어떻게 비칠까? 평소에는 인생의 순례자로 살겠노라고 하면서 오줌 지린 자신을 향해 구두를 내던지는 주인의 박정함에 개는 뭐라 할까? 우리 사회에는 개 같은 성정을 지닌 사람들의 이야기와 사람보다 나은 개들의 이야기가 혼재해 있다. 점점 비인간화되어 가는 세태를 훈계하듯 그런 개들은 종종 우리에게 사람다움을 가르친다.

수로보니게 여인의 이야기는 예수님의 매몰찬 말에도 물러서지 않고 개처럼 자신을 낮추어 믿음을 통해 희망을 건진 한 여인의 이야기다. 아니, 오고 오는 세대에 믿음으로 희망을 열고자 하는 모든 이들을 위한 이야기다. 그녀는 이방인이자 여인이라는 당대의 가장 천대받는 위치에서 희망 하나를 간직한 채 믿음으로 사회적 차별과 편견에 응전했다. 예수님의 노골적인 언사와 내침에도 굴하지 않고 자신의 비루함을 인정하며 거듭 예수님께 부스러기라도 좋으니 티끌만 한 자비를 베풀어 달라고 외쳤다. 개나 돼지 취급 받더라도 가장 고귀한 것을 위해 물러서지 않는 여인의 믿음이 놀랍다.

그러고 보면 대범함과 담대함은 믿음의 사람이 지닌 성품이기도 하다. 이 여인으로 하여금 개와 같은 자신의 태생적 한계를 뛰어넘게 한 것은 자기 부정의 믿음과 자기 극기의 결기였다. 예수님의 냉랭한 말조차도 끌어서 감싸 안는 여유로움과 포용성은 그녀를 믿음의 거인으로 거듭나게 했다. 여인의 말에는 처연한 기상과 외곬의 자기 다짐이 배어 있다. 개가 되더라도 하나님의 은혜를 구하겠다는 그 겸손함과 치열함이 내게는 없다. 이토록 자신을 부정하는 결기도 박약하다. 개 같은 인생으로 낙인찍히더라도 부스러기 은혜조차 귀하게 여겨 자기를 비우는 겸손함으로 구하는 수로보니게 여인의 자세가 너무나 인간적이기에 아름답다. 하나님의 은혜를 구하는 이들은 이 여인과 같이 자신을 철저히 비운 마음으로 하나님께 나아가야 하리라.

14

주님의 길을 따라 걸어간 무명의 제자
바디매오

본문　　마태복음 20:29-34; 마가복음 10:46-52; 누가복음 18:35-43
이름의 뜻　디메오의 아들

• **가장 큰 장애, 절망**

유엔 통계에 따르면 2011년 기준으로 전 세계 인구의 10퍼센트에 해당하는 약 6억 5천만 명이 장애인이다. 이들 가운데 80퍼센트가 개발도상국에 있다고 한다. 대체로 '장애'하면 신체장애를 연상하지만 현대 사회는 불안장애, 공황장애, 강박장애, 성격장애, 학습장애 등과 같은 정신장애자들의 수가 급격히 늘고 있다. 누가 장애인인가? 희망을 잃은 사람들이야말로 장애인이 아니겠는가? 사지가 멀쩡하더라도 절망의 자리에서 싹 틔우는 희망을 보지 못한다면 그는 이미 장애인이 아닌가? 절망은 용서받을 수 없는 죄라고 한다. 그것은 하나님이 용서를 거부하셨기 때문이 아니라 용서받을 수 있는 가능성을 스스로 포기하기 때문이다. 이러한 포기가 가장 큰 장애다. '절망' 속에서 자라는 '두려움'이 가장 큰 장애라고 외치며 자신의 장애 이야기를 통해 희망을 전하는 사람이 있다.

태어날 때부터 팔과 다리가 없이 태어나 부모로 하여금 망연자실케 한 아이.

그나마 있는 발가락은 두 개뿐인 아이.

고작 여덟 살의 나이에 자신을 비관하여 자살을 시도한 아이.

이제 그 두 개의 발가락으로 1분에 43개의 단어를 칠 정도로 컴퓨터에 능란하고 두 개의 발가락으로 비트박스를 연주하는 사람.

대학에서 재무학과 회계학을 전공했고, 낚시, 골프, 수영과 서핑까지 할 수 있는 사람.

지금은 전 세계를 돌아다니며 희망전도사로 복음을 전하고 있는 사람. 그의 이름은 닉 부이치치Nick Vujicic다. 그가 전하는 희망 메시지를 들어 보자.

제가 일어날 수 있을까요? 저는 백 번이라도 다시 시도할 것입니다. 제가 포기하면 다시는 일어나지 못하기 때문입니다. 지금의 어려움을 강인하게 이겨 내는 것이 중요합니다." - 김승의 《살아 있음이 희망이다》(황금물고기, 2010)에서.

또 한 명의 장애인이 있다. 그의 이력은 이러하다.

13세에 아버지를 여의었고 14세에 축구공에 두 눈을 맞아 실명했으며 그 충격으로 어머니까지 잃은 사람.

1976년 피츠버그대학에서 박사학위를 받아 한국 맹인으로는 최초로 박사가 된 사람.

8년 동안 백악관 장애인위원회 정책차관보로 일하면서 5천4백만 미국 장애인의 목소리를 대변했고, 유엔 세계장애위원회 부의장 겸 루스벨트 재단 고문을 지내다가 2012년 2월에 별세한 사람.

별세하기 한 달 전에 국제로터리재단 평화센터에 평화장학금 25만 달러를 기부한 그리스도인 장애인.

자신의 장애를 오히려 하나님의 축복이라며 희망의 메시지를 전하여 비장애인을 더욱 부끄럽게 만든 사람. 그는 강영우 박사다.

미국 장애인협회 회관에 있는 다음과 같은 글이 유난히 눈에 띈다.

나는 신에게 나를 강하게 만들어 달라고 부탁했다

내가 원하는 모든 걸 이룰 수 있도록

하지만 신은 나를 나약하게 만들었다

겸손해지는 법을 배우도록

나는 신에게 건강을 부탁했다. 더 큰 일을 할 수 있도록

하지만 신은 내게 허약함을 주었다

더 의미 있는 일을 하도록

(중략)

나는 내가 부탁한 것을 하나도 받지 못했지만

내게 필요한 모든 걸 선물 받았다

- 박은서가 엮은 《마음에 새겨두면 좋은 글 139》(새론북스, 2011)에서.

가장 큰 장애는 길을 잃음이다. 자신이 하나님의 축복임을 깨닫지 못함이다. 구원과 희망으로 가는 길을 잃음이 가장 큰 장애다. '길'이 없음은 희망이 보이지 않음이다. 여기 밑바닥 인생에서 '길'을 보고 그 '길'로 나아간 이가 있다. 그는 희망으로 가는 출구가 없어서 여리고 성문 앞에서 날마다 손을 벌리고 구걸로 연명하던 걸인의 길에서 예수님의 제자로 살아가는 '길'로 들어선 바디매오다.

• 바디매오, 무명의 제자로 주님의 길을 따라가다

여리고 성문 앞에서 구걸하던 소경 바디매오가 목소리 높여 외친다. "다윗의 자손 예수여 나를 불쌍히 여기소서"(마 20:31; 막 10:47; 눅 18:38). 그에게는 이름도 없었다. '디매오의 아들'이란 이름의 뜻이 말하듯 그저 아무개의 아들이었다. 구걸하여 하루하루를 연명하는 밑바닥 인생에게 예수님의 여리고 방문은 구원의 서곡이었다. 주변의 제지에도 아랑곳하지 않고 한 서린 절규를 예수님을 향해 외쳤다. 더 이상 내려갈 곳이 없는 사회 밑바닥에서 막장인생으로 온갖 푸대접과 멸시를 받고 사는 그에게 예수님은 희망을 의미했다. 바디매오에게 예수님은 물으셨다. "네게 무엇을 하여 주기를 원하느냐"(막 10:51; 마 20:33; 눅 18:41). 그에게 시력의 상실은 희망 없음이었다. 더군다나 재앙이나 질병은 하나님의 응징이라는 인과응보의 신학에 근거한 당시 유대의 종교적 현실을 고려한다면 그에게는 육체적 장애보다는 사회적 편견과 차별이 더 견디기 힘든 질곡이었을 것이다.

신앙의 세계에서는 꼴찌가 일등 되고 일등이 꼴찌가 되는 아이러니가 언제든 벌어질 수 있다.

> 먼저 된 자로서 나중 되고 나중 된 자로서 먼저 될 자가 많으니라(마
> 19:30. 참조. 막 10:31).

인사이더insider가 아웃사이더outsider 될 수 있고, 아웃사이더가 인사
이더 될 수 있는 것이다. '무엇을 했느냐'가 아니라, '지금 내가 주님을
위해 무엇을 하고 있으며 책임 있는 미래를 열기 위해 무엇을 준비하
고 있는가'로 가늠한다. 신앙의 오랜 경륜도 중요하지만 현재와 미래에
주님의 부름에 응답할 수 없다면 종잇장처럼 얇은 신앙이다.

신앙의 연륜이라고는 없던 바디매오는 주님의 부름을 받는 순간 먼
저 겉옷을 벗어 던졌다. 그가 왜 그리했는지는 불가사의하다. 그가 벗
어 던진 겉옷은 허물 많은 자아에 대한 은유가 아니겠는가? 그렇다면
바디매오는 있는 그대로의 벌거숭이로 주님 앞에 나아간 셈이다. 이것
이 그의 위대한 믿음이 아니겠는가? 그는 예수님의 치유로 육안肉眼이
열렸을 뿐만 아니라, 영안靈眼까지 열려 예수님을 스승으로 모시고 그
의 길을 따라 나섰으니 말이다. 그의 이야기는 이렇게 간단히 끝난다.

> 예수께서 이르시되 가라 네 믿음이 너를 구원하였느니라 하시
> 니 그가 곧 보게 되어 예수를 길에서 따르니라(καὶ ὁ Ἰησοῦς εἶπεν αὐτῷ·
> ὕπαγε, ἡ πίστις σου σέσωκέν σε. καὶ εὐθὺς ἀνέβλεψεν καὶ ἠκολούθει αὐτῷ ἐν τῇ ὁδῷ)
> (막 10:52).

이후 그가 예수님의 제자로 살았음을 확신할 수 있는 단서는 헬라어 '아콜루데오ἀκολουθέω'라는 단어인데, 이 단어는 스승의 가시는 길을 알고 제자로서 그 길을 간다는 의미로 쓰인다. 시력이 회복된 것보다는 그 짧은 만남으로 걸인이었던 그가 예수님의 제자가 된 사건이 더 큰 기적이 아니겠는가? 그러기에 신앙은 얼마나 오랫동안 믿었냐는 '양quantity'의 문제가 아니라 하루를 살아도 진정한 제자로 살아가는가 하는 '질quality'의 문제다.

• 희망을 잃은 그대에게

함석헌은 시 〈삶은 아름답고 거룩한 것〉에서 모든 생명의 소중함을 다음과 같이 예찬한다.

맹꽁이의 음악 너 못 들었구나
구더기의 춤 너 못 보았구나
살무사와 악수 너 못 해보았구나

파리에게는 똥이 향기롭고
박테리아에게는 햇빛이 무서운 거다

도둑놈의 도둑질처럼 참 행동이 어디 있느냐?
거짓말쟁이의 거짓말처럼 속임 없는 말이 어디 있느냐?
거지의 빌어먹음처럼 점잖은 것이 어디 있느냐?

그것은 정치가의 정의보다 훨씬 더 높은 것이고,

군인의 애국보다 한층 더 믿을 만한 것이고

종교가의 설교보다 비길 수 없이 거룩한 것이다

— 함석헌의 《함석헌저작집 제23권—수평선 너머》(한길사, 2009)에서.

한갓 미물도 생명이 있기에 아름다운 것이다. 정치가가 외치는 정의
도, 군인이 지키려는 애국도, 종교가의 설교도 생명보다 귀할 수는 없
는 법이다. 생명과 맞바꿀 수 있는 것은 세상에 존재하지 않는다. 생명
의 존엄함이 이러한데 언제부터인지는 몰라도 인간의 생명조차 자본
화되어 가는 서글픈 세상에 살고 있다.

한국에서 자살하는 사람의 비율이 10만 명당 31명이었다는 보고
(2009년 기준)가 있다. 그 통계에 따르면 한국인의 자살률은 세계 2위,
아시아에서는 1위다. '자살명소'라는 오명을 지닌 미국 금문교Golden
Gate Bridge의 연평균 자살자가 30여 명, 한강에 투신하는 자살자는 연
평균 400여 명(그중 3분의 2가 익사체로 인양됨)이라는 기사도 읽었다.

최근 우리 주변에 살 '길'이 막막해 하소연하는 사람들이 유난히 많
다. 죽음의 수렁이 고난의 종지부라며 꼬드기는 염세적 목소리에 넘
어가 자살의 대열에 투항하는 이들이 많은 것에 개탄스러움을 느낀
다. 더욱 안타까운 것은 희망과 구원을 전하는 종교인들이 그렇게 많
은데도 그 희망의 메시지가 그들에게 희망으로 들리지 않는다는 것이
다. 참된 희망이란 모진 환경을 얼마나 탓하느냐에 반비례한다. "자신
이 항해하고 있는 배를 제외한 모든 배는 낭만적으로 보이게 되어 있
다"는 에머슨Ralph Waldo Emerson의 말처럼, 자신이 아닌 타인에게서 희

망을 보는 사람은 늘 불행하다. 애이불비哀而不悲, 낙이불음樂而不淫이란 말이 있다. '슬퍼하되 비탄에 빠지지 말고, 즐거워도 도를 넘으면 안 된다'는 뜻이다. 사람은 이 두 감정의 저울질을 잘해야 한다. 인생은 기쁨과 슬픔, 행복과 불행, 삶과 죽음이라는 씨실과 날실이 교차하면서 짜이는 한 조각 옷감과 같지 않던가? 기쁨과 행복으로만 짜인 인생이란 옷은 존재할 수 없다. 그래서 생명과 죽음, 그리고 희망과 절망은 지호지간指呼之間이다. 그 둘은 태어나는 순간 헤어진 쌍둥이 형제였을 것이다. 어느 날 불현듯 맞이하는 무심한 죽음이 있어서 생명을 소중히 여기며, 날마다 찾아드는 절망 때문에 우리는 희망을 품으며 오늘 하루를 거뜬히 살아간다. 희망은 절망의 땅에서 피는 꽃과 같다. 그러나 그 모두가 궁극적 희망은 아니다. 희망이 이미 이 땅에 있었다면 예수 그리스도의 죽음은 무의미했을 것이다.

예수님은 인간 세상에 참된 길이 없어서 스스로 길이 되셨다. 그분이 천국 복음을 가르치며 이곳저곳을 돌아다니시던 당시 "모든 길은 로마로 통한다"는 말이 회자되고 있었지만 어떤 길도 생명으로 통하는 길은 아니었다. 오히려 로마를 중심으로 자유와 생명과 인간성을 박탈하는 길들이 전 세계로 연결되어 확장되고 있었다. 예수님은 자신이 달리신 폭압적이고 잔인한 십자가의 길을 전복하여 온 인류를 위한 생명의 길을 내어 주셨다. 아니, 스스로 길이 되셨다.

……내가 곧 길이요 진리요 생명이니 나로 말미암지 않고는 아버지께로 올 자가 없느니라(요 14:6).

예수님의 손에는 십자가에 박혀 못 자국이 나기 전에 먼저 목수 일로 생긴 군은살이 박여 있었다. 이미 예수님은 갈릴리 목수로서 자신과 타인의 절망을 대패질로 밀어내며 구원을 위한 길을 예비하셨다. 절망을 희망으로, 죽음을 생명으로 돌려놓기 위해 스스로 절망의 나락으로 떨어지셨고, 자발적으로 하데스ᾅδης의 심연으로 들어가셨다. 그러기에 희망은 예수님의 길에 있다. 바디매오처럼 우리는 예수님이 걸으셨던 그 길을 함께 걷도록 요청받고 있다. 비록 고난이 따르더라도 희망이 있기에 가야 하는 길이다. 절망에서 희망을, 죽음에서 생명을 길어 올리신 예수님은 우리의 믿음을 통해 그분의 승리에 담보된 희망을 이렇게 선포하신다.

> 이것을 너희에게 이르는 것은 너희로 내 안에서 평안을 누리게 하려 함이라 세상에서는 너희가 환난을 당하나 담대하라 내가 세상을 이기었노라 (요 16:33).

'길'이 보이지 않을 때, 볼 수 없는 '길'을 찾는 기쁨은 이루 말할 수 없다. 바디매오는 우리가 갖고 있는 일등 신화와 양으로 가치를 매기는 통념을 깨고 예수께서 가신 눈에 보이지 않는 그 길을 좇아간 진정한 제자였다. 우리도 주님의 부르심을 받아 그분 앞에 나선 소경들이다. 우리가 아직 영혼의 눈을 뜨지 못하고 소경 상태에 머물러 있는 것은 허물 많은 자아를 벗어 버리지 못했기 때문이다. 있는 그대로의 벌거숭이 상태로 주님 앞으로 나아가자. 지금은 바디매오처럼 다시 한 번 '맨주먹 정신'으로 일어나 일상을 희망으로 맞이해야 할 때다.

15

'지금 여기'서 구원 받은 매국노

삭개오

본문　　　누가복음 19:1-10

이름의 뜻　순수함

• 난쟁이가 쏘아 올린 작은 공, 아득한 희망

《난장이가 쏘아 올린 작은 공》(이성과힘, 2005).▲ 1970년대 재개발 사업으로 판잣집에서 마지막 밥을 먹던 가족 위로 철거 용역들의 포크레인이 내리 찍는 현장을 목격한 조세희 씨가 미친 듯이 써내려 가 태어난 작품이다. 주인공 난쟁이의 가족을 통해 1970년대 도시 빈민층의 삶의 좌절과 애환을 다룬 연작 소설로, 줄거리는 대략 이렇다.

서울 낙원구 행복동에 사는 김불이는 다섯 식구의 가장으로, 사람들은 그를 난쟁이라 불렀다. 그 식구들은 온갖 어려움을 극복하며 하루하루를 힘겹게 살아가는 도시의 소외 계층이다. 어느 날 그 지역이 재개발 사업 구역으로 지정되었으니 정해진 기일 내에 건물을 자진 철거하라는 계고장을 받는다. 철거 대신 아파트 입주권을 받았지만 그림의 떡일 뿐이다. 결국, 그 동네 다른 사람들과 마찬가지로 입주권을 거

▲ '난장이'는 '난쟁이'의 옛말이거나 잘못된 표기이기에 책의 제목을 제외한 문장에서는 난쟁이로 표기함.

간꾼들에게 헐값에 팔고 만다.

욕망만 떠도는 땅을 떠나 달나라로 가야 한다는 이웃 청년 지섭의 주장을 듣고 난쟁이 아버지는 달나라 가는 꿈을 꾼다. 그동안 난쟁이 아버지는 채권 매매, 칼 갈기, 건물 유리 닦기, 수도 고치기 등으로 어렵게 생계를 유지했으나, 어느 날 병에 걸려 더 이상 일을 할 수 없게 된다. 어머니는 인쇄소 제본 공장에 나가고, 큰아들 영수는 인쇄소 공무부 조역으로 일하며 생계를 이어 간다. 둘째 아들 영호와 딸 영희도 몇 달 간격으로 학교를 그만둔다. 그 후 영희는 집을 나간다. 영희는 승용차를 타고 온 그 투기업자 사무실에서 일하며 함께 생활하게 된다. 그러다가 그 투기업자에게 마취 당한 후 순결을 빼앗긴 영희는 투기업자가 자기에게 했듯이 그의 얼굴에 마취를 하고 가방 속에 있는 입주권과 돈을 가지고 동사무소로 향한다. 그러나 난쟁이 아버지는 그동안 일해 왔던 벽돌 공장이 철거되는 날 굴뚝에 올라가 자살하고 만다. 달을 향하여 까만 쇠공을 던지고는 벽돌 공장 굴뚝에서 뛰어내린 것이다.

이 소설의 한 대목이다.

천국에 사는 사람들은 지옥을 생각할 필요가 없다. 그러나 우리 다섯 식구는 지옥에 살면서 천국을 생각했다. 단 하루도 천국을 생각해 보지 않은 날이 없다. 하루하루의 생활이 지겨웠기 때문이다. 우리의 생활은 전쟁과 같았다. 우리는 그 전쟁에서 날마다 지기만 했다.

《난장이가 쏘아 올린 작은 공》은 사랑이 메말라 버린 채 욕망만이 존재하는 세상에서 사회의 밑바닥에 거하는 소외된 이들이 품은 꿈이나 열망에 관한 이야기다. 그러나 그 희망이란 달나라만큼이나 아득히 멀리 있다. 이 작품을 읽을 때마다 등장인물들의 삶과 별반 다를 것이 없던 신약 시대 민초들의 삶이 생각난다. 소설 속 투기업자와 거간꾼과 신약 시대의 세리가 필자의 뇌리에서 오버랩 된다.

신약 시대 로마의 식민지였던 팔레스타인에서 일반적으로 유대인들이 내는 세금은 수확된 전체 농산물의 약 35퍼센트에 달했다고 한다. 율법이 규정한 십일조가 20퍼센트고 로마에 내는 토지세와 인두세가 15퍼센트니 허리가 휠 정도의 과중한 세금이다. 더군다나 로마에 세금을 내지 않을 경우 그것은 죽음을 의미했다. 이러한 열악한 경제 상황에서 로마 총독으로부터 조세 징수를 위탁받은 산헤드린 공의회▲가 세금 징수를 위해 고용한 세리는 징수 과정에서 폭리를 취하는 것이 다반사였다. 그러기에 세리는 동족들의 고혈을 짜는 로마의 앞잡이와 매국노로, 죄인의 대명사처럼 불렸다. 신약성서에서 세리 하면 떠오르는 인물이 있다. '순수'라는 뜻의 이름을 지닌 삭개오다.

• 삭개오, 매국노였지만 '지금 여기'서 구원 받다

예수 만난 뒤 삶이 변화된 많은 사람들에 관한 소문을 들어온 터라 여리고 지역 세리장이던 삭개오는 그 동네에 예수님이 지나신다는 소식을 듣고 그분을 먼발치에서라도 보기 위해 체면 불고하고 길가 돌무

▲ '산헤드린Sanhedrin'은 로마 지배 당시 유대의 최고 자치 의결 기관이다. 전직·현직 대제사장들, 사두개인, 서기관들, 장로들 등 70명으로 구성되었다. 참조. 민 11:16.

화과나무에 올라갔다. 그것은 왜소한 삭개오가 군중에 둘러싸인 예수님을 보기 위한 나름의 방법이었다. 세리장으로서 부는 많이 축적했지만 마음은 허허롭기 그지없었다. 이름의 뜻대로 삭개오는 순수한 삶을 살기를 원했지만 동족들에게 눈엣가시 같은 존재가 되었으니 그인들 그렇게 살고 싶었을까.

지나가시던 예수님은 잠시 발길을 멈추고 돌무화과나무에 있는 그를 쳐다보며 말씀하신다. "삭개오야 속히 내려오라 내가 오늘 네 집에 유하여야 하겠다"(눅 19:5). 냉랭한 기운이 감돌던 삭개오 집안이 참사람 예수님의 갑작스런 방문으로 생기가 돌게 되었다. 식탁 분위기가 한창 무르익을 무렵 삭개오는 뜻밖의 고백을 하게 된다. "내 소유의 절반을 가난한 자들에게 주겠사오며 만일 누구의 것을 속여 빼앗은 일이 있으면 네 갑절이나 갚겠나이다"(눅 19:8). 뒤이어 예수님은 "오늘 구원이 이 집에 이르렀다"(눅 19:9)고 선포하셨다. 그렇다. 구원은 오늘 우리가 서 있는 자리 곧 '지금 여기'에서도 일어난다. 유일하게 삭개오의 이야기를 기록해 놓은 누가는 구원의 시점을 미래로만 밀어내지 않는다. 누가는 자신의 복음서 곳곳에서 구원을 '지금 이 자리'에서 일어나는 사건으로 기록했다. "이에 예수께서 그들에게 말씀하시되 이 글이 오늘 너희 귀에 응하였느니라 하시니"(눅 4:21).

예수님은 '오늘' 삭개오의 집에 유하셔서 '오늘' 그의 집에 구원을 베푸셨다. 누가가 말하는 구원은 영적이고 내세적 의미에만 국한되지 않는다. 소경에게는 시력을 회복하는 것을 의미하며(18:42), 문둥병자에게는 깨끗함을 받는 것을 의미한다(17:19). 다른 사람에게는 평화(2:14)나 죄 사함(7:48) 또는 병 고침(6:10; 8:48)을 의미한다. 누가에게 구원은 본질적으로 "자유하게 하는 것"이었다. 구주이신 예수님은 "포로 된 자를 놓아 주며," "눌린 자를 자유케" 하기 위해 오셨다. 예수님은 하나님이 원하시는 삶을 살지 못하게 가로막는 것이 무엇이든 그것으로부터 자유케 하심으로 구원하신다. 이런 점에서 누가는 육체적·영적·사회적 구원을 분명히 구분하지 않는다. 죄 사함이나 병 고침 또는 배고픈 자를 먹이시는 것도 모두 구원의 행위다. 누가의 신학에서 하나님은 인간의 모든 삶에 관여하며 잘못된 삶을 바로 세우는 과정을 통해 구원하신다.

물질의 신 맘몬Mammon에게 놓임 받은 삭개오처럼 구원은 우리를 참사람 되게 하지 못하는 모든 것에서 놓이게 한다. 가끔씩 하늘을 쳐다보다가도 이 발 밑 어지러운 세상에서 참사람으로 살지 못하고 허허롭게 살아가는 우리 자신을 돌아볼 수 있기를…….

• 구원의 시간은 내일만이 아닌 오늘이기도 하다!

영국의 비평가이자 역사가 토마스 칼라일Thomas Carlyle은 〈오늘을 사랑하라〉라는 시에서 과거로 흘러가 버린 어제도, 아직 당도하지 않은 미래도 아닌, '오늘'을 사랑하고 '오늘'에 충실하라고 외친다.

어제는 이미 과거 속에 묻혀 있고
미래는 아직 오지 않은 날이라네

우리가 살고 있는 날은 바로 오늘

우리가 사용할 수 있는 날은 오늘

우리가 소유할 수 있는 날은 오늘뿐

오늘을 사랑하라

오늘에 정성을 쏟아라

오늘 만나는 사람을 따뜻하게 대하라

오늘은 영원 속의 오늘

오늘처럼 중요한 날도 없다

오늘처럼 소중한 시간도 없다

오늘을 사랑하라

어제의 미련을 버려라

오지도 않은 내일을 걱정하지 말라

우리의 삶은 오늘의 연속이다

오늘이 30번 모여 한 달이 되고

오늘이 365번 모여 일 년이 되고

오늘이 30000번 모여 일생이 된다

－《마음을 편안하게 해주는 세계의 명시 100선》(루니스. 2000)에서.

    우리에게는 두 종류의 시간이 존재한다. 하나는 물리적 시간이고
또 다른 하나는 감각적 혹은 주관적 시간이다. 물리적 시간이 누구에

게나 하루 24시간으로 공평하게 주어지는 시간이라면 감각적 시간은 시간의 물리적 흐름이 일정함에도 개인이 처한 상황에 따라 다르게 느껴지는 시간을 말한다. 예를 들어 어떤 일에 몰입하면 시간이 빨리 지나가지만 몰입하지 않으면 천천히 흐른다. 흔히들 20대에 20킬로미터, 30대에는 30킬로미터, 40대에는 40킬로미터, 50대에는 50킬로미터 속도로 인생의 시간이 지나간다고 한다. 나이 들수록 시간의 흐름이 점점 빨라지는 것처럼 느껴진다. 그렇게 느끼는 것은 일정 기간의 시간이 전체 인생에서 차지하는 비중이 점점 줄어들기 때문이다. 50세의 어른과 10세의 아이에게 1년이라는 시간의 양은 동일하지만, 각자가 체감하는 시간의 속도감은 결코 동일할 수 없다.

하루살이의 시간과 우리의 시간 사이에 물리적 시간 차이는 엄청 크겠지만, 감각적 시간의 차이는 생각보다 그리 크지 않을 수도 있겠다 싶다. 억측인가? 하루살이가 해 지기 전에 냇가나 전등 아래 떼 지어 날아다니는 것은 구애를 하고 사랑을 나누는 행위라 한다. 아래위로 분주히 군무하는 수컷들 사이로 암컷들이 날아들면 쌍쌍이 짝을 지어 허니문 비행을 한다고 한다. 그리고 허니문 비행이 끝나면 하루살이는 물속에 알을 낳고 몇 시간 만에 죽음을 맞는다.

그 짧은 시간 속에서 열정적으로 사랑을 나누다 사라지는 하루살이의 삶이 그저 덧없다고 할 수 있겠는가? 사랑 한 번 제대로 하지 못하고 죽는 사람의 생애에 비하면 하루살이의 생이 더 생동적이고 열정적이지 않은가? 물론 만물의 영장인 인간의 고귀함을 어찌 한갓 미물인 하루살이에 비교할 수 있겠는가? 그러나 게으른 자를 향하여 "개미에게 가서 그가 하는 것을 보고 지혜를 얻으라"(잠 6:6)고 일갈한

잠언서의 기자는 인간이 한갓 미물에게서도 배워야 할 지혜가 있음을 가르친다. 생명 있는 모든 것은 아름답고 귀하다. 그들에게 살 수 있는 시간이 있어 귀하다. 아니, 사랑할 수 있는 시간이 있어 귀하다. 중요한 것은 나에게 시간이 얼마나 남았느냐 하는 것보다는 내가 오늘 하루를 어떻게 살았느냐다. 중죄를 짓고서 뉘우침의 시간 없이 감옥에서 평생을 산 죄인보다는 절절한 사랑을 하며 반평생을 불꽃처럼 살다가 죽은 사람의 생이 더욱 빛나는 것이다. 지나간 과거나 아직 오지 않은 미래 대신 현재에 충실하며 오늘을 사랑하며 살아가는 것이 우리가 시간을 최대한 선용善用하는 비결이다. 형형색색의 오늘이 모여 우리의 생애를 만들겠지만 냉철하게 따지고 보면 오늘이 우리에게 주어진 일생이다. 내일은 우리에게 속한 것이 아니라 하나님께 속했다.

그렇다면 우리는 오늘을 어떻게 살아야 하는가? 그 묵직한 질문에 대한 답은 김기석 목사의 글로 대신한다.

이 생기 충만한 날, 제도에 얽매이지 않는 들사람을 만나고 싶다. 스스로 자기 삶의 입법자가 되어 새로운 생의 문법을 만들어 가는 사람. 전사가 되어 낡은 가치를 사정없이 물어뜯고 뚜벅뚜벅 자기 길을 걸어가는 사람. 사람들이 가장 귀하게 여기는 것을 버리고 그들이 가장 두려워하는 것을 기꺼이 끌어안는 성스러운 반역자들. 새로운 세상은 그들을 통해 도래한다. 우리보다 앞서 그 길을 걸었던 이는 그 길을 일러 십자가의 길이라 했다.

— 김기석의 《일상순례자》(웅진뜰, 2011)에서.

오늘도 하루가 진다. 십자가의 길을 걷기는커녕 하루살이처럼 열정적으로 사랑하지도 못한 채 하루가 아쉬운 빛을 띠고서 유성처럼 과거로 날아간다. 삭개오에게 임했던 오늘이라는 구원의 시간은 어떤 이에게는 한평생을 살아도 오지 않을 수 있는 시간, 카이로스καιρός다. 그러나 희망은 여전히 우리 곁에 있다.

조세희의 소설 속 난쟁이와 누가복음의 난쟁이 삭개오, 그 둘은 다른 듯 닮은 구석이 있다. 그 둘은 난쟁이였고 그들 안에 참 평안이 없었다. 한 난쟁이는 피해자면서 소외자였고, 다른 한 난쟁이는 가해자면서 소외자였다. 한 난쟁이는 더 이상 희망으로 나아가는 탈출구가 없어 달을 향해 굴뚝에서 뛰어 내렸지만 다른 한 난쟁이는 희망을 찾고자 돌무화과나무 위로 올라가 희망을 보고 내려왔다. 우리 주변에는 미래로 투사된 구원보다 지금 여기서의 구원이 시급한 이들이 너무 많다. 구원을 이야기하는 교회가 그렇게 많아도 절망하고 심지어 스스로 목숨 끊는 이들이 주위에 많아 너무나 안타깝다. 현재, 희망이 될 수 있는 종교는 예수 그리스도가 주신 그 희망을 구현하는 종교다. 하나님의 은혜를 현시現時로 경험하며 그 은혜로 고달픈 현재를 넘어 희망의 미래로 나아가는 종교다.

고용된 시점에 관계없이 일과 후 모든 품꾼에게 동일하게 한 데나리온씩 지불한 주인처럼(마 20:1-16), 하나님의 은혜는 시간의 제한도 용인하지 않으시고 우리의 노력의 양도 계산하지 않으시는 듯 흘러넘친다. 집 나간 탕자를 문밖에서 기다리시는 아버지의 시간은 물리적 시간으로 이해해서는 안 된다. 탕자를 기다리는 아버지의 시간은 인내와 사랑으로 충만한 주관적 시간이다. 그런 점에서 우리가 아버지의 마음으로 흐르는 그 시간을 공유하려면 그 시간 안으로 들어가야 한다. 탯줄이라는 생명줄을 통해 어머니와 모태의 아기가 하나로 연결되듯, 깨우침의 영성을 통해 하나님과의 내밀한 관계로 지속되는 시간 안으로 들어가야 한다. 오늘 하루를 살아도 그렇게 살아간다면 시간의 양은 별 의미가 없다. 구원이 언제나 오늘인 것처럼 하나님이 허락하신 시간의 길을 뚜벅뚜벅 정직히 걸어야 할 터이다.

16

한밤중에 예수께 길을 물은 지식인

니고데모

본문 　　요한복음 3:1-21; 7:45-52; 19:38-42
이름의 뜻 　백성의 정복자

• **자궁의 은유와 '거듭남'의 신비**

고대 이스라엘 종교는 하나님에 대한 표상을 끊임없이 거부했다.

> 너를 위하여 새긴 우상을 만들지 말고 또 위로 하늘에 있는 것이나 아래
> 로 땅에 있는 것이나 땅 아래 물속에 있는 것의 어떤 형상도 만들지 말며
> (출 20:4)

하나님께서 모세에게 알려 주신 "나는 스스로 있는 자이니라"(출 3:14)는 뜻의 하나님 '야훼YHWH'라는 명칭도 하나님의 이름이라기보다는 하나님은 결코 인간의 언어로 이름붙일 수 없는 분이라는 경고다. 이러한 금령으로 성서의 저자들은 신적 메시지를 전하기 위해 하나님을 상징과 은유와 같은 제한된 언어적 기법으로 표현해야 했다. 그렇다고 해서 하나님이 우리의 언어적 감옥 안에 갇혀 계신 분은 아니다. 그것을 초월해 계신 분이다. 따라서 우리는 그 상징과 은유를 상대화

하고 넘어서려고 노력해야 한다.

성서의 하나님은 남성인가 여성인가? 전통적인 가부장 문화권에서 기록된 성서가 하나님을 표현할 때 사용하는 언어적 표상의 대부분이 남성성을 지니는 것은 자연스런 일이다. 그러나 성서의 저자들은 때로는 헌신과 희생을 상징하는 여성적 표상을 끌어다 하나님의 자비로운 성품을 표현하려고 했다.

> 내가 오랫동안 조용하며 잠잠하고 참았으나 내가 해산하는 여인같이 부르짖으리니 숨이 차서 심히 헐떡일 것이라(사 42:14).

> 여인이 어찌 그 젖 먹는 자식을 잊겠으며 자기 태에서 난 아들을 긍휼히 여기지 않겠느냐 그들은 혹시 잊을지라도 나는 너를 잊지 아니할 것이라 (사 49:15. 참조. 호 11:3-4).

성서에서 하나님의 대표적 속성은 '자비롭고 은혜로운 야훼'로 표현되는데, 어원적으로 그 '자비'가 생명을 품은 어머니의 '자궁' 혹은 '모태'와 관련이 있다. '동정', '자비', '사랑'을 나타내는 히브리어 '라하밈 רחמים'은 '자궁' 혹은 '모태'를 뜻하는 단수형 명사 '레헴רחם'에서 유래했다. 이 단어의 은유는 여성의 신체 기관으로부터 인간의 정신적인 존재 양식으로 그 의미가 확대, 변화되었다. 하나님의 자비와 사랑을 가장 잘 표현할 수 있는 이 땅의 은유가 있다면 바로 모태나 자궁일 것이다.

성서 어디에도 하나님을 성적 존재로 표현한 곳은 없다. 다시 말해 짝을 이루는 여성 신이 있다고 보지 않으며, 인간처럼 남성과 여성이라는 상대적 존재로서 하나님을 바라보지 않는다는 말이다. 성서가 그리는 하나님은 남성과 여성이라는 성 개념을 초월한 존재다. 다만 하나님을 그러한 성적 은유로 표현하는 것은 당대 독자들의 이해를 돕기 위해 그분이 지닌 속성을 표현하는 언어적·수사적 장치일 뿐이다. 어쩌면 하나님을 그렇게밖에 표현하지 못하는 인간의 언어가 지닌 한계일 수도 있다. 이어령이 말했듯이 "우리는 어머니의 자궁womb인 모태와 죽음이라고 하는 무덤tomb의 사이에 잠시 사는 것이다."▲ 완전히 새로운 삶을 살기 위해 그 둘, 모태와 무덤 사이에서 또 한 번의 태어남을 경험해야 한다. 그렇지 않으면 하나님의 나라를 볼 수 없다. 예수님에게서 그 신비로운 태어남에 대한 가르침을 듣고 우리에게 전한 이가 있다.

• 니고데모, 한밤중에 예수께 길을 묻다

한밤중에 예수님을 몰래 찾아가 길을 물은 이가 있었다. 그는 바리새파의 한 단원이자 유대인의 지도자였던 니고데모다. "당신은 하나님께로부터 오신 선생인 줄 아나이다"(요 3:2). 땅의 선생이 하나님께로부터 온 선생을 찾아온 것이다. 니고데모가 말문을 열자 두 사람 사이에 알쏭달쏭한 선문답이 오간다. 예수님은 느닷없이 거듭남을 화두로 삼으신다.

▲ 이어령의 《우물을 파는 사람》(두란노, 2012)에서 인용.

헨드릭스존, 〈니고데모를 가르치시는 예수 그리스도〉, 17세기 중반, 유채

진실로 진실로 네게 이르노니 사람이 거듭나지 아니하면 하나님의 나라
를 볼 수 없느니라(요 3:3).

권투의 잽처럼 치고 들어온 예수님의 말씀에 적잖이 당황한 니고데
모는 자연의 이치를 거스르는 생뚱맞은 질문 하나를 꺼낸다. "사람이
늙으면 어떻게 날 수 있사옵나이까 두 번째 모태에 들어갔다가 날 수
있사옵나이까"(요 3:4). 예수께서 가리키시는 손가락의 방향과 니고데
모의 손가락이 어긋나는 순간이다.

그렇게 어긋났던 니고데모의 손가락은 서서히 예수께서 가리키는
손가락의 방향을 찾아가는, 느리지만 분명한 흔적을 남긴다. 한밤중
대담 후, 니고데모는 요한복음에만 두 번 더 등장한다. 예수님과 관련
하여 대제사장과 바리새인들 사이에 쟁론이 일어났을 때, 니고데모는

숨은 제자로서 여전히 망설이며 등장하여 예수님을 변호한다(요 7:51). 그러다가 예수께서 십자가 처형을 당하신 후, 그의 시신을 아리마대 사람 요셉과 함께 거두어 장사 지내기 위해 사람들 앞에 공개적으로 등장한다(요 19:38-42).

제자로서의 자신의 정체성을 서서히 드러내면서, 어두움의 영역에서 빛의 영역으로 옮겨 가는 그의 영적 노정을 그려 볼 수 있다. 남의 눈을 의식하여 한밤중에 예수님을 찾아온 니고데모는 그날 이후, 빛된 진리로 가는 발걸음을 멈추지 않고서 다소 느리지만 쉬지 않고 그곳을 향해 나아가고 있었던 것이다. 유대인의 지도자로서 자기 동족들의 집요한 요청으로 십자가 처형을 당하신 예수님의 시신을 거두는 자기모순을 니고데모는 어떻게 극복할 수 있었을까? 예수님의 외침이 니고데모의 귓전을 때렸을 것이다. "진리를 알지니 진리가 너희를 자유롭게 하리라"(요 8:32).

• 또 한 번의 태어남, 성령으로!

인간은 본능적으로 모태를 그리워한다. 누구도 다시는 돌아갈 수 없는 어머니의 자궁 속, 그 아늑하고 따뜻한 생명 에너지가 충일한 공간으로 돌아가려는 본능이 있다. 어떤 심리학자는 오이디푸스 콤플렉스를 복잡한 이론으로 설명하지만 자궁 속으로 돌아가려는 인간이 지닌 원초적 본능이 아니겠는가? 니고데모는 "사람이 거듭나지 아니하면 하나님의 나라를 볼 수 없다"는 예수님의 가르침에 적잖이 당황하여 늙은 내가 어머니의 모태로 다시 들어가야 하는가, 하고 묻는다. 모태로 회귀하고자 하는 원초적 본능이 작용했는지 아니면 선생이었지만 영적 세계에 대한 무지의 소치였는지 몰라도 니고데모에게는 예수님의 말씀이 무척 낯설었다. 땅의 선생(니고데모)과 하늘로부터 오신 선생(예수님) 사이의 간격이 너무나 컸다. 그 간격을 메워 주는 분이 진리의 영인 성령이시다.

그러나 진리의 성령이 오시면 그가 너희를 모든 진리 가운데로 인도하시리니(요 16:13. 참조. 요 15:26; 요일 4:6)

진리의 성령께서 언제 니고데모의 마음에 들어가셨는지 우리는 모른다. 그러나 니고데모의 공허한 마음에 영적 깨달음으로 자랄 겨자씨는 이미 떨어졌다. 그 씨앗은 눈에 잘 보이지도 않지만 거기에는 씨눈이라는 생명이 있어서 옥토에 뿌려지면 커다란 나무가 될 가능성이 있다(마 13:31-32; 막 4:31-32; 눅 13:19). 그 씨앗은 생명의 믿음으로 자라 니고데모로 하여금 자신의 영혼이 밤의 세계 안에 있음을 깨닫게 하여 빛으로 걸어 나오게 했다. 씨앗이 그대로 있으면 씨앗일 뿐이지만, 껍질을 부수고 나와 대지에 뿌리를 내리면 하늘을 향해 자랄 수 있는 나무가 되는 것이다. 온갖 새들이 쉴 수 있는 나무가 되기 위해서는 그 씨앗 속에서 뛰쳐나와야 한다. 그 위대한 힘이 생명이다. 그 생명은 생명의 영이신 성령을 통해 공급된다.

진실로 진실로 네게 이르노니 사람이 물과 성령으로 나지 아니하면 하나님의 나라에 들어갈 수 없느니라(요 3:5).

예수님은 '성령으로 난 사람'을 성령을 뜻하는 단어 '프뉴마πνεῦμα'의 또 다른 뜻인 '바람'으로 설명하셨다.

> 내가 네게 거듭나야 하겠다 하는 말을 놀랍게 여기지 말라 바람이 임의로 불매 네가 그 소리는 들어도 어디서 와서 어디로 가는지 알지 못하나니 성령으로 난 사람도 다 그러하니라(요 3:7-8).

씨앗이 물과 흙을 만나 자신의 껍질을 부수고 움을 틔워 자라 전혀 다른 모양의 나무라는 존재로 바뀌듯, 성령은 우리에게 또 다른 태어남을 허락하신다. 모태에서 태어난 자가 이 땅에 속하지 않은 하나님 나라를 보기 위해서는 위(하늘)로부터 다시 태어나야 한다. 예수께서 말씀하신 '거듭나다'의 헬라어는 '위로부터 태어나다γεννηθῇ ἄνωθεν'이다.▲ 비록 이 땅에 살지만 '위로부터(성령으로)' 태어나 위의 것을 사모하며 위에 속해 살라는 가르침이다. 양수가 터지면서 어머니의 자궁으로부터 태어나는 생명의 신비와 더불어, 성령의 사람으로 태어나는 또한 번의 생명 현상은 신비이다. 땅(흙)에서 태어나 다시 성령의 사람으로서 위로부터 태어나는 것, 그것이 거듭난 생명의 신비인 것이다. 그날 밤 오간 선문답이 이러한 생명 탄생으로 이어지는 첫걸음이 될 줄을 니고데모는 알았을까?

▲ '중생born again'은 이차적 의미다.

17

영원한 생명의 물을 긷다

사마리아 여인

본문   요한복음 4:1-42

이름의 뜻 —

• 물이 지닌 다양한 메타포▲

노자 사상의 핵심을 대변하는 이 세상의 것을 하나만 꼽으라고 한다면 '물'일 것이다. 물은 노자가 말하는 도道에 근접하고, 물이 지닌 덕이야말로 그가 이상으로 삼는 '현덕'▲▲이었다. 노자의《도덕경道德經》제8장의 원문과 그 뜻풀이를 살펴보자.

上善若水. 水善利萬物而不爭, 處衆人之所惡. 故幾於道. 居善地, 心善淵, 與善仁, 言善信, 正善治, 事善能, 動善時. 夫唯不爭, 故無尤.

가장 좋은 것은 물과 같다. 물은 만물을 잘 이롭게 하면서도 다투지 않고 뭇 사람들이 싫어하는 곳에 머문다. 그러므로 도에 가깝다. 거함에 땅처럼 낮게 처하고 마음은 연못처럼 고요하며 더불어 사귐에 인자하고 말함이 매우 믿음직하고 정치에 바르게 다스리고 일함에 매우 능력 있고 움직

▲ metaphor: 은유
▲▲ '현덕玄德'은 속 깊이 간직하여 드러내지 않는 덕을 뜻함.

159

임에 때를 잘 맞춘다. 오직 다투지 않는 까닭에 허물이 없다.

– 왕필의 《왕필의 노자》(예문서원, 1997)에서.

물은 사람들이 있기 싫어하는 낮은 곳으로 흐르며, 그릇의 모양대로 담기며, 폭포를 만나면 떨어지고, 댐을 만나면 넘칠 때까지 기다린다. 열을 받으면 기화하여 위로 올라가고 차가워지면 아래로 물방울이 되어 떨어진다. 자연스러움을 잃어버린 물을 상상할 수 없다. 물은 상석을 피하고 인위를 멀리한다. 이러한 물이 지닌 속성을 잃어버릴 때 종교는 고인 물이 되어 썩어 버린다. 예수님은 당대 종교 지도자들의 인위적 작태와 상석을 차지하려는 그 비루한 행태를 다음과 같이 꾸짖으셨다.

긴 옷을 입고 다니는 것을 원하며 시장에서 문안 받는 것과 회당의 높은 자리와 잔치의 윗자리를 좋아하는 서기관들을 삼가라 그들은 과부의 가산을 삼키며 외식으로 길게 기도하니 그들이 더 엄중한 심판을 받으리라 하시니라(눅 20:46-47).

성서 기자들은 하나님이 어떤 분이신지 표현하기 위한 은유로 물을 자주 사용했다. 하나님은 구약성서의 여러 곳에서 물에 비유되었다. 하나님은 '생수의 근원'(렘 2:13), '생명의 원천'(시 36:9), '구원의 우물'(사 12:3)이다. 하나님의 강은 땅을 윤택하게 하며 열매를 풍성케 하신다(시 65:9-10). 하나님은 백합화와 레바논의 백향목처럼 이스라엘을 자라게 하는 이슬에 비유되었다(호 14:5). 보통 4월 중순부터 10월 중

순까지 비가 거의 내리지 않는 이스라엘 땅에 지중해와 홍해와 헐몬산의 만년설에서 증발된 공기 중의 물기가 새벽의 찬 공기에 응결되면 이슬로 내린다. 박토와 같은 이스라엘 땅에 이슬은 생명의 원천일 수밖에 없다.

노자는 물이 지닌 속성이 도에 가깝다 했다. 낮은 곳을 찾아가 그곳에 거하는 지혜, 겨루기보다는 섬기려는 마음, 정의로운 다스림, 때를 가린 움직임 모두 나무랄 구석이 없는 물의 속성이다. 성서는 물이 주는 생명과 성장과 구원의 속성을 하나님의 성품에 비유했다. 이러한 물의 모든 속성을 한마디로 표현하면 사랑이 아니겠는가? 섬김과 낮아짐은 사랑의 속성이다. 그래서 내리사랑은 있어도 치사랑▲은 없다고 한다. 물같이 흐르는 자연스러움을 벗어 던지고 인위로 짠 옷을 켜켜이 입은 사람에게서 순후한 사랑을 기대할 수 없다. 불교에서 말하는 열반涅槃은 '불이 꺼지다'라는 뜻을 내포한다. 인간 마음속 욕망의 불은 심장이 멈출 때 함께 꺼지기에, 숨 쉬고 있는 인간이면 누구나 욕망의 불덩이를 안고서 살아간다. 메마른 기계 문명 속에서 살고 있는 현대인들은 그 가슴에 불덩이를 하나씩 안고 산다. 갈등과 경쟁과 파멸의 불덩이로 황폐해진 마음을 적셔 줄 물이 필요하다. 박덕중은 〈사랑의 우물〉이라는 시에서 우리가 진정 목말라 하는 것은 생수가 아니라 사랑이라 했다.

▲ 혹은 순 우리말로 '올리사랑'이라고도 함.

당신과 나 사이

앙금을 내는 아픔으로

마르지 않기 위해

나는 스스로

사랑의 우물을 판다

심층 천 길 깊이에서

생수처럼 솟아나는

투명한 사랑

우리가 진정 살아가며

목말라 하는 것은

생수가 아니라

사랑이어라

– 박덕중의 《사랑이 머무는 자리》(상원문학사, 1996)에서.

사마리아 우물가에서 영원히 목마르지 않는 생수를 길은 여인이 있
었다. 그러나 여인이 두레박으로 길은 것은 생수가 아니라 사랑이었다.
하늘로부터 내리 흐르는 예수님의 사랑이었다.

• **사마리아 여인, 영원한 생명의 물을 긷다**

여인, 그것도 유대인이 개처럼 여기는 혼혈 종족 사마리아 여인, 더

군다나 남편 다섯이 거쳐 가고 지금 여섯 번째 남자와 살고 있는 여인(요 4:18). 다섯 강대국으로부터 유린당했고 현재 로마 제국에 의해 시리아 속주屬州로 병합된 기구한 사마리아의 운명을 대변하듯 예수께서 사마리아 수가성 우물가에서 만난 이 여인은 제대로 사람대접 받지 못하고 여러 남자에게 유린당하고 버림받은 아픈 과거를 간직한 여인이었다. 가부장적 사회 속에서 여인의 운명이란 남자(남편)에게 철저하게 예속되었으니, 여인은 자신이 운명의 주체가 될 수 없었다. 그러니 이 여인이 남자를 갈아 치운 것이 아니라, 남자들이 이 여인을 일방적으로 버린 것이다. 더군다나 이 여인은 자신의 기구한 운명을 하소연할 대상도 없었던 모양이다. 정오에 홀로 우물물을 길러 온 형국이 그러하다. 남자들이 주인 되어 남자들의 시선으로 재단되는 세상은 이 여인을 창녀 취급했을 것이다.

다른 유대 동족들이 그러하듯이 이민족과 피를 섞은 혼혈의 땅을 밟으면 부정해질까 봐 우회로를 거쳐 사마리아 지역을 피해 갈 수 있음에도 예수님은 이 여인과의 만남을 예견하신 것일까, 사마리아 지역 수가라는 동네를 찾으셨다. 이 사마리아 여인은 다른 이들의 이목을 피해 남들이 물 길러 오지 않는, 태양빛 내리 쬐는 정오에 물 길러 왔다. 그런데 그곳 우물가에서 자신들을 경멸하는 유대인 남정네를 만났으니 얼마나 놀랐을까?

우물을 사이에 두고 두 사람 사이에 대화가 오간다.

▲ 라틴어로는 '*provincia*'이고 영어로는 'province'라고도 함.

"물을 좀 주시오."

"당신은 유대인으로서 어찌하여 사마리아 여자인 나에게 물을 달라 하나이까?"

나그네에게 물 건네는 일이 그리 큰 수고가 아닐진대 사마리아 여인의 말에는 냉소적인 빈정거림이 묻어 있다. 당장 물을 줄 수 없는 여러 이유를 찾고 있는 듯, 여인은 남자와 여자, 유대인과 사마리아인이라는 대립소를 꺼내 들었다. 그것을 통해 당대 사마리아 여인이면 가졌을 껄끄러운 속내를 표현하고자 했을 것이다. 그동안 여성으로서 남자들로부터 당한 성차별뿐만 아니라 사마리아인으로서 유대인에게 받아 온 차별과 모욕에 대해 한이 서린 질문이기도 했다. 여인에게서 퉁바리맞은 예수님은 다짜고짜 이 여인에게 정오에 물 길러 오지 않도록 영원히 목마르지 않는 생수를 주시겠단다. 아니, 봉이 김선달도 아니고 어떻게? 일상생활 중 가장 고역인 물 길러 오는 수고를 덜 수 있다는 말에 이 여인은 호기심이 일었다. 그러나 여인이 생각한 '물'은 예수님이 말씀하신 '물'과는 전혀 다른 '물'임을 여인은 대화가 끝날 무렵에야 알았을 것이다.

이 여인은 대화가 무르익어 갈수록 예수님을 서서히 다르게 인식하여 부르기 시작했다. 예수님을 부르는 호칭이 유대인 남정네(요 4:9)에서 선지자(요 4:19)로, 그리고 그리스도(메시아)(요 4:29)로 바뀌어 갔다. 호칭은 관계를 규정한다. 처음에는 자신의 눈을 통해 예수님을 판단하고 인식하려 한 사마리아 여인은 이제 예수님 눈에 비춰진 자신을 보기 시작했다. 이것이 신앙에 입문하는 사람들이 겪는 첫 번째 변화다.

피아세라. 〈사마리아 여인과 그리스도〉, 1625년, 유채, 모스크바, 푸쉬킨 미술관

이 여인은 예수님과의 대화를 통해 뒤틀린 인식의 틀을 깨고 영적 체험을 통해 새로운 세상을 본 것이다. 그 세상을 본 순간 여인은 자신이 우물가에 온 이유를 잊어버리고 물동이를 팽개친 채 이제껏 자신을 창녀 취급한 동네 사람들에게 달려가 복음을 외쳤다. "와서 보라 이는 그리스도가 아니냐". 예수님이 주시겠다던 그 '물'의 참된 의미를 인식한

후 일어난 극적 변화였다. 동네 사람들의 손가락질 받던 창녀와 같은 그 여인이 이제는 그들에게 복음을 전하는 전도자가 된 것이다. 세상이 바뀐 것이 아니라 그 여인이 바뀐 것이다. 한낱 피조물을 향한 신적 사랑(요 3:16), 그 '물' 맛을 본 사람은 하나님이 이 세상을 얼마나 사랑하시는지를 알 수 있기에 오늘도 이러한 기적은 여전히 진행형이다.

• 마음속, 하나님이 만드신 공간

자신의 마음속에 난 욕망의 구멍을 욕망으로 메우려는 이들은 일상을 지옥으로 사는 것이다. 손으로 움켜쥔 모래처럼, 잡으려 하면 멀리 도망가 버리는 것이 욕망이다. 프랑스의 수학자 파스칼Blaise Pascal은 "모든 사람의 마음속에는 하나님이 만드신 하나의 공간이 있다. 공백이 있다"고 했다. 그의 말대로 인간의 내면에는 하나님이 만드신 공간, 텅 빈 공백이 있다. 사람들은 이러한 텅 빈 공空을 채우기 위해 세상의 온갖 것으로 쏟아붓고 채우려 든다. 그러나 채워지지 않는다. 채워질 수가 없다. 하나님의 자리인데, 어떻게 세상의 것으로 채울 수 있겠는가? 그렇게 채우려 하면 할수록 그 공은 더욱 허해진다. 이 공간을 채우려고 사람들은 스스로 갈증을 일으킬 수밖에 없는 것이다. 큰 고통 중의 하나가 육신의 갈증이라 하는데, 그것보다 더 근원적인 갈증은 영혼의 갈증이다. 아모스는 장차 종말에 야훼의 말씀을 듣지 못하는 영적 갈증의 시대가 올 것을 예언했다. "내가 이 땅에 기근을 내릴 날이 멀지 않았다. ―주 야훼의 말씀이다. 양식이 없어 배고픈 것이 아니요, 물이 없어 목마른 것이 아니라, 야훼의 말씀을 들을 수 없어 굶주린 것이다"(암 8:11, 공동번역).

전도서 기자는 그 텅 빈 마음의 공간은 모든 강물이 바다로 흘러 들어가도 바다를 채우지 못하듯 채울 수 없는 공간, 끝없는 욕망의 공간이라 했다. "모든 강물은 다 바다로 흐르되 바다를 채우지 못하며 강물은 어느 곳으로 흐르든지 그리로 연하여 흐르느니라. 모든 만물이 피곤하다는 것을 사람이 말로 다 말할 수는 없나니 눈은 보아도 족함이 없고 귀는 들어도 가득 차지 아니하도다"(전 1:7-8).

프랑스의 철학자 카뮈Albert Camus는 "우주가 얼마나 큰 것인지를 가르쳐 주는 것은 거대한 고독뿐"이라고 했다. 그 바닥을 드러내지 않는 고독을 메울 수 있는 것은, 그 끝없는 욕망을 채울 수 있는 것은 이 세상의 보이는 것에는 없다. 그것은 마음속에 있다. 하나님을 품은 마음속에만 있다. 내려놓는 충만함과 비움으로 채워지는 역설의 복음만이 가없는 우리의 영적 갈증을 채워 줄 수 있다. 이 역설의 복음은 이 땅의 복음이 아니다. 천상의 복음이다. 생의 우물에서 영원히 목마르지 않을 생수를 길은 후 오욕汚辱에 찌든 물동이를 버려야 해갈되는 은총이 우리에게 필요하다. 파스칼이 말한 우리의 마음속, 하나님이 만드신 공간은 이 허허로운 세상에서 당신의 현존으로 꼭 채워 그 충만함으로 살라고 우리에게 허락하신 최상의 선물인 셈이다.

18 나사로
사망에서 생명으로 걸어 나온 이

본문　　요한복음 11:1–12:11
이름의 뜻　하나님의 도움

• 부활, 기독교 신앙의 원동력

　한국의 일일 사망자 수는 약 700명, 세계적으로는 1초에 약 1.7명 꼴로 사람이 죽는다고 한다. 재깍거리며 가는 이 시간에도 '세계 시계 World Clock'가 카운트하는 사망자 수는 계속 올라가고 있다. 전통적인 히 브리 사상에 따르면 삶과 죽음은 하나다. 우리 몸 속 세포들은 죽고 재생하는 일을 거듭하고 있고, 끝없이 펼쳐진 우주 공간에서도 수많 은 별들은 소멸하고 태어나기를 되풀이한다. 이러한 죽음과 생명 현상 을 둘러싼 화두에 예수님이 종지부를 찍은 극적 사건이 발생했다. 그 리고 이 사건은 기독교의 태동을 추동케 한 중대 사건이 되었다.

　예수님이 묻혔던 무덤 밖의 여인과 제자들에서 다메섹 도상의 바울 에 이르기까지, 기독교의 동력은 부활이었다. 바울은 구약성서의 예언 의 빛에서 입에서 입으로 전해 내려온 전승에 비추어 예수님의 죽으심 과 장사와 부활이라는 일련의 사건을 '복음εὐαγγέλιον'이라 규정했다.

형제들아 내가 너희에게 전한 복음을 너희에게 알게 하노니 이는 너희가 받은 것이요 또 그 가운데 선 것이라……내가 받은 것을 먼저 너희에게 전했노니 이는 성경대로 그리스도께서 우리 죄를 위하여 죽으시고 장사 지낸 바 되셨다가 성경대로 사흘 만에 다시 살아나사(고전 15:1-4).

나사로를 죽음에서 소생시키신 예수님의 놀라운 기적을 통해 신앙에 눈 뜬 러시아의 대문호 톨스토이는 일흔 살이 넘는 나이에 자신의 마지막 걸작인 《부활Воскресение》을 썼다. 그는 일찍이 《참회록Исповедь》(홍신문화사, 2012)에서 다음과 같이 고백했다.

언젠가는 젊은 시절의 이 10년에 걸친 눈물겹고 교훈에 찬 생활의 역사를 고백하게 될 날이 있으리라. ……공명심·권세욕·사욕·애욕·자만심·분노·복수심……이런 정열에 몸을 불태우며, 나는 어른 냄새가 물씬거리는 인간이 되어 갔다. ……간음을 했고, 사람을 속이기도 했다. 기만·절도·온갖 종류의 간음·만취·폭행·살인 등 내가 저지르지 않은 죄악은 거의 없었던 것 같다. ……이 무렵 나는 허영심과 이욕利慾과 오만한 마음에서 글을 쓰기 시작했다. 나는 저작에 있어서도 실생활에서와 같은 짓을 저질렀다. 나의 저작의 목적인 명예와 돈을 얻기 위해서는 선을 감추고 악을 드러내야만 했다.

명성과 부를 거머쥐었음에도 톨스토이는 열 번에 가깝도록 자살을 기도했다. 말년에 톨스토이가 "빛은 어둠 속에서 더욱 빛난다"고 했듯 어둠의 무덤 속에 이미 죽어 있던 그를 주님은 부활의 빛으로 이끌어

내셨다. 이렇듯 죽음에서 일어난 새사람이 된 자신의 경험의 빛에서 톨스토이는 《부활》이란 소설까지 쓰게 된 것이다.

톨스토이의 표현처럼, 부활 사건은 '공명심·권세욕·사욕·애욕·자만심·분노·복수심'의 무덤에서 죽어 송장같이 된 이들을 일으켜 새로운 삶을 살게 하는 놀라운 힘을 준다. 이 부활 신앙이 기독교 초기부터 현재에 이르기까지 교회가 죽음의 역사를 깨치고 무한한 영적 생명을 인간 역사에 공급해 줄 수 있게 한 원동력이 되었다. 로마의 박해 속에서 많은 그리스도인들이 콜로세움에서 맹수에게 찢겨 죽으면서까지 신앙을 순결하게 지킬 수 있었던 것도 바로 이 부활 신앙 때문이다. 그렇기 때문에 바울의 말대로 만일 부활이 없다면 그리스도인들이 모든 사람 가운데서 더욱 불쌍한 자들이 되고 만다(고전 15:19). 믿는 이들로 하여금 온갖 부정과 불의 그리고 죽음까지도 이길 수 있게 하는 이 부활 신앙이야말로 기독교 신앙의 핵이다. 요한복음은 신앙의 핵인 예수님의 부활 사건 이전에 이 사건의 전조가 된 사건을 소개한다.

• 나사로, 사망에서 생명으로 걸어 나오다

예루살렘 근처에 베다니▲라는 작은 마을이 있다. 대부분 가난한 사람들이 옹기종기 모여 살고 있는 그곳에는 예수님이 유일하게 "우리 친구"(요 11:11)라고 부르던 이가 살고 있었다. 그는 누이 마르다와 마리아가 있었는데, 예수님은 이들 삼남매가 살던 집을 종종 방문하기도

▲ '베다니Bethany'의 뜻은 '무화과의 집'. 예루살렘에서 동쪽으로 2킬로미터 떨어진 감람산 남동쪽 자락에 있는 요단강 서편의 '알에이자리아'로 알려진 곳.

하고 머물기도 하셨다. 어느 날 나사로가 병들게 되어 그의 누이들은 사람을 보내 예수께 급히 이 소식을 전했다. 그런데 왠지 예수님은 서두르지 않으셨다. 나사로의 누이들은 초조하게 기다리고 있었지만 예수님은 계시던 곳에서 이틀을 더 머무셨다. 이틀 후 예수께서 제자들을 데리고 나사로의 집에 도착했을 때는 나사로가 죽은 지 이미 나흘이 되었고 그를 장사 지낸 뒤였다(요 11:14, 17, 39).

마르다는 자신의 피붙이인 나사로가 위중하다는 기별을 받으시고도 기민하게 대응하지 않으신 예수께 원망 섞인 투로 말한다. "주께서 여기 계셨더라면 내 오라버니가 죽지 아니했겠나이다"(요 11:21). 예수님은 이러한 짙은 슬픔과 원망을 반전시키는 그 유명한 선언을 하신다. "나는 부활이요 생명이니……"(요 11:25). 예수께서 나사로가 매장되어 있는 무덤을 향해 큰 소리로 "나사로야 나오라"고 외치시자 나사로가 수족을 베로 동인 채 썩는 냄새를 풍기며 무덤에서 걸어 나오는 것이 아닌가? 하여, 나사로의 소생은 장차 일어날 예수님의 부활 사건의 전조라고 할 수 있는 것이다. 가장 크고 최종적인 표적*인 예수님의 죽음과 부활을 예시豫示하는 사건으로서(참조. 요 2:18-22) 나사로는 무덤에서 살아난 것이다.

▲ '표적'에 해당하는 헬라어 단어는 '세메이아σημεῖα'이며, 기적 자체가 아닌 기적이 가리키는 것, 즉 예수님의 정체성을 드러내는 '지표指標'로서의 기능을 한다. 요한복음은 일곱 개의 표적을 선별하여 기록해 놓았다. 참조. 요 2:1-11; 4:46-54; 5:1-18; 6:1-15; 6:16-21; 9:1-34; 11:1-45.

• 그대, 지금 부활을 사는가?

시인 구상은 〈부활송復活頌〉이라는 시에서 '부활'이 지닌 여러 가지
함의를 노래한다.

죽어 썩은 것 같던

매화의 옛 등걸에

승리의 화관인 듯

꽃이 눈부시다.

당신 안에 생명을 둔 만물이

저렇듯 죽어도 죽지 않고

또다시 소생하고 변신함을 보느니

당신이 몸소 부활로 증거한

우리의 부활이야 의심할 바 있으랴!

당신과 우리의 부활이 있으므로

진리는 있는 것이며

당신과 우리의 부활이 있으므로

정의는 이기는 것이며

당신과 우리의 부활이 있으므로

달게 받는 고통은 값진 것이며

당신과 우리의 부활이 있으므로

우리의 믿음과 바람과 사랑은 헛되지 않으며

반 고흐, 〈나사로의 소생〉, 1890년, 유채, 암스테르담, 반 고흐 미술관

당신과 우리의 부활이 있으므로

우리의 삶은 허무의 수렁이 아니다.

봄의 행진이 아롱진

지구의 어느 변두리에서

나는 우리의 부활로써 성취될

그 날의 누리를 그리며

황홀에 취해 있다

– 구상의《오늘서부터 영원을》(홍성사, 2011)에서.

이 시에서 시인은 겨우내 얼어붙어 생명의 기운이라고는 전혀 보이지 않던 나무들이 봄의 생명력에 힘입어 저마다 움을 틔우는 것을 보면서 부활을 확신하고 있다. 자연계를 통해 선명하게 드러나는 생명의 크고 작은 부활의 신비에 무감각해 버린 마음으로는 이 세계에 생명을 불어넣으시는 하나님의 신비로운 손길을 어찌 느낄 수 있겠는가? 자연의 작은 창조의 한 부분을 통해 부활의 신비를 깨닫는 이들이 영적으로 깨어 있는 사람들이다. 지금 부활을 삶으로 살고 있는 사람들이다. 바울은 자연의 생명 현상을 통해 부활의 능력을 다음과 같이 설명했다.

> 어리석은 자여 네가 뿌리는 씨가 죽지 않으면 살아나지 못하겠고 또 네가 뿌리는 것은 장래의 형체를 뿌리는 것이 아니요 다만 밀이나 다른 것의 알맹이뿐이로되 하나님이 그 뜻대로 그에게 형체를 주시되 각 종자에게 그 형체를 주시느니라 육체는 다 같은 육체가 아니니 하나는 사람의 육체요 하나는 짐승의 육체요 하나는 새의 육체요 하나는 물고기의 육체라……죽은 자의 부활도 그와 같으니 썩을 것으로 심고 썩지 아니할 것으로 다시 살아나며(고전 15:36-42).

그러고서 바울은 이렇게 외친다.

> 사망아 너의 승리가 어디 있느냐 사망아 네가 쏘는 것이 어디 있느냐……그러므로 내 사랑하는 형제들아 견실하며 흔들리지 말고 항상 주의 일에 더욱 힘쓰는 자들이 되라 이는 너희 수고가 주 안에서 헛되지 않은 줄 앎이라(고전 15:55-58).

바울은 부활을 피안에서 일어날 사건으로만 보지 않는다. 시인 구상이 우리가 추구해야 할 진리와 정의, 그리고 믿음, 소망, 사랑, 고통의 의미를 예수님의 부활의 빛에서 조명했듯이 바울은 '사망'의 부고訃告를 앞당겨 전하면서 현재에서 부활을 살라고 강력히 권면한다.

'인간이 몸을 갖고 있는 것이 아니라, 인간이 몸'이라는 것이 성서적 인간관이다. 따라서 부활은 전인적인 몸의 부활이다. 부활 신앙은 '죽었다가 다시 살아나는 것을 믿는 것'에서 멈추는 것이 아니다. 지금 죽기 전에 부활의 삶을 온몸으로 사는 것이다. 즉, 부활은 미래뿐만 아니라 지금 일어나야 하는 사건이다. 나사로의 누이 마르다가 "마지막 날 부활 때에는 다시 살아날 줄을 내가 아나이다"(요 11:24)라고 부활 사건을 미래의 피안으로 투사할 때 예수님은 다음과 같이 물으셨다.

나는 부활이요 생명이니 나를 믿는 자는 죽어도 살겠고 무릇 살아서 나를 믿는 자는 영원히 죽지 아니하리니 이것을 네가 믿느냐(요 11:25-26).

요한은 이미 이 사건에 앞서 좀더 분명하게 부활 사건의 현재성을 기록했다.

내가 진실로 진실로 너희에게 이르노니 내 말을 듣고 또 나 보내신 이를 믿는 자는 영생을 얻었고 심판에 이르지 아니하나니 사망에서 생명으로 옮겼느니라(요 5:24).

예수님의 말씀을 믿음으로 실천하며 살아가는 이에게는 이미 사망에서 생명으로의 전이가 일어났다. 여기서 중요한 것은 믿음의 공동체라는 명분 아래 사람들이 자신들의 영복永福만을 위해 모일 때 생명이 아닌 타락과 쇠락의 길로 나아가게 된다는 것이다. 예수께서 가르치신 부활 신앙은 나를 희생하여 세상을 살리는 신앙이다. 나만을 살리기 위해 세상을 희생시키는 이기적인 신앙은 부활 신앙에서 멀어도 한참 멀다. 예수님의 부활은 고난과 죽음 이후 우리를 위해 하나님이 베푸신 최고의 선물이다. 우리가 부활의 몸으로 거듭날 수 있는 모든 준비를 예수께서 십자가에서 다 이루셨기에, 부활의 능력이 현재 우리의 삶 속에서 생생한 효력을 발휘하고 있는 것이다. 땅에서 하늘을, 세상에서 하나님 나라를, 이웃에서 하나님을 보지 못하고 땅과 재물과 명예의 노예가 되어 사는 길을 선택하는 것은 빈 무덤에서의 부활이 아니라 이 땅에서 사는 동안 무덤을 파는 헛된 일과 같다.

나사로의 소생 사건은 지금 이 자리에서 죽은 자가 살아나듯, 오고 오는 세대가 믿음을 통해 영원한 생명 사건에 참여할 수 있음을 예시하는 사건이다. 인류 역사가 어둠과 죽음의 블랙홀로 빨려 들어가지 않게 하는 강력한 힘, 이것이 부활 신앙이다.

4부
도전

| 미답의 땅을 복음으로 개척하다 |

19 뛰어난 예수 이야기꾼
마가

본문   마가복음 1–16장; 사도행전 12:12; 13:13; 15:36–41;
       베드로전서 5:13
이름의 뜻   비추이다

• '그 길'의 종교, 기독교

인생은 늘 무수한 갈림길에서 선택해야 하는 시간의 연속이다. 인간의 운명을 상징하는 길에서 호기심과 방설임과 후회와 아쉬움이 교착交錯한다. 프로스트Robert Lee Frost는 〈가지 못한 길The Roads Not Taken〉이라는 시에서 생의 갈림길에 선 인생의 운명을 다음과 같이 노래한다.

노랗게 물든 숲 속에 두 갈래 길이 있었습니다.
한 사람의 몸으로 두 길을 다 가 볼 수 없어
아쉬운 마음으로 그곳에 서서
한쪽 길이 덤불 속으로 감돌아 간 끝까지
한참을 그렇게 바라보았습니다.

그러고는 다른 쪽 길을 택했습니다.
먼저 길에 못지않게 아름답고

어쩌면 더 나은 듯도 했습니다.

사람들이 밟은 흔적은 비슷했지만

풀이 더 무성하고 사람의 발길을

기다리는 듯해서였습니다.

그날 아침 두 길은 모두 아직

발자국에 더럽혀지지 않은 낙엽에 덮여 있었습니다.

먼저 길은 다른 날로 미루리라 생각했습니다.

길은 길로 이어지는 것이기에

다시 돌아오기 어려울 거라 알고 있었지만

먼 훗날 어디에선가

나는 한숨 쉬며 이야기를 할 것입니다.

"숲 속에 두 갈래 길이 있어

나는 사람이 덜 다닌 길을 택했습니다.

그리고 그것이 내 인생을 이처럼 바꿔 놓은 것입니다"라고

― 김용택이 엮은 《삶이 너에게 해답을 가져다줄 것이다》(마음의숲, 2009)

에서.

우리는 살아가다 어느 날 불현듯 걸어온 길을 돌아보며 프로스트의 말처럼 걷지 않은 길이 어쩌면 더 좋은 길이었을지도 모른다는 생각에 후회가 밀려 올 때가 있다.

묵자*는 갈림길을 만나면 울었다고 했다. 루쉰**은 갈림길을 만나면 잠시 자리에 퍼질러 앉아 담배 한 대를 붙여 물고 지금까지 걸어온 길을 천천히 돌아보겠다고 했다. 그러고는 가야 할 길을 택해 후회 없이 걷겠다고 말한다. 두 갈래 길 앞에서 망설임으로 주저하는 이유는 각각의 길이 끝 닿는 곳을 모르기 때문일 것이다.

그러나 바로 그 길 자체가 되는 대상이 있다면, 그리고 그분을 인격적으로 만나 그의 인격에 압도되면, 이미 그 대상은 우리의 어둠을 밝히는 길, 우리에게 길이 되는 것이다(요 1:4). 그러할 때 그 길을 따라가는 삶의 태도와 실천적 행위를 우리는 제자의 길, 즉 '제자도discipleship'라 한다.

초기 교회 교인들의 별명은 '그 길을 걷는 사람들'이었다. 그 길은 물론 '로고스λόγος'로서 이 땅에 오신 예수라는 길이다(요 1:1, 9-11). 예수를 믿는다는 것은 그저 관념적이고 추상적인 개념이 아니다. 그분이 가신 그 길을 따라 직접 걷는 것이고, 그분의 길을 나의 길로 삼아 살아가는 것이고, 그분이 길에서 베푸신 가르침을 온몸으로 구현하는 것이다.

예수님이 소외되고 버림받은 이웃들의 친구가 되어 주실 수 있었던 것은 그분이 '길의 사람'이었기 때문이다. 길의 사람은 제도와 관습, 사람들의 기대에 갇힐 수 없다. 그분은 세상이 인습과 관례로 잘 닦아 놓은 길에서 늘 벗어나 있었다. 그러한 길들이 생명의 길들이 아니었기에 그분은 길이 될 수밖에 없었다. 당대 사회는 그런 그분을 늘 불

▲ 墨子: 주전 479년경∼381년경. 중국 춘추전국 시대의 송나라 출신 철학자.
▲▲ 魯迅(노신): 1881∼1936. 중국의 소설가. 본명은 저우수런周樹人.

온한 대상으로 바라보았다. 하여, 스스로 길이 된 사람의 운명은 평탄할 수가 없었다. 결국 그 길은 십자가로 이어지는 길이 되었다. 십자가는 십자로 문양처럼 우리로 하여금 하늘과 땅, 사람과 사람 사이를 섬김과 희생으로 이어 주는 평화와 생명의 여러 갈래 길로 연결되게 한다. '그 길'을 하나의 서사시처럼 예수님의 생애에 담아 복음서로 기술한 이가 있다. 2천 년 그리스도인의 얼과 정신 속에는 그가 전한 거룩한 길의 서사시가 유유히 흘러왔다.

• **마가, 뛰어난 이야기꾼으로 예수님을 전하다**

최초의 복음사가로서 1세기 이방인들에게 예수 이야기를 박진감 있게 전한 이야기꾼이 있다. 그가 기록하여 전한 예수 이야기는 마가복음인데, '긴 서론이 붙은 수난 이야기'[▲]로 불릴 만큼 마가는 자신의 복음서에서 예수의 수난 이야기를 상당히 비중 있게 다루었다. 이러한 수난 중심의 이야기 구성은 당시 독자들에게 하나님의 아들 예수님이 고난과 죽임을 당하셔야 했던 이유를 신학적으로 설명하기 위한 변증서였기 때문이리라. 나아가 이 땅에서 예수처럼 살아가는 그리스도인 됨에 대한 안내서이기도 했다.

마가복음을 기록한 마가[▲▲]는 구브로Cyprus 출신으로 바울의 동역자인 바나바의 조카다(골 4:10). 마가는 일찍이 아버지를 잃고 편모슬하에서 성장했다. 신실한 신앙인이었던 그의 어머니 마리아는 자기 집을

▲ 마가복음의 '수난 이야기'가 시작되는 11장 이전까지는 이 수난 이야기의 서론에 해당하는 셈이다.
▲▲ 유대식 이름은 '요한'. 참조. 행 12:12; 15:37.

안드레아 만테냐, 〈복음 전도자 마가〉, 15세기 후반, 유채, 프랑크푸르트, 슈타델 미술관.

가정교회로 제공했고, 마가는 그 집을 방문한 사도들과 자연스레 교제를 나누며 성장했다(행 12:12). 이것이 계기가 되어 동향 출신인 바나바가 바울과 그곳에서 선교할 때 마가는 그들의 수종자로 선교여행에 동참하게 되었을 것이다. 그러나 선교여행 도중 밤빌리아의 버가▲에 이르자 마가는 돌연 예루살렘으로 돌아가 버린다(행 13:13). 그가 돌아간 이유는 명확하지 않지만, 다음 방문지였던 바울의 고향 다소Tarsus로 가기 위해서는 밤빌리아 북부에 있는 해발 2천 미터의 험준한 타우루스 산맥Taurus Mountains을 넘어야 했는데, 이 거친 '황소'▲▲ 앞에서 마가는 겁먹고 물러설 정도로 유약했기 때문이리라. 결국 마가의 이런 돌발적인 행위가 계기가 되어 바울과 바나바는 결별하게 된다. 다음 선교여행 때 마가의 동행 여부를 놓고 바울과 바나바의 의견은 좁혀지지 않았고, 마가의 동행을 반대한 바울은 결국 실라와 선교여행을 떠난다(행 15:36-41).

그러다가 바울은 마가를 영적 아들로 받아들인 후 로마에서 그와 함께 지냈으며, 후일 선교를 목적으로 마가는 디모데와 함께 에베소에 있었던 것으로 추정된다. 베드로전서(5:13)는 로마에 있는 베드로와 마가의 동반자 관계를 묘사하고 있는데, 이는 마가가 로마에서 베드로와 함께 있으면서 마가복음을 기록했다는 전승과 일치한다. 그곳에서 마가는 베드로의 설교와 증언을 통역하며 그의 비서 역할을 한 것으로 추정된다.

이렇게 하여 마가의 생생한 예수 이야기가 탄생하게 된 것이다. 베드로에게 들은 역사적 예수님의 행적을 바울의 십자가(고난의) 신학에 담아 표현했으니, 그것이 최초의 복음서인 마가복음이다. 이리하여 자

▲ 버가Perga는 소아시아 남쪽에 위치한 밤빌리아Pamphylia의 고대 도시. 현재의 지명은 '무르타나'이다.
▲▲ 지명 '타우루스'의 뜻.

신의 영적 성장통을 통해 깨달은 예수 이야기가 그의 영감 서린 붓끝에서 탄생했다.

• 두 가지 길 앞에 서서

중국어 성경은 '말씀'을 '도道'로 번역했다. 요한복음 1장 1절의 "태초에 말씀이 계시니라"를 "우주가 창조되기 이전에 도가 이미 있었다 宇宙被造以前, 道已經存在"로, "이 말씀이 하나님과 함께 계셨으니"는 "도가 상제와 함께 있었다道與上帝同在"로 해석했고, "이 말씀은 곧 하나님이시니라"를 "도가 곧 상제다道是上帝"라고 적고 있다. 그리고 1장 14절의 "말씀이 육신이 되었다"는 것도 "도가 사람이 되었다道成爲人"라고 해석했다. 그러나 중국어 성경이 로고스를 번역하기 위해 노자의 《도덕경》과 공자의 《논어》에서 가져온 '도' 개념은 요한이 말한 로고스와는 차이가 있다. 요한의 로고스와 달리 그들이 말한 '하늘의 도'는 인격적인 실체가 결여되어 있다. 흥미있는 것은, 노자와 공자 모두 도의 실천을 소중히 여기되 그 기준이 달랐다는 점이다. 노자는 무위자연無爲自然 사상에 기초를 두었고, 공자는 군자다운 사회·정치적 이상으로서의 도를 천명했다.

하늘의 도를 이 땅에 몸소 보여 주기 위해 우리와 같이 육신이 되신 하나님, 그분이 예수님이다. 육신을 입으신 말씀이고 인격적 실체로서의 도다. 그 도道, 즉 로고스는 예수라는 몸을 매개로 하여 이 땅에서 열병 앓는 시몬의 장모를 손 잡아 일으키고, 나병 환자의 환부에 손을 대고, 앞 못 보는 사람의 눈을 어루만져 주셨다. 로고스는 우리와 오감을 통해 만나기 위해 육신을 입어야 했다. 예수님은 이 땅에 사는 우리에게 하늘의 길과 이치를 보여 주시기 위해 직접 길이 되셨다.

신약성서는 그 오감 너머에 있는 보이지 않는 그분의 길을 따라 살라고 한다. 그러나 작금의 기독교는 육신에 깃든 예수님의 정신보다 그분의 육신을 우상화하여 오감에 근거한 감각적인 종교로 전락해 버렸다. 예수님의 정신을 온몸으로 실천하려는 결기와 치열함은 세속과 연동하는 감각적 세계와 박제화된 신학적 이론에 묻혀 버렸다.

21세기에 들어서면서 기독교는 어느 때보다도 쇠락의 길로 내달리고 있는 듯 안팎으로 크고 작은 도전에 직면해 있다. 그 근본적 이유는 예수의 길에서 이탈했기 때문이다. 언제나 세속의 길을 벗어나 계셨던 예수의 길을 버리고, 현대 교회는 예수님이 벗어나 있던 그 세속의 길로 돌아가 버렸다. 예수의 길을 따라 나섰던 제자들과 초기 교회 교인들의 결기와 열정을 잃어버렸다. 예수님이 가르치시고 몸소 되신 길은 오감 너머에 있다. 오감은 아둔한 우리에게 길을 보여 주시기 위한 매개일 뿐이다. 오감을 매개로 하는 신앙은 자칫 육욕적인 신앙으로 기울기 쉽다. 그것은 신약성서의 저자들이 질타한 표적을 구하는 신앙이다(마 12:39; 16:4; 눅 11:29; 요 4:48; 6:26).

그 길의 종교, 기독교는 역사 속에서 두 가지 길을 놓고 희망과 좌절을 거듭해 왔다. 그 두 가지 길은 진짜 예수의 길과 배도背道, 즉 예수의 길을 등지고 가는 다른 길이다. 마가는 갈릴리에서 출발하여 예루살렘에서 그 절정에 달하는 예수의 길을 지리적 공간의 이동을 따라 보여 주려 했다.

하나님의 아들 예수 그리스도의 복음의 시작이라 선지자 이사야의 글에 보라 내가 내 사자를 네 앞에 보내노니 그가 네 길을 준비하리라 광야에 외치는 자의 소리가 있어 이르되 너희는 주의 길을 준비하라 그의 오실 길을 곧게 하라(막 1:1-3).

그러나 세례자 요한에 의해 예비된 그 길은 팔레스타인의 지리적 영역에 갇힌 길이 아니라 오고 오는 세대에 예수의 제자라면 필히 가야 하는 하늘의 길天道을 제시하려고 했다. 예수의 길을 이어 가는 그 길이 우리가 가야 할 길이다. 많은 이들이 찾는 넓은 길이 아닌 좁고 협착한 길이다(마 7:13-14). 예수의 길에서 떠난 제자가 더 이상 그분의 제자가 될 수 없듯이, 그 길에서 떠난 기독교는 더 이상 예수의 종교가 아니다. 아니, 예수가 길인 종교가 아니다. 다만 세인의 길에서 예수의 유품을 보관하고 있는 박물관이거나 예수와 십자가의 아이콘icon을 판매하는 상점일 뿐이다.

20

누가
최초의 그리스도인 역사가가 된 뛰어난 이야기꾼

본문   누가복음 1-24; 골로새서 4:14; 디모데후서 4:11
이름의 뜻   총명하다, 빛나다

• 성서, 이야기가 된 역사와 역사가 된 이야기

태초에 '소리'가 있었다. "빛이 있으라"(창 1:3)는 하나님의 '말씀'▲은
이 우주▲▲에 생명을 부여하는 태곳적 빛을 생성시켰다. 그런 의미에서
하나님의 말씀은 이 우주 만상을 생성시킨 소리-사건이다. 그 소리는
어느 거리 한 모퉁이를 휘감고 돌다 맥없이 사라지는 바람 소리 같은
것이 아니다. 허공을 가르고 지상으로 떨어지는 유성이 일순간 불꽃을
뿜어내다가 이내 꺼지면서 발하는 찰나적 소리도 아니다. 그 소리가
울려 퍼지는 공간에는 어김없이 창조와 생명 현상을 일으키는 사건이
일어난다. 그 소리는 때로 다양한 성서 저자들과 하나님의 백성들에게
영감 있게 전달되었고, 그 소리에 그들이 삶으로 반응하여 기록된 것
이 성서다. 따라서 신적 소리의 울림과 그 울림에 대한 역사 속 다양한
사람들의 반응이 문자화한 것이 성서인 것이다.

▲ 히브리어 '다바르דבר'와 헬라어 '로고스λόγος'에 해당.
▲▲ '우주'를 의미하는 헬라어 '코스모스κόσμος'의 본래의 뜻은 '질서'.

15세기 중엽 요하네스 구텐베르크가 동판 인쇄술을 발명하기 전까지, 인류가 구화口話, 즉 말을 매체로 하여 음성화되고 행위화되는 예술로만 소통했다는 사실은 의미하는 바가 크다. 따라서 구약성서와 신약성서의 대부분이 가장 오래된 전승은 기록되지 않고 구전된 것이다. 성서가 양피지나 파피루스에 기록되기 시작할 때조차도 소수의 사람들만이 그것을 소유하거나 읽을 수 있었다. 그러니까 약 1천5백 년 동안 대부분의 사람들이 성서 메시지를 생생한 구화나 청각 행위로서 경험할 뿐이었다.

인류가 성서의 메시지를 활자화된 책으로 읽게 된 것은 500여 년에 불과하다. 구두 전승을 필사筆寫하던 시대에도 소수의 엘리트 특권 계층만이 읽고 쓰는 능력이 있었다. 우리는 이 사실을 망각한 채 성서 시대 초기부터 그들이 성서 자료를 '눈'으로 읽었다고 착각하곤 한다. 활자화된 정보가 넘쳐나고 활자 문화가 깊이 정착되어, 현대인은 성서가 기록되기 전 성서의 상당 부분이 구화로 전달되었다는 사실을 간과하고 만다. 우리 시대에 너무나 당연시되는 읽고 쓰는 능력이 다수의 성서 인물들에게는 없었다는 사실조차 망각할 때가 있다. 학자들은 고대 그레코-로마 시대에 글을 읽고 쓸 수 있는 사람이 전체 인구의 10퍼센트 정도였을 것으로 추산한다. 성서의 배경이 되는 지중해 주변에 거주하는 사람들의 90퍼센트 이상은 청각으로 모든 것을 경험하고 배우는 문맹인 농부거나 도시 거주자들이었다.

성서는 이러한 구전 문화 속에서 이야기가 된 역사이자 역사가 된 이야기였다. 역사적 사건은 그것이 일어난 역사적 현장과 시간을 벗어나는 순간 하나의 매혹적이고 절절한 스토리가 되어 사람들의 입에서 입으로 전달된다. 성서 이야기의 대부분은 하나님의 구원 역사에 관한 것이다. 이렇듯 일상 속 구원 사건을 경험한 사람들의 이야기는 구전되어 내려가 하나의 생생한 역사가 되었다. 몇백 년, 몇천 년의 시간에도 살아남은 스토리, 이들이 바로 역사가 된 성서다. 역사가 스토리가 되는 순간, 그 순간을 만들어 내는 이는 바로 이야기꾼들이다. 구원 역사를 박제된 이야기가 아니라 당대 사람들의 마음과 일상에 또 하나의 구원 사건으로 발화시키는 사람이 하나님의 이야기꾼이다. 이제 신약 시대 최초의 이야기꾼으로서 구원 역사를 기록한 사가史家를 만나 보자. 그는 일반 역사가의 눈에 포착되지 않은 구원 사건을 글로 풀어 낸 최초의 그리스도인 사가였다.

• 누가, 처음으로 신약의 복음서를 기록한 사가

역사가다운 면모로 예수님의 말씀과 행적을 더듬어 보고, 예수님의 승천 이후 복음이 로마에 당도한 과정을 위풍당당하게 두 권의 책으로 처음 기술한 저술가가 있다. 누가복음과 사도행전을 기록한 누가다. 누가는 자신 외에도 특정 구전 이야기를 기록하려고 한 이들이 많았음을 증언한다.

우리 중에 이루어진 사실에 대하여 처음부터 목격자와 말씀의 일꾼 된 자들이 전하여 준 그대로 내력을 저술하려고 붓을 든 사람이 많은지라 (눅 1:1-2).

누가는 데오빌로로부터 재정적 후원을 받아 그 두 권의 책을 저술한 후 그에게 헌정한 듯하다(눅 1:3-4; 행 1:1). 그 두 권의 책에서 그는 이성의 눈만으로는 포착할 수 없는 하나님의 구원 역사를 신앙의 눈으로 해석하여 대담하게 기술했다. 그의 역사적 전망은 팔레스타인 지경을 넘어 소아시아▲로, 그리고 다시 지중해를 건너 그리스 반도와 로마에까지 미친다. 유대 종교의 본산지인 예루살렘에서 예수의 죽음, 부활, 승천으로 점철된 복된 소식이 제국의 중심지 로마에 상륙한 과정을 누가만큼 생생하게 전해 준 이는 없었다. 이렇게 세계사적 사건으로서 초기 기독교 복음 전파와 교회의 확장을 다룬 이가 다름 아닌 누가다. 누가는 '이방인 그리스도인' 아니면 '헬라화된 유대인 그리스도인'이었을 것이다.

활기찬 사도들과 교회의 모습, 여러 인종과 민족과 문화의 경계를 넘나드는 복음 선포의 진행 과정을 기술한 그의 두 작품이 없었더라면 주후 100년 이전 초기 기독교의 모습은 어렴풋한 흔적만 남긴 채 기억 저편으로 망연히 사라졌을 것이다. 이름의 뜻처럼 '빛을 주는' 누가로 인해 자칫 어둠 속으로 파묻혀 버릴 뻔한 초대교회의 역사는 살아서 우리 곁에 오게 된 것이다. 누가의 생동감 넘치는 필치를 통해 우리는 그가 증언한 이천 년 전 과거의 위대한 신앙의 인물들과 소통할 수 있게 되었고, 그들이 종횡무진 활동한 현장을 더듬어 볼 수 있게 되었다. 특히 누가는 의사로서 당대의 문학 작품에도 조예가 깊었으며▲▲

▲ Asia Minor: 지금의 터키.
▲▲ 예를 들면, "우리가 그의 소생이라"고 노래한 실리시아의 시인 아라투스Aratus의 글을 인용한 사도행전 17장 28절 참조.

여러 지역을 여행한 경험을 반영하듯 다방면의 식견을 지닌 2세대 그리스도인이었다. 바울의 동역자로서 그의 선교여행에 동참한 누가는 다마스쿠스로 가는 길에서 회심한 후 죄수로서 로마에 압송되어 그곳에서 복음을 전한 바울의 이야기를 마지막으로 하여 그의 두 번째 책(사도행전)을 종결한다.

> 바울이 온 이태를 자기 셋집에 머물면서 자기에게 오는 사람을 다 영접하고 하나님의 나라를 전파하며 주 예수 그리스도에 관한 모든 것을 담대하게 거침없이 가르치더라(행 28:30-31).

누가는 두 권의 책에서 뛰어난 문필가로서 사도들과 교회가 직면한 박해와 역경과 실패의 자리에서도 하나님이 친히 이끄시는 구원의 드라마를 박진감 있게 묘사했다.

• 역사를 잊은 교회는 미래를 잃게 된다!

구전 문화에서 활자 문화로의 전환은 인류 역사에 아날로그 문화와 디지털 문화의 차이보다 더 큰 변화를 가져왔다. 1세기에 내레이터의 성대의 떨림을 통해 성서 이야기를 전달하던 구전 문화는 15세기 이후부터 지속된 활자 문화와는 근본적으로 다르다. 내레이터가 낭송하고 모든 회중이 함께 듣는 구화와 청각oral & aural 퍼포먼스로 전달된 성서 이야기는 우리가 눈으로 읽는 성경 이야기와는 판이하게 다르다.

글을 깨치지 못한 민중에게 성서 이야기는 '문자'[▲]가 아니라, 내레이터의 목소리를 타고 그들의 귀에 들려진 한 편의 생생한 이야기요 그들의 삶을 송두리째 바꾸어 놓는 사건이 된다. 적어도 성서 속 인물들이 활동하던 시대에는 구전 문화가 편만하여 성서 이야기가 구화로 유포되어 가면서 교회와 복음의 지경은 점점 더 확장되었다. 1세기 구전 문화에서 활자화된 문서를 읽는 것이 아니라 내레이터가 전하는 성서 이야기를 들음으로써, 그리고 내레이터의 신체 언어를 통해 회중의 얼(정신)과 영에 공명되는 사건, 즉 구원 사건이 일어났다. 그리하여 바울은 "믿음은 들음에서 난다"(롬 10:17)고 하지 않았던가? 누가는 구전 문화 속에서 '들음'을 통한 구원 사건이 지속적으로 일어나도록 그것을 기록으로 남겼다. 하나님이 행하신 과거의 역사를 보존하여 현재의 살아 있는 이야기로 만든 누가의 행적이 위대한 것은 바로 여기에 있다.

역사는 과거와 현재의 끊임없는 대화다. 역사를 소홀히 하거나 과거와의 대화가 단절되면 현재의 나를 비출 거울을 잃게 되는 셈이다. 역사를 잊은 교회는 밝은 미래를 잃게 된다. 성서의 이야기는 21세기 역사의 무대에서 우리를 비추는 거울이다. 나아가 우리가 가야 할 방향을 제시하는 나침반과 같다. 역사를 주관하시는 하나님의 숨결과 손길을 더 이상 느끼지 못할 때 잘못된 인간 역사는 되풀이될 것이다. 당대의 약하고 가난하고 소외된 계층에 대한 관심과 애정으로 사역하신 예수님의 모습(누가복음)과 성령 강림으로 촉발된 교회의 출범과 성령의 인도로 당시 세계의 중심이던 로마까지 진행되는 복음 영역의 확

▲ '문자'는 헬라어로 '그람마 γράμμα'이다.

장이 펼쳐지는 생생한 모습(사도행전)이 이제는 아련한 전설이 된 듯하다. 그러한 활기찬 영적 생명의 소리가 교회 현장에서 그립다. 태아가 자궁 속에서 탯줄을 타고 전해지는 어머니의 심장박동 소리를 듣듯, 누가는 우리에게 당대의 생생한 영적 박동 소리를 전한다. 탯줄과도 같은 누가의 두 작품을 통해 지난 2천 년 교회 역사 내내 원시 기독교회의 펄떡펄떡 뛰는 박동 소리가 전달되었다. 그 소리의 울림이 클 때, 영적 생동감을 잃어가는 현대 교회의 회복 또한 이루어지지 않을까?

21

아프리카 복음 전도의 선구자

빌립

본문 사도행전 6:5; 8:4-40
이름의 뜻 말[馬]을 좋아하는 사람

• 교회의 직분과 그 삶의 자리

현대 교회는 이제껏 네 단계를 밟아 오면서 위기에 봉착했다. 그 네 단계란 교회 성장, 성장 후기의 침체, 수평 이동, 제도적 교회의 틀을 벗어난 개인적(홀로의) 영성 추구다. 이러한 침체의 원인은 교회가 섬김 대신 권력을, 변두리 대신 중심을, 알짬보다는 화려한 외형을 추구하는 데서 찾아야 할 것이다. 교회는 필요한 조직을 세워 나가면서도 성령께서 언제나 역사하실 수 있도록 인위적인 것을 최대한 걸러내야 한다. 지나친 형식 추구로 인해 알맹이, 즉 복음의 정신을 잃지 않도록, 조직을 인위로 세우는 데 열심인 나머지 그 조직을 튼실하게 할 회중 각자가 지닌 성령의 은사가 그 속에서 질식당하지 않도록, 영적 권위는 존중되되 그것이 권력화되지 않도록 교회는 늘 경계하고 또 경계해야 한다. 그것이 뒤바뀌면 본말이 전도된다. 구유를 소중히 여긴 나머지 그 구유 안의 아기 예수님을 버릴 수는 없는 법이다. 교회의 직분도 그러하다. 교회의 직분이 계급이 되어 교회에서 그 직분을 두고 돈 거래가 이루어진다면 그런 교회는 이름만 교회지 더 이상 참 교회일 수 없다. 어쩌면 교회가 영적 탄력과 순수성을 잃기 시작한 것은 교회가 점점 제도화되고 권위적이 되면서 성령께서 역사하시는 공간이 점점 좁아진 데 있지 않을까 한다.

초기 교회는 처음부터 직제를 갖춘 제도화된 교회는 아니었다. 회중이 각자의 은사에 따라 상보적 관계로 제 역할을 감당한 평등 지향적 공동체였다. 이러한 교회의 형태는 바깥으로는 이단과 박해에 대응하고 안으로는 영적 권위의 체계를 세우기 위해 서서히 제도적이고 조직적인 직제를 갖춘 형태로 나아가게 되었다. 초기 교회가 직제를 갖춘 교회로 변모하면서 감독과 장로와 집사의 세 가지 직분을 두게 되었다.

감독▲은 헬라어로 '에피스코포스ἐπίσκοπος'인데, 이 단어는 '돌보다', '살펴보다', '도와주다'를 뜻하는 '에피스코페오ἐπισκοπέω'에서 파생되었다. 따라서 감독은 교회를 다스리고 돌보며(딤전 3:4), 하나님의 청지기로서 바른 교훈으로 권면하고 거슬러 말하는 자들을 책망하는(딛 1:7, 9) 사역을 수행하는 직분이었다. 이렇게 본다면 이 단어를 흔히 구약성서(왕상 4:6; 대하 8:10; 느 11:22)에서와 같이 지배나 통치의 의미가 다분히 있는 '감독監督'으로 번역하는 것은 어원적 맥락에서 벗어나는 것이다. 목회서신(디모데전후서와 디도서)에 언급된 감독은 현대 감독 정치 체제처럼 많은 교회를 지배하고 통솔하는 직책은 아니었다. '새로 입교한 자'를 감독으로 세우지 말라는 권고의 말씀(딤전 3:6)으로 판단

▲ 가톨릭에서는 '주교bishop'라 함.

컨대 개교회를 섬기는 직분으로서 집사보다는 약간 더 자격이 강화된 정도의 직분이었을 것으로 추정된다. 감독은 오늘날의 개신교 목사와 가톨릭 신부에 해당하는 직분이었으며, 회중에 의해 선출되었다.

감독 외에 회중이 선출하는 또 하나의 직분은 집사였다. '집사'는 헬라어로 '디아코노스διάκονος'인데, 이 단어는 원래 '디아코니아 διακονία'라는 헬라어에서 파생되었다. '디아코니아'는 섬김, 봉사, 구제를 뜻한다. 따라서 집사는 '섬기는 자'라는 뜻이겠다. '디아코니아'는 본래 초기 교회의 형태인 30~40명 정도 모이는 가정교회에서 애찬을 나눌 때 음식을 날라다 주는 행위를 일컫는 말이었다. 집사는 각종 구제 임무와 교회의 재정 관리를 담당했다. 집사의 자격 기준은 디모데전서 3장 8-13절에 명시되어 있다.

장로에 해당하는 헬라어는 '프레스뷔테로스πρεσβύτερος'인데, 나이가 많은 사람을 뜻한다. 사도들은 연장자이면서 신앙과 사리 판단이 원숙한 교인을 장로로 지명하여 세웠다. 따라서 장로는 집사와 감독과 달리 선출하는 직이 아니었다. 유대적 기원을 지닌 장로는 장로의 회에서 지명된 후, 안수 받아 임직된 것으로 학자들은 추정하고 있다(딤전 4:14). 장로들은 사도들과 함께 교회의 규례를 만들었으며(행 16:4), 교회를 다스리고(딤전 5:17), 병자를 위해 기도했다(약 5:14). 장로는 사도가 없을 때 예배와 성례를 주관하기도 했다. 장로는 두 종류의 장로, 즉 '다스리는 장로'와 '말씀과 가르침에 수고하는' 장로로 구별되었다.

잘 다스리는 장로들은 배나 존경할 자로 알되 말씀과 가르침에 수고하는 이들에게는 더욱 그리할 것이니라(딤전 5:17).

또한 장로들에 대한 고발은 좀더 신중하게 처리되었으며(딤전 5:19), 교인들은 장로들에게 순종하도록 가르침 받았다(벧전 5:5). 초기 교회에서 장로와 감독은 직책이 중복되는 면이 있었고 서로 번갈아 사용된 것으로 보인다. 장로들 가운데 가르치는 장로를 구별하여 감독의 역할을 수행하게 했을 것이다.

사도들을 도와 구제와 봉사의 직무를 감당했던 집사는 초기 교회의 역사를 이야기할 때 빼놓을 수 없는 일꾼들이다. 그 가운데 한 명이 북아프리카 선교의 기초를 놓은 빌립이다. 아프리카 땅에 그가 놓은 복음의 길을 따라 알렉산드리아의 교부 오리겐Origen과 카르타고의 교부 터툴리안Tertullian과 어거스틴Augustine 같은 이들이 초기 교회 역사의 한 장을 장식했다.

• 빌립 집사, 아프리카 복음 전도의 선구자가 되다

초기 교회에 집사 직분이 도입된 경위는 이러하다. 모교회인 예루살렘교회 안에 과부의 구제 문제로 인해 두 유대인 그룹, 즉 본토박이 히브리파 유대인들과 세계 각 지역에 살다가 최근 예루살렘으로 역이민 온 디아스포라▲ 유대인, 즉 헬라파 유대인들 사이에 갈등과 다툼이 생겼다. 터줏대감과도 같았던 히브리파 그리스도인들이 헬라파 과부들을 구제의 대상에서 빼 버린 것이다. 이 문제를 해결하기 위해 사도들은 이제껏 자신들이 해왔던 사역 가운데 기도와 말씀 사역에만 힘

▲ 팔레스타인을 떠나 온 세계에 흩어져 살면서 유대교의 규범과 생활 관습을 유지하는 유대인들을 '디아스포라Diaspora'라고 부른다. '흩어진 사람들'이라는 뜻이다.

쓰고, 나머지 구제와 봉사는 일곱 집사를 선발하여 그들에게 맡기기로 했다(행 6:1-6). 선발된 일곱 집사 가운데 스데반과 함께 행적의 일부를 신약성서에 남긴 사람이 빌립이다. 빌립은 디아스포라 유대인이었다가 최근 예루살렘에 정착한 헬라파 그리스도인으로서 지혜와 성령이 충만하고, 행정 능력이 있는 사람이었다.

일곱 집사 중 하나였던 스데반의 순교를 기점으로 예루살렘교회는 대대적인 박해를 겪게 된다(행 8:1-3). 그 박해를 피해 빌립 집사도 사마리아 지역에 가서 복음을 전하게 되었는데, 귀신이 나가고 중풍병자와 걷지 못하는 사람들이 낫게 되는 큰 기적이 일어났다(행 8:5-7). 그때, 후일 기독교의 가장 강력한 적이 된 모든 영지주의의 원조격인 시모니안Simonian 파의 수장이었던 유명한 마술사 시몬도 빌립의 기사와 이적에 크게 놀라 그에게서 세례를 받고 그를 따를 정도였으니, 그는 성령 충만한 카리스마적인 복음전도자였음에 틀림없다(행 8:9-13).

주의 사자의 지시를 따라 사마리아를 떠나 남쪽으로 내려가다 에티오피아 여왕 간다게▲의 국고를 책임지고 있는 내시를 만나게 되어 그에게 복음을 전했는데, 그의 요청으로 빌립은 그에게 세례를 주었다(행 8:26-40). 이렇게 하여 아프리카 땅에도 복음이 전파된 것이다. 혼혈인들이 살던 지역인 사마리아와 검은 땅 에티오피아에 복음을 전한 이가 사도가 아닌 집사였으니, 기독교 복음 전파는 모든 그리스도인의 과제가 아니던가. 더군다나 당시 복음을 전하기에는 여러 가지로 제약이 많았던 영적인 툰드라 지역에 집사인 빌립이 들어가 복음으로 해

▲ '간다게Candace'는 에티오피아 남쪽 나일강 상류 지역에 위치한 메로 왕국과 나바다 왕국 가운데, 주후 25~41년 사이에 메로 왕국을 통치한 여왕 '아만티테레'로 추정된다.

동解凍시켰으니, 빌립은 남들이 가기를 꺼리는 미답의 땅에 복음을 들고 찾아간 영적인 개척자였다.

• 길을 만드는 사람이 역사를 만든다

"사람은 길을 만들고, 길은 역사를 만든다"는 말이 있다. 길을 틔우고 만드는 것은 결코 쉽지 않다. 길을 만드는 사람이 극복해야 하는 것은 뜨거운 사막이나 험준한 산악이나 혹한의 만년설이나 울창한 숲과 같은 외부적 제약만이 아니다. 더 큰 적은 그 여정 속에서 스멀스멀 찾아오는 깊은 고독감과 미답의 세계에 대해 막연한 불안과 공포를 느끼는 자기 자신일 것이다. 인류는 수많은 길에서 만나고 헤어지고 충돌하고 융화하고 흥하고 망하면서 역사를 이어 나갔다. 모세가 이스라엘 백성을 이끌고 이집트를 탈출하여 광야로 나간 해방의 길, 동서 문명을 융합시킨 알렉산더 대제의 동방 원정의 길, 로마 제국의 동맥이 되어 번영을 가져다준 로마 가도街道, 바이킹의 침략의 길, 두 문명인 기독교와 이슬람의 비극적 충돌을 야기한 십자군 원정 길, 즉 초원길과 비단길과 바닷길의 세 갈래 길로 개척된 동서 교류의 발전을 짊어지고 문물을 오가게 한 실크로드 등. 이렇듯 세계에 큰 변화를 가져온 전쟁의 역사도, 나라와 민족을 구한 영웅의 역사도, 새로운 문명을 연 역사도 길에서 이루어졌다. 로마 가도처럼 이민족을 침공하기 위해 건설되었던 길이 제국의 국력이 쇠진하면서 게르만족과 흉노족과 같은 북방 민족들이 로마를 침탈하는 길이 되기도 했다. 새로운 길의 열림과 함께 문명도 시작되었지만 광기와 폭압과 무자비한 정벌이 가져온 끔찍한 야만의 역사도 그 길 위에 아로새겨졌다.

본래 광야에도 산에도 바다에도 길은 없었다. 그곳에는 사람이 걸을 수 있는 길은 없었다. 길은 만들어져야 하고 그 길을 만들기 위해서는 누군가 그 길 위에서 고투하다 죽어야 한다. 그리고 그 죽은 자의 백골이 묻힌 길에서 누군가가 또다시 새로운 길을 이어 나가야 한다. 그 끈질긴 길의 이어짐과 교착이 역사를 만들었다. 그래서 길은 삶이며, 그 길을 만드는 사람은 역사를 만드는 사람인 것이다. 길을 닦고 길을 가는 사람들은 성을 쌓고 그곳에 거주하는 사람들과는 다르다. 성을 쌓고 안주하는 사람은 부단히 길을 내는 사람을 이길 수 없다. 프랑스의 석학 자크 아탈리Jacques Attali는 《호모 노마드 유목하는 인간 L'Homme Nomade》(웅진지식하우스, 2005)에서 21세기는 '유목민적 가치관'을 가진 새로운 인간들이 대거 출현할 것이라고 전망했다. 유목민이란 한 가지 가치관에 안주하지 않고 끊임없이 새로운 변화를 추구하고 도전과 모험을 하며 떠돌아다니는 사람이다. 성을 짓고 그 안에 안주할 때 도전 정신은 사그라지고 온갖 물욕적이고 안일한 것에 도취되어 부박浮薄한 인생으로 전락하고 만다.

본래 유목민이던 이스라엘 민족은 가나안에 정착하면서 그곳의 농경 문화와 농경신(바알와 아세라)을 자연스레 수용하고 말았다. 이집트를 탈출한 후 광야 길에서 불기둥과 구름기둥으로 임재를 알리시고, 만나와 메추라기로 일용할 양식을 주신 야훼 하나님의 이야기도 가나안 정착 후 이스라엘 백성의 일상 저편으로 아스라이 사라지고 말았다. 성을 쌓은 솔로몬 시대는 가장 부유했지만 타락과 몰락의 징후가 가장 많았던 때이기도 했다. 길에서 멈추는 순간 하나님을 향한 열정도 광야의 밤기운처럼 쉬 식고 말았다. 선지자 예레미야는 이스라엘의 광야 시절을 다음과 같이 회고한다.

……나 주가 말한다. 네가 젊은 시절에 얼마나 나에게 성실하였는지, 네가 신부 시절에 얼마나 나를 사랑하였는지, 저 광야에서, 씨를 뿌리지 못하는 저 땅에서, 네가 어떻게 나를 따랐는지, 내가 잘 기억하고 있다(렘 2:2, 새번역).

예레미야는 광야 시절 이스라엘이 청순한 새색시처럼 순수한 사랑으로 오직 하나님만을 따랐다고 평한다. 하나님과 이스라엘 백성 사이에 그 무엇도 끼어들 틈이 없을 정도로 서로를 향한 밀착된 사랑의 관계가 유지되던 시기였다는 것이다. 즉 광야 시절은 이스라엘 백성이 하나님과 첫사랑을 나누던 허니문 시기였다. 그러나 광야는 허니문을 나누기에는 너무나 거칠고 메마른 땅이었다.

"이집트 땅에서 우리를 이끌고 올라오신 분, 광야에서 우리를 인도하신 분, 그 황량하고 구덩이가 많은 땅에서, 죽음의 그림자가 짙은 그 메마른 땅에서, 어느 누구도 지나다니지 않고 어느 누구도 살지 않는 그 땅에서, 우리를 인도하신 주님은, 어디에 계십니까?" 하고 묻지도 않는구나(렘 2:6, 새번역).

거친 광야 길이 오히려 이스라엘 민족이 하나님의 임재와 사랑과 보호를 절절히 체험한 장소였고, 그분의 백성으로 거듭나는 장소였다.

그러나 이동을 멈추고 땅을 차지한 후에는 그 땅의 신들을 섬기고 그 문화에 동화되고 예속되어 길을 잃고 말았다. 하나님의 백성이 되는 길을 잃어버린 것이다. 이방 민족의 구원을 위한 하나님의 도구가 되려는 본래 목적도 잊어버렸다(참고. 사 49:6). 길을 통해 하나님이 만드신 역사를 잊었기 때문이다.

창조적인 믿음으로 전인미답의 땅을 개척한 빌립처럼, 일상의 안일과 보장된 안전을 박차고 나아가는 개척자의 정신이 어느 때보다 필요하다. 베드로전서는 우리를 낯선 땅에 거하는 나그네로 부른다.

> 사랑하는 형제들, 낯선 땅에서 나그네 생활을 하고 있는 여러분에게 권고합니다. 영혼을 거슬러 싸움을 벌이는 육체적인 욕정을 멀리하십시오 (벧전 2:11, 공동번역).

나그네는 정체성을 잊고 이 땅에 만연한 온갖 욕정에 물드는 것을 경계해야 한다. 그렇게 되면 그 영혼에 덕지덕지 붙은 삿된 욕정 때문에 하나님을 향해 비상할 수 없다. 성숙도 영성의 자람도 멈추고 만다. 순례자의 영성이 필요하다. 하나님과의 달콤하고 감미로운 허니문이 평생 지속되려면 세상의 헛된 욕망의 성城에 안주할 것이 아니라 거칠고 메마른 광야에서 앳된 신부의 순애보를 써내려 가는 길을 택해야 하리라. 그 길이 나와 너를 생명으로 이어 주고 하나님의 나라를 건설하는 길이다.

일꾼을 세우고 양육한 통 큰 목회자
바나바

본문 사도행전 4:34-37; 11:22-30; 13:1-14:28; 15장
이름의 뜻 위로의 아들, 권위자

· 멘토링, 다음 세대를 준비하는 교육 전략

요즘은 한 조직 안에서 지식을 이전하고, 핵심 가치나 조직 문화를 강화하며, 인재 육성 등에 활용하는 '멘토링mentoring'이 기업뿐만 아니라 학교와 교회에서도 대중화될 정도로 크게 각광받고 있다. 멘토링은 단체뿐만 아니라 개인의 역량도 개발할 수 있는 효율적인 교육 방식이다. 잠자고 있는 영혼을 일깨워 주고, 단순한 지식이 아닌 삶을 윤택하게 하는 지혜를 가르쳐 주고, 방황할 때 길잡이 역할을 해주는 멘토를 일찍 만났더라면 우리는 진작 세상을 새롭게 보는 경험을 했을 터이다. 플로렌스 포크는 인생 항해에서 멘토의 필요성을 다음과 같이 주장한다.

우리 모두 인생의 어느 때에 이르면 멘토가 필요하다. 멘토란 우리를 안내하고 보호하며 우리가 아직 경험하지 못한 것을 체화한 사람이다. 멘토는 우리의 상상력을 고취시키고 욕망을 자극하고 우리가 원하는 사람

이 되도록 기운을 북돋워 준다. 멘토는 우리가 그를 필요로 할 때 나타나서 우리 삶을 풍요롭게 해주는 대부나 대모와 같다고 할 수 있다.

– 플로렌스 포크Florence Falk의《미술관에는 왜 혼자인 여자가 많을까?*On My Own: The Art of Being Woman Alone*》(푸른숲, 2009)에서.

멘토와 관련된 최초의 언급은 호메로스의 작품 가운데 하나인《오디세이*Odyssey*》에 나온다. 소왕국 이타카 왕인 오디세우스는 트로이 전쟁에 출전하면서 가장 절친한 친구 멘토르Mentor에게 아들 텔레마쿠스의 교육을 부탁했다. 멘토르는 그 후 10여 년 동안 왕자의 친구요 상담자요 아버지로서 텔레마쿠스가 훌륭한 리더가 될 수 있도록 지도했다. 오디세우스 왕이 전쟁을 끝내고 돌아왔을 때, 그의 아들은 놀라울 정도로 훌륭하게 성장했다. 오디세우스 왕은 자신의 아들을 그렇게 훌륭하게 교육시킨 친구에게 그의 이름을 부르며 "역시 자네다워, 역시 멘토르다워!"라고 크게 칭찬해 주었다고 한다. 그 후로 훌륭하게 제자를 교육시킨 사람을 '멘토'라고 부르게 되었다.

이렇듯 탁월한 교육가 '멘토르'의 이름에서 파생된 영어 단어 '멘토'는 풍부한 경험과 지혜를 겸비한 신뢰할 만한 사람으로서 상대방의 잠재력을 파악하고 그가 품은 꿈과 비전을 이룰 수 있도록 도와주는 스승, 인생의 안내자 등의 의미로 사용되기 시작했다. 쉽게 말하면 곁에서 선생님처럼 조언하고 이끌어 주는 역할을 하는 사람을 말한다. 참고로, 멘토를 통해 지도와 도움을 받는 사람을 '멘티mentee', 경험과 지식이 풍부한 사람이 구성원을 일대일로 전담해 지도·조언하면서 인격과 실력과 잠재력을 개발시키는 것을 '멘토링'이라고 한다.

멘토는 인생의 코치와 영적인 스승으로서 늘 상대방이 균형 있게 성숙하도록 돕는 자의 역할을 하게 된다. 〈뉴욕타임스〉가 선정한 베스트셀러 작가로 25년 이상 미국 전역에서 리더십과 자기개발을 강의해 온 존 맥스웰은, 멘토란 "자신의 삶을 다른 사람에게 쏟아붓고 그들과 함께 나누려는 의지와 다음 세대를 위하여 살고자 하는 열망을 가진 사람"이라고 정의한 후, 멘토링이란 "한 사람의 지혜를 그가 가진 신용, 경험, 시간과 인간관계를 통해 다른 사람에게 의도적으로 전달하는 과정"이라고 했다.▲

역사 속에서 멘티와 멘토의 관계로 묶을 수 있는 인물 가운데 철학자 소크라테스와 플라톤과 아리스토텔레스가 있다. 이 세 사람은 철학 사상의 차이가 있기는 했지만, 자신들의 지식을 공유하여 의견을 나누고 사상을 계승하면서 철학사에 위대한 업적을 남긴 멘토와 멘티였다. 공자와 그의 뛰어난 네 제자인 재여, 자로, 자공, 안회도 이러한 멘토링의 적합한 예일 것이다. 삼중고=重苦의 장애인이던 헬렌 켈러와 그녀를 훌륭하게 교육시킨 앤 설리번의 경우도 좋은 예다. 성서에서 이런 예를 찾는다면 모세와 여호수아, 나단과 다윗, 엘리야와 엘리사, 베드로와 마가 요한 등이 있겠다. 이러한 멘토링 교육을 통해 다음 세대를 이끌 위대한 지도자들이 양육되었다. 이제 기독교 역사에 큰 전환점을 가져온 바울에게 멘토로서 역할을 잘 감당해 준 한 인물에 스포트라이트를 비춰 보자!

▲ 《존 맥스웰의 행동리더십: 멘토링Mentoring 101》(다산북스, 2011)에서.

• 바나바, 일꾼을 세우고 양육한 통 큰 목회자

　초대교회에 통 큰 행보로 두고두고 회자되는 이가 있다. 그리스도인
들이 전한 도를 뿌리째 뽑으려고 교회를 박해한 바울이 회심하자 그
를 사도들 앞으로 데리고 가서 변호해 준 인물이다. 이 일을 계기로 그
는 바울과 더불어 예루살렘교회에 의해 첫 선교지 안디옥에 파송되
어 이방 선교를 주도하게 되었다(행 15:22, 25). 이렇듯 바울이 이방 선
교의 주역이 되기 전 초대교회 선교의 역사에 한 획을 그은 인물이 바
나바다. 회심했지만 한때 그리스도인들을 향한 서슬 퍼런 박해의 칼을
높이 쳐들었던 바울을 사도들이 기피한 것은 너무나 당연한 반응이었
다. 가장 기피하는 대상이던 바울을 사도들의 모임 안으로 끌어들여
장차 이방 선교의 주역으로 세워 주었으니 바나바는 바울의 든든한
후견인인 셈이다(행 9:26-27).

　바나바는 구브로 섬 출신의 레위인으로 본명은 요셉이다. '바나바'
라는 이름의 뜻대로 그는 가난한 형제들을 구제하기 위해 자기 밭을
팔아 그 값을 사도들에게 바친 동정심 많은 '위로의 아들'이었다(행
4:34-37). 이러한 바나바를 사도행전은 다음과 같이 소개한다. "바나바
는 착한 사람이요 성령과 믿음이 충만한 사람이라"(행 11:24). 바나바의
타고난 좋은 인품과 뛰어난 영성을 지켜보던 예루살렘교회는 이방인
전도에 큰 실효를 거두고 있는 안디옥교회에 그를 보내 돕게 했다. 그
결과 안디옥교회는 바나바의 사역으로 부흥하게 되었다(행 11:22-24).
그때 바나바는 다소에 있던 바울을 안디옥으로 데리고 와서 함께 그
곳에서 일 년간 큰 무리를 가르쳤다(행 11:25-26). 안디옥 사역을 기점
으로 바나바와 바울은 실과 바늘처럼 함께 일했다.

선교여행을 떠난 바나바와 바울이 여러 지역을 거쳐 루스드라에 당도했을 때, 바울은 나면서 앉은뱅이가 된 자를 고쳐 주었다. 이 기적 사건으로 적잖이 놀란 그곳 주민들은 바나바를 제우스로, 바울을 헤르메스▲로 불렀고, 제우스 신당의 제사장이 소와 화환들을 가지고 무리와 함께 와서 그들에게 제사하려 했다(행 14:8-18). 바나바와 바울의 제지로 우발적인 이 사건은 이내 종결되었다.

초대교회는 이방인들의 구원 문제와 관련하여 유대주의자들과 이방 교회 사이에 심각한 견해 차를 보였다. 다시 말해 이방인들에게도 유대인들과 마찬가지로 할례, 안식일과 정결례와 같은 율법 조항을 지키게 해야 하는지를 놓고 초대교회 안에 변론이 일어나게 된 것이다. 이 문제를 해결하기 위해 안디옥교회는 바나바와 바울을 몇 사람들과 함께 예루살렘교회에 파송했다. 이 회의에서 바나바와 바울은 이방 선교 현장에서 본 하나님이 행하신 놀라운 표적과 기사를 보고했다 (행 15:1-4, 12). 격론의 현장에서 베드로와 야고보▲▲의 중재로 일종의 절충안이 도출되었다.

베드로와 야고보의 중재로 이방인들은 율법의 짐 대신 그들이 지켜야 할 네 가지 금기(우상의 제물과 피와 목매어 죽인 것과 음행) 사항만 지키는 절충안을 따라야 했다(행 15:20, 29). 이러한 절충안은 이후 본격적인 이방 선교를 위한 획기적인 발판을 제공했고, 초대교회 역사를 새롭게 써내려 가게 한 전환점이 되었다. 착하고 동정심 많은 성품과 바울을 과감히 끌어안아 세워 준 통 큰 행보로 이방 선교의 초두를

▲ Hermes: 신들의 뜻을 인간에게 전하는 전령 역할을 한 신.
▲▲ 야고보는 "이방인 중에서 하나님께로 돌아오는 자들을 괴롭게 하지 말자"고 주장함. 행 15:19.

장식한 바나바는 초대교회의 견인차 역할을 했다. 바나바는 현대 교회에 '일' 중심의 목회보다는 '사람(일꾼)'을 세워 주고 양육하는 목회가 얼마나 중요한지를 새삼 깨우쳐 준 위대한 신앙의 사람이다.

• 아름다운 동행이 그리운 시간

전 세계 인구 70억 명 가운데 12억 명이 사회 네트워크 서비스를 사용하고 있다고 한다. 여기에 스마트폰과 같은 각종 첨단 매체까지 가세하면서 그 수는 점점 증가할 것이다. 이러한 정보 기술의 발달로 인간관계가 시·공간의 제약을 넘어 확장되었지만 질적인 깊이는 오히려 얕아졌다.

삶의 현장인 콘텍스트context 안에서 온몸을 통한 교감이 아니라 텍스트text를 매개로 한 문자적 소통이다 보니 감정의 전달은 쉽지 않고, 익명성에 근거한 검증되지 않은 정보가 넘쳐난다. 그나마 자신의 기분이나 감정을 그림문자로 표현하는 이모티콘emoticon을 보내는 것으로 때운다. 40자 미만의 텍스트 메시지로 무슨 진득한 의사소통이 이루어지겠는가? 첨단 매체를 통해 이루어지는 이러한 형태의 소통은 사람과 사람 사이의 숨결과 눈길과 온기가 사라진 문자들의 향연일 뿐이다. 결국 방대한 네트워크를 기반으로 하는 사회 속에서 수많은 현대인들은 얄팍한 지식과 왜곡된 정보에 쉽게 노출되며, 행복감이나 소속감보다는 도리어 소외감만 깊어 간다. 이러한 때 정신과 영혼의 폐부로 교감할 수 있는 아름다운 동행은 점점 사라지고 있고, 더군다나 초월적 가치의 영역은 점점 설자리를 잃고 있다. 내용과 깊이를 상실한 채 빠르게 변하는 사회에 적응하느라 속도전을 펼치고 있는 현대인들에게 하나님과의 동행은 점점 낯선 이야기가 되고 있다.

초대교회는 암울한 시대 환경 속에서도 하나님과 동행한 사도들의 활동이 두드러진 시기였다. 특별히 바나바와 바울의 활약으로 이방 선교의 교두보가 놓였다. 이렇게 되기까지 바나바의 역할은 중요했다. 회심한 바울을 예루살렘교회에 소개해 준 것도, 그의 사역을 위해 길을 터 준 것도, 그가 이방 선교를 주도한 걸출한 사도가 될 수 있었던 것도 바나바의 견인이 있었기에 가능했다. 그 두 사람의 아름다운 동행이 초대교회의 심장을 고동치게 했다. 멘토링의 가장 큰 특징은 바로 나눔과 섬김으로 한길을 가는 동행에 있다. 바울은 이러한 멘토링 교육의 수혜자로서 다음과 같이 권면한다.

그러므로 내가 너희에게 권하노니 너희는 나를 본받는 자가 되라(고전 4:16).

목회자는 예수님의 인격과 성품을 닮으려 하고 성도들은 목회자의 지도와 양육으로 성숙한 삶으로 나아가는, 관계의 영성과 닮음의 신앙교육이 교회 현장에 필요하다. 이러한 닮음이 이루어지지 않고 관계가 단절될 때 교회는 냉랭하고 삭막해진다. 그런 교회에는 더 이상 생명의 소리는 들리지 않고 다투고 분쟁하는 소리만 들린다. 예수님은 부활하신 후 이 땅을 떠나시면서 장차 이루어질 우리와의 아름다운 동행에 대한 비전을 제시하셨다.

내가 너희에게 분부한 모든 것을 가르쳐 지키게 하라 볼지어다 내가 세상 끝날까지 너희와 항상 함께 있으리라(마 28:20).

주님이 우리의 삶 속으로 들어오셔서 우리의 여정에 동행해 주신다는 믿음이 우리가 이 땅에서 제자로서 살아가는 비결이다. 주님과의 동행을 통해 우리의 영성은 깊어지고 우리의 인격은 다듬어진다. 주님과 함께 걷는 그 여정에 바울과 바나바처럼 동행할 수 있는 길벗이 있다면, 그리고 사람을 세우는 멘토링이 이루어진다면 다음 세대에는 여전히 희망이 있다.

23

그리스도교의 적에서 복음 전도자가 된 사도

바울

본문　　　사도행전 9장; 고린도후서 4:6
이름의 뜻　작은 자

• 플라톤의 '동굴 비유' 속으로

플라톤의 《국가론*Republic*》 7장에는 '동굴 비유'가 나온다. 어릴 때부터 의자 위 사슬에 머리부터 발끝까지 묶여 옴짝달싹 못한 채 동굴 깊숙이 갇혀 지내는 죄수들의 이야기다. 이 비유는 죄수들이 사지와 목이 결박되어 머리를 돌릴 수 없으므로 동굴 벽 외의 것은 볼 수 없으며, 애당초 외부 세계에 대해서는 알지 못한다는 가정 하에 전개된다. 그러한 죄수들의 뒤에는 그들이 앉아 있는 바닥으로부터 돌연히 솟아오른 높은 지대가 있고, 이 높은 지대에는 물건들을 나르면서 앞뒤로 걷고 있는 또 다른 사람들이 있다. 그들이 나르는 물건들은 나무와 돌과 그 밖의 다양한 물질로 만든 동물과 인간의 상像들이다. 이 걷고 있는 사람 뒤에는 모닥불이 있고, 그보다 훨씬 뒤에 동굴 입구가 있다. 족쇄에 묶여 있는 죄수들은 동굴 벽만을 볼 수 있을 뿐, 서로를 보거나 움직이는 사람들을 보거나 그들 뒤에 있는 불을 볼 수 없다. 그러므로 죄수들이 볼 수 있는 것은 그들 앞의 벽면에 비친 그림자가 전부이며, 이 그림자는 사람들이 모닥불 앞으로 걸을 때 투사된 반영反影이다. 죄수들이 바라보는 벽은 마치 인형극의 무대와 같다. 이렇게 상황을 가정할 경우, 죄수들은 실제 대상물이나 그것을 나르는 사람들을 볼 수 없고, 동굴 벽면에 그림자로 비친 물건이 실제인지 허상인지도 구별할 수 없다. 누군가 그들 뒤쪽 높은 지대의 사람이 소리를 치면 그들은 메아리를 들을 뿐이고, 그것은 그림자에서 나는 소리같이 들릴 것이다. 결국 그들은 그림자만을 인식할 뿐이지만, 그것을 실제 세상(실체)이라고 믿게 된다. 그리고 주변에 있는 사람, 즉 자기 동료들과의 대화를 통해 그것을 맹신케 된다. 그들은 그 밖의 다른 것의 존재를 알지 못하기 때문이다.

플라톤의 비유는 계속 이어진다. 이 죄수 중 누군가가 족쇄를 풀고 뒤를 돌아보고 높은 지대 쪽으로 오르게 된다고 가정한다. 그리고 높은 지대를 지나면서 인형을 보고, 동굴 안에 피워진 불도 보고 동굴 바깥의 태양을 보면서 자기가 얼마나 여러 겹의 거짓된 세상 속에서 살았는지를 차츰 깨닫게 된다. 그는 입구로 나가서 태양을 보고, 태양 아래 실제 사물을 보지만 그동안 어둠에 적응되어 있었기 때문에 눈이 부셔서 이 모든 것을 한 번에 볼 수 없다. 태양과 그 아래의 현실에 적응하는 과정이 그에게는 매우 고통스러울 것이다. 그는 그림자 외의 세계가 있다는 것을 처음 알게 될 것이며, 그것은 엄청난 충격과 혼란을 야기할 것이다. 그리고 그에게 이 실제의 세계는 빛 속에 있으므로 눈이 부셔서 제대로 보기도 힘든 대상일 것이다. 그렇기에, 오히려 그는 이것을 거짓 세계(허상)로 생각하고 그림자를 진짜 세계(실상)로 착각할 것이다. 또한 그가 불빛을 직접 보게 된다면 눈이 아파서 다시 원래 세계로 돌아가려 할 거라고 플라톤은 말한다. 플라톤은 더 나아가, 이 상황에서 누군가가 그를 억지로 동굴 바깥의 햇빛 속으로 끌어냈다고 가정한다. 죄수는 더욱 고통스러워하고 끌려온 것을 원망할 것이며, 이전에는 전혀 경험한 적이 없는 강렬한 빛으로 가득 차서 잠시 눈이 멀게 될 것이다. 하지만 서서히 눈이 적응해 갈 것이고, 점점 진짜 세상을 관찰할 수 있을 것이며, 마침내 하늘에 떠 있는 태양을 볼 수 있을 것이다. 태양이 계절과 세월과 모든 변화를 이끌어 내며 그 태양을 통해 이 가시계可視界가 보인다는 사실까지 그가 알게 될 거라고 플라톤은 말한다.

동굴을 빠져 나온 그는 태양으로 비유된 '진리(이데아)'를 만난 것이다. 희열과 감격에 찬 나머지 자신이 본 것을 동굴 속 동료 죄수들에게 알리려고 힘겹게 그 세계로 다시 돌아가 전하지만, 그는 예전의 동료들로부터 비웃음을 받거나, 올라가려 애쓸 가치조차 없는 일이라는 소리를 듣거나, 심지어는 죽임을 당하게 된다. 동료들이 볼 때 그가 전한 것은 복음이라기보다는 동굴의 평온과 질서를 어지럽히고 파괴하는 불온한 사상이었기 때문이다.

여기서 플라톤은 스승 소크라테스를 죽음으로 내몬 아테네 시민들에 대해 일종의 비판을 하는 셈이다. 플라톤은 일종의 중우衆愚 정치에 대해 비판하면서 교육자나 지도자 혹은 진리에 대해 알고 있는 철학자가 어리석은 이들을 이끌어 실재계로 끌어내야 한다고 은연중 주장하고 있다.

플라톤이 말한 '이데아ἰδέα'란 태양의 비유에서 말하듯, 육안肉眼이 아닌 영혼의 눈으로 볼 수 있는 본질적 형상이다. 따라서 오직 이성으로만 파악할 수 있으며, 감각 세계와 달리 영원불변하고 단일한 세계다. 그는 실제 우리가 살고 있는 세계는 그저 이데아를 본떠서 만들어지는 거짓 세계라고 말한다. 그리고 이것을 논의하는 행위, 즉 궁극의 진실을 추구하는 애지愛智의 행위를 '필로소피아φιλοσοφία', 즉 철학이라고 칭한다.

플라톤의 동굴 비유에서 족쇄를 풀고 동굴 바깥에서 태양(이데아)을 경험한 후 동굴 안의 동료 죄수들에게로 돌아와 동굴은 거짓 세계라고 외치는 죄수의 비유 이야기가 전혀 낯설게 느껴지지 않는다. 이 죄수는 사도 바울의 일생을 모사한 듯 닮았다. 이제 그 닮음의 이유를 따지기 위해 사도 바울의 생애로 들어가 보자!

• 바울, 박멸하려 한 그리스도교의 진리와 마주하다

"사울아 사울아 네가 어찌하여 나를 박해하느냐?"
"주여 누구시니이까?"
"나는 네가 박해하는 예수라"(행 9:4-5).

부활하신 주님과 바울 사이에 오간 이 짧은 대화와 이후 벌어진 일들이 기독교의 신기원을 여는 사건이 될 줄은 바울 자신도 몰랐을 것이다. 다마스쿠스에 있는 제법 큰 그리스도인 공동체를 궤멸하기 위해 기세등등하게 가는 도중 바울은 홀연히 비친 강렬한 빛을 보고 땅에 엎드러졌다. 기실 바울은 주님을 핍박하러 가는 길이 아니었다. 그

카라바지오, 〈바울의 회심〉, 1600~01년, 유채, 로마, 산타 마리아 델 포폴로 교회

러나 빛으로 나타나신 주님은 자신을 왜 핍박하느냐고 바울을 추궁하신다. 자신이 발본색원拔本塞源하려 했던 그 대상을 자신과 동일시하는 그분의 청천벽력 같은 선언 앞에서 바울은 한순간 쇠망치로 뒤통수를 맞은 듯 심한 충격에 휩싸였다. 그 충격 때문이었는지 바울은 사흘 동안 시력을 잃었다. 율법이 저주한 십자가에 달린 그가 그리스도라니.

> 나무에 달린 자는 하나님께 저주를 받았음이니라(신 21:23. 참조. 갈 3:13).

'십자가에 달리신 그리스도.' 이것은 당시 바울이 금과옥조처럼 목숨으로 지키려 했던 신학(율법)과는 도저히 맞지 않는 모순 명제였다. 즉 전통적인 유대 신학의 입장에서는 '십자가'와 '그리스도'는 서로 어우러질 수 있는 단어들이 아니었다. 그러나 현재 그가 목격한 '그리스도의 현현Christophany'은 그것이 옳음을 증명하고 있지 않은가? 그렇다면 십자가에 달리신 예수를 그리스도로 고백했을 뿐만 아니라 죽음을 깨치고 그가 부활하셨다고 전하는 그리스도인들의 증언은 참된 것이된다. 율법을 향한 열정에 핍박의 길을 떠났던 바울에게 이 사건은 새로운 진리의 세계에 눈뜨게 한 역사적 사건이 되었다.

> 내가 이전에 유대교에 있을 때에 행한 일을 너희가 들었거니와 하나님의 교회를 심히 박해하여 멸하고 내가 내 동족 중 여러 연갑자보다 유대교를 지나치게 믿어 내 조상의 전통에 대하여 더욱 열심이 있었으나 그러나 내 어머니의 태로부터 나를 택정하시고 그의 은혜로 나를 부르신 이가

그의 아들을 이방에 전하기 위하여 그를 내 속에 나타내시기를 기뻐하셨을 때에……(갈 1:13-16).

그리고 이 사건은 바울 한 개인의 회심으로 끝나지 않고 이후 기독교 역사의 분수령이 되었다. 이방인의 사도로 바울을 사용하시기 위해 하나님은 우선 그가 갇힌 문자로 인식된 율법종교라는 동굴에서 그를 이끌어 내어 온 세상을 밝히고도 남을 진리의 본체를 보게 하셔야 했다. 문자화된 율법 이면에 흐르는 생명의 영을 느끼게 하고, 그것이 가리키는 그리스도를 직시하도록 바울의 눈을 막고 있는 비늘을 제거하셔야 했다.

즉시 사울[바울]의 눈에서 비늘 같은 것이 벗어져 다시 보게 된지라 일어나 세례를 받고……(행 9:18).

앞서 이야기한 플라톤의 동굴 비유는 바울의 회심 이야기의 변주와도 같다. 바울에게 동굴 벽면에 비친 그림자는 '율법'이었고, 동굴 밖의 눈부신 태양(이데아)은 '그리스도'에 견줄 수 있다. 회심 후 바울이 직면한 가장 큰 난제는 바로 율법과 그리스도의 관계를 어떻게 풀어내느냐 하는 것이었다. 유대 사회의 최고 권위였던 율법과 그 율법이 저주한 나무 십자가에 처형당한 예수 그리스도와의 관계에 대한 해명이 선결 과제였다. 이것은 유대인 동족들의 구원 문제뿐만 아니라 이방인들이 어떻게 하나님의 백성이 될 수 있는가 하는 문제와도 직결되었다.

할례와 제의력cultic calendar 준수를 하나님의 백성이 되기 위한 선결조건이라고 주장하는 갈라디아교회 율법주의자들의 거짓 가르침에 대항하는 과정에서 바울은 율법과 그리스도의 관계에 대한 변증을 거침없이 쏟아냈다. 바울은 갈라디아서에서 율법을 "그리스도께로 인도하는 초등교사"(갈 3:24)라 했다. '초등교사'(개역성경은 '몽학선생'으로 번역)는 헬라어로 '파이다고고스παιδαγωγός'¹라 하는데, 파이다고고스는 당시 로마 사회에서 6~17세 정도 나이의 귀족 자녀들이 집과 학교를 오갈 때 그들을 보호해 주면서 일반적인 행동거지나 글쓰기와 읽기와 같은 기본적인 것을 가르치던 노예들을 가리킨다. 여기서 바울은 아이들이 장성하기까지 그들을 보호하고 돌보아 주는 노예 신분의 파이다고고스처럼, 율법의 역할도 그리스도 시대의 개막과 함께 종결되었음을 선포하는 것이다.

바울은 율법의 한시적 역할과 구원의 궁극적 실체로서의 그리스도의 관계를 비교하여 설명하려 했다. 율법은 그리스도에게로 인도하는 안내자에 불과했던 것이다. 곰 사냥꾼이 곰 발자국을 추적하다 곰을 보았으면 더 이상 발자국을 들여다볼 이유가 없는 것과도 같은 이치다. 바울에게 예수 그리스도의 인격과 가르침은 문자로 만나야 할 대상이 아니라 영으로 깨닫고 체화해야 할 진리 자체였다. 그분과 그 가르침을 문자로 받아들이려는 것은, 다시 파이다고고스에 예속된 아이처럼 예수의 가르침을 죽은 문자 속에 가두려는 율법 종교로의 회귀에 다름 아니다.

▲ '파이다고고스'는 영어로는 'tutor'와 'disciplinarian'으로 번역됨.

하나님께서 우리에게 새 언약의 일꾼이 되는 자격을 주셨습니다. 이 새 언약은 문자로 된 것이 아니라, 영으로 된 것입니다. 문자는 사람을 죽이고, 영은 사람을 살립니다(고후 3:6, 새번역).

• 동굴의 종교에서 광장의 종교로!

문자는 우리에게 중독 현상을 일으킨다. 다양한 활자 매체가 우리에게 전하는 수많은 정보에 둘러싸여 있는 우리는 쉽게 문자의 노예가 된다. 정보라는 이름의 쓸데없는 지식에 중독된 우리는 자신의 생각과 의견이 아닌 남의 생각과 의견을 흉내 내는 앵무새로 전락하고 있다. 참된 지혜는 우리가 아는 그 모든 쓰레기 지식을 버릴 때 시작되는 것이다.

기독교는 문자의 둘레에 갇힌 죽은 종교가 아니라 문자 너머 얼과 혼으로 깨닫고 영으로 경험하는 종교여야 한다. 이것이 바울 사상의 정수이자 신비다. 기독교는 입술의 종교가 아닌 마음의 종교, 문자의 종교가 아닌 영의 종교요 깨달음의 종교다.

부활하신 그리스도를 만나 회심하기 전까지 바울은 율법이 가리키고 있는 그리스도를 보지 못했다. 초등교사는 다만 진리를 가리키는 자이지 진리 그 자체는 아니지 않은가? 회심하기 이전의 바울은 그리스도를 가리키고 있는 손가락(율법)만 본 셈이다. 그는 말末인 율법을 본本이신 예수님 위에 두었다. 이 다마스쿠스의 체험으로 바울은 율법에서 그리스도에게로 돌아섰다. 아울러 그는 그리스도교의 박해자에서 회심한 후, 박멸하려 했던 그리스도의 복음을 전하는 사도가 되었다. 이 일로 인해 동굴의 평온과 질서를 깬 죄수처럼 바울은 살기등등한 그의 동족들로부터 일평생 핍박의 표적이 되었다. 그가 전한 그리스도의 복음이 세상의 가치와 질서를 뒤집는 사설邪說로 인식되었기 때문이다. 바울은 자신을 향해 살의를 띤 동족들에게서 회심하기 이전 자신의 모습을 보았을 것이다. 어두운 동굴을 벗어나 태양을 보고 온 한 죄수를 향해 동료 죄수들이 야유를 퍼붓고 심지어 살해하려까지 한 그들의 작태는 현재 유대인 동족들의 행위였을 뿐만 아니라 부활하신 주님을 만나기 전 바울의 일그러진 모습이기도 했다.

바울은 예수 그리스도와 그의 복음 때문에 몸에 난 '흔적'▲을 그의 사도 된 표식으로 인식했다(갈 6:17. 참조. 고후 11:23-28). 다마스쿠스로 가던 중 바울이 빛으로 경험한 그리스도 사건은 바울의 생애를 뿌리째 흔들었고 이후 기독교 역사에 새로운 전기를 마련했다.

바울은 그 빛의 경험을 "그리스도의 영광의 복음의 광채"(고후 4:4, 6)라고 했다. 바울이 보기에 율법은 동굴 벽면에 비친 그림자에 불과했다. 진리의 실체는 율법의 완성이신 그리스도였다. 바울에게 믿음이란 율법 조문이나 교리를 형식적으로 지키는 것이 아니라, 그리스도의 가르침과 인격이 실제로 내면화되어 가는 과정이었다.

병아리가 한동안 알 속에 있다가 때가 되면 껍질을 깨고 나와야 하듯, 문자는 껍질과 같다. 문자라는 껍질은 영의 사람으로 장성하기 위한 잠정적 보호막이다. 알을 깨고 병아리가 된 후에는 다시 그 속으로 들어갈 이유가 없다. 마찬가지로 성령과 동행하는 사람은 문자가 요구

▲ 헬라어로는 '스티그마타στίγματα'. 핍박으로 인하여 몸 곳곳에 난 상처들을 뜻함.

하는 바를 마음과 영으로 깨달아 삶으로 살 수 있다. 문제는 순서다!
성령의 법이 먼저냐 율법이 먼저냐?

> 너희가 만일 성령의 인도하시는 바가 되면 율법 아래에 있지 아니하리라
> (갈 5:18).

> 이는 그리스도 예수 안에 있는 생명의 성령의 법이 죄와 사망의 법에서
> 너를 해방하였음이라(롬 8:2).

이렇듯 형식적 종교 의식과 율법 조문에 갇힌 '동굴의 종교'(유대교)
에서 그리스도를 믿고 그를 따르는 모든 이들에게 열린 '광장의 종교'
(그리스도교)로 나아가는 기틀을 마련한 이가 바울이다. 이것이 2천 년
전 부활하신 주님이 바울을 부르신 이유다.

24

초기 교회의 통합과 선교를 이끈 지도자

실라

본문　사도행전 15:22-41; 16:16-40; 17:1-15; 18:5-11; 고린도후서 1:19; 데살로니가전서 1:1; 데살로니가후서 1:1; 베드로전서 5:12

이름의 뜻　생각

• '에큐메니칼'을 둘러싼 오해를 넘어

'교회 일치'를 뜻하는 '에큐메니칼ecumenical'처럼 한국 교회에서 오해가 잦았던 단어도 없을 것이다. 장로교는 고려파와의 분열을 시작으로, 기장 측과의 분열을 거쳐, 합동 측과 통합 측으로 거듭 분열했다. 이러한 분열의 역사 속에서 '에큐메니칼'이라는 말은 민족 분단의 현실과도 맞물려 한때 '용공容共'이라는 말과 거의 동격으로 오인되어 매도되기도 했다.

'에큐메니칼'이라는 말의 어원은 '한 집에 있는 방들', '집' 혹은 '거주지'를 뜻하는 헬라어 '오이코스οἶκος'에서 파생되었다. 에큐메니칼의 의미를 더 잘 이해하기 위해 '오이코스'와 함께 고려해야 할 단어가 '오이쿠메네οἰκουμένη'다. '오이쿠메네'는 '사람들이 들어가 살고 있는 땅' 혹은 '사람 사는 땅'이라는 뜻이다.

고대 그리스 아테네의 저명한 정치가이자 웅변가 데모스테네스Demosthenes는 이 '오이쿠메네'라는 단어를 알렉산더 대제에게 정복되어 헬라 문화권에 놓여 있는 지역을 지칭할 때 사용했다. 따라서 헬라 문화권 바깥에 있는 지역은 오이쿠메네에 해당하지 않는 야만의 땅이었다. 신약성서 시대의 로마인들은 이 단어를 로마 황제의 통치가 미치는 로마 제국의 전 지역과 동일시했다. 예를 들면 누가복음 2장 1절 "그 때에 가이사 아구스도가 영을 내려 천하로 다 호적하라 했으니"에 나오는 단어 '천하'는 헬라어로 '오이쿠메네'이다.

기독교를 로마 제국의 공인된 종교로 삼은 콘스탄틴 황제 이후, '오이쿠메네'라는 말은 교권적 교회의 영향 아래 들어와 있는 교회들과 관련되어 사용되었다. 니케아Nicaea에서 개최된 제7차 에큐메니칼 회의가 결렬되자 동방교회와 서방교회는 서로 자신들을 '호 오이쿠메니코스ὁ οἰκουμενικός', 즉 '에큐메니칼한 자'라고 불렀는데, 이것은 이 단어가 교권과 교회 분열과 관련해서 쓰이게 된 배경이 된다.

에큐메니칼이라는 단어는 교회가 분열을 거듭하면서 점점 강한 배타적 의미를 지니게 되었다. 그러다가 20세기 중엽에 이르러 기술 문명의 발달로 세계가 하나의 가족 개념(지구촌)으로 이해되면서 '에큐메니칼'이라는 말이 본래적 의미를 서서히 찾게 되었다.

초기 교회는 본래 이러한 에큐메니칼 정신을 토대로 확장되는 교회였다. '우리 교회'와 '너희 교회'를 구분하는 경계도 없었다. 모두가 그리스도의 몸과 연결된 지체였다. 로마 제국 곳곳에 세워진 겨자씨만큼 작은 교회들은 이러한 연대와 협력의 그물망으로 연결되어 하나 된 교회였다. 예루살렘교회에 복음의 빚을 진 이방인 교회가 가난한 예루살렘교회 성도들을 구제하는 헌금을 모아 보냈다(롬 15:25-27; 갈 2:10). 모교회인 예루살렘교회와 이방 지역에 뿌리내린 교회들과의 연대였다. 로마 제국 전역에 흩어진 교회는 순회하는 복음전도자들에게 숙식을 제공했다. 로마와 같은 대도시에 있던 가정교회들은 평상시에는 각자 예배드리다가도 한 달에 한 번씩은 함께 모여 연합 예배를 드렸다. 바울의 교회는 소위 가정교회가 연결망을 형성하여 지역 교회 공동체, 즉 '에클레시아ἐκκλησία'를 이루고 지역 교회가 연결망을 형성하여 지방 교회를 이루었다. 예를 들면, 아시아에 있는 교회(고전 16:19), 마케도니아에 있는 교회(고후 8:1), 유대에 있는 교회들(갈 1:22), 그리고 갈라디아에 있는 교회들(갈 1:2)이 이러한 지방 교회에 해당한다. 그리고 지방 교회가 모여 우주적 교회universal church를 형성한다. 우주 시대라고 하는 21세기에나 어울릴 법한 교회에 대한 비전을 바울은 이미 1세기에 제시했으니 놀라울 뿐이다. 바울은 이러한 우주적 교회를 다음과 같이 표현했다.

교회는 그의 몸이니 만물 안에서 만물을 충만하게 하시는 이의 충만함이니라(엡 1:23).

우주(만물)는 그리스도의 몸이고, 그 몸은 교회이되, 우주적 차원을 갖는 교회라고 말한다.

당시 미미했을 뿐만 아니라 냉대와 핍박 하에 있던 가정교회는 지역 교회와 지방 교회로 확대되면서 로마 제국 안에서 든든히 세워져 갔다. 씨 가운데 가장 작은 겨자씨 한 알 안에 우주가 있듯이 겨자씨와 같았던 가정교회는 로마 제국을 넘어 우주로 확장된 교회로 자랄 생명이 그 속에서 약동하고 있었다. 이러한 약동은 너와 나의 다름을 넘어 그리스도 안에서 하나 됨이라는 가치를 추구한 초대교회의 정신에서 기인한다. 이러한 연대와 일체감은 비록 규모 면에서는 너무나 초라했던 초대교회로 하여금 장차 크게 성장할 수 있는 발판을 제공했다. 물론 이러한 연대가 아무런 긴장이나 갈등 없이 이루어진 것은 아니다. 내부적으로 거짓 교사들의 준동도 있었고, 외적으로 이단들의 집요한 공격도 있었다. 사도들 사이에 신학적으로 조율되지 않은 현안을 두고 서로 팽팽하게 대립하기도 했다. 그럼에도 초기 교회에는 적어도 현대 교회가 앓고 있는 개교회주의라는 병폐는 없었다. 그리스도 안에서 연합하며 거룩한 공교회 정신으로 하나 된 교회였다.

초기 교회에 이러한 공교회 정신이 약동할 수 있도록 교회의 통합에 앞장선 인물이 있다. 바울을 도와 초기 교회의 개척과 선교에 앞장선 실라다.

• **실라, 바울의 동역자로서 초기 교회의 통합과 선교를 이끌다**

셈어적 이름을 헬라식으로 바꾼 '실라'의 라틴어 이름은 '실바누스Silvanus'다. 사도행전에서는 '실라'로, 바울서신에서는 '실루아노'로 불리지만 동일인이다. 성서의 무대에서 그는 바사바라 하는 유다와 함께 처음 등장한다. 사도행전은 그들을 '인도자'(15:22)와 '예언자'(15:32)로 불렀다. 바사바라 하는 유다와 실라는 바울과 바나바와 함께 예루살렘교회의 대표자로서 안디옥과 수리아와 길리기아Cilicia▲에 있는 이

▲ 길리기아는 당시 소아시아(현재의 터키 공화국) 동남 지역을 가리킨다.

방인 형제들에게 예루살렘 공의회의 편지를 전달할 뿐만 아니라 그 내용을 말로도 보고하는 중요한 임무를 맡았다(행 15:27). 이러한 임무를 맡을 정도로 유다와 실라에 대한 예루살렘교회의 신임이 두터웠다는 반증이 되겠다. 아울러 실라는 바울과 마찬가지로 로마 시민권자였다. 이러한 실라의 여건은 장차 바울이 주도하는 이방 선교에 든든한 버팀목으로 작용하게 될 것이다. 유다와 실라가 전한 예루살렘 공의회의 결정 사항은 이방인들이 율법의 멍에를 지는 대신 우상의 더러운 것과 음행과 목매어 죽인 것과 피를 멀리하라는 지침이었다. 예루살렘교회가 이러한 결정을 내리게 된 것은, 모세의 율법대로 할례를 받지 않으면 구원 받지 못한다며 이방인들에게 거짓 복음을 전하는 자들로 인해 바울과 바나바와 그들 사이에 논쟁이 벌어졌기 때문이다. 할례 문제는 유대인 그리스도인들과 이방인 그리스도인들 사이의 가장 첨예한 신학적 논쟁거리였다. 할례에 관한 논쟁은 쉽게 가라앉지 않고 점점 심각해져 이 문제로 예루살렘 공의회가 소집되었다.

유대인 그리스도인들의 입장에서는 이방인들이 할례를 받지 않고도 예수를 믿음으로써만 하나님의 백성이 되는 자격을 얻는 것은 구원의 방주에 무임승차하는 불공정한 거래와도 같은 것이었다. 그러나 이방인들에게 복음을 전하면서 할례와 같은 율법 조항의 준수를 강요하는 것 또한 이방인 그리스도인들이 예수의 은혜로 구원 받는 것을 방해하는 걸림돌이 되었다. 게다가 할례 준수는 예수 그리스도가 십자가에서 구속하신 사건을 무위無爲로 돌릴 수 있는 위험이 도사리고 있었다. 예루살렘 공의회에서 베드로가 변론한 대로 유대인들도 메지 못하는 율법의 멍에를 이방인들에게 요구할 수는 없는 것이다. "그런데 지금 여러분은 왜 우리 조상들이나 우리가 다 감당할 수 없던 멍에를 제자들의 목에 메워서, 하나님을 시험하는 것입니까?"(행 15:10, 새번역).

초기 교회의 이런 난기류 속에서 유다와 실라가 바울과 바나바와 함께 파송된 이유를 묻지 않을 수 없다. 아마도 실라는 유다와 달리 초창기부터 이방인 선교에 참여했기 때문일 것이다. 실제로 바울보다 먼저 이방인 선교를 시도한 이들이 있었다(행 11:20). 그러나 바사바라고 하는 유다는 그 이름의 아람어적 색채 때문에 팔레스타인 유대 기독교 그룹에 속했을 개연성이 높다.▲ 유다와 실라는 안디옥에 내려가 이방인 그리스도인들을 모아 놓고 예루살렘교회가 보낸 편지를 전했고, 여러 말로 신도들을 격려하고 굳세게 해주었다. 이후 그들은 바울과 바나바와 헤어진 후 예루살렘으로 돌아갔고, 바울과 바나바는 안디옥에 체류했다. 그곳에서 바울은 바나바의 조카 마가 때문에 바나바와 심히 다투고 결별하게 되었다(행 15:37-39).

상황이 이렇게 되자 바울은 마가를 데리고 구브로로 간 바나바의 사역을 대신할 인물로 이방인 선교에 참여해 온 실라를 택했다. 할례로 촉발된 문제를 해결하는 과정에서 실라의 강직하고 성실한 태도를 눈여겨본 바울이 그를 선교여행의 동역자로 삼은 것이다. 바울은 실라를 안디옥으로 불러서 함께 시리아와 길리기아를 돌아다니며 교회를 튼실하게 세웠다. 바울과 실라는 예루살렘교회가 건네준 문서를 가지고 더베와 루스드라, 브루기아와 갈라디아, 그리고 아마도 무시아와 비두니아(행 16:7)까지 가서 이방인들에게 예루살렘 공의회의 결정 사항

▲ '바사바'는 아람어로 '안식일의 아들'을 의미하며, '바사바 유다'는 '사바의 아들 유다'라는 뜻이다.

을 전했을 것이다.

이렇듯 실라는 바울의 동역자로서 2년 전 바울과 바나바가 교회를 세웠던 도시들을 바울과 함께 순회했다. 그 가운데 하나인 루스드라에서 디모데가 합류하게 된다. 그리고 드로아에서 바울이 밤중에 환상을 통하여, 와서 도와 달라고 외치는 '마게도냐 사람'의 목소리를 들은 뒤, 일행은 드디어 아시아에서 벗어나 유럽 땅으로 넘어가게 된다. 이리하여 실라는 바울과 함께 빌립보, 데살로니가, 베뢰아, 고린도에서 복음 전파와 교회 개척에 힘쓰게 된다.

바울은 데살로니가교회에 보낸 편지 서두에서 자신과 함께 실루아노(실라)와 디모데를 그 편지의 공동 발신인으로 소개했다(살전 1:1; 살후 1:1).▲ 아울러 바울은 그 두 사람과 함께 자신들을 '사도'라 불렀다(살전 2:7). 이것으로 추정컨대 실라는 바울을 도와 데살로니가교회를 세우는 데 중요한 역할을 감당한 것으로 보인다.

초기 교회의 주요 지도자인 베드로와 바울과 바나바와 거의 동급인 자격으로 이방인 선교에 앞장섰던 실라는 그들에게 조금도 뒤지지 않는 인물이다. 실라가 성서의 무대에서 마지막으로 모습을 나타낸 곳은 마케도니아의 고린도였다(행 18:5). 그곳에서 실라는 바울과 함께 고린도교회 성도들에게 복음을 전했다(고후 1:19). 실라는 야고보와 바울 사이에서, 그리고 유대인 그리스도인들과 이방인 그리스도인들 사이에서 교량 역할을 한 바울의 동역자였다. 그 둘 사이의 간격이 극복되

▲ 디모데의 이름도 공동 저자로 편지 서두에 나오긴 하지만, "우리의 형제요, 그리스도의 복음을 전하는 하나님의 일꾼인 디모데를 여러분에게로 보냈습니다"(살전 3:2, 새번역. 참조. 살전 3:6)라는 표현으로 보건대, 데살로니가교회에 보낸 편지에서 '우리'란 곧 바울과 실라를 가리키는 말임을 알 수 있다.

지 못한 채 평행선을 달릴 수도 있었지만, 실라와 같은 이들의 노력 때문에 다양한 전승들이 통합되고 교회의 통일성을 유지할 수 있었음을 간과해서는 안 될 것이다.

• 교회의 공교회성 회복이 시급하다

실라는 초기 교회에서 교회 개척과 선교뿐만 아니라 교회의 일치와 통합에 발군의 능력을 발휘했다. 바울과 동등한 자격으로 그를 도와 복음의 지경을 넓혔고, 여러 신학적인 난제와 지도력의 대립으로 분열될 수도 있었던 교회를 하나로 묶는 데도 남다른 역할을 했다. 이러한 교회의 '하나 됨'이 초기 교회 성장의 원동력이었다.

신약성서에서 '일치'나 '하나 됨'을 강조하는 내용은 여러 곳에서 발견된다. 예수님이 이 땅을 떠나시기 전에 대제사장으로서 드리는 기도문의 일부를 소개한다. 그 가운데 특별히 제자들의 하나 됨을 위해 예수께서 기도하시는 다음 내용이 우리의 주목을 끈다.

아버지여, 아버지께서 내 안에, 내가 아버지 안에 있는 것같이 그들도 다 하나가 되어 우리 안에 있게 하사 세상으로 아버지께서 나를 보내신 것을 믿게 하옵소서 내게 주신 영광을 내가 그들에게 주었사오니 이는 우리가 하나가 된 것같이 그들도 하나가 되게 하려 함이니이다(요 17:21-22).

바울은 당시 그레코-로마 사회에서 성행했던 몸의 정치학body

politics을 가져다가 그리스도의 몸으로서의 교회에 대해 가르친다.

> 몸은 하나인데 많은 지체가 있고 몸의 지체가 많으나 한 몸임과 같이 그
> 리스도도 그러하니라 우리가 유대인이나 헬라인이나 종이나 자유인이나
> 다 한 성령으로 세례를 받아 한 몸이 되었고 또 다 한 성령을 마시게 하셨
> 느니라……너희는 그리스도의 몸이요 지체의 각 부분이라(고전 12:12-
> 27).

바울은 그리스도를 머리로 하여(골 1:18) 모든 지체가 하나 되는 교
회론을 피력했다. 에베소서는 그리스도 안에서 주어진 '하나 됨'을 일
곱 번이나 거듭 언급하고 있다.

> 몸이 하나요 성령도 한 분이시니 이와 같이 너희가 부르심의 한 소망 안
> 에서 부르심을 받았느니라 주도 한 분이시요 믿음도 하나요 세례도 하나
> 요 하나님도 한 분이시니 곧 만유의 아버지시라 만유 위에 계시고 만유
> 를 통일하시고 만유 가운데 계시도다(엡 4:4-6).

'하나 되게 하는 기능'은 예배하는 기능, 예언자적 기능, 구속적 기
능과 함께 교회의 4대 기능 가운데 하나다. '그리스도 안에서' 주어지
는 연합, 즉 하나 됨이 교회를 교회답게 만드는 본질적 기능이다.
개교회주의와 공교회주의, 그 둘은 교회론과 관련하여 대척對蹠을
이룬다. 개교회주의는 지나치게 개체 교회 중심이어서 자기 교회만의
외형적 성장이 주님의 지상명령이나 되듯이 여겨서 타 교회와 교단을

경쟁적 대상이나 부정적 대상으로 인식한다. 그리스도의 복음을 위한 연대나 결속은 교단 이기주의라는 덤불에 막혀 질식당해 왔다. 어떤 때는 보수를 기치로 내걸고서, 어떤 때는 복음의 이름으로 연대를 거부한 채 개교회의 성장에만 몰두했다. 이러한 성장 일변도의 목회 속에서 그리스도의 몸은 해체되기 시작했다. 이와는 대조적으로 공교회주의는 하나님의 교회로서 보편성과 통일성, 그리고 우주적인 참된 교회를 지향한다. 지구상에 흩어져 있는 모든 교회는 이단적 사조에 물든 교회가 아니라면 그리스도 안에서 복음의 정신으로 연합해야 한다. 물론 공교회의 거룩성을 회복하는 것도 시급하다.

교회 연합 운동은 교단의 이기주의의 장벽과 편의주의에 부딪혀 번번이 실효를 거두지 못했다. '하나'라는 공교회적 사고를 다시 붙잡지 않는 한, 교회는 희망이 없다. 반反복음적 파고波高가 교회를 삼킬 듯 넘실대는 동안 영적 전쟁에 임하는 교회가 각개전투 하듯이 대처함으로써 교회의 터는 무너지고 있다. 반복음적 세력의 강력한 연대와 모래알처럼 흩어져 버린 개교회의 무력함이 점점 뚜렷한 대조를 이루고 있다. 대오를 갖춘 악마적 세력이 반복음적 가치를 곳곳에서 선전하고 이식하고 있는 동안 개교회는 각자의 성장에만 몰두했다. 서로를 돌아보거나 끌어안는 넉넉함은 부족했다. 공동체성을 상실한 교회, 공동체에서 이탈한 교회는 사탄의 좋은 먹잇감이 되고 만다. 각개전투는 적의 공격으로 대오가 무너진 아군이 취할 수 있는 마지막 전투 방식이다. 물리적 전쟁을 선동하는 것이 아니다. 영적 전쟁에서 교회가 살아남는 방법에 대한 소견이다.

우리의 씨름은 혈과 육을 상대하는 것이 아니요 통치자들과 권세들과 이 어둠의 세상 주관자들과 하늘에 있는 악의 영들을 상대함이라(엡 6:12).

교단과 교파의 벽을 넘어 하나 되어 그리스도의 신부로서의 교회의 거룩성을 회복하고 바깥으로는 거센 세속의 도전에 복음의 정신으로 대응하기 위해서는 공교회성에 근거한 연합전선이 어느 때보다도 필요하다. 우리가 예배 때마다 고백하는 '사도신경'의 기도가 입술의 고백이 아닌 마음의 울림이 되어 거룩한 공교회를 회복하는 연대적 실천으로 이어지기를 소망한다.

나는 성령을 믿으며, 거룩한 공교회와 성도의 교제와 죄를 용서 받는 것과 몸의 부활과 영생을 믿습니다.

1세기에 실라가 주도했던 교회의 통합과 선교의 정신을 현대 교회가 붙잡지 않는 한 21세기 교회의 미래는 불투명할 뿐만 아니라 절망적이다. 교회와 교회, 교단과 교단 사이를 예수 그리스도의 복음의 정신으로 이어 주고 통합할 수 있는 실라와 같은 지도자들이 어느 때보다도 필요하다.

25

정도를 걸었던 겸허한 목회자
아볼로

본문　사도행전 18:24-28; 고린도전서 1:12; 3:1-23; 4:6; 16:12
이름의 뜻　침략자, 파괴자

• 알렉산드리아, 유럽 문화의 진원지

알렉산드리아는 '지중해의 진주'라 불릴 정도로 지중해 연안에서 가장 중요한 항구 도시이며, 이집트에서 수도 카이로에 이어 두 번째로 큰 도시이다. '알렉산드리아'라는 이름에서 알 수 있듯, 주전 332년 그리스의 알렉산더 대제가 건설했으며, 약 천 년 동안 이집트의 수도였다. 알렉산더는 그리스 북쪽 마케도니아의 왕 필립 2세의 아들로 태어났으며, 주전 335년 부왕의 암살로 빚어진 혼란을 수습한 후, 마케도니아와 그리스의 연합군을 거느리고 동방 원정에 오르게 된다.

알렉산더 대제의 동방 원정은 그리스 문명의 동양화와 동양 문화의 그리스(헬라)화라는, 일찍이 유례를 찾아 볼 수 없는 동서 문화의 융합을 이루었다. 일종의 고대판 세계화globalization라 하겠다. 알렉산더는 헬라 문명의 전도사를 자처하고 헬라 문화를 보급하기 위해 자신의 이름을 딴 알렉산드리아라는 도시를 정복지 60여 곳에 건설했다. 가장 대표적인 곳이 이집트의 나일강 하구에 건설된 알렉산드리아다.

주전 332년, 그의 나이 25세에 알렉산더는 이집트에 도착했다. 알렉산더는 이집트와 지중해를 동시에 지배할 수 있는 지리적 요건을 갖춘 라코티스라는 지역을 알렉산드리아라는 새로운 항구 도시로 건설하기 위해 건축가 디노크라테스와 소스트라투스에게 공사를 위임했다. 아시아로 군대를 돌려 가는 곳마다 점령한 후, 주전 326년 인도의 인더스 강에 이르렀으나 오랜 군사적 원정에 지친 부하들의 청으로 회군하던 중, 주전 323년 바빌로니아에서 33세의 나이로 갑작스런 죽음을 맞이했다.▲ 그가 죽은 뒤 제국은 마케도니아, 시리아의 셀류시드 왕조, 이집트의 프톨레미 왕조의 세 나라로 갈라졌다.

알렉산더 대제가 사망한 후, 그의 부하 장수 가운데 한 명이던 프톨레미 1세는 이집트에 왕조를 세웠고, 알렉산드리아를 수도로 정하여 통치했다. 알렉산드리아는 칠십인역(LXX), 즉 프톨레미 2세의 지시에 따라 히브리어로 된 구약성서 전체를 그리스어로 번역한 필사본을 낸 곳으로도 유명하다. 당시 알렉산드리아는 지중해 연안 도시들과 활발한 무역 활동을 통해 부를 축적했다. 그러나 지중해 건너편에서 새로운 도시 로마가 급속히 성장하면서 알렉산드리아는 점차 쇠퇴했고, 주전 31년 클레오파트라 7세와 그의 연인 안토니우스가 옥타비아누스(후의 아우구스투스)와 로마의 패권을 놓고 겨룬 유명한 악티움 해전에서 패함으로써 로마 제국에 의해 점령되었다. 이후 주후 330년에 로마의 콘스탄틴 대제는 자신의 이름을 딴 도시를 건설하게 되는데, 이 도시가 현재 터키의 이스탄불로 불리는 옛 콘스탄티노플이다. 지중해 연

▲ 알렉산더 대제의 동진東進은 인도 문화에도 영향을 미쳤는데, 그 지역과 그리스 문화가 복합된 그레코 불교를 만들어 냈으며, 이것은 5세기까지 지속되어 대승불교의 발전을 가져왔다.

안에 또 하나의 경쟁 도시인 콘스탄티노플이 생기면서 알렉산드리아는 점차 옛날의 영광을 잃고 역사의 뒤안길로 사라지게 된다.

알렉산드리아는 신약 시대에 로마 다음으로 인구가 많은 대도시로 75만여 명이 거주했으며 교역이 매우 활발했다. 알렉산더 대제가 유대인들을 이곳으로 강제 이주시켜 유대인들이 인구의 3분의 1을 차지할 정도였다. 그뿐인가, 당대 70만 권의 장서를 보관하고 있던 최고最古의 도서관과 세계 7대 불가사의인 파로스 등대Pharos Lighthouse가 있는 곳이요, 모든 사상과 종교가 흘러들어 꽃을 피운 저수지요 유럽 문화의 진원지라 하겠다. 알렉산드리아가 낳은 유명한 유대인 학자로 그리스 철학과 유대주의를 종합하려 한 필로가 있다. 필로의 성서 해석 방법론(알레고리칼/우의적 해석)과 로고스 사상은 이후 기독교 신학에 크게 영향을 미쳤고, 알렉산드리아의 클레멘트, 오리겐, 암브로시우스, 순교자 저스틴 등과 중세 유대 철학자들에게 영향을 주었다.

이와 같이 유서 깊은 알렉산드리아 출신으로 구약에 정통한 유대인 학자가 신약성서 무대에 등장한다. 그의 이름은 제우스의 아들이며 델피 신전의 주신主神 아폴로*의 이름을 따서 지었다.

• 아볼로, 겸허한 목회자로 정도를 걷다

알렉산드리아 출신답게 아볼로는 사상의 양대 산맥과도 같은 헬레니즘과 헤브라이즘을 섭렵한 사상가요 달변가였다. 알렉산드리아 디

▲ '아폴로Apollos'는 태양의 신이자 궁술, 예언, 의료, 음악 및 시의 신.

아스포라 유대인이라는 태생적 배경으로 아볼로는 그곳의 자유로운 사상과 정신의 옷을 입었다. 이러한 그의 정신적 원류는 예루살렘 중심의 유대 사상과는 사뭇 달랐을 것임에 틀림없다. 이름이 말해 주듯, 그는 유대인이었음에도 소위 정통 유대 사상에 갇힌 영혼이 아니라 당대 주류 사상인 헬레니즘에 한껏 심취한 자유로운 영혼을 지닌 세계주의자였을 것이다. 사도행전은 그의 학자적 기질에 대한 간략한 평을 다음과 같이 기록해 놓았다.

> 알렉산드리아에서 난 아볼로라 하는 유대인이 에베소에 이르니 이 사람은 언변이 좋고 성경에 능통한 자라(행 18:24).

'언변이 좋다'는 헬라어로 '로기오스λόγιος'인데, 단순히 말을 잘한다기보다는 박학하고 교양이 있어서 수사학적 표현 능력도 뛰어났다는 의미이다. 그리고 성경에 능통하다는 말은 알렉산드리아에서 나온 칠십인역에 정통한 학자라는 뜻이다. 그러한 성서적 지식에 근거해 예수를 그리스도라 증언하여 공중 앞에서 유대인과 변론해 이긴 것으로 보아 그는 예사롭지 않은 변증가이기도 했다. 그러나 대학자로서 예수에 관한 것을 가르쳤지만 아볼로에게는 한 가지 부족한 것이 있었으니, 요한의 세례만 알고 있었다는 점이다. "그가 일찍이 주의 도를 배워 열심으로 예수에 관한 것을 자세히 말하며 가르치나 요한의 세례만 알 따름이라"(행 18:25).

아볼로가 추종한 세례자 요한은 형식화된 율법주의에 입각한 죄사함이 아니라 철저한 회개를 강조하며 물에 완전히 잠기는 침례 의식을 통한 진정한 죄 사함을 설파하고 행했다. 아볼로의 인격이 돋보이는 대목은 요한의 세례(물세례)밖에 모르는 그에게 무명에 가까운 아굴라와 브리스길라 부부가 복음의 본질을 더욱 자세히 가르쳤을 때, 그들의 가르침을 겸허히 경청한 점이다(행 18:26). 아굴라와 브리스길라 부부가 하나님의 도를 풀어서 설명해 줌으로써 세례자 요한의 가르침에 갇혀 있던 아볼로는 예수 그리스도의 고난과 죽으심과 부활에 기초한 온전한 구원의 도에 이를 수 있게 되었다. 그 후 아볼로는 곧바로 아가야▲로 건너가 그곳에서 고린도교회를 세우는 일에 바울의 든든한 조력자가 되었다.

> 아볼로가 아가야로 건너가고자 함으로 형제들이 그를 격려하며 제자들에게 편지를 써 영접하라 하였더니 그가 가매 은혜로 말미암아 믿은 자들에게 많은 유익을 주니 이는 성경으로써 예수는 그리스도라고 증언하여 공중 앞에서 힘 있게 유대인의 말을 이김이러라(행 18:27-28).

바울은 고린도교회를 세운 그의 동역자로서 그 교회를 위해 헌신한 아볼로를 다음과 같이 표현한다. "나는 심었고 아볼로는 물을 주었으되 오직 하나님께서 자라나게 하셨나니"(고전 3:6). 즉 바울은 고린도교회의 설립자지만, 아볼로는 뛰어난 언변과 설교로 그 교회의 교인들을 가르친 선생이다. 고린도교회에서 아볼로의 인기가 너무 앞서서인가, 그를 추종하는 이들이 하나의 파당을 형성할 정도가 되었다. 그러

▲ Achaia: 그리스 남부 지역에 해당하는 곳으로, 고린도가 수도다.

나 아볼로는 자신의 재능과 능력으로 세력화하여 바울에게 맞서지 않고 조용히 고린도교회를 떠났다. 그 후 아볼로는 고린도교회를 방문하라는 바울의 거듭되는 권면을 고린도교회의 하나 됨을 위해 거절했다(고전 16:12).

자신의 한계를 인정하고 새로운 가르침을 경청하는 겸허한 학자, 덧없는 인기에 편승하기보다는 하나님의 뜻을 따라 정도를 걷고자 한 목회자, 그가 아볼로다. 아볼로가 살아 있다면 때로 정도에서 일탈하는 현대 교회의 현장에 쓴소리나 하지 않을는지.

• 겸손, 그리스도인의 고귀한 덕목

제정 러시아의 시인 크뤼로프Ivan Andreevich Krylov는 겸손과 관련된 한 편의 우화를 전해 준다.

독수리가 힘찬 날갯짓으로 높은 산의 정상에 올라갔다.
독수리는 세상을 한눈에 바라보면서 자신을 이렇게 지어 준 신에게 감사드렸다.
그런데, "야, 세상에 너만 있는 줄 아니? 나도 있다"는 소리가 들렸다.
가만히 보니 벼랑의 나뭇가지에 거미 한 마리가 줄을 치고 있는 것이 아닌가.
"어떻게 올라왔니?"
"저 아래에 있을 때 네 몸에 착 달라붙어서 왔지."
그 순간 돌풍이 불어 거미는 산 아래로 곤두박질치고 말았다.

─ 이반 안드레비치 크뤼로프의 《가난한 부자들》(열매출판사, 2003)에서.

정상에 선 사람을 한순간에 곤두박질치게 만드는 내부의 가장 강력한 적은 교만이다. 바울은 그리스도인이면 늘 경계해야 할 한 가지를 다음과 같이 훈계했다. "그런즉 선 줄로 생각하는 자는 넘어질까 조심하라"(고전 10:12). 바울은 유명한 '그리스도의 찬송시'(빌 2:5-11)에서 빌립보교회의 회중에게 겸손한 마음으로 서로 섬길 것을 종용하며 그리스도 예수의 마음을 품으라고 권면한다.

> 아무 일에든지 다툼이나 허영으로 하지 말고 오직 겸손한 마음으로 각각 자기보다 남을 낫게 여기고 각각 자기 일을 돌볼뿐더러 또한 각각 다른 사람들의 일을 돌보아 나의 기쁨을 충만하게 하라 너희 안에 이 마음을 품으라 곧 그리스도 예수의 마음이니(빌 2:3-5).

바울은 회중에게 겸손을 그리스도의 제자라면 필히 지녀야 할 덕목으로 가르쳤다. '그리스도의 마음'이란 곧 "자기를 비워 종의 형체를 가지사 사람들과 같이"(빌 2:7) 되신 그리스도의 자기 비움의 태도인 케노시스▲의 마음가짐을 가리킨다. 성서적 겸손은 자기 비하도, 예의상의 겸손도, 더 큰 것을 얻기 위한 수단적 겸손도 아니다. 교만은 자기가 잘나서 강한 줄 알지만, 겸손은 그렇지 않다. 스스로 비우고 낮아져 섬기는 마음이다. 그리스도의 법을 성취하는 것은 어떤 대단한 일

▲ 케노시스κένωσις는 '비우다' 혹은 '힘을 박탈하다'는 뜻의 헬라어 '케노오κενόω'에서 온 단어로, 뜻은 자기 비움과 자기 낮춤이다.

을 일컫는 것이 아니라 자청하여 형제의 짐을 대신 지는 겸손의 실천이다. "너희가 짐을 서로 지라 그리하여 그리스도의 법을 성취하라"(갈 6:2).

아볼로처럼 실력도 있고 회중의 절대적인 지지를 받는 교회의 지도자들이 쉽게 받는 유혹은 소왕국의 군주처럼 행동하려는 마음가짐과 안하무인의 태도다. 요한복음 10장의 선한 목자와 삯군의 이야기에서 그 둘을 구별하는 가장 중요한 잣대는 양들을 이용하여 자신의 잇속을 챙긴다거나, 이리가 올 때 양들을 버리고 도망가는 무책임한 태도처럼 드러나는 행위에만 있지 않다. 더 근본적인 것은 양들이 목자의 음성을 아는 것처럼 목자 또한 아버지(하나님)의 음성을 듣고 아는 영적인 관계의 유무에 있다. "나는 선한 목자라 나는 내 양을 알고 양도 나를 아는 것이 아버지께서 나를 아시고 내가 아버지를 아는 것 같으니 나는 양을 위하여 목숨을 버리노라"(요 10:14-15).

목회자가 되기 위해서는 '소명召命' 혹은 '사명使命'이 있어야 하는데, 이들 단어에는 목숨 '명命'자가 들어 있다. 이렇듯 양을 위해 목숨을 버릴 수 있는 목자가 진정한 목회자라는 뜻이다. 하나님의 주권을 인정하지 않고 하나님과의 내밀한 영적 관계가 단절되어 그냥 목자인 척하는 자가 삯군이다. 아버지를 알고 그분과 교제하는 사람만이 그분의 성품을 닮아 선한 목자가 될 수 있다. 인식론적이고 관계적 차원을 이름이다. 목회자가 강단에서 하나님의 주권을 말하면서도 천상천하 유아독존적인 기질이 발동하여 교회의 주인 노릇을 하려 할 때 그 교회는 위기에 처한다. 교회가 위에 계신 참 주인을 알지 못할 때, 그 터는 무너진다. 교회의 지도자들이 성서적 원리가 아닌 유교적 가부장적 권위에 기대어 교회의 주인 노릇을 하려 할 때, 교회는 타락하기 시작한다. 겸손이 사라진 교회 현장에는 오만이 독버섯처럼 자라게 된다. 겸손을 덕목으로 삼는 교회는 계속 성장할 수 있다. 스티븐 코비는 자신의 베스트셀러에서 이렇게 썼다.

> 겸손은 실로 모든 덕목의 어머니이다. 겸손은 우리를 '근원'이나 우두머리가 아닌 그릇, 차량, 대리인으로 만든다. 겸손은 온갖 배움과 성장과 과정을 낳는다. 원칙을 중요시하는 겸손으로만, 우리는 과거로부터 배우고, 미래에 대한 소망을 갖게 되며, 지금 확신 있게 행동할 힘을 얻는다.
> – 스티븐 코비의 《성공하는 사람들의 7가지 습관The Seven Habits of Highly Effective People》(김영사, 2003)에서.

"잠깐 보이다가 없어지는 안개"(약 4:14)와도 같은 우리가 하나님으로부터 어떤 대단한 권한을 위임받은 군주처럼 행동하려 든다면 그는 "멸망의 선봉"(잠 18:12)에 선 사람일 것이다. 성도 수와 교회 건물의 크기로 목회의 성공 여부를 가늠하는 한국 교회는 예수님과 바울이 가르친 참된 겸손에서 멀어져 있다. 이러한 성공주의 신화가 개신교회 안에서 공교회성을 해치고 협력이 아닌 경쟁 구도로 몰아가고 있다. 하나 되어야 할 교회가 안에서 처참히 무너지고 있다. 하나님의 주권에 순복하는 겸손이 사라진 현대 교회의 아픔이다. 영원을 향해 구도자의 길을 걸어야 할 교회 지도자들이 지상의 찰나적 가치를 추구할 때, 어찌 이 땅에 하나님 나라의 복음을 전한다 할 수 있겠는가? 그것은 말장난일 뿐이다. 교회 안팎의 유혹과 도전이 어느 때보다도 거센 21세기의 파도와 소용돌이에 순수해야 할 교회가 도전 받고 있다. 그 격랑의 파고를 넘는 힘은 예수 그리스도의 낮아지심에 근거한 겸손의 실천에 있다. 겸손이 은혜로 들어가는 고귀한 덕목인데도 현대 교회가 거짓 겸손으로 눈 가리고 아옹 한다든지 세상의 속된 것에 눈 멀어 복음적 가치를 잃는다면 세상에서 교회는 점점 설자리를 잃게 될 것이다.

26

든든한 2세대 믿음의 거목
디모데

본문   사도행전 16:1-3; 로마서 16:21; 고린도전서 4:17;
        디모데전서 1:2-3; 디모데후서 1:5; 히브리서 13:23
이름의 뜻 하나님을 영화롭게 하는 자, 하나님을 찬양하는 자

• 그레코-로마 시대의 가정교육

고대 로마의 정치가이자 철학자 마르쿠스 툴리우스 키케로는 가정
교육의 중요성에 대해 다음과 같이 주장했다.

내 말을 들으시오. 나는 그리스의 문물에 대해 완전히 무식한 사람은 아니
오. 그러나 나는 우리 로마의 전통보다 그리스의 문물을 더 숭상할 생각이
없소. 나는 아버지 덕택에 자유교육을 받았고 어렸을 때부터 스스로 열심
히 공부했소. 그렇기는 해도, 내가 오늘날의 나로 된 데는 경험과 가정교육
이 책보다 훨씬 더 큰 도움이 되었소. - 키케로Marcus Tullius Cicero의 《국가
론De republica》(The Loeb Classical Library, Harvard University Press, 1928)에서.

교사의 가슴에서보다는 어머니의 말씀에서 배웠다(non tam in gremio
educatos quam sermone matris). - 키케로의 《브루투스Brutus》(The Loeb
Classical Library, Harvard University Press, 2002)에서.

키케로가 어릴 적 경험에 근거하여 밝히고 있는 것처럼, 제정帝政으로 넘어가기 전에는 고대 로마의 교육 기관은 학교가 아닌 가정이었다. 부모가 자녀 교육의 책임을 지고, 가정에서 실제적인 교육을 했다. 아버지는 도덕적·육체적 훈련을 책임졌고, 어머니는 현모賢母로서 자녀들의 양육에 힘썼다. 즉 어머니는 주로 양육educatio과 같은 일반적인 훈육을, 아버지는 교설doctrina이라 불린 지적인 교육을 담당했다. 가정 교육은 주로 부모가 자녀들에게 영웅이나 위인들의 전기를 들려줌으로써 어릴 때부터 그들의 탁월함을 닮아 가도록 가르치는 식으로 이루어졌다.

그러나 로마인들이 마케도니아 전쟁▲을 통해 동지중해의 패권을 거머쥐고 그리스 세계를 정복하면서 그리스식 교육 이론을 받아들임으로써 로마의 교육은 세계주의적 성격을 띠게 되었다. 이전과 같이 가정이 교육의 중심으로, 아이들은 집에서 체육 활동과 함께 로마법과 관습을 배워 장차 어엿한 로마 시민이자 병사가 될 수 있도록 훈련 받았다. 어린 여자아이들은 보통 어머니에게 실잣기, 뜨개질, 바느질을 배웠다.

로마는 주전 27년 공화정에서 제정으로 들어서면서 종전과는 다른 교육 정책을 폈는데, 이때부터 가정 중심의 부모 교육에서 그리스 식 학교 교육으로 서서히 바뀌게 되었다. 초대 황제 아우구스투스는 로마에 거주하는 모든 외국인 교사들을 확보할 요량으로 그들에게 시민권을 부여했고 최초의 공공도서관을 설립했다. 로마의 아홉 번째 황제

▲ Macedonian Wars: 주전 3세기~주전 2세기, 고대 로마 공화국과 마케도니아 왕국 사이에 네 번에 걸쳐 일어난 전쟁.

베스파시아누스는 학교의 조직을 정비하고 제도적으로 지원하기 위한 조처를 취했다.

그레코-로마 시대 자녀들에게 신앙적 가르침을 베푸는 것은 주로 여성들의 몫이었다. 물론 당대의 가부장적 문화 속에서 가속家屬의 종교를 정하는 것을 포함한 모든 사항을 가장인 아버지가 결정했지만 말이다. 여성들은 이야기storytelling 식 교육을 통해 자녀들의 종교와 의식 세계 형성을 도왔는데, 이 점에서 초기 그리스도인 가정도 별반 차이가 없다.

어릴 때부터 신실한 외할머니 로이스와 어머니 유니게가 들려주던 구약성경 이야기를 배우며 자란 덕에 이름 뜻 그대로 '하나님을 공경하는 자'가 된 젊은이가 있다. 헬라인 아버지와 유대인 어머니 사이에서 태어난 루스드라Lystra▲ 태생의 혼혈인 디모데다.

• 디모데, 든든한 2세대 믿음의 거목이 되다

경건한 가정의 교육을 받고 자란 디모데의 생애는 루스드라를 방문한 바울을 만남으로써 큰 전기를 맞았다(행 14:6). 그때 젊은 디모데의 눈에 비친 바울의 모습은 영적 거인이었을 것이다. 목숨을 초개처럼 버릴 정도로 그리스도의 복음을 위하여 선교에 전력투구하고 있던 바울의 첫인상은 디모데에게는 너무나 강렬했으리라. 진정한 만남은 내면의 눈뜸이다. 영혼의 진동이 없으면 그것은 만남이 아니라 한때의

▲ 루스드라는 소아시아 갈라디아 지방의 남부 루가오니아 지역의 성읍.

마주침이다. 디모데는 바울을 만남으로써 영혼의 진동을 느꼈고 현실 세계 너머에 있는 영적 세계에 눈을 떴을 것이다. 이 만남을 계기로 디모데는 바울의 선교를 돕는 온유하고 충성스런 동역자로서 초기 교회 역사에 큰 족적을 남겼다.

지역 교회를 맡은 목회 초년생으로 유약했으나 사려 깊은 지도자였던 디모데는 바울이 루스드라 지역을 재차 방문했을 때(행 16:1 이하. 참조. 행 14:8 이하), 지역 교회 성도들로부터 크게 존경받는 인물이 되어 있었다. 디모데는 바울이 기록한 것으로 보이는 열세 개의 편지 가운데 여섯 개 편지*에서 공동 저자로 등장하고 있고, 바울의 이름으로 전달된 디모데전서와 디모데후서에서 목회의 지침을 특별히 받는 인물로 거명될 만큼 바울의 총애를 받던 인물이다. 바울은 디모데를 영적 아들로 삼았고 디모데의 "속에 거짓이 없는 믿음이 있음"(딤후 1:5)을 칭찬했다. 바울은 젊지만 누구보다 신앙의 뿌리가 깊고 믿음직한 디모데를 전적으로 신임하여 여러 교회에 그를 사자로 파송했다. 바울의 뜻에 순종하여 디모데는 데살로니가, 고린도, 그리고 에베소에 있는 교회의 성도들을 보살폈다. 병치레가 많았지만 그러한 육체적 연약함이 디모데의 복음을 향한 열정과 헌신을 꺾을 수는 없었다.

• 참된 신앙 교육은 가정에서 시작된다!

초기 교회가 가정에서 시작된 것을 반영하듯 신약성서에는 아주

▲ 고린도후서, 빌립보서, 골로새서, 데살로니가전서, 데살로니가후서, 빌레몬서.

친근한 '아버지', '자녀', '식구'와 같은 용어를 자주 발견하게 된다(롬 8:15-16; 갈 4:5-7; 6:10; 엡 2:19; 3:14-15; 5:1; 6:23). 이런 표현들은 상투적인 표현이 아니라, 초기 교회가 얼마나 가족적이고도 지체 의식이 강한 신앙 공동체였는지를 단적으로 보여 준다. 가정으로서의 교회 이미지는 가정생활의 중요성과 부모가 주된 영향을 미치는 가정교육의 히브리식 모델을 반영한다. 또한 가정은 어떤 문화 속에서도 존재하는 보편적 단위이기에 '교회는 하나님의 가족'이라는 인식은 결국 문화적 차이를 넘어 신앙 공동체로서의 결속과 단합을 가져왔을 것이다. 이렇듯 초기 교회의 신앙 교육은 가정이라는 단위를 매개로 이루어졌다. 가정은 하나님의 임재를 가장 밀도 있게 체험하는 현장이고, 부모의 사랑을 통해 자녀가 하나님의 사랑과 그 나라를 체험할 수 있는 곳이었다. 에베소서는 그리스도인 가정교육의 전형을 당시 로마 제국의 '가부장적 가족 제도의 윤리'를 교회의 관점으로 재정립한 아래와 같은 가정 규범▲으로 표현했다.

> 또 아비들아 너희 자녀를 노엽게 하지 말고 오직 주의 교훈과 훈계로 양육하라(엡 6:4).

예수님이 베푸신 가르침의 핵심인 하나님 나라의 비전은 가정에서 뿌리내려 교회에서 자라고 사회에서 열매 맺어야 한다. 가정이 붕괴되면 교회와 사회도 기초부터 와해된다. 아이들이 사라지는 예배 현

▲ Household Codes: 엡 5:21-6:9; 골 3:18-4:1; 딛 2:1-10; 벧전 2:18-3:7 참조.

장, 이것이 현대 교회의 비극이다. 미국 내 그리스도인 가정의 자녀들이 대학 진학과 함께 교회를 떠나는 이러한 현상을 '조용한 탈출Silent Exodus'이라 한다. 아시아계 이민 2세대의 90퍼센트 이상이 교회를 떠나는 이러한 참담한 사태는 교회의 미래를 어둡게 한다.

닮음의 신앙 교육이 멈춘 결과다. 바울은 모델(영웅과 위인) 닮기에 근거하여 탁월함을 가르친 그레코-로마 교육에 그리스도의 자기 비움을 뜻하는 케노시스 정신을 접목하여 다음과 같이 권면했다.

> 내가 그리스도를 본받는 자가 된 것같이 너희는 나를 본받는 자가 되라 (고전 11:1).

이것이 초기 교회 교육의 뼈대였던 '닮음', 즉 '미메시스μιμησίς'의 신앙 교육이다. 그리스도의 성품과 인격을 모델 삼아 '그리스도 닮기'를 성령 안에서ἐν πνεύματι 단순한 모방 차원이 아닌, 삶 속에서 재현하는 교육이 초기 교회의 신앙 교육의 원리이자 실제였다. 가정에서 그리스도와 부모 사이에, 교회에서 그리스도와 목회자 사이에 닮음이 중단될 때, 부모와 자녀 사이, 목회자와 성도 사이의 닮음을 통한 신앙 교육도 중단되고 만다. 하나님의 말씀이 인격과 영성을 매개로 하여 전달되지 않고 지식이나 제도를 통해서만 전달될 때, 인격을 변화시키는 능력은 그 말씀 속에 있지 않다. 가정과 교회 현장에서 '닮음'의 모델이 사라진 자리는 세속적 가치와 인위적 모델로 채워졌다.

가정에서 어머니와 외할머니의 신앙 인격을 통해 그리스도를 만난 디모데는 장성하여 그리스도를 닮은 바울을 통해 위대한 신앙의 인물로 거듭났다. 이렇듯 가정과 교회에서 닮음의 신앙 교육이 연쇄적으로 일어날 때, 디모데처럼 믿음의 2세들이 이 땅의 든든한 거목으로 자라 한국 교회와 세계의 역사를 새로 쓰지 않겠는가?

27

교회의 복음적인 개혁자
디도

본문　　고린도후서 2:13; 7:13-15; 8:23; 갈라디아서 2:3; 디도서 1-3장
이름의 뜻　공경하다

• 유럽의 가장 오래된 문명을 간직한 섬, 크레타

그리스 신화에 의하면 올림포스의 주신主神 제우스가 세계를 방랑하다 페니키아 왕 아게노르▲의 딸 에우로페Εὐρώπη의 아름다움에 반한 나머지 황소로 변해 그녀를 등에 태우고 자기가 태어난 크레타Crete 섬으로 데려갔다. 그때 에우로페가 소를 타고 다닌 곳을 그녀의 이름 에우로페에서 따서 '유럽Europe'이라고 부르게 되었다. 제우스와 에우로페 사이에서 세 아들이 태어났는데 첫째인 미노스가 크레타의 왕이 되었다.

현재 그리스의 13개 주 가운데 하나인 크레타 섬은 눈부신 비취색의 에게해▲▲에 있는 1,400여 개의 섬들 가운데 가장 큰 섬으로, 그리

▲ 아게노르Agenor의 또 다른 이름은 포이닉스Phoenix인데, 이 이름에서 페니키아Phoenicia가 파생되었다. 페니키아는 고대 가나안의 북쪽에 근거지를 둔 고대 문명으로, 최초로 알파벳을 사용했다.
▲▲ Aegean Sea: 서쪽의 그리스 반도와 동쪽의 소아시아(현재의 터키) 사이에 있는 지중해의 한 갈래.

스 남부 지중해에 있다.▲ 크레타 섬의 문명은 주전 3천 년경부터 시작되었으며, 20세기 초 영국의 고고학자 아서 에반스Arthur Evans가 크레타의 문명을 미노스 왕의 이름을 따서 '미노아 문명Minoan Civilization'이라고 이름 붙였다.

미노아 문명은 유럽에서 가장 오래된 문명으로, 약 2천 년간 지속되었다. 수준 높은 청동기 문명을 간직한 미노아 문명은 아시아와 아프리카의 발달한 고대 문명을 받아들여서 발전시킨 다음 유럽에 옮겨다 주는 교량 역할을 했다. 주전 3천 년경부터 2천 년 동안 미노아 문명의 중심지이자 수도였던 크노소스Knossos는 그리스와 유럽 대륙에서 최초로 생겨난 가장 큰 항구 도시로, 온갖 배들이 모여드는 무역의 중심지였다. 황소를 보석으로 치장하고, 뱀을 숭배하고, 여신을 섬기는 것을 보아 이집트와 메소포타미아의 영향을 받은 것으로 추정된다. 화려하고 향락적이고 물질주의적이었던 크레타 문명은 화산 폭발로 일순간에 멸망함으로써 자취를 감추게 되었다.

아름다운 해변과 고대 문명이 숨 쉬고 있는 이 크레타 섬에 사도 바울의 영적인 아들로서 그로부터 전수받은 복음을 들고 간 사도가 있다. 그로 인해 크레타 섬의 고색창연한 고대 문명과 장차 유럽 문명의 판도를 바꾸어 놓을 복음이 만나는 역사적 사건이 일어나게 되었다. 그러나 그의 발자취가 이후 유럽 역사에 구체적으로 어떤 영향을 미쳤는지는 알 길이 없어서 아쉬움만 깊은 여운처럼 남는다.

▲ '크레타'는 그리스에서는 가장 큰 섬이지만 지중해에서는 다섯 번째로 큰 섬.

• 디도, 크레타 섬을 복음으로 개혁하다

　사도 바울이 "나의 참 아들"(딛 1:4)이라고 부른 초대교회의 일꾼이 있다. 그는 바울의 사역 초기에 복음을 영접했고, 바나바와 함께 안디옥교회에서 신앙생활을 했다. 초대교회의 가장 첨예한 문제인 할례 문제가 대두되자, 바울은 이 문제를 해결하기 위해 이방인 디도를 데리고 교회사 최초의 공의회인 예루살렘 회의(A. D. 49년)에 참석했다(행 15:2; 갈 2:1). 당시 일부 유대인 그리스도인들은 이방인이 구원 받기 위해서는 자신들처럼 하나님 백성의 표식인 할례를 받아야 한다고 강력히 주장했다. 그러나 할례가 구원과 아무 관계가 없다는 예루살렘 공의회의 판결에 따라 디도는 할례 받지 않은 헬라인으로서 기독교 공동체의 일원으로 받아들여진 사람이 되었다. 그는 바울의 동역자로서, 바울을 도와 안디옥과 고린도에서 이방 선교에 참여했고, 후일 크레타 섬의 감독overseer으로 임명되었다.

　크레타 섬은 지중해에 있는 큰 섬으로, 100개 정도의 도시가 있었다. 이 섬에는 주로 뱃사람이 많이 살았는데, 주민들은 예부터 무례하고 난폭하다는 평판을 들을 정도로 거칠었다.

　　그레데(크레타)인 중의 어떤 선지자가 말하되 그레데(크레타)인들은 항상
　　거짓말쟁이며 악한 짐승이며 배만 위하는 게으름뱅이라 하니(딛 1:12).

　이 표현은 주전 6세기에 크레타에서 태어난 유명한 시인이자 철학자 에피메니데스가 사행시 '크레티카Cretica'에서 언급한 것이다. 거짓말이 심하여 서로 불신하고, 땀 흘려 일하기 싫어하여 불로소득을 바라

며(딛 1:7, 11), 욕심이 많은 이 탐욕의 섬 크레타에 사도로서 디도가 파송된 것은 그가 강한 성품의 소유자였기 때문이다.

디도는 크레타 섬을 복음의 정신으로 쇄신하는 일에 앞장섰는데, 먼저 성마다 좋은 장로들을 세웠으며(딛 1:5), 거짓 교사들을 쫓아내고 올바른 교훈을 가르쳤고(딛 1:10-16; 3:9-11), 선행을 통해 불법과 부도덕을 청산하려 했다(딛 2:1-15; 3:1-8). 그러던 중 로마 감옥에 갇혀 있던 바울이 디도를 달마디아▲로 보내 사역을 하도록 함에 따라 그곳에서 복음을 전한 후(딤후 4:10), 다시 크레타로 돌아와서 그곳에서 운명한 것으로 추정된다. 이러한 그의 헌신적인 사역으로 후일 크레타 섬 사람들은 디도에게 '크레타 섬을 보호한 성자'라는 칭호를 수여했다.

• 하나님의 사람이 교회의 희망이다!

하나님은 방법이나 계획을 통해서가 아니라 사람을 통해 일하신다. 사람은 끊임없이 방법을 찾지만 하나님은 그 마음에 합한 사람을 찾으신다. 우리는 성공의 방법을 찾기보다는 하나님의 마음에 합한 사람이 되는 것에 열정을 품어야 할 터이다. 하나님의 능력은 하나님의 사람을 통해 발현된다. "여호와의 눈은 온 땅을 두루 감찰하사 전심으로 자기에게 향하는 자들을 위하여 능력을 베푸시나니……"(대하 16:9). 하나님은 이새의 아들 다윗을 두고 "내 마음에 맞는 사람이라 내 뜻을 다 이루리라"(행 13:22)고 하셨다. 하나님의 구원 드라마의 중심에는

▲ Dalmatia: 현재의 유고슬라비아. 주전 180년 로마의 속령이 되었으며, 일루리곤의 남부 지방 중 일부에 해당하는 지역.

걸출한 하나님의 사람들이 있었다. 그들을 통해 하나님은 뜻을 이루셨다.

> 하나님의 계획은 사람을 중시한다. 사람이 하나님의 방법이다. 성령은 방법을 통해 흘러나오지 않고 사람을 통해 역사하신다.
> ─E. M. 바운즈의 《기도의 능력 *Power Through Prayer*》(생명의말씀사, 2008)에서.

하나님의 절대 주권에 인간이 협력하여 놀라운 결과를 빚어내는 것을 신학 용어로 '신인협력설神人協力說'이라 하는데, 영어로는 '시너지즘synergism'이라 한다. 이 용어에서 파생한 말이 '시너지 효과synergy effect', 즉 '상승 효과'다. 인간의 협력으로 하나님이 일하신다는 표현이 하나님의 절대주권을 의심치 않는 우리에게는 신학적으로 문제가 있을 수 있겠다. 그러나 이 표현은 하나님의 절대주권이 불완전함을 표명하는 것이 아니라 '사람을 사용하시고 사람을 통해 일하시는 하나님의 섭리'로 이해하면 별 문제가 없겠다. 불완전한 우리를 역사의 무대로 이끄셔서 '함께' 구원의 새 역사를 열어 가시려는 하나님의 낮아지심을 말하는 것이다. 하나님은 뜻을 펼치기 위해 우리를 동역자로 삼으셨다. 우리를 향한 희망을 거두지 않으셨기에 하나님은 아들 예수 그리스도와 함께 절망도 십자가에 못 박으셨다.

박노해는 〈다시〉라는 시에서 인간이 희망임을 노래한다.

> 희망찬 사람은
> 그 자신이 희망이다

길 찾는 사람은

그 자신이 새 길이다

참 좋은 사람은

그 자신이 이미 좋은 세상이다

사람 속에 들어 있다

사람에서 시작된다

다시

사람만이 희망이다

– 박노해의 《사람만이 희망이다》(느린걸음, 2011)에서.

박노해는 사람이 희망이라 노래한다. 세상이 우리에게 아무런 의미가 없다고 할 때, 하나님은 우리를 복된 존재라고 말씀하신다. 황량하고 텅 빈 혼돈chaos에서 우주cosmos를 만드신 것도, 부활을 통해 죽음의 역사를 생명의 역사로 전환시키신 것도 사람을 위해 하나님이 새로운 길을 열어 주신 것이다.

하나님이 이 땅에 예수 그리스도를 보내신 것도 사람이 희망이기 때문이다. 그러나 분명히 해야 할 것은, 사람이 희망인 것은 우리를 붙들고 계신 하나님의 사랑이 있기 때문이다(롬 8:38-39).

하나님의 사람, 신앙의 큰사람을 키우는 것은 교회와 세상의 밝은 미래와 직결된다. 사람이 희망이 되려면 그를 지으신 하나님의 뜻을 알고 실천케 하는 신앙 교육이 필요하다. 크레타 섬이 거짓과 게으름을 척결하고 희망의 섬이 될 수 있었던 것도 하나님의 사람 디도가 복음으로 그들을 가르쳤기에 가능했다. 한 지역과 국가를, 그리고 한 시대를 기름지게 만드는 것은 사람이다. 참된 신앙 교육은 그것을 가능케 하는 동력이다. 하나님의 사람 안에 희망이 있다. 그리고 이미 밝은 세상이 그 안에서 싹튼다.

"교육은 백년지계百年之計"라는 말이 있다. 먼 장래를 내다보고 계획을 세워야 하는 것이 교육이라면, 선교는 한 사회나 민족의 운명을 바꾸어 놓을 수 있는 복음의 주춧돌을 놓는 일이 아니겠는가? 악명 높은 크레타 섬을 복음의 정신으로 개혁한 디도 같은 이들이 교회와 선교 현장에 절실히 필요한 이유가 여기 있다.

5부
섬김

| 세속적 가치를 뒤엎다 |

28

필요한 한 가지를 놓친 여인

마르다

본문　누가복음 10:38-42; 요한복음 11:1-44; 12:1-2
이름의 뜻　숙녀, 여주인

• 경청의 힘

우리는 일상 속에서 무수한 소리에 둘러싸여 있다. 그러나 그 소리는 대부분 소음이다. '소리'와 '소음'의 차이는 '듣느냐'와 '들리느냐'에서 갈린다. 그렇다면 '히어링hearing'과 '리스닝listening'의 차이점은 무엇인가? 히어링이 귀에 들려오는 소리를 무심하게 듣는 수동적 듣기라면, 리스닝은 의식을 집중해 정보를 모은 뒤 이를 분석해 뇌로 보내는 능동적 듣기라 할 수 있겠다. 트랜스워킹센터Trance Walking Center 대표이자 인디언 연구가인 서정록은 《잃어버린 지혜, 듣기》(샘터사, 2007)에서, 들려오는 음성 언어를 받아들이는 소극적 의미의 듣기가 아니라 자신을 둘러싸고 있는 모든 세계와 들리지 않는 자기 내면의 소리, 영적인 존재의 소리에 이르기까지 좀더 넓은 차원에서의 듣기를 조명한다. 그는 "침묵과 듣기를 잃는 순간 우리는 물질에 이끌리고, 나를 앞세우며, 남을 지배하려 한다"고 주장했다. 온갖 시각·영상 문화에 함몰되어 듣기의 소중함을 차츰 잃어 가는 현대인에게 의미심장한 메시지다.

인간의 불행은 대부분 경청하지 않고 역지사지易地思之의 마음을 잃은 데서 연유한다. 우리네 삶이 점점 퍽퍽해지고 혼탁해지는 가장 근본적인 이유는 마음의 귀를 닫아 버린 데 있다. 우리 안팎의 소리를 경청한다면 세상은 한층 밝아질 터이다.

우리가 잠자는 동안에도 늘 깨어 있는 귀는 다른 세계로 통하는 문과도 같다. 감각기관 중에서 귀가 발달한 사람들은 눈의 기능이 발달한 사람보다 덜 공격적이라 한다. 그들은 눈이 발달한 사람보다 침착하고, 반성적이며, 인내할 줄 안다는 것이다. 자신이 말하기에 앞서 다른 사람들의 말을 귀 기울여 듣는 사람들은 칭얼대는 아이의 소리에 자신을 낮추어 수용하는 어머니의 마음을 닮았다. 듣기의 중요성을 깨우쳐 주는 이들의 소리를 한번 들어 보자!

> 영혼은 의식을 갖고 있는 귀. 우리는 그 귀를 통해 영혼의 이야기를 듣는다. 그 소리는 우리가 안으로 귀 기울일 때만 들린다.
> – 에밀리 디킨슨Emily Elizabeth Dickinson [▲]

> 눈은 우리를 바깥 세계로 데려가고, 귀는 세계를 인간에게로 가져온다.
> – 로렌츠 오킨Lorenz Oken [▲▲]

> 그러므로 믿음은 들음에서 생기고, 들음은 그리스도를 전하는 말씀에서 비롯됩니다. – 사도 바울(롬 10:17, 새번역)

[▲] 19세기 미국의 대표적인 여류시인.
[▲▲] 19세기 독일의 박물학자, 철학자, 과학자로 자연철학 운동의 선도자.

경청의 힘을 알았을까? 주님의 말씀을 자신의 내면세계로 끌어오기를 원했던 것일까? 귀를 한껏 열고 주님의 발치에 다소곳이 앉아서 그분의 말씀을 경청한 여인이 있다. 그러나 분주한 잔칫집 풍경과는 사뭇 다른 이 여인의 듣는 태도로 인해 일순간 그 집안에 팽팽한 긴장감이 감돌았다. 그 사연을 알기 위해 이제 그 집안으로 들어가 보자!

• 마르다, 정작 필요한 한 가지를 놓치다

예루살렘에서 동쪽으로 약 3킬로미터 떨어진 올리브(감람)산의 동남 기슭에 베다니▲라는 동네가 있다. 신약성서에서 자주 언급되는 베다니는 마르다와 마리아와 그의 오라비 나사로가 살던 작은 마을인데, 예로부터 그 지명의 어원이 뜻하는 것처럼 가난한 사람들과 나병환자들이 외부와 격리된 채 살던 곳이었다. 베다니는 예수님이 만나신 나병환자 시몬의 집이 있던 곳이고(마 26:6; 막 14:3), 나사로가 무덤에서 소생한 사건의 무대이기도 하다(요 11:1-44). 이 조용한 마을이 어느 날 부산해지기 시작했다. 길 가시던 예수님이 마르다의 집을 방문하신 후 그 조용했던 마을에 일어난 작은 변화였다.

마르다의 집은 귀한 손님의 방문으로 한껏 들떠 있었다. 활동적인 마르다는 안주인으로서 예수님을 환대하느라 분주했다. 그러나 동생 마리아는 예수님 발치에 앉아 말씀을 경청하고 있었으니, 참다 못한 마르다는 드디어 분을 내며 예수님께 톡 쏘아붙이듯 말한다. "내 동

▲ Bethany: '슬픔의 집'이라는 뜻.

베르메르, 〈마르다와 마리아 집의 그리스도〉, 1655년, 유채, 에딘버러, 스코틀랜드 국립미술관.

생이 나 혼자 일하게 두는 것을 생각하지 아니하시나이까 그를 명하사 나를 도와주라 하소서"(눅 10:40). 마르다의 원망 어린 말은 당사자인 마리아가 아닌 그러한 상황을 관망만 하시는 예수님을 향했다. 이유 있는 항변일 법도 한데 예수님은 오히려 마리아를 두둔하시는 듯한 말씀을 건네신다. "마르다야 마르다야 네가 많은 일로 염려하고 근심

하나 몇 가지만 하든지 혹은 한 가지만이라도 족하니라 마리아는 이 좋은 편을 택하였으니 빼앗기지 아니하리라"(눅 10:41-42).

예수님은 안주인과 손님이라는 대등한 관계 구도에서 자신을 대한 마르다에게 일침을 가하시고, 진지하게 경청한 마리아의 배우려는 태도를 높이 평가하신 것이다. 봉사▲와 환대는 기독교가 그 이전 고대 문화로부터 수용한 오랜 미덕이다. 그러나 마르다의 경우는 예수님과의 관계를 잘못 설정했다. 예수님은 그저 반가운 손님이 아닌 그녀의 주님이자 선생이셨다. 그리고 말씀 경청을 전제하지 않은 봉사는 자칫 자기 과시로 이어지고 때로는 원망과 갈등을 낳는 법이다. 마르다가 불평을 터뜨린 것은 많은 일들을 통해 예수님과 주변 사람들에게 '자기ego'를 드러내고 싶은 열망 때문이었다. 자신을 드러내는 섬김은 참된 섬김이 아니다. "오른손이 하는 것을 왼손이 모르게" 하듯 은밀히 섬기는 것이야말로 예수께서 가르치신 무아無我의 봉사다(마 6:3-4).

• 봉사가 지닌 함정 하나!

주님을 믿는 우리의 태도는 마르다와 마리아 가운데 하나와 닮아 있다. 주님을 위해 활동하고 봉사하는 행동주의적 신앙인들은 주님의 발치에 다소곳이 앉아서 말씀에만 귀 기울이는 관상觀想적 신앙인들이 자칫 얌체처럼 보일지도 모른다. 봉사 자체는 참 아름다운 일이나 '너무 많은 일들' 때문에 우선적으로 해야 할 본질적인 일을 뒷전으로

▲ '봉사'에 해당하는 헬라어 단어는 '디아코니아διακονία'이고, '디아코노스διάκονος'는 식탁에서 심부름하는 사람을 뜻하며, 이 단어에서 초기 교회의 한 직제였던 '집사deacon'가 파생되었다.

미루거나 그르치는 것은 예수님의 뜻이 아니다. 자신의 존재감을 드러내기 위해 남에게 봉사하려는 유혹은 누구나 받을 수 있다. 타인의 소리와 필요에 먼저 귀 기울여 듣기보다는 자신의 방식대로 섬기다 보면 오히려 타인에 대한 배려는 뒷전이 되고 만다. 이렇게 되면 자신과 상대방 사이의 공감共感의 자리는 축소되거나 사라진다. 이러한 태도가 지나치면 자칫 나르시스적 자아몰입에 빠질 수 있다.

참된 봉사는 타인의 소리를 경청하는 데서 출발해야 한다. 경청은 자기 입장에서가 아니라 상대 입장에서 듣는 것이다. 상대와 공감대를 형성하며 듣는 것이다. 데일 카네기는 "다른 사람의 이야기를 진지하게 들어주는 경청의 태도는 우리가 다른 사람에게 나타내 보일 수 있는 최고의 찬사 가운데 하나다"라고 했다.

마르다에게 부족한 것은 제자로서 주님의 말씀을 듣는 경청의 태도였다. 이것이 주님을 위한 최상의 섬김이었다. 참된 봉사는 마르다처럼 주인의 자리에서 섬기는 것이 아니라, 종된 자리에서 섬기는 것이다.

> 각각 은사를 받은 대로 하나님의 여러 가지 은혜를 맡은 선한 청지기같이 서로 봉사하라(벧전 4:10).

마리아의 말씀 경청을 참다 못해 따지듯 예수님에게 항변한 마르다의 태도에서, 마음의 귀를 닫아 버릴 때 누구나 범할 수 있는 어리석음을 내게서도 보는 듯하여 씁쓸하다. 말씀 듣기를 사모하여 주님 발치에 앉은 마리아를 따스하게 헤아려 이해하는 마음의 귀가 우리에게 필요할 것이다.

수도원 전통 가운데 일상에서 영적인 리듬을 회복하도록 수사들이 주로 하던 방식이 제의와 노동과 더불어 거룩한 읽기lectio divina였다. 거룩한 읽기는 먼저 깊게 듣는 능력을 배양함으로 시작한다. 듣는다 함은 성 베네딕트▲가 말했듯이 '마음의 눈으로' 듣는 것이다. 경전을 읽을 때 하나님의 세미하고 작은 음성에 귀를 기울여야 한다. 이럴 때 하나님의 음성이 우리 영혼과 접촉하게 된다. 이러한 조심스런 들음은 경전에 있는 하나님의 현존에 '조율'하는 것이다. 경청을 통해 주님의 현존에 조율한 그 사람이 주님의 마음을 알아 제대로 섬길 수 있지 않겠는가?

이 복잡한 세상에서 많은 일들로 분주하기보다는 주님께 더 가까이 다가앉아 그분의 말씀에 귀 기울이는 참 좋은 몫을 택해 주기를 주님은 바라신다. 주님을 위한다는 사람들은 많지만 주님의 바로 곁에서 그분의 얼과 정신이 숨쉬는 말씀을 귀담아 듣는 사람은 적기 때문이다. 말씀에 기초하지 않은 봉사나 헌신은 자기과시나 자기선전으로 전락하기 쉬운 법이다. 진정한 헌신과 봉사는 관계의 회복과 정립을 가져온다. 자신의 기도, 봉사, 충성을 기준으로 다른 사람을 판단하고 나아가 정죄하는 태도는 공동체의 균열을 가져온다. 우리네 고단한 삶이, 정작 중요한 한 가지 일에 착념하기보다는 사소한 여러 가지 일로 분주한 마르다와 같지 않은지 한번 생각해 볼 일이다.

▲ Saint Benedict: 중세 기독교의 수도원장이자 서방 교회의 수도 제도를 창설한 사람으로, '서유럽 수도회의 아버지'라 불린 성인.

29

예수운동에 헌신한 이방 여인

요안나

본문　누가복음 8:2-3; 24:10
이름의 뜻　하나님은 은혜를 주신다

• 여자가 그리운 이유

시인이자 노동운동가인 박노해는 〈나는 왜 이리 여자가 그리운가〉라는 시에서 생명을 위해서라면 자신을 희생할 수 있는 여성성에 대해 다음과 같이 노래한다.

(중략)

여자가 왜 남자보다 키가 작은지 아십니까?

여자가 왜 남자보다 힘이 약한지 아십니까?

자궁과 젖가슴을 집중해서 발육시키기 위해서입니다

다음 생명을 낳아 기르기 위해

키 크는 성장도, 싸우는 강함도 멈춰주는 거지요

그렇습니다. 미래를 낳아 기르기 위해서입니다

그래서 여자는 속이 깊고 부드럽고 따뜻하고 강인한 겁니다

미래를 위해 기꺼이 키 작아지고 힘 약해지는 것입니다.

(중략)

- 박노해의 《사람만이 희망이다》(느린걸음, 2011)에서.

이 시가 노래하듯, 여자가 그리운 이유는 인류의 미래인 생명을 낳고 기르기 위해 스스로 야위고 연약해진 그들의 헌신과 희생 때문이다. 미래를 품는 자궁과 그것에 물릴 젖가슴을 키우기 위해 키 작아지고 왜소해진 여인들이 있어서 이 땅에 생명이 존속하는 것이다. 그러나 여성의 가치는 고대로부터 현재까지도 남성들에 비해 낮거나 하찮게 여겨졌다.

고대 사회에서는 집 밖이 남성들의 주된 활동 공간이었다면, 집 안 즉 가정은 여성들의 주된 공간이었다. 가정에서 출산과 양육뿐만 아니라 여러 가사를 돌보는 것은 여성들의 몫이었다. 여성들의 '살림'으로 가정은 꾸려지고 '살아난다.' 초대교회도 예외가 아니었다. 여성들이 아니었다면 초대교회의 살림살이가 가능하기나 했겠는가?

초대교회의 시작은 '가정'이었다. 그래서인지 신약성서에는 유독 '가정'과 관련된 단어가 많이 등장한다. 예를 들면, '아버지', '식구', '가족', '자녀', '양자'와 같은 단어들이다. 남자들보다 키 작고 연약한 여자들은 교회라는 영적 산실을 꾸리기 위해 뒤에서 묵묵히 희생한 이들이다. 남성 제자들에게 가려져 존재감이 드러나지는 않지만 결정적인 순간에는 어김없이 등장하여 남성 제자들을 압도했다. 예수님의 장사를 예고나 하듯 그 발에 향유를 부은 이도(눅 7:36-50; 요 12:1-8), 십자가 처형을 당하시는 예수님 곁을 끝까지 지킨 이도, 부활 소식을 남성 제자들에게 알린 이들도 여인들이었다. 이들 가운데 이방인으로서 예수님으로부터 병 고침을 받은 후 '예수운동Jesus Movement'▲의 후원자로 헌신한 여인이 있다. 이 여인의 이름은 요안나다.

• 요안나, 이방 여인으로 예수운동에 헌신하다

누가복음의 저자는 요안나를 포함한 여성들의 면면과 활약을 다음과 같이 묘사했다.

> 또한 악귀를 쫓아내심과 병 고침을 받은 어떤 여자들 곧 일곱 귀신이 나간 자 막달라인이라 하는 마리아와 헤롯의 청지기 구사의 아내 요안나와 수산나와 다른 여러 여자가 함께하여 자기들의 소유로 그들을 섬기더라 (눅 8:2-3).

요안나의 남편은 헤롯의 청지기라는 특이한 일을 하는 구사라는 사람이었다. 청지기(집사)는 재산을 관리하는 사람이기 때문에 요안나의 남편은 누구보다도 헤롯▲▲의 신뢰를 받는 위치에 있었다. 따라서 요안나는 남편과 함께 헤롯의 궁중에서 기거하던 귀부인이었다. 그런 그녀가 예수운동에 동참했을 뿐만 아니라 물질적 후원자가 된 것은 예수께서 그녀의 병을 치유해 주셨기 때문이다. 예수님의 열두 제자가 선교 일선에서 섬겼다면 요안나를 포함하여 막달라 마리아와 수산나

▲ 예수께서 당시 보잘것없던 변방 갈릴리, 특히 가버나움을 중심으로 하여 억압과 착취를 일삼는 왜곡된 사회 구조에 맞서 하나님 나라의 복음으로 가난하고 억눌린 백성을 일으켜 세우고 해방시키기 위해 일으키신 운동이다.
▲▲ 헤롯 안디바Herod Antipas로, 갈릴리와 베뢰아 지역의 분봉왕.

와 다른 여자들은 자신의 재산을 기꺼이 내놓음으로써 이들을 섬기며 따랐다. 그렇게 예수운동에 입문한 요안나를 따라가다 보면 그녀의 족적은 예수께서 처형당하신 골고다와 그분의 무덤까지 이어진다. 요안나를 포함한 여인들은 남자 제자들이 떠나 더욱 비참해진 예수의 십자가 처형 현장을 지켰을 뿐만 아니라(눅 23:49) 예수께서 돌아가시자 향품과 향유를 예비하기까지 했다(눅 23:55-56). 그리고 그들은 안식일 후 첫날 이른 새벽에 그 준비한 향품을 가지고 예수가 묻힌 무덤으로 갔다(눅 24:1). 그때 요안나와 다른 여인들은 부활하신 예수를 최초로 목격하고 그 소식을 남자 제자들에게 알렸다(눅 24:10). 남자 제자들이 도망간 그 황량한 공간을 요안나를 포함한 여인들은 굳은 지조와 헌신으로 채웠다. 부드럽지만 강인한 자궁('하나님의 긍휼') 속에서 교회의 희망찬 미래가 태어나는 순간이다.

• 교회 안에 살림의 문화가 춤추게 하라

우리말 가운데 '살림'이란 말처럼 좋은 말도 없다. 살림은 '살리다'의 명사형이다. 즉 생명을 살리는 게 우리 어머니들의 '살림'이다. 그런 모성, 자애로움, 포용력, 살림의 능력이 가정에서 교회로 옮아 가고, 다시 교회에서 사회로 확장되어야 한다.

이 땅에는 크게 두 가지의 상반된 문화가 존재한다. 하나는 '죽음의 문화'고, 다른 하나는 '살림의 문화'다. 죽음의 문화는 나의 생존을 위해 너를 죽이는 문화고, 살림의 문화는 공생의 길을 모색하는 문화다. 사회적 불평등, 물질만능주의, 극심한 환경 오염 등 오늘날 인류가 안고 있는 모든 문제는 죽음의 문화를 세운 결과 나타난 부작용이다. 이러한 죽음의 문화를 치유하고 인간다운 세상을 만들기 위해서는 살림의 문화, 즉 생명 존중과 생명 원리에 기초한 문화를 창조해야 한다. 서로를 살리고 모두가 주인 되는 살림의 문화가 널리 확산될 때, 공동체의 행복 지수는 상승할 것이다.

'가시박'이라는 덩굴식물이 있다. 가시박이 엄청난 번식력으로 뻗어 가면서 나무를 완전히 덮어 버리면 그 나무는 광합성을 더 이상 하지 못해 곧 말라죽고 만다. 현대 교회는 가시박과 같은 세속 문화에 잠식당하여 고사枯死되고 있는 나무와도 같다. 교회 안팎에 자라고 있는 가시박과 같은 죽음의 문화를 거두어 내고 살림의 문화가 자랄 수 있는 환경을 만들어야 한다.

여성들은 죽음과 파괴의 문화 속에서 생명에 대한 애정으로 살림의 문화를 만들어 낼 수 있는 바탕이 있다. 서구 개인주의의 영향으로 교회의 공동체성이 무너지고 있는 오늘날 정작 필요한 가치는 돌봄, 포용, 살림이라는 여성적 가치다. '여성적'이라는 것은 경쟁과 개발과 성장 중심의 패러다임을 벗어나 타자에 대한 이해, 약자와 소외된 자에 대한 보살핌, 관계 지향성을 뜻한다. 여성과 남성은 몸 구조부터 다르다. 다른 몸 구조는 다른 성역할을 형성한다. 남성은 경쟁과 활동성이 필요한 사회적 역할에 적합한 반면 여성은 타인을 배려하고 돌보는 역할에 적합하다. 경쟁적 관계와 성장 일변도의 정책으로 무너지고 있는 현대 사회와 교회의 저변을 이러한 여성적 가치로 회복시켜야 한다. 살림의 문화가 춤추게 해야 한다. 여성적 가치의 추구는 더불어 살아가는 '공동체성'을 회복하기 위한 것이다. 이때 공동체는 공통된 연고와 지역과 전통에 기반을 둔 것이 아니라 함께 어울려 살아가면서 생성되는 관계 맺음에서 생겨나는 공동체 의식으로 결합한다. 그리고 그 속에서는 성별, 계급, 인종 등에 관계없이 모든 인간의 정체성을 그대로 존중한다. 다양한 존재들이 함께 삶을 꾸려 나가면서, 폭력적 획일성이 아닌 긍정적인 다양성과 복수성을 지향해 가는 것이다. 자연이 아름다운 것은 다양성에 있다. 자연이 하나의 종種으로 획일화되면 그때부터 재앙이 된다. 각 지체의 다름을 끌어안고 돌보고 서로 유기적으로 연결되어 그리스도의 몸 된 교회를 이룰 때, 교회는 건강하게 된다. 그 다름을 끌어안아 하나의 유기체로 만드는 단 하나의 초석(모퉁잇돌)은 그리스도이다(엡 2:20).

30

억지로 십자가를 진 사람
구레네의 시몬

본문　마태복음 27:32; 마가복음 15:21; 누가복음 23:26
이름의 뜻　응답하셨다, 들음

• 십자가의 역설

　기독교는 '역설Paradox의 종교'다. 성서의 가르침은 역설로 가득하다. "심령이 가난한 자는 복이 있나니 천국이 그들의 것임이요"로 시작하는 예수님의 산상수훈(마 5-7장)에는 그러한 역설적 진리의 말씀이 알알이 박혀 있다. 불가능해 보이는 것들을 가능성의 영역으로 이끄는 힘을 느끼게 하는 신약성서의 역설을 만나 보자!

　너희 중에 큰 자는 너희를 섬기는 자가 되어야 하리라 누구든지 자기를 높이는 자는 낮아지고 누구든지 자기를 낮추는 자는 높아지리라(마 23:11-12).

　그러나 먼저 된 자로서 나중 되고 나중 된 자로서 먼저 될 자가 많으니라 (막 10:31).

내가 진실로 진실로 너희에게 이르노니 한 알의 밀이 땅에 떨어져 죽지 아니하면 한 알 그대로 있고 죽으면 많은 열매를 맺느니라 자기의 생명을 사랑하는 자는 잃어버릴 것이요 이 세상에서 자기의 생명을 미워하는 자는 영생하도록 보전하리라(요 12:24-25).

예수님이 가르치신 복음에는 세속적 가치와 세상의 인습적인 지혜를 전복시키는 강력한 힘이 있다. 그 힘이 기독교를 기독교답게 만든다. 그러한 패러독스를 잃게 되면 기독교의 복음은 변질되고 그 정수를 잃게 된다. 성서가 가르치는 역설의 절정은 '십자가'다. 어떤 종교가 당대 최악의 고문 도구였던 십자가와 같은 잔인하고 혐오스러운 상징물을 내세운 적이 있던가? 아니, 십자가는 단순한 종교적 상징물이 아닌 사건이고 진리이다.

유대교의 '육각별'(다윗의 별)과 불교의 '연꽃'과 이슬람교의 '초승달'과 같은 아름다운 종교적 상징물에 비하면 기독교의 십자가는 혐오스럽기 짝이 없다. 고대 세계에서 십자가는 가장 혐오스러운 반문화적인 상징이었다. 십자가는 로마 제국이 속주를 무력으로 복종시키기 위하여 곳곳에 세워 정치적으로 이용한 최악의 고문 도구가 아니었던가? 로마 제국이 선전한 '팍스 로마나*Pax Romana*'가 십자가로 선전되었는데, 그 끔찍한 선전 도구에 하나님의 아들 예수님이 달리셨다는 것이 역설이다. 예수님의 십자가는 로마 제국이 무력으로 쟁취한 거짓 평화를 폭로한다. 당대 사람들에게 끔찍한 공포요 잔인한 도구였던 십자가를 진다는 것은 상상만으로도 몸서리치는 경험이기 때문이다.

그런 경험을 마지못해 한 사람이 있다. 그는 인류 역사의 가장 중요한 사건에 단순한 구경꾼이 아닌 참여자로서 예수님 대신 십자가를 짊어진 사람으로 기억되었다. 그의 이름은 시몬이다.

• 구레네의 시몬, 억지로 예수님의 십자가를 대신 지다

구레네Cyrene는 아프리카 북쪽 연안 그리스 도시로 알려져 있지만 정확한 위치는 알 수 없다. 당시 로마 다음으로 제2의 도시였던 알렉산드리아에서 멀지 않은 곳에 위치한 것으로 추정되는 구레네에는 많은 디아스포라▲ 유대인들이 살고 있었다. 그러나 어떤 영문인지는 몰라도 예루살렘으로부터 상당히 먼 곳에 위치한 구레네 출신의 시몬이라 하는 이가 예루살렘을 찾아온 것이다. 유대인의 최대 명절 가운데 하나인 유월절▲▲ 기간에 온 것으로 보아 성지순례차 온 것인지 아니면 단순한 방문인지 혹은 일자리를 찾기 위해 온 것인지 모르지만, 그는 우연찮게 한 죄수의 십자가 처형 행렬을 목도하게 되었다.

당시 십자가 처형 방식이 그러했듯이, 그 죄수는 끔찍한 고문을 당한 뒤 자기가 달릴 십자가를 지고 형장까지 가야 했다. 가는 도중 그 죄수가 지쳐 쓰러져 일어나지 못하자, 구경꾼들 틈에 끼어 그 신기한 행렬 과정을 지켜보던 시몬을 한 로마 군인이 덥석 잡아다가 그의 십자가를 대신 지게 했다. 마가는 이 장면을 단 한 구절로 스치듯 우리에게 소개한다.

▲ 199쪽의 주 참조.
▲▲ 영어로 'Passover'라 하는데, 출애굽 전야에 흠 없는 어린 양의 피를 문설주에 바르고 그 안에 거함으로써 죽음의 사자가 그 피를 보고 넘어간(pass over) 것을 기념하는 절기이다. 유대력으로 1월 14일 저녁이다. 참조. 출 12:5-18.

그 때 마침 알렉산더와 루포의 아버지 시몬이라는 키레네(구레네) 사람
이 시골에서 올라오다가 그 곳을 지나가게 되었는데 병사들은 그를 붙들
어 억지로 예수의 십자가를 지고 가게 했다(막 15:21, 공동번역).

구레네에서 올라온 시몬이 지게 된 나무 형틀은 인류 구원의 정점
이 된 예수님이 지고 가신 십자가였다. 알렉산더Alexander와 루포Rufus
가 누구였기에 시몬을 그들의 아버지로 소개하고 있는가? 로마서에서
사도 바울은 로마 성도들에게 문안 인사를 하면서 "주 안에서 택하심
을 입은 루포와 그의 어머니에게 문안하라 그의 어머니는 곧 내 어머
니니라"(롬 16:13)라고 말한다. 로마서에 소개된 그 이름 '루포'는 로마
서가 기록된 시점으로부터 약 30년 전 십자가 행렬 현장에 있다가 예
수 대신 억지로 십자가를 진 시몬을 기억나게 한다. 로마서에 소개된
루포와 그의 어머니는 구레네 시몬의 아들이고 그의 아내였다. 예수
의 십자가 처형 이후 한 세대가 흘러 시몬의 아들 루포는 사도 바울로
부터 문안 받는 인물이 되었고, 그의 어머니*는 바울이 영적 어머니로
언급할 만큼 초기 기독교 역사에서 존경받는 인물이 되었다. 이 편지
가 기록된 것은 시몬이 이미 세상을 떠난 뒤인 것 같다. 시몬의 가족
은 로마에 유력한 그리스도인 가정이 되어 바울을 비롯해 많은 사람
들의 사랑을 받고 있었다.

당시 예수가 지고 가신 십자가의 의미를 모른 채 골고다 언덕까지
십자가를 지고 갔던 시몬은 은연중 인류 구속 사건에 참여하게 된 것

▲ 시몬의 아내.

이다. 그리고 다음 세대로 이어진 그 구원의 드라마에 그의 아들들이 초기 교회의 위대한 지도자가 되어 참여하고 있었으니, 시몬은 부지중 복 받은 자가 아닌가?

• 십자가, 거짓된 세속적 가치를 전복하는 힘

마르틴 루터는 '십자가의 신학'으로 '영광의 신학'에 근거하여 세속 적 권력에 만취된 로마 가톨릭교회의 잘못된 신학과 관행을 다음과 같이 질타했다.

> 영광의 신학은 통찰력을 갖고 있지도 않고, 합당한 신학도 아니다. 실제 로 자연으로부터 출발하여 하나님을 인식할 수 있다고 생각하는 신학자 는 그리스도를 모르므로 고통보다 행적을, 어리석음 대신 지혜를 선호하 기 때문에 십자가 고통에 감추어진 하나님*Deus Absconditus*을 결코 알지 못 한다. 그러한 자들은 바울에 따르면 그리스도 십자가의 원수(빌 3:18)다. 실제로 그들은 십자가의 고통을 혐오하고, 업적들과 그 영광을 좋아하 며, 그리하여 십자가의 선을 악이라, 악의 행업을 선이라 부른다.
> — 마르틴 루터의《하이델베르크 논쟁*The Heidelberg Disputation*》에서.

루터 사상의 핵심은 그가 신학적으로 기댄 바울의 '십자가 신학'에 근거한다. 고린도전서에서 사도 바울은 로마 제국의 속주 도시 고린 도의 특징을 이룬 지위, 권력, 자기 선전의 문화에 대항하여 '십자가의 도'를 전했다고 한다.

십자가의 도가 멸망하는 자들에게는 미련한 것이요 구원을 받는 우리에게는 하나님의 능력이라. ……유대인은 표적을 구하고 헬라인은 지혜를 찾으나 우리는 십자가에 못 박힌 그리스도를 전하니 유대인에게는 거리끼는 것이요 이방인에게는 미련한 것이로되 오직 부르심을 받은 자들에게는 유대인이나 헬라인이나 그리스도는 하나님의 능력이요 하나님의 지혜니라(고전 1:18, 22-24).

헬라인(이방인)들이 십자가를 "미련한 것"으로 간주한 것은 너무나 당연했다(고전 1:23). 고대 세계에서 고매하다고 여겨지던 로마의 법과 유대의 율법은 가장 잔인한 방식으로 예수 그리스도를 처형했다. 따라서 십자가는 인류의 비극적인 어리석음을 나타낸다. 그러나 동시에 하나님이 세상을 구할 수 있는 유일한 방법이었다. 십자가는 필연적인 신적 유기遺棄와 최악의 인간적인 배척으로 빚어진 비극이자 그 비극에서 잉태된 구원의 사건인 셈이다.

나의 하나님, 나의 하나님 어찌하여 나를 버리셨나이까(막 15:34; 마 27:46).

로마 제국 안에서 서서히 자라 그 세계를 전복할 복음의 능력이 유대인들에게는 거리끼는 것이요 헬라인들에게는 미련한 것으로 여겨지는 바로 그 십자가 안에 있음을 당대 사람들이 어찌 알 수 있었겠는가? 바울은 그것을 '영세 전부터 감춰진 비밀'(롬 16:25; 고전 2:7; 골 1:26; 엡 3:9)이라 했다.

우리는 비밀로 감추어져 있는 하나님의 지혜를 말합니다. 그것은, 하나님께서 우리를 영광스럽게 하시려고, 영세 전에 미리 정하신 지혜입니다 (고전 2:7, 새번역).

바울은 로마 제국에서 당연하게 받아들여진 것을 거부하고 당대의 문화적 가치를 뒤엎기 위해 십자가에 달리신 그리스도의 메시지를 그 세계 안에서 외쳤다.

모든 문화에는 복음의 빛에 비추어 저항하고 복음의 정신으로 싸워야 할 요소가 있다. 우리가 복음으로 저항해야 하는 것은 문화 자체가 아니라, 문화 속에서 활개치는 악한 영의 세력이며, 그 영에 만취된 세상의 권력과 제도이다. 그리스도의 코드로 문화를 읽는 것, 이것이 교회가 저급한 세속 문화에 물들지 않고 복음의 터전 위에 진정한 교회를 공고히 세우는 바탕이다. 시몬처럼 강권에 의해 십자가를 지더라도, 그리고 그것의 의미를 모르더라도 십자가의 참된 의미를 깨닫는 순간, 우리는 영세 전부터 숨겨진 하나님의 비밀한 구원 사건에 참여한 자가 되는 것이다. 이것이 가장 고귀하고 아름다운 기적이다.

31

하나님의 자비로 옷을 지은 과부

다비다

본문   사도행전 9:36-43
이름의 뜻 암사슴

• 오래된 항구 도시, 욥바에 깃든 역사의 숨결

항만이 조성될 조건이 좋지 않은 이스라엘의 지중해에 접하여 오랫동안 항구의 역할을 해온 대표적인 두 도시가 있다. 구약의 '욥바'와 신약의 '가이사랴'▲다. '아름답다'는 뜻을 지닌 욥바▲▲는 예루살렘에서 북서쪽으로 약 65킬로미터 떨어진 지중해 연안의 항구도시다. 욥바는 '봄의 언덕'이라는 뜻을 지닌 텔아비브의 지중해 해안 남쪽 지역을 말하는데, 높은 절벽 위에 자리 잡고 있으며 이 절벽 바로 아래에 항구가 있다. 20세기 들어 이스라엘 북쪽 지중해 연안의 항구 도시 하이파가 크게 발전하면서 욥바는 항구 도시로서의 기능을 차츰 상실하게 되었다.

욥바는 여호수아서의 땅을 나누는 기사에서 언급될 정도로 오랜 역사를 간직하고 있다(수 19:46). 약 3천6백 년의 역사를 간직한 옛 도

▲ 헤롯 대왕이 주전 22~10년에 세운 지중해 해변의 항구 도시.
▲▲ '욥바'는 아랍계에서는 '야파Jaffa'로, 히브리어로는 '야포Yaffo'로 불린다.

시 욥바는 도처에 유적이 가득하여 현재도 발굴이 한창이다. 욥바는 성서의 여러 역사적 사건을 빛바랜 흑백 사진처럼 들추어 볼 수 있는 곳이다. 이제 욥바로 시간여행을 떠나 보자!

욥바에 깃든 역사적 숨결은 성전 건축과 관련이 있다. 솔로몬과 후일 스룹바벨은 성전 건축에 사용할 레바논의 백향목을 지중해의 해류를 이용해 욥바 항구를 통해 이스라엘로 들여왔다(대하 2:16. 참고. 스 3:7).

또한 요나가 니느웨Nineveh▲로 가라는 하나님의 낯을 피하여 다시스 Tarshish▲▲로 가는 배를 탔던 곳이 바로 욥바다(욘 1:3).

히스기야를 위협했던 앗수르의 왕 산헤립이 가나안 땅의 46개 도시를 휩쓸고 지나갔을 때 욥바도 함께 파괴되었다(주전 701년). 앗수르가 멸망하면서 욥바는 바빌로니아의 손에 넘어갔다. 알렉산더 대제가 가나안 땅을 점령했을 때 욥바는 시돈·두로와 함께 헬라 도시가 되기도 했다(주전 332년). 주후 30년경 헤롯 대제가 욥바를 로마풍의 항구 도시로 건설하려 했으나 그곳 유대인들의 거센 반발로 어쩔 수 없이 새로운 항구 도시를 그곳에서 북쪽으로 40킬로미터 떨어진 가이사랴에 건설할 수밖에 없었다.

이방인 선교와 관련하여 중요한 사건이 일어난 곳이 욥바였다. 베드로가 욥바 해변에 위치한 무두장이▲▲▲ 시몬의 집에 유숙하고 있을 때 여러 부정한 짐승을 잡아먹으라는 하늘의 계시를 받고 이방인들에게

▲ 고대 앗수르Assyria 제국의 수도.
▲▲ '다시스'의 정확한 위치에 대해서는 여러 설이 있으나 스페인(서바나 지역)에 있는 타르테서스 tartessus로 추정됨. 참고. 왕상 22:48; 대하 20:35-36; 사 66:19; 시 72:10.
▲▲▲ 가죽 장인을 뜻함.

복음을 전한 출발지가 바로 욥바였다(행 10:11-13).

스데반의 순교 이후 박해를 피하여 기독교가 예루살렘에서 사방으로 퍼지자 욥바는 기독교의 중요한 중심지가 되었다. 이 욥바에서 가난한 사람들의 어머니로서, 그리고 과부들의 위로자로서 선행을 베풀며 헌신하다 죽음을 맞이한 여제자가 있었다. 그러나 그녀는 죽음에서 일어나 역사의 숨결로 살아난 여인이 되었다.

• **다비다, 하나님의 자비로 옷을 짓다**

고색창연한 이 항구 도시에 '암사슴'이라는 의미의 다비다▲라는 여제자가 있었다. 이 여인은 과부로서 선행과 구제를 많이 하다가 뜻하지 않게 병들어 죽게 되었다.

> 욥바에 다비다라 하는 여제자가 있으니 그 이름을 번역하면 도르가라 선행과 구제하는 일이 심히 많더니 그 때에 병들어 죽으매 시체를 씻어 다락에 누이니라(행 9:36-37).

항구 도시가 그러하듯 욥바의 생계 수단이 어업이었고, 아마도 다비다의 남편도 선원으로서 바다에서 조난을 당해 일찍 죽은 것이 아닌가 추정된다.

선행과 구제로 칭송이 자자했던 다비다가 죽게 되자, 마침 욥바에

▲ '다비다'는 헬라식 이름 '도르가'를 아람어로 번역한 이름이다.

서 가까운 룻다Lydda▲에 베드로가 있다는 소식을 접하고 주변 제자들이 사람들을 속히 보내 그에게 다비다의 사망 소식을 전했다. 룻다에서 중풍병자였던 애니아를 치료한 베드로의 소식(행 9:34)을 접한 욥바의 제자들은 베드로가 다비다를 다시 살릴 수 있다는 기대를 품었을 것이다. 베드로가 오자 주변에 많은 과부들이 서서 울면서 다비다가 살아 있을 때 지은 속옷과 겉옷을 다 내보이며 다비다의 죽음을 크게 슬퍼했다(행 9:39).

베드로는 다비다의 시신을 누인 다락에 올라가 무릎을 꿇고 기도하여 그녀를 살렸다. 이 다비다의 소생 사건은 욥바에 쫙 퍼지게 되었고 이로 인해 많은 사람이 예수를 믿게 되었다(행 9:40-42).

같은 과부로서 의지할 곳 없이 하루하루를 살아가던 주변 다른 과부들을 위로하며 그들을 위해 아낌없이 봉사했던 다비다의 죽음은 자신들의 남편이 죽은 것처럼 그들에게는 큰 슬픔이 되었을 것이다. 특히 과부들이 입을 속옷과 겉옷을 기워 준 다비다의 자애로운 손길 속에서 주변 사람들은 예수의 마음을 느꼈으리라.

현대 사회의 많은 봉사 단체나 구제 단체의 이름으로 '다비다'가 쓰이는 것은 2천 년이 지난 뒤에도 그녀를 기념하고 그러한 섬김의 맥을 잇겠다는 의지의 표현이 아니겠는가? 어쩌면 자신의 기구한 운명을 탓하며 원망 섞인 삶을 살아갈 수도 있으련만 다비다는 다른 사람들을 배려하며 봉사의 손길을 쉼 없이 움직였으니, 그녀의 존재 자체가 궁핍과 박해에 처한 당시의 신자들에게 큰 힘과 용기가 되었으리라.

▲ '룻다'는 욥바에서 동남쪽 약 18킬로미터 지점에 위치. 구약에 '롯'이라고 기록되어 있는 베냐민의 성읍.

살든 죽든 다비다는 하나님의 자비와 능력을 드러냈다. 살아서는 구제와 봉사의 모습을 통해, 죽어서는 그녀를 다시 살리신 하나님의 기적을 통해. 우리가 이 세상을 떠날 때 이 땅에 남기는 흔적이란 유골 한줌과 땅 한 뼘과 이름 석 자를 새긴 비석뿐이 아니던가. 하나님의 자비로 옷을 지은 과부 '다비다'는 우리가 이 땅에 살면서 사람답게 사는 법을 일깨워 준 아름다운 이름이 되었다.

• 한국의 다비다, 백선행과 문준경

한국 교회사에도 사도행전의 다비다와 같은 여인들의 숭고한 숨결이 깃들어 있다. 어쩌면 다비다보다 위대하고 테레사 수녀 못지않은 그들의 행적에 절로 고개가 숙여진다. 그러나 그들의 숭고한 행적은 한동안 잊혔다가 최근 다시 소개되면서 회자되고 있다. 그 두 여인의 이름은 백선행과 문준경이다.

백선행은 16세에 과부가 된 후 평생 수절하며 남이 먹기 싫은 것 먹고 입기 싫은 옷 입고 하기 싫은 일을 하며 살아간 여인이다. 그녀가 죽었을 때 한국 최초의 사회장으로 장례식을 치러 주었다고 한다. 그녀는 평생 얼굴에 분을 바르지 않았고 화사한 옷 한 벌 사 입지 않았다. 악착같이 돈을 벌어 자수성가한 구두쇠였지만, 남을 돕고 베푸는 일에는 돈을 아끼지 않았다.

백선행은 그렇게 힘겹게 모은 재산을 사회에 환원하고자 당시 조선물산장려회 회장 조만식 장로를 찾아가 쌀 2천8백 말(560가마니)을 전달했을 뿐만 아니라 여러 교육 기관에 쌀과 전답을 희사했다. 이렇게

구에르치노, 〈다비다의 소생〉, 1618년, 유채, 피렌체, 피티 궁전

하여 총재산인 2천5백 석지기의 전답과 수만금의 현금을 교육 및 사회사업에 몽땅 다 바쳤다. 그래서 그녀를 표창하려던 일본총독부에 "나는 내가 할 일을 했을 뿐이오" 하고 거절한 이야기는 유명하다.

또 한 명의 다비다와 같은 여인은 문준경이다. 그녀는 1891년에 태어나 17세 되는 해에 어른들의 뜻에 따라 결혼했지만 이미 다른 여인에게 마음을 둔 남자와 결혼하여 생과부 같은 삶을 살았다. 험난한 삶을 살다가 우연히 부흥회에 참석하여 이성봉 목사의 설교를 듣고 예수를 영접하게 되었다. 그녀는 전도사가 되기로 결심하고, 신안군 섬 지방을 돌며 18년 동안 100여 개의 교회를 세웠다. 자신의 목숨을 하나님께 맡기고 전염병에 걸린 사람들을 돌보고, 해산하는 집에 가 산파로서 섬기며, 굶주리고 헐벗은 사람들에게 먹을 것과 입을 것을 나누면서, 헌신적으로 사랑을 실천하며 전도 사역에 매진했다. 그녀가 헌신적으로 뿌린 복음의 씨앗으로 인해 이 지역에서 김준곤 목사를 비롯하여 이만신, 정태기, 이만성, 이봉성 목사 등 한국 교회의 지도자 역할을 한 30여 명의 목회자가 배출되었다. 그러나 한국전쟁의 와중에 그녀는 좌익들에게 체포됐고, 결국 1950년 순교했다. 이듬해 치러진 그녀의 장례식에는 김구 선생이 서거했을 때보다 더 많은 사람들이 모여 애도했다고 한다.

예수 그리스도께서 몸소 실천하신 자기 비움의 정신이 이 여인들의 삶에서 그리스도의 향기(고후 2:15)가 되어 메마른 역사를 적셨다. 그 향기에 취해 수많은 사람들이 예수 그리스도의 마음 안으로 들어가 그분을 만났다.

아무 일에든지 다툼이나 허영으로 하지 말고 오직 겸손한 마음으로 각각 자기보다 남을 낫게 여기고 각각 자기 일을 돌볼뿐더러 또한 각각 다른 사람들의 일을 돌보아 나의 기쁨을 충만하게 하라 너희 안에 이 마음을 품으라 곧 그리스도 예수의 마음이니(빌 2:3-5).

그리스도의 마음을 품고 이웃에게 행하는 선행만큼 하나님께 가까이 다가갈 수 있는 방법은 없다. 다비다와 백선행과 문준경은 그리스도 예수의 마음으로 가난한 이들을 섬겼다. 그 섬김이 가난에 찌든 이들의 영혼을 사랑으로 충일케 했다. "할 수 있는 모든 곳에서, 할 수 있는 모든 때에, 할 수 있는 모든 사람에게, 할 수 있는 만큼 오래도록."▲ 감리교의 창시자 존 웨슬리의 말이다. 우리가 베풀 수 있는 모든 선행을 예수 그리스도의 마음으로 힘써 행하는 것, 이것이 우리의 의무이자 이 땅에서의 우리의 존재 이유다.

▲ 론 로즈Ron Rhodes의 《1001가지 기독교 명언1001 Unforgettable Quotes About God, Faith, and the Bible》(디모데, 2012)에서 인용.

32

유럽에 복음의 첫 텃밭을 기경한 여성 지도자
루디아

본문　　사도행전 16:6-15, 40
이름의 뜻　생산

• 고대 로마의 복식 문화

인간의 몸을 감싸고 있는 옷은 가장 기본적인 개인의 소지품이다. 따라서 누군가의 옷은 그 사람의 존재 자체를 상징하고 규정하기도 한다. 의상의 평준화가 이루어졌다는 현대 사회에서도 여전히 의복은 그 사람의 사회적 신분을 나타내는 수단이 된다. 현대인들이 상상하는 것 이상으로 고대 사회는 철저한 계급 사회였고, 옷은 그 사람의 빈부귀천을 가늠하는 척도였다.

고대 로마인들은 옷을 통해 계급, 신분 및 사회적 지위를 나타냈다. 당시 그들이 입던 옷으로는 토가toga, 튜닉tunic, 팔루다멘툼paludamentum, 팔리움pallium 등이 있다. 토가는 고대 로마의 대표적인 의상으로 시민들만이 이 옷을 입을 수 있었다. 몸을 감싸는 외투로서 지위에 따라 토가의 색상이 달라진다. 왕족은 황금색, 철학자는 파랑색, 의사는 녹색, 예언자나 점쟁이는 흰색을 입었다. 튜닉은 로마의 지배층이 토가 아래 입던 속옷이다. 이것 또한 지위나 계급에 따라 어깨에서 아랫단까지 내려오는 수직선의 띠 장식이 달랐다. 팔루다멘툼은 로마의 지배자나 장군이 입던 튜닉 위에 두르는 망토다. 팔리움은 사각형으로 된 로마인의 실외용 복식으로 어깨부터 바닥까지의 길이보다 세 배쯤 길다. 그러나 당시 어떤 옷보다도 비싸고 권위 있는 옷은 자주색으로 염색한 의상이었다. 당시 자색 옷은 네로▲의 명으로 황제 외에는 입을 수 없도록 규정해 놓을 만큼 지존한 권력을 상징하는 값비싼 옷감이었다.

고대 로마 사회에서 통용되던 문구 가운데 하나가 "자주색에서 태어났다Born in the purple"라는 표현인데, 고귀한 혈통과 부유한 가문에서 태어났다는 의미다. 동로마 제국에서는 황제의 자녀들을 가리킬 때, '자주색으로 태어난 자'라는 뜻의 헬라어 단어 '포르퓌로겐네토스 πορφυρογέννητος'로 표현했다고 한다. 고대에는 자주색으로 염색한 옷은 엄청난 가격과 염색 과정의 어려움 때문에 최고급 옷감으로 꼽혔고 권력과 부의 상징이었다.▲▲ 자색 옷감은 주전 1600년경부터 페니키아인들이 두로 지방의 특산물인 소라고둥으로 염색했다 하여 '두로산 자주Tyrian purple'라고도 불렸고, '왕실의 자주' 혹은 '황제의 자주'라는 별칭도 얻었다. 소라고둥 1만 2천 개에서 겨우 1.4그램의 염료를 얻을 수 있었다고 하니 자주색 염료를 얻는 것이 얼마나 힘든 과정을 거쳐야 하는지를 알 수 있다. 주후 4세기 디오클레티아누스 황제▲▲▲ 시절, 최상품 자색 옷감 1파운드는 로마 은화 5만 데나리온을 지불해야 할 정

▲ 로마 제국의 제5대 황제.
▲▲ 참조. 삿 8:26; 에 8:15; 겔 23:6; 단 5:7, 16, 29; 막 15:17; 눅 16:19.
▲▲▲ Diocletianus: 로마 제국의 제45대 황제.

도로 고가품이었다. 전설에 따르면 이 자주색 염료를 발견한 것은 헤라클레스인데, 그는 조개를 씹어 먹은 자기 개의 주둥이가 자주색으로 물든 것을 보고 염료 물질을 찾아냈다고 한다.

자주색 염료로 최고가의 화려한 옷을 만들던 한 여성 장인이 바울을 통해 복음을 들은 후 헐벗은 뭇 영혼에 복음의 정신으로 수놓은 옷을 마름질하는 재단사가 되었다.

> 그러므로 여러분은 하나님의 택하심을 입은 사랑 받는 거룩한 사람답게, 동정심과 친절함과 겸손함과 온유함과 오래 참음을 옷 입듯이 입으십시오(골 3:12, 새번역).

• **루디아, 바울과 함께 유럽에 복음의 첫 텃밭을 일구다**

사도행전은 루디아의 이력을 다음과 같이 짧게 소개하고 있다.

> 그들 가운데 루디아라는 여자가 있었는데, 그는 자색 옷감 장수로서, 두아디라 출신이요, 하나님을 공경하는 사람이었다. 주님께서 그 여자의 마음을 여셨으므로, 그는 바울의 말을 귀담아 들었다(행 16:14, 새번역).

루디아는 두아디라 성 출신이다. 두아디라는 서머나Smyrna(현재의 이즈미르Izmir)에서 북동쪽으로 80킬로미터쯤 떨어진 성채 도시다. 이 성은 알렉산더 대제의 장군이었다가 나중에 페르가몬Pergamon(버가모)의 지배자가 되는 셀류코스 니카토르가 주전 3세기경 도시를 재건하기까지는 대수롭지 않은 곳이었다. 평지에 있어 방어가 어려운 도시였지만 지정학적 위치상 군사적으로 매우 중요한 거점이었다. 그러나 로마인들이 건립할 때의 군사적인 성격과 달리 점점 상업적인 성격을 띤도시로 변모했다. 두아디라에는 많은 장인 길드가 있었다. 이런 상업적인 길드들은 이교異敎라 할 수 있는 종교와 긴밀한 관계가 있었다. 루디아는 이러한 상업 도시 출신답게 당시 최고급 원단인 자색 옷감으로 장사를 하던 여인이었다. 그러나 그녀는 한갓 장사치에 불과한 인물이 아니었다. 이미 앞에서 언급한 것처럼 당시 자색 옷감은 황실과 고관대작을 상대로 판매되는 최고가의 물품이었기에, 루디아는 국제적으로 활동하던 대단한 무역상이었음을 짐작할 수 있다.

루디아는 요사이 사업을 하는 사람들이 겪는 온갖 어려움을 당시의 가부장적 사회 속에서 여성의 몸으로 감내하면서 대규모 무역을 하던 인물이다. 그런 그녀가 마케도니아 지역에 복음을 전하러 온 바울 일행을 만남으로써 유럽에 복음의 지경을 넓히는 일에 일조하게 되었다. 그녀와 바울의 만남은 마케도니아 지방에서 으뜸가는 도시요, 주전 168년경 로마의 식민지가 된 빌립보에서 이루어졌다.

빌립보는 유명한 로마의 군사 및 상업용 도로인 '비아 에그나티아Via Egnatia' 주변 비옥한 평원에 건설된 동부 마케도니아의 도시다. 이곳은 서쪽으로 로마 제국의 중심인 이탈리아로 가는 아드리아 해 항구 디라키움까지 연결된 교통의 요충지로, 아시아에서 유럽으로 가는 관문과 같은 곳이었다. 빌립보에는 아직 회당이 없었기 때문에 이곳에 와서 살던 유대인들은 안식일마다 강변에서 모여 기도하고 있었다. "안식일에 성문 밖 강가로 나가서, 유대 사람이 기도하는 처소가 있음직한 곳을 찾아갔다. 우리는 거기에 앉아서, 모여든 여자들에게 말하였다"(행 16:13, 새번역).

디아스포라 유대인들은 가장家長 열 명이 모일 수 있는 곳이면 어디에나 회당을 설립하곤 했다. 이로 보건대 빌립보에는 소수의 유대인이 거주했음을 알 수 있다. 회당이 없는 곳에서 유대인들이 모여 기도할 법한 장소를 찾던 바울은 강가에 모여 있는 유대인들을 만나게 되었다. 바울이 만난 무리 가운데 루디아란 여인이 있었는데, '하나님을 공경하는 사람'이 뜻하듯 그녀는 유대인이 아니라 이방인으로서 유대교로 개종한 사람이다. 루디아는 유대인이 많이 거주했던 두아디라에서 개종한 것이 아닌가 여겨진다. 루디아는 집안 식구들과 함께 바울에게 세례를 받고 바울 일행을 자기 집으로 맞아들였다.

> 그 여자가 집안 식구와 함께 세례를 받고 나서 '나를 주님의 신도로 여기시면, 우리 집에 오셔서 묵으십시오' 하고 간청하였다. 그리고 우리를 강권해서, 자기 집으로 데리고 갔다(행 16:15, 새번역).

이 구절은 빌립보에 유럽 최초의 교회가 탄생하는 순간을 묘사하고 있다. 유럽 교회의 시작을 알리는 역사적 사건치고는 너무나 간단하게 기술되어 있다. 루디아의 집은 바로 그 교회 터로 제공되었다. 비록 소수의 사람들이 그리스도의 이름으로 모였지만 그 모임은 장차 유럽에 기독교 시대의 개막을 알리는 진원지가 되었다. 이 교회의 실질적인 지도자가 된 루디아의 면모를 짐작하게 하는 단어는 '경청'이다. 주님께서 열어 주신 마음의 문을 통해 바울의 말은 루디아의 마음밭에 안착했고, 그녀는 유럽의 첫 그리스도인 개종자로서 집안 식구와 더불어 장차 유럽을 복음으로 이끄는 일에 헌신했다. 그녀의 이름 뜻대로 루디아는 자색 옷감을 '생산'할 뿐만 아니라 이제 생명을 '소출'하는 복음의 텃밭을 유럽 땅에 기경한 복된 여인이 되었다.

• 영혼에도 의상이 필요하다

칠레 출신의 시인으로 노벨 문학상을 수상한 파블로 네루다Pablo Neruda는 〈옷에게 바치는 송가Ode to Clothes〉라는 시에서 일상의 평범한 옷을 통해 자신을 반추한다.

> 아침마다 너는 기다린다.
> 옷이여, 의자 위에서
> 나의 허영과 나의 사랑과
> 나의 희망, 나의 육체로
> 너를 채워 주길 기다린다.
> (중략)
> 옷이여
> 너는 나와 함께
> 늙어 가며
> 나와 나의 몸과 함께
> 같이 살다가 같이 땅속으로
> 들어가리라.

그래서

날마다

나는 네게 인사를 한다.

정중하게. 그러면 또 너는

나를 껴안고 나는 너를 잊어도 좋다.

우리는 결국 하나니까.

밤이면 너와 나는

바람에 맞서는 동지일 것이고

거리에서나 싸움터에서나

어쩌면 어쩌면 언젠가 움직이지 않는

한 몸일 것이다.

– 파블로 네루다의 《네루다 시선*Antologia de la poesia de Pablo Neruda*》(지식
을만드는지식, 2010)에서.

스페인 내전▲에 참전한 경험을 토대로 네루다는 인간 존재를 옷으
로 형상화하여 전쟁터를 함께 누빈 옷과 동일시되는 자신의 운명을 시
로 표현했다. 시인은 일상적인 사물인 옷을 통해 자신을 발견했고, 자
신과 옷 사이의 동질감을 인식했다. 이 시에서 네루다는 우리가 날마
다 입는 옷과 같은 운명에 처할 육체를 관조했다.

성서에서 '옷'은 육체와 동일시되는 정도를 넘어 그리스도인들의 생
활 양식과 관련된 은유로 사용된다. 혼인 잔치를 베푼 주인이 그 잔치

▲ Guerra Civil Española: 마누엘 아사냐Manuel Azaña가 이끄는 좌파 인민 전선 정부와 프란시
스코 프랑코Francisco Franco를 중심으로 한 우파 반란군 사이의 내전이다.

자리에 예복을 입지 않고 참석한 이들을 바깥 어두운 데로 내쫓는 비유에서 예복은 바른 행실, 즉 그리스도의 복음에 대한 수용과 순종을 뜻한다(마 22:1-14). 사도 바울은 하나님의 성품으로 재단된 새 옷을 하나님의 속성에 따라 살아야 할 속사람에 견주어 말했다. 그는 또한 '빛의 갑옷'과 동일한 표현인 '그리스도로 옷 입으라'는 권면을 통해 정욕에 물든 옷이 아닌 그리스도의 품성으로 마름질한 삶이 중요함을 가르친다(롬 13:12-14. 참조. 갈 3:26-27; 엡 4:22-24).

나아가 바울은 우리가 영적 전쟁을 치르기 위해 입어야 할 전신 갑주를 언급한다. 전신 갑주는 그리스도의 옷을 영적 전장에 더 어울리도록 환치시켜 놓은 것이다. "끝으로 너희가 주 안에서와 그 힘의 능력으로 강건하여지고 마귀의 간계를 능히 대적하기 위하여 하나님의 전신 갑주를 입으라"(엡 6:10-11).

이제껏 고관대작과 황실을 위해 자색 옷감을 만들었던 루디아는 복음에 입문한 후에는 외관이 화려한 옷이 아니라 그리스도의 성품으로 재단된 맑고 순수한 영혼의 옷을 입고자 했다. "그리스도로 옷 입으라"고 외친 바울의 메시지를 루디아만큼 확실하게 이해한 이가 있었을까 싶다. 그녀는 그리스도로 옷 입음이 '황제의 옷'으로 통하던 자색 옷을 입는 것에 비해 값으로 헤아릴 수 없을 만큼 고귀함을 직관했을 것이다. 신분과 귀천에 따라 차등을 두어 재단되는 옷이 아니라, 그리스도의 복음을 수용한 사람이라면 누구나 입을 수 있는 옷에서 그리스도의 사랑은 체현된다. 그리스도의 성품으로 마름질한 무등無等의 옷을 입을 때, 세상을 가르는 계급과 신분과 차별 또한 사라질 것이다.

33

유럽에 복음의 씨 뿌린 부부

아굴라와 브리스길라

본문 사도행전 18:1-3, 11, 18, 24-28
이름의 뜻 독수리(아굴라), 작은 노부인(브리스길라)

• 부부, 하늘이 맺어 준 연리지

뿌리가 다른 두 나무가 합쳐져 하나가 되는 현상을 연리지連理枝 혹은 연리목連理木이라 한다. 두 나무가 따로따로 자라다가 가지가 맞닿아 하나로 합쳐진 것을 연리지라 하고, 줄기가 합쳐진 것을 연리목이라 한다. 연리목은 가끔 볼 수 있지만 가지가 붙는 연리지는 희귀하다. 한 나무의 가지가 다른 나무의 가지와 맞닿을 기회가 적고, 맞닿더라도 서로 붙어 하나가 되기 힘들기 때문이다. 연리지 나무는 두 가지가 만나면서 서로를 문질러 껍질이 터지고 생살이 뜯기면서 점차 상처가 아물어 같은 나이테를 갖게 된다. 한 나무가 죽어도 다른 나무에 영양분을 공급하여 살아나도록 도와주는 연리지는 예부터 귀하고 성스럽게 여겨졌다.

뿌리가 다른 두 나무가 만나서 하나가 되는 연리지 현상은 성장 배경이 각기 다른 남녀가 만나 한 몸이 되는 과정과 흡사하다. 남녀가 만나 사랑의 결실 끝에 부부가 되는 것은 수많은 난관을 함께 넘어야 되는 과정임을, 연리지 인연으로 맺어진 한낱 나무도 가르치고 있다. 이런 이유로 연리지를 '사랑나무'로 부르기도 한다. 그래서 부부의 인연을 맺으려는 남녀나 백년해로를 원하는 부부가 연리지 앞에서 함께 기도드리기도 한다. 연리지라는 이름의 예식장도 여러 군데 있다고 한다. 결혼을 앞둔 남녀가 연리지처럼 서로를 향한 애정과 정분이 두터워지고 화목하게 살고 싶어 하는 마음의 표현일 것이다. 하나 되기 위한 고통의 과정을 함께 헤쳐 나가면서 서로의 수액을 나누는 연리지 사랑은 부부의 사랑을 닮았다. 피를 나누지는 않았어도 몸과 마음과 정분을 나누면서 하나가 되어 살아가면서 행복을 키워 나가는 것이 부부 아니겠는가? 시인 문정희는 〈부부〉라는 시에서 '부부' 인연을 맺고 살아가는 남녀의 일상을 시적인 표현에 담아 실감나고 재미있게 그려 놓았다.

부부란
무더운 여름밤 멀찍이 잠을 청하다가
어둠 속에서 앵하고 모기 소리가 들리면
순식간에 둘이 합세하여 모기를 잡는 사이이다

너무 많이 짜진 연고를 나누어 바르는 사이이다
남편이 턱에 바르고 남은 밥풀꽃만 한 연고를
손끝에 들고
어디 나머지를 바를 만한 곳이 없나 찾고 있을 때

아내가 주저 없이 치마를 걷고

배꼽 부근을 내어 미는 사이이다

그 자리를 문지르며 이 달에 너무 많이 사용한

신용카드와 전기세를 문득 떠올리는 사이이다

(중략)

부부란 어떤 이름으로도 잴 수 없는

백 년이 지나도 남는 암각화처럼

그것이 풍화하는 긴 과정과

그 곁에 가뭇없이 피고 지는 풀꽃 더미를

풍경으로 거느린다

(중략)

부부란 서로를 묶는 것이 쇠사슬인지

거미줄인지는 알지 못하지만

묶여 있는 것만은 확실하다고 느끼며

어린 새끼들을 유정하게 바라보는 그런 사이이다

- 문정희의《다산의 처녀》(민음사, 2010)에서.

시인이 노래하듯 부부를 서로 묶고 있는 것이 쇠사슬인지 거미줄인
지 알지 못하지만 유정한 눈으로 어린 자녀를 함께 바라보는 그 시선
에서 연리지보다 강한 인연의 줄을 느낀다. 뿌리가 다른 두 나무가 연
리지 인연으로 하나가 되어 함께 하늘을 이고 나란히 서 있는 모습이
아름답다. 신약성서에 연리지 닮은 그리스도인 부부의 이야기가 있다.
그들은 유럽 땅에서 하늘이 맺어 준 연리지가 되어 복음의 씨앗을 뿌

리는 아름드리나무가 된 아굴라와 브리스길라다.

• 아굴라와 브리스길라 부부, 유럽에 복음의 씨앗을 뿌리다

가장 모범적인 부부의 모델을 성서에서 찾으라고 한다면 단연 아굴라와 브리스길라 부부를 들 수 있겠다. 사도 바울이 소아시아와 로마를 포함한 유럽에서 복음을 전할 때 그와 함께 복음의 밭을 기경한 이들이 아굴라와 브리스길라 부부다. 바울서신에서 이들 부부의 이름이 늘 같이 언급되지만 남편 아굴라보다는 아내 브리스길라가 대부분 먼저 언급된다.

브리스길라와 아굴라 부부는 뜻하지 않은 사건으로 고린도에서 사도 바울과 만나(주후 55년경) 평생 그의 선교 동역자로 헌신했다. 주후 49년 로마에서 유대인 동족 간에 벌어진 유혈 폭동으로 클라우디우스 황제▲가 칙령을 반포했다. 그 칙령에 따라 대부분의 유대인이 로마에서 추방당하게 되었는데, 그 유대인들의 대열에 섞여 아굴라와 브리스길라 부부가 고린도에 가게 되었고, 때마침 그곳에 머무르고 있던 사도 바울을 만나게 되었다.

고린도는 사시사철 뜨내기 인파로 북적대는 항구 도시였고, 각종 올림픽 경기▲▲와 군사 이동으로 인해 천막의 공급이 수요에 못 미치는 때가 많았다. 이런 연유로 바울은 자신의 업종인 천막 제조를 통해 어느 도시보다도 고린도에서 가장 오랫동안 체류하면서 자비량 선교를

▲ Claudius: 주후 41~54년 재위한 로마 제국의 제4대 황제.
▲▲ 2년마다 개최된 이스미안Isthmian 경기.

할 수 있었다. 사도 바울이 아굴라와 브리스길라 부부와 같은 직업인 천막 깁는 일을 했으며, 그 부부는 자신들의 일터의 일부를 사도 바울에게 제공함으로써 그가 자연스럽게 전도할 수 있도록 도왔으니 그들의 작업장이 선교 본부였던 셈이다.

당시 10퍼센트 미만의 사람들만이 '인술라'▲가 아닌 '도무스'▲▲ 형태의 집에서 살 수 있었기에 이들 부부는 상당한 재력가였음에 틀림없다. 이들 부부는 자신들의 집을 신자들을 위한 가정교회로 제공했으며(고전 16:19), 바울을 물질적·정신적으로 후원함으로써 그가 유럽 선교의 교두보를 구축할 수 있도록 최대한 도왔다.

바울은 고린도에서 로마교회로 보내는 편지에서 이들 부부를 다음과 같이 소개한다. "너희는 그리스도 예수 안에서 나의 동역자들인 브리스가(혹은 브리스길라)와 아굴라에게 문안하라 저희는 내 목숨을 위하여 자기들의 목까지도 내놓았나니 나뿐 아니라 이방인의 모든 교회도 그들에게 감사하느니라"(롬 16:3-4). 이 점에서 바울과 이방 교회뿐만 아니라 오늘을 살고 있는 모든 그리스도인들도 이들 부부에게 복음에 빚진 자가 되었다.

• 교회, 성령으로 맺어진 연리지 공동체

아굴라와 브리스길라 부부는 바울의 선교 동역자다. 바울이 아무리 위대한 사도라 해도 그를 돕는 동역자들 없이는 효과적인 선교를

▲ 라틴어 '인술라insula'는 열악한 다세대 주택을 뜻함.
▲▲ 라틴어 '도무스domus'는 일반 가정집을 뜻함.

할 수 없었을 것이다. 동역의 정신을 잃은 교회는 엔진이 시원찮거나 꺼진 차와 같다. 바울은 고린도교회 회중에게 보낸 편지에서 자신은 모판을 심는 자로, 아볼로는 그 모판에 물을 주는 자로, 하나님은 자라게 하시는 분으로 각각 소개했다(고전 3:6). 바울은 복음 사역에서 동역의 중요성을 가르친 후 모두가 동역자임을 선언한다.

우리는 하나님의 동역자요. 여러분은 하나님의 밭이며, 하나님의 건물입니다(고전 3:9. 새번역).

그리스도 안에서 하나가 되어 동역해야 할 고린도교회는 바울 편, 아볼로 편, 게바(베드로) 편, 그리스도 편으로 나뉘어 내홍을 겪고 있었다. 40~60명 정도밖에 되지 않는 교회가 분열의 조짐에 시달리게 된 난감한 상황에 직면하여 바울은 몸과 지체의 관계를 통해 동역의 정신으로 하나가 되어야 함을 가르쳤다(고전 12장). 동역은 공동체를 건강하게 세우는 원리이다. 모두가 각자의 은사로 교회를 섬길 때 교회는 튼실해진다. 이런 교회는 한 성령으로 호흡하고 한 성령이 주시는 다양한 은사로 서로의 필요를 채우고 서로를 세워 주는 교회가 된다.

우리는 유대 사람이든지 그리스 사람이든지, 종이든지 자유인이든지, 모두 한 성령으로 세례를 받아서 한 몸이 되었고, 또 모두 한 성령을 마시게 되었습니다(고전 12:13. 새번역).

동역은 그리스도의 길을 가기 위한 아름다운 동행이고 조화와 일치의 공동체를 세워 나가는 복된 행보다.

바울의 선교 사역이 힘 있는 것은 아굴라와 브리스길라 부부를 비롯한 많은 이들이 곁에서 동역해 주었기 때문이다. 아굴라와 브리스길라는 부부의 인연으로 맺어진 연리지였지만, 실은 그들뿐만 아니라 복음의 정신으로 하나가 되어 하나님의 일에 동역하는 모든 이들이 하나되게 하시는 성령으로 맺어진 영적인 연리지인 셈이다. 유엔 인권 선언의 기초가 된 갈라디아서의 아래 구절을 통해 바울은 교회가 예수 안에서 인종과 신분과 성을 뛰어넘어 하나가 되어야 함을 선포했다.

> 유대 사람도 그리스 사람도 없으며, 종도 자유인도 없으며, 남자와 여자가 없습니다. 여러분 모두가 그리스도 예수 안에서 하나이기 때문입니다 (갈 3:28, 새번역).

바울이 연리지에 대해 알았더라면 아마도 예수 안에서 하나 되어 공동체를 세워 나가는 이치를 연리지로 깨우치려 했을 것이다.

34

하늘나라 사신이 된 여인

뵈뵈

본문　　　로마서 16:1-2
이름의 뜻　찬란한, 순결한, 맑고 깨끗한

• 로마 사회의 그물망, 파트로네스와 클리엔테스

천년 왕국, 정확히는 1,230년 동안을 존속한 로마 제국의 비결은 무엇인가? 많은 이들은 그 비결을 개방성, 다양성, 포용성을 바탕으로 법과 제도와 매뉴얼을 구축했고 '가진 자의 도덕적 의무'를 뜻하는 노블리스 오블리제noblesse oblige 정신으로 무장한 데서 찾는다. 바로 이 노블리스 오블리제 전통이 로마 사회에서 구현된 것이 파트로네스patrones와 클리엔테스clientes로 촘촘하게 연결된 관계의 그물망이다.

전설에 따르면 로마는 팔라티노 언덕Palatino Hill에서 늑대에 의해 길러진 로물루스Romulus와 레무스Remus 쌍둥이 형제에 의해 세워졌다. 로물루스는 주전 753년 4월 21일 티베르 강▲ 동쪽 일곱 언덕에 나라를 세우고 자신의 이름을 따 로마를 국호로 정했다. 로물루스는 혈연, 지연 그 밖의 인연을 맺은 부족장 100명으로 원로원을 구성하고 원로

▲ Tiber River: 이탈리어로는 테베레 강Fiume Tevere.

원 의원을 '아버지'를 뜻하는 '파테르*pater*'라고 불렀다. 파테르에서 귀족 및 귀족 가문을 뜻하는 '파트리키-파트로네스*patricii-patrones*'라는 말이 파생되었고, 또 이 말에서 후원자를 뜻하는 '페이트런*patron*'이란 말도 나왔다.

시오노 나나미鹽野七生는 역사 소설《로마인 이야기ロ-マ人の 物語》에서 '페이트런*patron*'과 '클라이언트*client*'의 관계를 로마 사회를 지탱한 중요한 힘의 원천이라고 주장한다. 페이트런의 어원인 라틴어 '파트로네스'는 귀족이고, 고객 또는 의뢰인을 의미하는 클라이언트의 어원인 라틴어 '클리엔테스'는 그에 예속된 평민이다. 로마 사회에서 이 둘의 관계는 단순히 강자와 약자 혹은 주종 관계라기보다는 조상 적부터 상호 깊은 신뢰에 근거한 내밀한 관계다. 이 둘의 관계를 좀더 알기 위해 1세기 지중해 연안의 로마 제국의 세계로 떠나 보자.

1세기 로마 제국에는 2~10퍼센트 정도의 부유층 외에는 대다수 사람들이 가난한 생활을 했다. 이러한 현실 속에서 한 명의 부자 파트로네스는 여러 사람들을 돌보아 주었다. 이렇게 파트로네스의 도움을 받는 사람을 클리엔테스라 할 수 있다. 파트로네스가 여러 명의 클리엔테스들을 돌보아 준 것은 그들에게 불쌍히 여기는 마음이 충만했기 때문만은 아니었다. 돈으로 호의를 베풂으로써 마을 사람들로부터 존경과 칭찬과 명예를 얻을 수 있었기 때문이다.

파트로네스와 클리엔테스의 관계는 넓게는 로마와 동맹국과의 관계뿐 아니라 좁게는 로마인 중에 유력자(귀족)와 그 주변의 후원자들 사이에서도 행해지는 전통적인 인간관계다. 국가 주도의 사회보장 제도가 없었던 고대에 일종의 비공식적인 사회보장 제도였던 셈이다. 파트로네스는 클리엔테스의 법적·경제적 후견인으로서의 역할을 했고 클리엔테스는 파트로네스의 명예와 권위를 드높여 주는 데 힘썼다. 파트로네스와 클리엔테스의 이런 관계망은 로마 제국의 확장과 더불어 지중해 연안의 문화로 서서히 뿌리 깊게 정착하게 되었다.

로마 제국을 배경으로 기록된 신약성서에도 파트로네스와 클리엔테스의 관계가 곳곳에서 포착된다. 신약성서에 자주 등장하는 과부 이야기를 보면, 남편과 아버지가 모두 사망한 경우에는 가장 가까운 남자 친척이 그 여자의 파트로네스가 되었다. 파트로네스였던 부자들은 저녁 식사에 많은 친구들과 클리엔테스와 그 밖의 여러 사람들을 초대했다.▲ 가버나움에 회당을 지어 준 로마 백부장의 사랑하는 종이 병들어 죽자 그 동네 유대인 장로들이 그의 청대로 예수님에게 찾아와 치료를 요청한 이야기도 이런 관계망에서 이해할 수 있다(눅 7:1-10). 즉 로마 백부장과 장로들의 관계는 파트로네스와 클리엔테스의 관계였다. 사도 바울과 그가 로마 제국의 도시에 세운 가정교회의 주인들과의 관계는 파트로네스와 클리엔테스의 관계이기도 했지만 반대로 그들은 바울의 영적 권위 아래 있던 제자들이었다. 그 둘 사이에 사회적 권위와 영적 권위가 상충하지 않으면서 절묘하게 조화되는 생명 공간으로서 교회는 움트고 있었다. 교회는 성과 계층과 인종을 넘어서 작지만 어느 푸성귀보다도 커져서 공중의 새들이 날아와 그 가지에 깃들일 큰 나무로 자랄 겨자씨처럼 로마 제국 곳곳에서 자라고 있었다. 그래서일까, 작고 약한 겨자씨의 이미지가 여성스럽듯이 헬라어로 교

▲ 참고. 마 22:1-14; 눅 7:36-50.

회$\acute{\epsilon}\kappa\kappa\lambda\eta\sigma\acute{\iota}\alpha$와 하나님의 나라$\acute{\eta}$ $\beta\alpha\sigma\iota\lambda\epsilon\acute{\iota}\alpha$ $\tau o\hat{\upsilon}$ $\theta\epsilon o\hat{\upsilon}$도 여성명사다.

> 그런데 하나님께서는, 지혜 있는 자들을 부끄럽게 하시려고 세상의 어리
> 석은 것들을 택하셨으며, 강한 것들을 부끄럽게 하시려고 세상의 약한
> 것들을 택하셨습니다(고전 1:27, 새번역).

- ### 뵈뵈, 바울의 서신을 전한 하늘나라 사신使臣이 되다

그레코-로마 사회를 종횡으로 선교 활동을 펼치던 사도 바울이 자
신의 여러 협력자들 가운데서 "여러 사람과 나의 보호자"라고 한껏 칭
찬한 여인이 있다.

> 내가 겐그레아 교회의 일꾼으로 있는 우리 자매 뵈뵈를 너희에게 추천하
> 노니 너희는 주 안에서 성도들의 합당한 예절로 그를 영접하고 무엇이든
> 지 그에게 소용되는 바를 도와줄지니 이는 그가 여러 사람과 나의 보호
> 자가 되었음이라(롬 16:1-2).

바울은 이 여인의 이름을 로마서 16장에서 열거한 26명의 이름 가
운데 제일 먼저 언급했다. 그녀는 그리스 반도의 고린도에서 동남쪽으
로 약 11킬로미터 떨어진 곳에 있는 항구 도시 겐그레아Cenchrea 교회
의 '일꾼'이었던 뵈뵈였다. 파우사니아스▲는 이 항구의 이름이 신화에

▲ Pausanias: 주후 150년 무렵의 그리스 여행가이자 지리학자.

나오는 포세이돈과 페이레네의 아들 켄크레아스Cenchreas가 이 도시를 건설한 데서 유래했다고 언급한다. '뵈뵈Phoebe'라는 이름은 그리스 신화의 아폴로에게 주어진 이름인 '포이보스Phoibos'의 여성형이기에, 그녀는 바울을 만나 복음을 받아들이기 전에는 이방 신을 섬기던 여인이 아니었나 싶다.

바울은 뵈뵈를 로마교회에 '교회의 일꾼'이라고 소개했다. 교회의 일꾼은 '교회에서 섬기는 자', '사역자'라는 의미로 사용되기도 하고, '집사'로 번역되기도 한다. 초대교회에서 '집사'는 회중의 인정을 받아 교회의 기물이나 그 밖의 봉사를 관장하는 직분으로 대부분 남자들이 역할을 감당했다(빌 1:1. 참조. 행 6:1-6). 그러나 후에는 여자들도 집사로 임명되었다(딤전 3:11).

바울이 뵈뵈를 로마교회에 보내면서 그들에게 "주 안에서 성도들의 합당한 예절로 그를 영접"해 줄 것을 부탁했다. 바울이 동역자 에바브로디도를 빌립보교회에 보내면서 "너희가 주 안에서 모든 기쁨으로 그를 영접하고 또 이와 같은 자들을 존귀히 여기라"(빌 2:29) 하고 당부한 것을 보면 존귀히 여기는 마음으로 뵈뵈를 한 몸 된 지체로서 영접해 줄 것을 부탁한 것이다.

특별히 눈에 띄는 단어는 '보호자'로 번역된 헬라어 '프로스타티스προστάτις'다. 이 단어는 일반적으로 남성에게만 쓰이는데, 어떤 공동체의 합법적인 우두머리나 대변인을 가리켰다. 당시 여인들은 법적인 기능을 행사할 수 없었기 때문에 일반적으로 이 단어를 여인들에게 적용하지 않았다. 그러나 이 단어는 신약성서의 이곳에서만 여성형으로 쓰였는데, 어려울 때나 위급할 때 도와주는 '후원자patron', '은인

benefactor', '조력자helper'라는 뜻으로 사용되었다. 바울이 뵈뵈를 '보호자'라고 한 것은 뵈뵈가 자신의 재력과 헌신으로 바울과 그의 교회를 아낌없이 후원했기 때문이다. 이런 맥락에서 보면 뵈뵈는 여성이지만 사회의 유력자였고 재력가였던 것으로 볼 수 있다. 뵈뵈는 가정교회에서 회중이 모일 때 어떤 직책을 수행했을 뿐만 아니라, 신자들이 모일 장소와 여행자들(특히 복음전도자들)을 위한 숙식을 제공했을 것이다.

앞서 살펴본 것처럼 당시 로마 사회는 파트로네스와 클리엔테스라는 얽히고설킨 네트워크로 형성되어 있었다. 로마 제국 내 도시를 중심으로 형성된 초기 기독교 공동체도 이러한 파트로네스와 클리엔테스의 관계로 교회와 선교의 지평을 넓혀 갔다. 물론 지배와 피지배 구조가 아닌 복음을 위해 서로 동역하는 관계로 다져진 공동체였다.

바울은 뵈뵈를 로마교회 성도들에게 천거하면서 그녀를 영접하고 소용되는 바를 도와줄 것을 요청했다. 당시 서한을 전하는 사람은 그 서한을 보낸 사람의 위임장(추천서)을 소지하고 있었다. 이 경우 위임장은 편지를 전하는 사람의 신원을 보증해 주었다. 사실 바울이 한 번도 방문해 본 적이 없는 로마교회에 전할 중요한 서한을 한낱 여인인 뵈뵈에게 부탁한 것은 뵈뵈에 대한 신임이 얼마나 두터웠는지를 대변한다. 현존하는 바울서신 가운데 가장 후기에 기록된 작품인 로마서(주후 58년경 작성)는 훗날 수많은 이들에게 큰 영감을 주었을 뿐 아니라 중요한 교리(예를 들면, 이신칭의, 원죄론, 예정론)의 전거典據가 되는 문서가 되었다. 여성 사업가로서 로마를 수차례 방문한 적이 있던 믿음직한 뵈뵈가 바울과 로마교회 사이의 교량 역할에 적임자였음은 두말할 나위도 없었다. 또한 바울의 서신을 전해 준 뵈뵈 자신이 하늘나라의 사신이요 서신이었던 셈이다.

　이렇듯 물심양면으로 바울의 선교 사역을 도운 뵈뵈와 같은 이들의 헌신과 봉사는 초기 교회의 성장 동력이었다. 하나님은 역사의 뒤안길로 사라졌을지도 모를 한 무명의 여인을 거짓 이방신으로부터 구하여 하나님 나라의 확장을 위해 사용하셨다. '뵈뵈'라는 이름에 담긴 뜻처럼, '맑고 깨끗한' 봉사로 녹록지 않은 교회와 선교 현장을 일으켜 세울 일꾼들을 하나님은 찾으신다.

• 그리스도인의 닉네임과 그 이름값

　초기 기독교는 파트로네스와 클리엔테스라는 인간관계의 그물망으로 조밀하게 연결된 거대한 로마 제국 안에 보이지 않는 하나님 나라를 건설하기 위해 서로 긴밀한 네트워크로 연결된 교회를 세워 나갔다. 바울은 장차 로마교회가 차지할 중추적 역할과 위상을 내다보았을까? 그는 사도들의 발길이 닿기도 전에 이미 교회가 존재했던 로마로 눈길을 돌렸다. 바울은 스페인(서바나) 선교를 위한 교두보를 마련하기 위해 일면식도 없는 로마교회 성도들에게 지원을 요청하는 서한을 뵈뵈 편에 보냈다(롬 15:23-24). 예수 그리스도의 복음을 땅끝까지 전하려는 원대한 선교 프로젝트를 위해 바울은 로마교회로부터 연대해야 할 필요성을 절실히 느꼈기 때문이다.

　막강한 군사력으로 구축된 로마 제국 안에 예수 그리스도의 섬김과 희생에 근거한 새로운 대안 사회를 건설하기 위해 바울은 복음의 정신으로 연대하고 협력하는 공동체를 곳곳에 세워 나갔다. 바울은 로마 제국 전역에 흩어진 교회들을 방문하거나 뵈뵈와 같은 이들을 보내 자칫 그리스도의 몸에서 이탈하여 개체화될 수 있는 교회 사이를 끊임없이 이어 주었다.

그리스도인으로 살아간다는 것은 결국 그리스도와 관계를 맺고 그분이 가르치신 생명을 분여하는 복음과 그분이 추구하신 청신한 에토스를 세상에 유통하는 방식을 삶으로 터득하고 실천하는 것이다. 이러한 존재 방식은 원자화된 개체로서가 아니라 '너희'로 표현된 공동체, 즉 유무상통의 마음가짐으로 연대하고 소통하는 공동체로서 가능하다. 그 중심에는 그리스도가 있다.

신약성서는 이 땅에서 그리스도인의 존재 방식을 다양하게 표현했다. 세상의 소금(마 5:13), 세상의 빛(마 5:14), 그리스도의 종(고전 7:22), 그리스도의 편지(고후 3:3), 그리스도의 사신(고후 5:20), 그리스도의 병사(딤후 2:3), 그리스도의 향기(고후 2:15)로……. 모두 그리스도인의 정체성과 관련된 다채로운 표현들이다.

키위라는 새가 있다. 뉴질랜드에서만 사는 토종 새로, 그곳의 비옥한 토양에 서식하는 벌레를 먹고 산다. 나는 법을 잊어버린 새이다 보니 새라고 부르기도 뭣하다. 날개는 퇴화하여 없어졌고, 굵은 다리로 무거운 몸을 지탱하고 있다. 주로 밤에만 활동하다 보니 눈도 자연히 퇴화했다. 후각과 발의 감각만 발달되어 있기 때문에 땅을 밟아, 움직이는 벌레의 냄새나 촉감으로 먹잇감을 찾는다. 그러다 보니 새의 가장 중요한 신체 부위인 날개와 눈은 퇴화하고 부리와 다리만 발달했

다. 키위는 새의 모습은 하고 있지만 새의 정체성을 잃어버린 새다.▲

창공을 가르며 활공하는 다른 새들처럼 날지 못하는 키위의 형편은 정체성을 잃은 그리스도인과 별반 다를 바 없다. 그들은 퇴화한 눈으로 몸집만 불린 키위처럼 흐려진 영안으로 진위를 가늠하지 못한 채 육신의 소욕에 이끌려 뒤뚱거리며 살아간다.

> 그러므로 내가 그들에게 비유로 말하는 것은 그들이 보아도 보지 못하며 들어도 듣지 못하며 깨닫지 못함이니라(마 13:13).

누구나 제 이름값 하고 살아야 한다. 이름값을 하려면 명실名實이 상부相符해야 한다. 이름과 실상이 부합해야 한다. 겉과 속이 다르다든지 침소봉대針小棒大하는 일은 없어야 한다. 그리스도인이면 더욱 그러하다. 세상의 소금과 빛, 그리스도의 종, 편지, 사신, 병사와 향기는 그리스도인의 영예스러운 별명이다. 그러나 그 이름값대로 살지 않으면 무익한 종이 되고, 주인을 찾아가지 못한 채 발신인에게 돌아온 편지가 되고, 자신을 파송한 왕이나 국가의 위신을 실추시키는 무능한 사신이 되며, 제대로 전쟁 한 번 치르지도 못하고 백기를 드는 오합지졸이 되고 만다. 짠 맛을 잃고 길가에 버려진 소금처럼 하찮은 것도 없다. 그러기에 세상의 웃음거리가 되고 결국 무참히 짓밟히고 만다(마 5:13). 바른 정체성으로 살아가는 것이 중요하다. 그리스도인 각 개인의 정체성도 중요하지만 공동체의 정체성도 중요하다. 뵈뵈와 같이 하

▲ 출처는 양승헌의 《그리스도인다움》(디모데, 2009)이다.

늘나라 사신으로서의 정체성이 확고했던 이들이 있었기에 초기 교회
는 비록 겨자씨처럼 미미했지만 이미 그 안에 우주를 품을 만큼 커다
란 신앙의 폭과 기개를 품을 수 있었다. 이렇듯 이 땅에서 그리스도인
으로 살아간다는 것은 그 이름에 걸맞은 값어치 있는 삶을 사는 것이
다. 이 땅에서 하늘나라 사신으로 온전히 살아가는 이치를 언제 몸으
로 터득할지 생각하니 아득함이 밀려온다.

35

사도로 불린 최초의 여인
유니아

본문 　　로마서 16:7
이름의 뜻　젊은, 주피터의 아이

• **고대에 여성과 관련된 말 말 말**

　역사학자 기 베슈텔Guy Bechtel은 《신의 네 여자Les Quatre Femmes De
Dieu》(여성신문사, 2004)에서 1,500여 년 동안 서구의 지배 문화로 군림
해 온 가톨릭이 여성을 네 부류로 분류하여 그 이미지를 재단하고 조
작했음을 지적했다. 저자에 따르면 중세 가톨릭이 보는 여성이란 타고
난 창녀, 마녀, 터무니없는 영적 주장을 일삼는 처치 곤란한 성녀聖女,
그리고 바보, 이렇게 네 부류일 뿐이다. 이 네 단어는 가톨릭에 의해
덧씌워진 여자의 또 다른 이름들이다. 저자는 여성에 대한 이런 편견
과 비하의 바탕에는 성직자들과 남성 권력자들의 허황한 우월주의의
신화가 도사리고 있다고 주장했다. 여성 해방과 양성 평등을 논하는
오늘날에도 여성 혐오는 사라지지 않고 있고, 사회 곳곳에뿐만 아니라
대부분의 종교에 여전히 여성에 대한 편견은 뿌리 깊게 남아 있다.
　여성에 대한 고대 및 중세 교회의 편견과 폄하는 고대부터 만연된
가부장적 사고와 제도를 반영한다. 이처럼 여성에 대한 성차별은 고대

사회 이후 계속 존속해 온 것이다. 그레코-로마 사회의 남성 중심적·
남성 우월적 전통은 여성을 죄악시하거나 열등한 존재로 여겼다. 여성
에 대한 부정과 혐오를 반영하는 당대의 말들을 들어 보면 여성을 온
갖 결함을 지닌 존재로 인식하고 있음을 알 수 있다.

선의 원리가 질서와 빛 그리고 인간을 창조하는 반면 악의 원리는 혼돈
과 어둠 그리고 여자를 만든다(피타고라스Pythagoras, 고대 그리스 수학자·
철학자).

여자는 악한 남성의 환생이다(플라톤Plato, 고대 그리스 철학자).

여성을 향해 이런 망령된 언사를 내뱉은 이들은 당대의 내로라하
는 지식인들이었다. 여성에 대해 부정적인 입장을 취한 것은 서양 정신
세계의 뿌리와도 같은 그리스의 정치가와 철학자들뿐만이 아니었다.
초대 교부들 가운데 터툴리안과 아우구스티누스도 여성을 비하하는
말들을 거침없이 쏟아 놓았다.

여성은 지옥으로 인도하는 문이다(터툴리안의 《여성의 옷에 관하여De cultu
feminarum》에서).

여자는 교회에서 말해서는 안 되며 가르쳐서도 안 되고 세례를 주거나
헌금을 걷어서도 안 되며 남자의 직분이나 성직을 맡아서도 안 된다(터툴
리안의 《처녀의 베일 쓰는 것에 관하여De virginibus velandis》에서).

여자란 죄인 에바*Eva*▲로서 위대한 성모 마리아*Ave*에 이를 수도, 재앙*Vae*을 초래할 수도 있으니, 삶을 가져오는 것도 여자요 죽음을 몰고 오는 것도 여자다. 그러니 여자 속에 배태된 생명을 이용하되, 우리를 위협하는 죽음은 피하자.(아우구스티누스의 《창세기에서 성서로*De genesi ad litteram*》에서).

이렇듯 여성에 대한 부정적 견해는 여성의 사회적 지위를 낮추고 활동을 제한하는 결과를 초래했다. 여성은 교회에서 가르치거나 설교하거나 성례전을 집행할 수 없었고 남성 성직자의 일을 보조하는 데 머물러야 했다. 그렇다면 교회 출범 당시 애초부터 여성의 성직은 허용되지 않았는가? 바울은 고린도교회에 보내는 서신에서 여성 예언자의 존재나 역할을 무시하지 않았다.

그러나 여자가 머리에 무엇을 쓰지 않은 채로 기도하거나 예언하는 것은, 자기 머리를 부끄럽게 하는 것입니다. 그것은 머리를 밀어 버린 것과 꼭 마찬가지입니다(고전 11:5, 새번역).

바울은 남성 예언자들의 교회 내 역할을 인정하는 것처럼 여성 예언자들의 역할도 동일하게 인정하고 있다. 초기 교회에서 여성 성직의 가능성을 가늠할 수 있는 또 하나의 단서를 우리는 로마서에서 찾을 수 있다.

▲ '에바'는 '하와'의 라틴어 이름.

• 유니아, 여인으로서 최초로 사도로 불리다

신약성서 한 구절에 오랫동안 잊힌 여성 '사도'가 있었다면 남성 사도로 맥을 이어 온 장구한 교회 역사에 파란을 일으키게 될까? 여성을 폄하했던 교부들의 말 속에서 초기 교회에 여성 사도가 존재할 수 있는 가능성의 실마리는 일찌감치 찾을 수 없다는 느낌을 준다. 그러나 그러한 여성 사도의 흔적을 신약성서의 한 구절이 우리에게 살며시 뚱겨 주었다. 로마서에 최초의 여성 사도로 불린 한 여인이 있었으니 그녀의 이름은 '유니아'다. 바울은 일면식도 없는 로마교회에 보내는 편지를 마무리하면서 그곳 성도들의 안녕을 묻는 문안의 글 가운데 성서에서 단 한 번 등장하는 이 여인의 이름을 언급하고 있다.

> 내 친척이요 나와 함께 갇혔던 안드로니고와 유니아에게 문안하라 그들은 사도들에게 존중히 여겨지고 또한 나보다 먼저 그리스도 안에 있는 자라(롬 16:7).

얼핏 지나칠 수 있는 이 한 구절에서 우리는 '유니아'에 대한 몇 가지 소중한 정보를 얻을 수 있다. 나아가 1세기 교회의 역사를 새로운 관점에서 읽어야 할지도 모른다. 그녀는 안드로니고라는 한 남자의 아내였다는 점이다. 그 단순한 사실보다 유니아가 우리의 눈길을 끄는 것은 사도 바울과의 관계다. 유니아는 바울과 친척간이며,▲ 그보다 먼저 그리스도인이 되었다는 사실과, 바울과 함께 감옥에 갇혔던 여인이

▲ 바울과 혈연관계인 친족 혹은 바울과 같은 베냐민 지파 출신일 수 있다.

라는 점이다. 족보에 이름 한 줄조차 남기지 않고 역사 속으로 황망히 사라져 버린 당시 여인들의 현실을 고려하면 우리는 이러한 정보만으로도 유니아를 다시 보게 된다.

그러나 그러한 사실보다 우리를 적잖이 당황케 하는 것은 유니아가 "사도들에게 존중히 여겨지고οἵτινές εἰσιν ἐπίσημοι ἐν τοῖς ἀποστόλοις" 라는 표현이다. 이 구절의 헬라어 원문의 정확한 번역은 "그들은 사도들 가운데 뛰어난 사람들이었다"는 의미인데, 유니아가 사도들에게 귀중히 여김을 받았다는 의미를 넘어 그녀가 사도였다는 점을 내포한다. 이 두 사람은 부부임에도 모두 남성의 이름(Andronicus and Junias)으로 번역되었는데, 당시 유니아스라는 남자 이름에 대한 전례가 없다는 것에 주목해야 한다. 후자는 여성의 이름인 것이 더 분명하여 유니아Junia▲ 로 번역되어야 할 것이다. 그렇다면 이 점은 초대교회 안에서의 여사도적 정체성의 발견이라 할 수 있고, 이것만으로도 남성 사도의 독주로 점철된 교회 역사와 전통에 대한 새로운 시각을 열어 주는 구절이라 하겠다.

기독교가 척박한 환경에서 복음의 싹을 틔운 1세기에 이러한 여성 사도의 어렴풋한 흔적을 발견하는 기쁨은 새삼스럽다. 과거에 비해 여성의 사회 진출이 모든 분야에서 현저한 이 때, 유니아와 같은 헌신적이고 지도력을 갖춘 여성들의 활동과 그러한 여성 인력의 활용으로 한국 교회와 사회 현장이 더욱 윤택해질 수 있기를 기대해 봄직하지 않은가?

▲ 라틴어에서 온 로마식 이름.

• 이 여자를 기억하라!

2천 년 교회 역사 속에서 성서는 남성의 전유물로서, 여성을 억압하는 도구로 오용되고 오독誤讀되어 왔다. 과연 성서는 남성의 지배적 위치와 여성의 복종을 요구하는 구시대의 유물인가? 지중해 세계가 공통적으로 지닌 가부장적 문화 속에서 성서가 기록되었기에, 어떤 성서 본문은 가부정적 남성 우위의 내용을 기록해 놓았다는 인상을 주기도 한다. 현대 그리스도인들은 이러한 성서 본문을 대하면 당황하게 되고 어떻게 해석해야 할지 난감해하기도 한다. 어떤 이들은 이런 성경 구절에 기대어 여성을 비하하고 차별하는 것이 정당하다고 주장하기도 한다. 반면 어떤 본문은 여성과 남성의 동등성을 주장하여, 여성의 해방과 인권을 위한 지침이 되기도 했다. 여성의 역할과 신분과 관련된 성서의 이런 다양한 목소리를 우리는 어떻게 이해해야 할까?

성서에 여성을 차별하는 당시의 관습들이 부분적으로 반영되어 있을지라도, 기본적인 가르침은 남녀가 평등한 하나님의 자녀로 창조되었다는 것이다. 그러므로 성경이 남녀 차별을 조장한다고 주장하는 것은 성경을 오독하는 것이다. 세계 역사를 보더라도 어느 종교보다 기독교가 주도적으로 여성 해방 운동에 앞장섰고, 여성신학을 통해 성서의 본래의 가르침에는 오히려 양성 평등과 여성성이 강조되고 있음을 주장해 왔기 때문이다. 초기 교회에서 성령 안에서의 평등 또는 '동등자의 제자도the discipleship of equals'와 관련된 남녀 평등에 대한 비전을 강조하려는 시도들을 볼 수 있다. 이러한 비전은 세례를 베풀 때, 초기 교회가 선포했던 아래 구절에 반영되어 있다.

너희는 유대인이나 헬라인이나 종이나 자유인이나 남자나 여자나 다 그
리스도 예수 안에서 하나이니라(갈 3:28).

여성신학자 엘리자베스 피오렌자Elisabeth Fiorenza는《그 여자를 기억
하며*In Memory Her*》(The Crossroad Publishing Company, 1994)에서 참 제자직
을 '섬기는 자', '예수를 따르는 자'라고 정의했다. 피오렌자에 따르면 참
된 제자직을 행한 이들은 주의 나라가 임할 때 좌우 자리를 놓고 다투
던 남성 제자들이(마 20:21; 막 10:37) 아닌 여성들이었다는 것이다. 또
한 '고난 받는 메시아'로서 예수님의 정체성을 깨달은 이는 남성 제자
들이 아니고, 십자가를 향한 노정에 예수님에게 향유를 바른 여인이
다. 예수님은 그 여인의 행위를 보고 주위의 모든 이들에게 다음과 같
이 말씀하셨다.

내가 진실로 너희에게 이르노니 온 천하에 어디서든지 이 복음이 전파되
는 곳에서는 이 여자가 행한 일도 말하여 그를 기억하리라 하시니라(마
26:13).

이 구절에서 피오렌자는 자신의 책 제목, '그 여자를 기억하며'를 가
져왔다. 초기 교회에서 여성과 남성은 평등한 역할로 활동했으며 성령
충만한 공동체 안에서 각자 받은 은사대로 서로를 세워 주는 역할을
했다. 피오렌자는 초기 기독교 공동체는 남녀평등을 지향한 공동체였
지만 이후 제도화와 교권화의 과정을 겪으면서 가부장적 교회로 변질
되었다고 주장했다.

여성 문제는 여성만의 문제가 아니다. 여성신학은 인간이 남녀로 구성된 것처럼 여성의 문제는 곧 남성의 문제이고 여성의 회복은 남성 그리고 인간 전체의 회복이라는 전제를 토대로 한다. 기독교 안에서도 가부장적인 구조와 언어 개념으로 하나님의 모든 것을 남성적인 것으로 해석하고, 그로 인해 여성은 남성보다 열등하며 남성에 종속되는 것이 당연하다는 의식을 심어 준 것이 사실이다.

남성과 여성의 관계는 차별과 우열의 관계가 아니라, 요철 같은 차이를 인정하고 서로 도와주어야 하는 상보적 관계다. 이런 점에서 기독교의 신학적 언어의 상징들은 새로워져야 한다. 성을 초월해 계신 하나님을 남성적 측면에만 연관시키는 성차별주의적 언어나 사상으로 인해 역사 안에서의 기독교의 메시지가 왜곡되어 왔기 때문이다.▲ 그러므로 여성신학을 새롭고 평등한, 전체로서의 하나님 형상 회복을 위한 하나의 비판으로 수용하고, 나아가 평등한 공동체로서의 교회를 세우기 위한 가능성으로 받아들여야 한다.

예수님 주변과 바울의 동역자들 가운데 여성들이 많았고, 상당수의 부유한 여성들이 교회의 중심에서 활동했으며, 초기 가정교회들은 여성들이 중심이 된 공동체였다. 남성 예언자들뿐만 아니라 여성 예언자들의 활동으로 초기 교회는 더욱 활기를 띠었고, 남성 사도들 못지않게 여성 사도들이 활동할 수 있었던 현장이었음을 유니아의 경우를 통해 확인할 수 있겠다. 유니아와 같은 초기 교회의 잊혀진 여성 사도들의 흔적은 교회 현장에서 여성의 지도력을 의심하는 이들을 일깨우

▲ 하나님의 여성스런 이미지를 드러내는 구절로는 창 3:21; 신 32:4, 10, 18; 시 131:2; 렘 31:15-22; 호 11:1-4; 사 42:14; 49:14-15; 46:3-4; 66:13; 마 23:37 참조.

는 단서가 될 것이다. 양성 평등은 건강한 교회를 나타내는 성서적 지표 가운데 하나다.

36

후일 교회 감독이 된 도망친 노예

오네시모

본문　빌레몬서 1장; 골로새서 4:9
이름의 뜻　유익하다

• 에클레시아, 로마 제국에 세워진 하나님의 대안 공동체

여러분이 선교사로 부름 받았고 타임머신이 있어서 과거로 여행할
수 있다는 재미있는 상상을 해보자! 선교사로서 타임머신을 타고 2천
년 전 고대 로마 제국의 한 낯선 도시에 도착했을 때, 가장 우선 해
야 할 일은? 복음을 전하고 가르치고 교제할 수 있는 선교 본부를 세
우는 일일 것이다. 그러나 그 일은 생각만큼 간단치 않다. 당시 기독교
는 신생 종교로서 공적 건물을 확보할 만한 여력도 없었을뿐더러 로
마 사회가 그런 물리적 환경을 제공하지도 않았다. 더군다나 로마 제
국의 입장에서는 오랜 역사와 전통을 간직한 종교에 대해서는 유화적
이었지만 신생 종교는 늘 경계의 대상이었다. 따라서 유대교를 모태로
하여 갓 태어난 기독교는 로마 제국에 불온한 종교적 집단으로 비쳤을
것이다. 실제로 300여 년간 기독교는 로마 제국에서 공인 받지 못한
불법 종교로 간주되었고, 간헐적이긴 하지만 박해의 대상이 되었다.
황제 숭배 의식을 거부한 것이 직접적인 원인이기도 했지만 더 근본적

인 이유는 다른 곳에 있었다. 그것은 기독교적 방식이 로마의 풍습과 가치를 추구하지 않을뿐더러 동떨어져 있었기 때문이었다. 어찌 보면 그리스도인들은 로마 제국의 영토에 살았으나 정신적으로는 그 사회로부터 이민을 떠난 이들이었다. 상황이 이렇다 보니 초기 교회는 비교적 세인들의 눈에 잘 띄지 않는 사적 공간인 가정집에서 모였다.

초기 기독교가 태동하던 시대에 로마 제국에는 사람들에게 중요한 세 공간이 있었다. 사생활이 이루어지는 가정과 같은 사적인 공간인 '오이코스οἶκος', 정치권력이 행사되며 공공 활동들이 이루어지는 공적인 장소인 '에클레시아ἐκκλησία', 그리고 만나서 서로 교제하고 토론하는 공론의 장으로서 사적이면서도 공적인 공간인 '아고라ἀγορά'다. 초기 교회가 로마 제국에 뿌리내리며 성장할 수 있었던 요인은 '오이코스', 즉 가정을 중심으로 모이고 흩어졌던 신앙 공동체를 튼튼히 세운 데서 찾을 수 있다. 초기 교회는 사적 공간으로서의 가정을 넘어 예수 그리스도를 믿는 확대된 가정인 교회로 발전해 갔다. 이것이 초기 교회의 터전이 된 가정교회다.

또 다른 하나의 공간이던 '에클레시아'는 본래 고대 헬라 도시 국가, 즉 '폴리스πόλις'의 의회를 가리키는 말이다.▲ 사도 바울에게 교회, 즉 '에클레시아'는 도시 시의회인 에클레시아와 유대인의 회당과는 다른 예수 그리스도의 공동체였다. 시의회인 에클레시아는 로마 황제의 지원을 받았고, 시의회는 답례로 황제를 신으로 숭배하는 의식을 행하던 공간이다. 사도들이 복음을 전한 첫 장소 가운데 하나인 유대인

▲ 사도행전 19장 39절에서 '에클레시아'는 에베소 시의회의 법적인 집회를 가리키기도 했다.

의 회당은 요즘의 마을 회관과 유사한 집회 장소였다. 바울은 시의회인 에클레시아와는 구별하여 하나님 백성과 '지역 공동체' 개념의 에클레시아라는 용어를 사용했다(고전 11:18; 16:1, 19; 고후 8:1; 갈 1:2; 살전 1:1; 2:14). 그는 황제 숭배가 이루어지는 시의회나 집회 장소인 회당과는 구별되는, 그리스도 중심의 대안 사회를 만들고자 했다. 로마 사회가 불평등 계급 사회였다면, 바울은 예수 그리스도 안에서 평등 사회를 지향하는 새로운 에클레시아를 건설하고자 했다. 그는 가정 단위의 교회를 '오이코스'로, 여러 가정교회가 모인 지역 교회를 '에클레시아'로 각각 구별하여 불렀다.

바울이 선교여행을 하면서 한 도시에 도착해서 우선적으로 한 일은 선교 센터로서의 가정집을 확보하기 위해 그것을 소유할 만한 재력가를 만나 복음을 전하는 일이었다. 이러한 가정교회에 모인 회중의 수는 학자들마다 이견이 있지만 30~50명 선인 것으로 추정된다. 고대 로마 제국에는 현대 국가나 시정부가 서민들을 위해 추진하는 공공 주택 건설 같은 공적 프로젝트는 없었다. 예를 들면, 바울의 주된 선교지 가운데 하나였던 고린도의 경우, 발견된 전체 유적지의 99퍼센트가 상업 건물 및 신전과 관련된 건물로 드러났다. 따라서 선교 본부로서 개인 가정집을 확보하는 일이 그 도시 전체를 선교하기 위한 선결 과제였다. 이런 환경을 감안한다면 도시 단위로 선교한 바울이 가는 곳마다 한 가족 구성원 전체를 대상으로 복음을 전한 이유를 충분히 짐작할 수 있겠다. 바울이 세운 새로운 공동체는 몇몇 개종자들의 집을 중심으로 연합하며 성장했다. 따라서 각 가정이 하나님께로 돌아설 때 새로운 교회 공동체가 생겨났고, 교회는 새로운 전기를 마련할 수 있었다. 특히 사도행전은 이러한 가정교회를 통해 교회가 어떻게 복음을 전파하고 확장해 나갔는지를 잘 묘사하고 있다.

> 그리고 날마다 한마음으로 성전에 열심히 모이고, 집집이κατ' οἶκον 돌아가면서 빵을 떼며, 순전한 마음으로 기쁘게 음식을 먹고(2:46, 새번역).

> 그들은 날마다 성전에서, 그리고 이집 저집에서κατ' οἶκον 쉬지 않고 가르치고 예수가 그리스도임을 전했다(5:42, 새번역).

> 나는 또한 유익한 것이면 빼놓지 않고 여러분에게 전하고, 공중 앞에서나 각 집에서κατ' οἴκους 여러분을 가르쳤습니다(20:20, 새번역).

하나님의 새로운 공동체로서 가정교회는 도시국가의 시의회와 유대교 회당과 달리 그리스도 안에서의 하나 됨이라는 정체성을 매개로 모든 차별을 없앴다.

어느 날 골로새에 있는 가정교회에서 한 구성원이던 어떤 노예가 주인의 재산 일부를 훔쳐 달아난 사건이 발생했다. 그 노예의 처리 문제는 교회로서의 에클레시아를 도시국가 시의회로서의 에클레시아와 구분하는 시금석이 되었다.

• 오네시모, 도망친 노예 신분에서 교회의 감독이 되다

고대 로마에서 노예가 주인에게서 도망간다면? 그것도 주인의 재물

을 훔쳐 달아났다면 그 노예는 어떻게 처리되었을까? 고대 로마 인구의 약 20~33퍼센트가 노예였다고 하니 로마는 근본적으로 노예 국가라 하겠다. 제정 로마 시대의 정치가이자 당대의 정신세계를 주도했던 세네카Lucius Annaeus Seneca는 노예가 사람이 아니라 가축처럼 취급되어야 하며 말은 물론 입술조차 움직일 권리도 없다고 했으니 노예의 신분이란 사람의 모양을 한 짐승과 진배없었다. 도망간 노예에게는 이마에 낙인을 찍거나 목이나 배에 주인 이름을 새긴 철제 사슬로 잠가 놓았다. 심지어 주인이 처형시킬 수도 있었다. 신약 시대에 주인의 재산 일부를 훔쳐 도망친 간 큰 노예가 있었으니, 그가 오네시모다.

오네시모는 골로새 지역의 재력가이자 그곳 가정교회의 지도자인 빌레몬의 노예였다. 오네시모가 그렇게 대형 사고를 치고 도망간 곳은 다름 아닌 사도 바울이 있는 곳이었다. 주인 빌레몬과 두터운 신앙적 교분이 있던 바울에게 도망가면 목숨만은 보전할 수 있다고 생각한 모양이다. 당시 옥중에 갇혀 있던 바울은 이 도망간 노예 오네시모를 위해 사랑의 연금술사 역할을 자청한다. 단 한 장짜리로 된 빌레몬서에서 바울은 오네시모를 "아들"(10절), "내 마음"(12절), "형제"(16절)로 각별히 부르면서 빌레몬에게 "네가 나를 동역자로 알진대 그를 영접하기를 내게 하듯"(17절), 그를 노예가 아닌 형제로 대해 줄 것을 간곡히 부탁한다. 그리고 바울은 오네시모가 빌레몬에게 빚진 것이 있다면 대신 갚겠다고 하면서(18절) 빌레몬의 순종뿐만 아니라 자신이 구한 것 이상으로 그가 오네시모에게 해줄 것을 확신한다고 하면서(21절) 서신을 맺는다. 주인으로부터 도망간 한 노예를 구하기 위해 바울이 구사한 수사학은 영적 권위로 누르는 명령이나 협박이 아닌 칭찬과 사랑, 그리고 신뢰에 바탕을 둔 '거룩한 설득'이라 할 수 있다.

> 나 바울로는 그리스도 예수의 사신이며 그분을 위해서 일하다가 지금 갇
> 혀 있는 몸으로서 그대가 마땅히 해야 할 일을 그리스도의 이름으로 아
> 무 거리낌 없이 명령할 수도 있습니다. 그러나 서로 사랑하는 사람으로서
> 그대에게 간곡히 부탁하는 것이 좋겠다고 생각합니다(1:8-9, 공동번역).

그렇게 작성한 서신을 바울은 도망간 노예 오네시모 손에 맡겨 빌
레몬에게 전달케 했으니, 그 한 장짜리 서신에 한 사람의 생명이 달려
있는 셈이 된다.

전설에 따르면 오네시모는 이후 다시 로마의 바울에게 돌아가 로마
의 노예들을 그리스도교 신자로 개종시켰고, 후에 에베소의 감독이
되었다고 하니, 도망간 노예에게 베푼 형제애의 결과가 아름답지 않은
가? 오네시모는 바울의 신임을 받다가 주후 95년 도미티안▲의 박해로
처형당했다고 전해진다.

• 다름을 끌어안고 차별을 넘어서는 교회

지극히 개인적인 성격의 서신인 빌레몬서가 역사 속에서 사라지지
않고 2천 년이 지난 현재 우리 손에 남겨진 이유는 무엇인가? 계급과
신분을 초월한 사랑의 언어는 시대와 공간에 갇혀 있는 것이 아니라,

▲ Domitian: 주후 81~96년 재위한 로마 제국의 제11대 황제.

세대를 이어 가며 끊임없는 감동과 도전을 주기 때문이 아니겠는가? 예수 그리스도의 넘치는 사랑을 체험한 사람은 누구나 계급과 계층과 성과 인종을 뛰어넘는 사랑의 메신저가 될 수밖에 없다. 바울은 목숨이 경각에 달린 한 노예를 위해 빌레몬에게 그리스도의 사랑으로 호소하고 있다. 편지를 보낸 결과는 기록되어 있지 않지만, 우리가 내심 바라는 대로 빌레몬은 오네시모를 용서했을 것이다. 바울의 영적 권위와 한 영혼을 향한 사랑이 짙게 배어 있는 뛰어난 수사적 표현은 빌레몬을 감동케 하여 그를 그리스도의 마음으로 돌려놓았을 것이다. 결국 빌레몬은 당시 사회가 규정해 놓은 계급을 뛰어넘어 오네시모를 그리스도 안의 형제로 다시 받아주었을 것이다. 이것은 2천 년이 지난 오늘날까지 빌레몬서가 우리 손에 남아 있는 이유이기도 하다.

141만 명의 외국인이 거주하는 한국 사회(2012년 1월 1일 기준)와 지구상에 존재하는 거의 대부분의 인종이 거주하는 미국에서 교회가 이러한 인종적 편견을 극복하여 열린 교회로 만들 수 있는 방안은 무엇일까?▲ 일부 교회와 교단에 여전히 존재하는 성차별을 어떻게 철폐할 수 있을까? 교회 내 직분을 일종의 감투로 여기는 폐단을 어떻게 바로잡을 수 있을까? 목회자만을 성직으로 생각하는 잘못된 성직주의도 문제다. 여러 형태의 차별이 여전히 교회 안에서 때로는 교권의 이름으로, 때로는 잘못된 신학의 옷을 입고서 행해지고 있다. 복음이 특정 계층이나 인종이나 성을 위하여 게토화될 때, 복음의 능력은 현저히 상실되는 것이다.

▲ 미주에서 한인들이 가장 많이 거주하고 있는 로스앤젤레스 지역에는 140여 개국에서 온 이민자들이 살고 있다.

예수 그리스도는 죄악으로 야기된 모든 분열을 철폐하고 성령 안에서 인류를 하나로 만들기 위해 오셨다. 따라서 예수 그리스도 안에서는 어떤 차별도 정당화되지 않는다. 교회는 빈부귀천을 비롯하여 모든 분열을 제거하고 화해의 복음이 실현되는 현장이 되어야 한다. 교회는 종말론적 공동체로서, 외적인 차별을 철폐하고 성령 안에서 모든 사회 계층의 하나 됨과 평등이 인정되고 실천되어야 한다. 도망간 노예 오네시모조차도 관용으로 용납하여 복음으로 세워 주는 1세기 가정교회의 모습에서 21세기 교회가 지녀야 할 건강한 단면을 보게 된다. 교회 공동체 안에서 차이는 존중되어야 하고 차별은 넘어서야 한다. 다름이 공존하기에 세상이 아름다운 것이다. 공동체 구성원 사이의 다름은 인정하고 끌어안지만 그 사이를 가르는 모든 차별의 담을 허물어뜨려 그리스도 안에서 용해시켜 하나 되는 교회가 진정한 교회다.

37

선한 풍경 같은 바울의 동역자
에바브로디도

본문　빌립보서 2:25–30; 4:18
이름의 뜻　아름다운, 준수한, 매력적인, 친절한

• **어떤 사람으로 기억되기를 바라는가?**

미국의 여성 앵커 바버라 월터스Barbara Walters는 각계의 많은 명사들과 수십 년 동안 인터뷰를 한 것으로 유명하다. 그녀는 늘 인터뷰 막바지에 "귀하는 어떤 사람으로 기억되기를 바랍니까?"라는 질문을 했다. 이때 사업가 중 대다수는 세인들이 자신을 성공한 사업가로 기억해 주길 바랐고, 과학자나 의학자들은 인류의 삶의 질을 향상시킨 사람으로 기억되길 원했다. 정치가나 정부 관료는 훌륭한 지도자로 기억되고 싶어 했으며, 예술가들은 그들이 남긴 작품으로 오래 기억되기를 바랐다.

그러나 그들에 대한 세인들의 기억은 그들의 기대와는 달랐다. 사람들은 록펠러에 대해서는 그가 행한 자선사업보다 피도 눈물도 없는 독점 사업가이자 매우 인색한 사람으로 기억했다. 또한 리처드 닉슨을 '죽竹의 장막'을 걷어내고 중국과 최초로 수교한 지도자로 기억하기보

332

다는 워터게이트 사건▲으로 물러난 정직하지 못한 정치인으로 기억한다. 파블로 피카소는 위대한 예술가이기에 앞서 일곱 명의 여인을 파멸케 할 정도로 충동적이고 자제력 없는 호색한으로 기억되고 있다.

현대 경영학의 아버지로 불리는 피터 드러커는 사람의 인생이 좀더 의미 있기 위해서는 다음 세 가지 체크 포인트를 염두에 두고 살아갈 것을 제안했다.

> 첫째, 우리는 자신이 어떤 사람으로 기억되기를 바라는지에 대해 스스로 질문해야 한다. 둘째, 우리는 나이 들어 가고 성숙해 가면서 세상의 변화에 맞추어 바뀌어야만 하고 그 대답이 달라져야 한다. 마지막으로 꼭 기억할 만한 가치가 있는 것 한 가지는, 사는 동안 다른 사람의 삶에 변화를 일으킬 수 있어야 한다는 것이다. —피터 드러커Peter F. Drucker의 《프로페셔널의 조건The Essential Drucker on Individuals》(청림출판, 2001)에서

드러커의 말처럼 우리는 죽은 후 자신이 어떤 사람으로 기억되기를 바라는지에 대해 살아가는 동안 끊임없이 스스로 질문해야 한다. 우리가 살아가면서 남길 수 있는 흔적은 후세대의 기억 속에 존재한다. 우리의 가까운 가족, 이웃, 친구, 교회 공동체 구성원, 직장 동료에서부터 우리의 삶의 궤적을 공유했던 수많은 사람들의 기억의 공간 속에 '나'란 어떤 존재로 그 공간의 일부를 차지하고 있는지 의식하며 살아

▲ Watergate scandal: 미국의 닉슨 행정부가 베트남전 반대 의사를 표명한 민주당을 저지하기 위해 민주당 사무실을 도청하고 그것을 은폐하려는 과정에서 거짓과 권력 남용이 드러난 정치 스캔들이다.

야 한다. 그들뿐만 아니라 하나님의 시선도 의식해야 한다. 세상이 주는 최고의 영예라 해도 하나님의 자녀로서의 정체성과 가치에 부합하지 않으면 단호히 거절할 수 있어야 한다.

바울의 동역자들 가운데 초기 교회의 회중뿐만 아니라 현대의 우리에게도 선한 풍경 같은 사람으로 기억되는 인물이 있다. 이름의 뜻처럼 준수하고 매력적인 에바브로디도이다.

• 에바브로디도, 선한 풍경 같은 사역자로 온전히 섬기다

"인간은 상호관계로 묶이는 매듭이요, 거미줄이며, 그물이다. 이 인간관계만이 유일한 문제다." 프랑스의 소설가 생텍쥐페리Saint-Exupéry의 말이다. 바울이 로마 제국에서 가장 효율적으로 복음을 전할 수 있었던 비결은 그와 동역자들과의 관계망이었다. 사도행전과 바울 서신에는 바울과 이런저런 관계를 맺고 있는 많은 사람들이 등장한다. 확연히 눈에 띄는 사람도 있고, 존재감을 거의 느낄 수 없을 정도로 스치듯 지나가는 사람도 있다. 바울과 오랫동안 관계를 맺은 사람도 있고, 그와 관계를 맺다가 갑자기 종적을 감춘 인물도 있다. 바울과 관련되어 그 이름만으로 확인할 수 있는 사람들은 80여 명에 이른다. 그들 가운데 바울의 찬사를 한몸에 받은 인물이 있다. 그의 이름은 에바브로디도이다. 바울은 그를 다음과 같이 표현했다.

그러나 나는, 내 형제요 동역자요 전우요 여러분의 사신이요 내가 쓸 것을 공급한 일꾼인 에바브로디도를 여러분에게 보내어야 할 필요가 있다

고 생각하였습니다(빌 2:25, 새번역).

바울은 에바브로디도를 "내 형제", "동역자", "전우", "사신", "내가 쓸 것을 공급한 일꾼"이라 불렀다. 한 사람에게 바치는 찬사로서 이보다 더한 찬사가 있겠는가? 그에 관한 바울의 묘사는 짧지만 강렬한 인상을 남긴다. 바울이 그를 그렇게 부른 사연이 갑자기 궁금해진다.

바울이 로마의 감옥에 갇혔을 때, 빌립보교회는 그를 돕고자 모금한 헌금을 가지고 에바브로디도를 파견했다. 바울의 수족이 되어 그를 보필하다 에바브로디도는 큰 병에 걸리게 되었다. 그의 병세는 목숨을 앗아갈 만큼 심각했다. 마케도니아로부터의 장거리 여행, 로마 감옥에서의 힘든 생활, 바울을 돕는 일 등이 겹쳐서 생긴 것이 아닌가 생각한다. 바울은 그를 빌립보교회로 보내는 것이 에바브로디도뿐만 아니라 자신과 빌립보교회 교인들 모두에게 유익하다고 판단했다. 에바브로디도는 옥살이 하는 바울을 돌보는 일에 전적으로 헌신한 사람이다. 바울은 그런 그를 "내 형제"라 불렀다. 고난을 함께 나눈 이가 남남처럼 사는 피붙이 형제보다 훨씬 나은 법이다. 에바브로디도는 옥중에 있는 바울과 그의 전도 사역을 돕다가 위중한 병에 걸릴 만큼 그의 신실한 "동역자"로서도 손색이 없었다. 당시의 열악한 감옥의 상황을 고려하면 바울과 에바브로디도는 전장에서 사활을 건 임무를 수행 중인 전우와도 같았다. 실제로 서로의 생명을 지켜 주기 위해 싸워야 하는 전우처럼 에바브로디도는 바울을 돕다가 거의 목숨을 잃을 지경에 이르렀다. 그러나 사선死線을 넘은 전우처럼 에바브로디도는 다행히 위험한 고비를 넘겨 병세가 호전되었다.

바울은 에바브로디도를 빌립보교회로 돌려보내면서 그를 세심하게 배려해 주었다. 바울은 에바브로디도가 임무 수행 중에 되돌아간 것은 그의 책임이 아니라 빌립보교회와 자신을 위한 선택이었음을 밝혔다. 그뿐만 아니라 그는 빌립보교회 교인들에게 에바브로디도를 기쁜 마음으로 영접하고 그와 같은 사람을 존경하라는 당부도 잊지 않았다. 에바브로디도가 사역 도중에 돌아감으로써 행여나 그를 향해 쏟아질 수도 있는 오해나 비난에서 벗어나게 해주려는 바울의 속 깊은 정과 마음 씀을 엿볼 수 있다. 바울은 에바브로디도를 향한 자신의 심경을 다음 한 구절에 응축해 놓았다.

> 그는 그리스도의 일로 거의 죽을 뻔하였고, 나를 위해서 여러분이 다하지 못한 봉사를 채우려고 자기 목숨을 아끼지 않은 사람이기 때문입니다 (빌 2:30, 새번역).

에바브로디도는 목숨을 아끼지 않으며 바울과 그의 사역을 위해 헌신한 인물이다. 빌립보교회를 대표해서 헌신적으로 바울을 도운 에바브로디도와 같은 이들이 있었기에 초기 교회의 성장 엔진은 멈추지 않았다.

• 선한 풍경 같은 사람이 공동체를 살린다

우리는 바울의 동역자가 되어 그에게 쓸 것을 공급해 준 에바브로디도와 같은 이들을 간과할 때가 있다. 뒤로 물러서서 풍경과 같은 역할을 하는 사람들의 중요성을 대수롭지 않게 여기기 때문이다. 영화에서 조연의 뛰어난 연기가 뒷받침해 주지 않으면 주연의 존재감은 결코 돋보이는 법이 없다. 사진을 찍을 때도 주된 피사체가 아무리 아름다움을 뽐내어도 배경이 받쳐 주지 않으면 빛을 발하는 경우는 드물다. 인물 사진을 찍을 때, 배경이 제대로 정리되어 있지 않으면 인물의 매력은 살아나지 않게 된다. 조연 없는 영화나 배경 없는 사진은 플롯 없는 이야기와도 같이 심심하다. 존재감을 그리 드러내지 않지만, 우리 삶에 지대한 영향을 미치는 풍경과도 같은 존재들이 무수히 있음을 깨닫게 된다. 낭만주의 시인 안도현은 〈배경이 되는 기쁨〉이라는 시에서 배경의 소중함을 다음과 같이 노래한다.

> 살아가면서 가장 아름다운 일은
> 누군가의 배경이 되어주는 일이다
>
> 별을 더욱 빛나게 하는 까만 하늘처럼
> 꽃을 더욱 돋보이게 하는 무딘 땅처럼
> 함께 하기에 더욱 아름다운 연어떼처럼
> (중략)
> – 안도현의 《연어》(문학동네, 1996)에서.

시인의 문장처럼, 세상에는 배경이 있어서 그 존재감이 드러나는 것들이 많다. 들에 핀 꽃이 더욱 아름답게 보이는 것은 무딘 땅이 배경이 되어 주기 때문이다. 수놓은 듯 총총히 박혀 있는 별들이 더욱 빛나는 것도, 극지방의 오로라가 더욱 아름다운 빛의 향연이 될 수 있는 것도 까만 하늘이 배경으로 펼쳐져 있기 때문이다. 물길을 가르며 군무하듯 유영하는 연어 떼가 아름다운 것은 함께함으로 서로 배경이 되어 주기 때문이다.

사람도 마찬가지다. 내가 이 세상에 존재하고 있는 것은 누군가가 나의 배경이 되어 주기 때문이다. 인간이 만물의 영장이 될 수 있는 것도 그를 둘러싸고 있는 자연이라는 아름다운 환경이 있기에 가능한 것이다. 미미한 것 속에서도 더욱 행복을 느낄 수 있는 이유도, 절망 속에서도 포기하지 않고 희망으로 비상케 되는 이유도 나의 삶에 배경이 되어 주는 사람들이 있기 때문이다. 우리의 생애가 더욱 아름다운 것은 하나님의 본체시나 우리를 위해 스스로 종의 형체를 지니신 예수님의 자기 비움과 희생이 있었기 때문이다(빌 2:6-8). 배경이 되어 주신 예수님의 구원 사역이 있기 전에는 우리 모두는 멸망의 자식들이었다. 예수님의 생애가 클라이맥스로 치달은 것은 십자가 풍경에서였다.

> 인자가 온 것은 섬김을 받으려 함이 아니라 도리어 섬기려 하고 자기 목숨을 많은 사람의 대속물로 주려 함이니라(마 20:28).

예수님이 달리신 십자가 풍경은 죽음으로 치달았던 인류를 구원하시는 하나님의 은혜였다. 그리스도인들은 세상에 속해 있지 않으나 세상 속에서 좋은 풍경 같은 사람들이 되어야 한다. 예수님은 우리에게 빛과 같은 삶으로 어둠의 일을 폭로하며, 소금처럼 녹아서 세상의 부패를 방지하라 하신다. 빛과 소금은 세상 속에서 그리스도인의 정체성을 상징하는 은유이자 세상의 무지와 우매를 드러내는 배경이 된다(마 5:13-14). 그러할 때 세상의 환영이나 찬사가 아닌 거절과 몰매도 각오해야 한다. 비록 가난하더라도 우리가 지닌 영적 부요함이 하나님 없는 세상으로 하여금 그 헐벗음을 깨닫게 한다. 하나같이 참 좋은 풍경 같은 삶이다. 보기 좋은 풍경만이 아닌 '선한 풍경'이다.

홀로 돋보이려는 그 미친 존재감이 공동체를 무너뜨린다. 주위 모든 사람들이 자기를 중심으로 돌아가야 한다고 생각하는 사람들은 조화와 상생의 이치를 깨닫지 못하는 어리석은 이들이다. 스스로 물러나 배경이 되고자 하는 아름다운 마음가짐이 모일 때 건전하고 건강한 공동체를 세울 수 있다. 에바브로디도처럼 바울의 동역자가 되어 그가 쓸 것을 공급해 준 배경과 같은 인물이 있었기에 초대 교회 공동체는 더욱 건실하고 튼실해졌다. 참 좋은 풍경 같은 사람들이 공동체에 하나둘 세워질 때, 참된 지도자도 그 공동체도 바로 세워지는 법이다.

6부
거짓

| 배교의 길로 가다 |

38

가룟 유다

배신의 입맞춤을 한 제자

본문	요한복음 13:18-30
이름의 뜻	찬송, 찬양

• 논쟁적인 문서 《유다복음서》

영지주의 문서인 《유다복음서Gospel of Judas》가 2006년 〈내셔널지오
그래픽〉에 의해 일반에게 공개되자 한동안 세계적으로 논란거리가 되
었다. 3~4세기에 콥트어▲로 기록된 것으로 추정되는 이 문서가 가장
큰 논란을 불러일으킨 것은 가룟 유다가 예수님의 명령에 따라 배신
했으며, 희생과 부활로 인류를 구원하시려는 예수님의 계획에 충실했
다는 내용 때문이다. 즉 유다의 배반은 인류 구원이라는 자신의 지상
과업을 완성하기 위해 예수님이 유다와 사전에 모의한 각본에 따른 것
이라는 입장이다. 이렇게 되면 유다의 배반이 없었던들 인류의 구원을
이루시려는 하나님의 계획 또한 완성되지 않았으리라는 결론에 이르
게 된다. 《유다복음서》에 따르면 열두 제자 가운데 유다만이 예수님의
신비로운 가르침을 온전히 깨달은 탁월한 제자로 묘사된다. 유다의 배

▲ Coptic: 고대 이집트어의 마지막 단계에 해당하는 언어. 2세기경부터 상용되었다.

반은 예수님이 자신의 목적을 이룬 뒤 거룩하고 위대한 세대로 돌아가기 위해 반드시 필요한 과정이 되는 셈이다. 이런 논란거리 외에도《유다복음서》는 구약의 야훼 하나님을 물질세계를 창조한 열등한 신 '데미우르고스▲'로 기술하는데, 이는 물질(혹은 육체)과 영을 이원론적으로 대립시켜 물질을 악한 것으로 규정하는 전형적인 영지주의의 특징 가운데 하나다.

〈내셔널지오그래픽〉은 논쟁적인《유다복음서》 판권을 독점하는 조건으로 지불한 100~200만 달러의 금액을 회수하기 위해 세간의 화제를 불러일으킨 소설인 댄 브라운Dan Brown의《다빈치코드The Da Vinci Code》가 영화로 만들어져 상영되기 바로 전날인 2006년 부활절에《유다복음서》를 전격 공개했다. 이는 대중에게 충격을 주어 그들이 발간하는《유다복음서》의 판매고를 극대화하기 위한 전략이었다.

이러한 시끌벅적한 상업적인 메커니즘 가운데 세상에 공개된《유다복음서》는 사복음서의 흐름에서 크게 벗어나 있다. 마태복음(27:5)은 유다의 죽음을 분명히 '자살'로 규정한다. 요한복음에 따르면 가룟유다는 금전적인 이득을 취할 욕심으로 예수님을 팔아넘기려 했으며(12:6; 13:2), 예수님은 그런 그를 '마귀'라 부르셨다(요 6:70-71). 사복음서의 하나님은《유다복음서》가 제시하듯 인간 구원이라는 선한 대의大義를 위해 굳이 악역을 필요로 하는 짓궂은 분은 아니지 않은가? 이제 기독교 2천 년 역사에서 가장 논쟁적이고 불가사의한 인물 가운데 하나인 가룟 유다와 관련된 성서 이야기로 들어가 보자.

▲ 헬라어 '데미우르고스δημιουργός'는 영어로는 'Demiurge'로 표기되며, '장인匠人'이라는 뜻이다.

• 가룟 유다, 스승에게 배신의 입맞춤을 하다

예수께서 택한 열두 제자 가운데 입 맞추는 것을 신호로 그를 대적자들에게 태연히 팔아넘긴 제자가 있다. 그의 배반 행위는 스승 예수의 체포에 결정적인 역할을 했다. 이런 연유로 기독교 역사에서 그의 이름은 '배신자' 혹은 '배도자'의 대명사처럼 회자되었다. 그의 이름은 가룟 유다다. '가룟'에 해당하는 헬라어 '이스카리옷 Ἰσκαριώθ'을 지명으로 보아 '가리옷'▲으로 볼 수도 있고, '암살자'나 '자객'을 뜻하는 라틴어 '시카리sicarii'의 헬라어 형태인 '시카리오이'▲▲로 해석할 수도 있으며, '가짜', '거짓된'을 의미하는 아랍어 '세카르seqar'와 관련된 것으로 볼 수도 있다. 로마 통치에 반대하여 저항 운동을 벌인 열심당원으로 소개된 시몬이 열두 제자 가운데 있음을 고려할 때(눅 6:15; 행 1:13), 두 번째 견해의 개연성이 높을 것으로 판단된다. 열심당원 가운데 극단주의자들을 '시카리'라고 부른 것도 그런 견해를 뒷받침한다.

엄밀한 의미에서 가룟 유다만이 아니라 열두 제자 모두 배신자가 아니던가? 예수께서 그들을 가장 필요로 할 때 그들은 모두 도망가거나 예수가 자신들의 스승이심을 부인하지 않았던가? 그러나 가룟 유다는 예수님을 죽이려고 오랫동안 벼르던 제사장과 장로들에게 은화 30개를 받고 스승 예수님을 팔아, 더 구체적으로 배신을 실행에 옮겼다(마 26:16-16; 막 14:10-11; 눅 22:3-6). 그가 왜 예수님을 배반했는지에 대해 신약성서는 함구하고 있다.

예수님 당시 스스로를 메시아라 하는 이들이 많았다. 이스라엘의

▲ '그리옷 헤스론'. 참조. 수 15:25.
▲▲ σικάριοι: 반달 모양의 '단검을 지닌 자'라는 뜻이다. 참조. 행 21:38.

지오토, 〈유다의 입맞춤〉, 1303~05년, 프레스코, 파두아, 스크로베니 예배당

주권과 영토 회복을 외치면서 요단강을 건너 광야로 민중을 이끌고 가다가 로마 군대에게 괴멸된 사건이 종종 발생했다.[※] 아마도 가룟 유다는 다분히 민족주의적이고 국수주의적인 메시아 사상에 사로잡힌 나머지 예수님을 그런 종류의 메시아로 인식한 것이 아닌가 싶다. 제 자단의 회계를 맡을 정도로 계산이 빨랐던 그가 결국 예수님으로부터

※ 사도행전 5장 36–37절에 기록된 유다와 드다의 경우.

등을 돌린 것은 예수님의 가르침과 행적이 자신이 바라던 메시아상에서 너무나 멀었기 때문이리라.

이 땅에서의 마지막이 가까움을 아신 예수님은 열한 제자를 데리고 겟세마네 동산으로 기도하러 가셨다. 그 현장에 유다의 선도로 제사장과 장로들이 보낸 사람들이 횃불로 길을 밝히며 검과 몽둥이를 들고 이르렀다. 한밤중인지라 가룟 유다는 입맞춤으로 누가 예수님인지를 알려 주었다(마 26:49; 막 14:45; 눅 22:48). 주님은 즉시 체포되셨다. 다음 날 정신을 차린 가룟 유다는 죄 없는 스승을 판 것을 번민하여 제사장과 장로들에게 은화 30개를 돌려주면서 "내가 무죄한 피를 팔고 죄를 범했도다"(마 27:4)라고 외쳤다. 제사장들은 그에게 "그것이 우리에게 무슨 상관이냐 네가 당하라"(마 27:4)고 대꾸했다. 그래서 유다는 은화를 성소에 던져 놓고 나가서 목매어 죽었다(마 27:5). 그는 곤두박질하여 배가 터졌고, 창자가 밖으로 흘러나와 비참한 최후를 맞이했다(행 1:18).

그날 밤 가룟 유다가 예수께 한 그 입맞춤이 예수님과 자신의 죽음의 전주곡이 될 줄이야. 한 죽음은 인류를 위한 의로운 죽음이요, 다른 한 죽음은 지극히 이기적인 행동이 낳은 불행한 죽음이었다. 이렇듯 우리에게는 늘 두 가지 다른 방식의 죽음이 놓여 있다. 어떻게 죽을 것인가? 이것이 이 세상을 떠나기 전 우리가 숙고해야 할 화두가 아닐까?

- **자신 안에 있는 가룟 유다의 삶을 청산하라!**

스승 예수를 배반했음에도 면책된 다른 제자들과 달리 유다에게는 '배신자'라는 낙인이 굳게 찍히고 말았다. 무죄한 스승을 판 후, 유다는 스스로 목숨을 끊기까지 양심의 법정 앞에서 깊은 번민과 함께 극심한 고통을 느꼈을 것이다. 자살 선택은 그에게 일말의 양심이 남아 있음을 보여 주지만 그렇다고 자살을 미화하거나 정당화할 수는 없는 법이다. 여기서 우리는 악마의 모습보다는 사탄의 유혹에 빠져(요 13:27) 죄로 물든 칠흑 같은 어둠 속에서 홀로 괴로워하는 연약한 한 인간을 대면한다. 가룟 유다가 스승을 배신한 것보다 더 크게 잘못한 것은 진정한 통곡과 회개를 통해 거듭나기를 포기하고 스스로 목숨을 끊은 것이다. 철저한 회오悔悟 후에 올 하나님의 은총과 용서를 구하기도 전에 자신을 용서하지 않고 단죄하고서 자살한 가룟 유다의 행위는 하나님에 대한 반역이다. 어쩌면 순간의 격정에 이끌려 자신을 헤아리지 못한 결과로 빚어진 비극이다.

유다의 비극적인 이야기가 기록된 까닭은 배신자의 말로를 알려 그를 정죄하기보다는, 나와 우리 안에 있는 가룟 유다를 비춰 주기 위함이다. 내 몸, 우리 몸 속에 주님을 닮은 모습과 은전 서른 닢에 주님을 팔아 넘긴 배반자 유다의 DNA가 함께 있다. 이렇듯 나와 우리는 모순 덩어리다. 스승이자 하나님의 아들이신 예수님을 팔아먹은 죄인이라고 유다를 거칠게 몰아치면서 자신을 의롭다고 여기는 그 허위의식에서 벗어나야 한다. '나와 우리는 선하고 진실되며, 너와 너희는 악하고 거짓되다'는 이분법적 사고와 논리는 자칫 바리새적인 의식으로 흐르기 쉽다.

교회 안팎에 활개치는 정죄 메커니즘은 자칫 성찰의 대상에서 자신을 배제한 채 타인 모두를 비판의 도마 위에 올려놓고 난도질하는 무서운 저주의 굿판이 될 수 있다. 유다를 매섭게 정죄한 그 날선 손가락이 언제든 나를 향할 수 있음을 알아야 한다. 남의 눈 속에 있는 '티'는 보면서도 자신의 눈 속에 있는 '들보'는 깨닫지 못하는 기만이 더욱 무서운 법이다(마 7:3; 눅 6:41). 유다 안에 들어가 역사한 사탄의 마수魔手가 나에게도 뻗칠 수 있음을 깨닫는 것이 중요하다. 유다 안에 깃든 죄와 마성이 내 안에서도 꿈틀댈 수 있음을 늘 유념해야 한다. 너와 너희보다는 먼저 나와 우리 가운데 가룟 유다의 추하고 일그러진 모습이 있지는 않은지 살피는 일이 그를 배신자로 정죄하는 일보다 급하고 중요하다.

일제 강점기에 〈성서조선〉이라는 잡지로 민족을 성서 위에 반듯하게 세우고자 했던 김교신은 다음과 같이 말했다. "예수의 교훈을 자아의 주판으로 적당히 할인하여 믿으려 함은 차라리 믿지 않음만 못하다." 가룟 유다의 잘못은 알량한 지식에 기대어 자신의 이해타산에 따라 주판알을 튕겨 예수님의 가르침을 경망히 판단한 점이다. 유월절 전날 밤 예수님이 "너희 중의 한 사람이 나를 팔리라"고 말씀하셨을 때(마 26:21), "랍비여 나는 아니지요"(마 26:25)라고 가증스럽게 물은 가룟 유다의 모습이 오늘 우리와 한국 교회의 자화상이 아니기를 바랄 뿐이다.

39

부정으로 인생 무대에서 내려온 부부

아나니아와 삽비라

본문　　사도행전 5:1-11
이름의 뜻　하나님은 은혜로우시다(아나니아), 아름답다(삽비라)

• 초기 교회를 움직이는 힘 vs. 로마 제국을 움직이는 힘

'초대교회로 돌아가자!' 현대 그리스도인 앞에 놓여 있는 이 구호
는 약 2천 년이라는 시간 간격을 넘어 자칫 그 시절로 돌아가자는 의
미로 오해될 소지가 있다. 이것은 어불성설일 터. 이렇게 구호를 바꾸
면 어떨까? '초대교회의 정신과 기풍으로 돌아가자!' 초대교회는 예수
님의 가르침에 근거하여 기독교 정신과 운동을 태동시킨 현장이다. 법
과 군사력과 사회 하부 구조를 구축하여 당시 가장 강력한 나라로 부
상한 로마 제국의 통치를 받던 시기에 교회는 제국의 변방 예루살렘
에서 그 시작을 알렸다. 그렇게 시작된 복음 운동은 한 세대가 지나지
않아 로마 제국의 심장부까지 진출했다. 초대교회의 부흥은 가속화되
었고, 세계 종교로 서서히 부상했다. 그러한 부흥과 성장의 동력은 무
엇이었을까? 그 동력의 에너지원이라 할 수 있는 정신과 기풍은 무엇
이었을까?

초대교회를 이야기할 때, 빼놓지 않고 회자되는 것 가운데 하나는

순수한 '디아코니아'▲의 실천이다. '헌금'의 용도는 성도들이 자신들의 물질을 교회 안팎의 가난한 이들에게 아낌없이 나누어 주는 것이었다(행 4:32-35; 고후 8-9장). 물질의 나눔을 통한 부의 평준화인 것이다. 무명의 복음전도자들에 대한 따뜻한 '접대' 또한 그러한 나눔과 섬김의 실천이었다(롬 12:13; 딤전 3:2; 딛 1:8; 벧전 4:9; 요삼 1:9-10 등). 경제적 나눔은 신적 사랑과 은혜로 이전의 삶에서 떠나 새로운 인생을 시작한 이들이 그 사랑을 다른 이들에게 가장 잘 표현할 수 있는 방법이었다. 이러한 실천이 소유의 풍족함을 향유하는 가운데 행해진 것이 아니라, 정치적 억압과 경제적 수탈이 자행되던 식민지 도시 예루살렘에서 일어났다는 사실을 기억해야 한다.

당시 패권을 쥐고 있던 로마 제국의 통치 아래서 예루살렘에서 일어난 오순절 성령 강림 사건은 세상의 질서와 세계관을 바꾸어 놓을 만큼 가히 혁명적인 사건이었다. 이 사건으로 수천 명이 회개하고, 자신의 물건을 스스럼없이 유무상통하고, 재산과 소유물을 팔아서 각 사람의 필요에 따라 나누어 주는 놀라운 일이 전개되었다.

> 믿는 사람이 다 함께 있어 모든 물건을 서로 통용하고 또 재산과 소유를 팔아 각 사람의 필요를 따라 나눠 주며 날마다 마음을 같이하여 성전에 모이기를 힘쓰고 집에서 떡을 떼며 기쁨과 순전한 마음으로 음식을 먹고 하나님을 찬미하며 또 온 백성에게 칭송을 받으니 주께서 구원 받는 사람을 날마다 더하게 하시니라(행 2:44-45).

▲ 헬라어 '디아코니아διακονία'는 '나눔'과 '봉사'를 뜻함.

강력하고도 무자비한 군사력을 동원하여 이룩한 '로마의 지배에 의한 평화'가 강자에 의한 세계 질서의 재편이었다면, 오순절 역사는 나눔과 섬김과 봉사를 통한 부의 재편과 평화 추구였다는 점에서 극적인 대조를 이룬다. 무력으로 세워진 로마 제국 안에 성령의 역사로 새로운 나라가 건설되고 있었다.

고대 그리스의 역사가 투키디데스[*]가 기록한 《펠로폰네소스 전쟁사*History of the Peloponnesian War*》는 세상의 냉혹한 현실을 반영한 멜로스Melos 회담을 다루고 있다. '밀로의 비너스'로 유명한 멜로스는 그리스의 라코니아 해안 동쪽에 위치한 키클라데스 군도의 섬으로 지금은 밀로스Milos로 불린다. 멜로스는 에게 문명의 중심지 가운데 하나였는데 펠레폰네소스 전쟁[**] 중 중립을 유지하다 아테네에게 멸망당했다. 이 전쟁이 발발하기 전에 아테네와 스파르타 사이에서 중립을 지키려는 멜로스가 순순히 굴복할 것을 종용하기 위해 방문한 아테네 사절단이 멜로스의 대표단과 교섭을 시도했다. 그때 양측에서 오간 대화가 투키디데스의 《펠로폰네소스 전쟁사》에 기록되어 있다. 그 대화의 일부를 옮긴다.

〔멜로스 대표단〕 "우리가 귀국에게 굴복하는 것, 그것이 어째서 우리의 이익이 될 수 있다는 말입니까? ······귀국은 끝내 그런 입장입니까? 제국을 유지하기 위해 수단과 방법을 가리지 않겠다는 것이군요. 그렇다면

▲ 투키디데스Thukydides는 주전 5세기 고대 그리스의 역사가로, 헤로도토스Herodotos와 더불어 역사의 아버지로 불린다.
▲▲ 주전 431~404년 고대 그리스에서 아테네와 스파르타가 각각 자기편 동맹 시市를 거느리고 패권을 놓고 다툰 전쟁.

우리는 자유를 지키기 위해, 예속되지 않기 위해 모든 힘을 다해 저항해야겠습니다. 그렇게 하지 않는 것은 정의에 어긋나니까요."

[아테네 사절단] "독립을 유지하려면 힘이 있어야 하오. 지금 우리가 공격하지 않고 복속시키려 하지 않는 나라는 우리가 두려워할 만한 힘이 있는 나라들이오. 우리의 안전은 최대한 속국을 늘리고 다른 도시들을 억누름으로써 보장되오. 따라서 귀국이 다른 국가에 비해 약한 이상, 귀국의 독립은 허락될 수 없는 것이오. ……신의 법은 자연의 이치에 따라 강한 자가 약한 자를 굴복시키는 것이 언제나 합당하다는 것이기 때문이오. ……국토를 보존하면서 다만 속국이 되라는 우리의 요구는 가장 강력한 국가가 내놓는 요구로는 가장 관대하다는 사실 말이오."

– 함규진의 《세상을 움직인 명문 vs. 명문》(포럼, 2006)에서.

양자 사이에 오간 대화에서 피도 눈물도 없는 서늘한 힘의 논리를 읽게 된다. 강자가 약자를 깔아뭉개는 것이 세상의 정의라는 아테네 사절단의 말은 현시대에도 통용되는 세상의 이치일지도 모른다. 이러한 약육강식의 논리는 세계의 패권을 차지하고 식민지 국가들을 통치한 로마 제국의 정치 철학이기도 했다.

오순절 이후 교회 현장은 지상의 절대 권력에 기반을 두고 권력의 바벨탑을 쌓아 가는 카이사르Caesar와 대조적으로 비천한 우리 인간의 몸을 입고서 이 땅에 내려오신 예수 그리스도를 따라가는 이들의 이야기로 채워 가고 있었다. 그들은 철저한 계급 제도 위에 조성된 로마 제국의 시녀가 아니라, 그리스도의 복음에 참여함으로써 디아코니아를 통해 누구나 하늘 백성이요 양자養子가 되는 평등 공동체를 꿈꾸며 세상을 개혁해 나갔다. 탈취와 정복으로 확장되는 로마 제국과 달리 교회는 성령의 역사 가운데 나눔과 섬김과 봉사를 실천하며 확장되는 평등 공동체였다. 이러한 아름다운 경제적 나눔의 실천이 행해지던 어느 날 한 부부가 비명횡사하는 뜻밖의 일이 벌어졌다. 아나니아와 그의 아내 삽비라였다.

• **아나니아와 삽비라, 부정으로 인생 무대에서 내려온 부부**

아나니아와 삽비라는 소유하고 있던 땅을 판 후 그 돈의 일부를 감추어 둔 채 나머지를 사도들의 발 앞에 두었다. 이렇게 하여 아나니아와 삽비라는 자신들이 소유한 토지의 사용 및 처분 권한을 사도들에게 위임했다. 그러나 베드로는 그들이 성령을 속였다고 지적했다(행 5:3). 그러고서 아나니아와 삽비라 순으로 생명을 잃게 되는 비극적인 일이 발생한 것이다. 비록 바깥의 곱지 않은 시선과 박해를 받고 있었지만 아름답게 성장하고 있던 초대교회에 왜 이런 일이 일어나게 되었을까?

아나니아와 삽비라는 자신의 모든 재산을 하나님께 드리기로 서원했던 듯하다. 그렇지 않았다면 토지를 판 후 그 돈의 일부를 숨기지는 않았을 터. 과연 그들의 서원은 순수한 동기에서 이루어졌을까? 아나니아와 삽비라는 이전에 자신들보다 더 큰 규모의 땅을 팔아 그 돈을 사도 앞에 쾌척한 바나바(행 4:36-37)의 행위에 자극 받아서 그처럼 교회 회중들로부터 인정받고 싶어 안달이 난 것은 아니었을까? 주변 사람들로부터 인정받고 싶은 마음이 너무 커서 하나님께 드린 서원은 본래 안중에는 없었던 것일까? 일단 서원했다면 그것은 하나님의 것임을 그들은 잊어버린 것일까? 초기 교회 성도들의 재산 헌납 행위는 강제적인 성격의 것이 아니라 개인의 결단에 의한 자발적인 행위였다. 그렇다면 그들은 왜 재산의 일부를 제외한 나머지를 교회에 바친다고 정직하게 보고하지 않았을까?

아나니아와 삽비라는 큰 재산을 헌납하여 성도들에게 칭송 받고 존귀하게 된 바나바처럼 되려는 허영심과 명예욕에 눈이 멀었다. 바친 재산이 전부인 것처럼 위장하여 베드로와 교회 공동체를 속이고 나아가 하나님을 기만하고 모독한 그들의 죄가 결코 작지 않다. 아나니아와 삽비라 사건은 성령의 역사로 교회의 시대가 개막된 시점에서 발생했다는 점에 주목해야 한다. 사도행전의 저자는 아나니아와 삽비라가 지은 죄를 단순히 윤리적 차원의 죄로만 보지 않고, 교회의 신적인 정결함을 해치고 성령을 속인 죄로 보고 더 엄중하게 이 사건을 다루었을 것이다. 새 시대는 성령님이 주도하시는 교회의 시대였다. 아나니아와 삽비라 부부의 비극을 통해 초기 교회 성도들은 이러한 격변기에 성령을 속이는 영혼은 이미 죽었다는 엄정한 가르침을 배웠을 것이다.

• **새 포도주는 새 부대에!**

아나니아와 삽비라 사건은 구약성서의 아간 사건(수 7:1-26)을 떠올리게 한다. 가나안 땅으로 진입하기 전, 여리고 성에서 탈취한 모든 전리품을 불살라 버리라는 하나님의 명령을 어기고 그 가운데 일부를 자신의 장막 안에 숨겨 둔 죄로 가족과 함께 죽임을 당한 아간의 이야

마사치오, 〈공유 재산 분배와 아나니아의 죽음〉, 1424~27년, 프레스코, 피렌체, 산타 마리아 델 카르미네 성당.

기는 초대교회에서 발생한 이 사건과 흡사하다. 아나니아와 삽비라가 토지를 판 후 돈의 일부를 감추었다고 했는데, 여기서 '감추다'라는 뜻의 헬라어 동사 '노스피조νοσφίζω'는 물건을 훔치거나 돈을 횡령하는 것을 뜻한다. 이 단어는 특히 칠십인역(LXX)▲에서 아간이 전리품의 일부를 감추었을 때도 사용되었다(수 7:1). 이로 보건대 사도행전의 저자인 누가가 의도적으로 아나니아와 삽비라 사건을 구약성서의 아간의 죄악과 관련시킨 것으로 볼 수 있다.

새로운 시대는 새로운 정신을 요구한다. 그러나 새 시대는 혼란 없이 평온하게 오는 법은 없었다. 새로운 질서가 오고 구시대가 퇴조하는 과정에서 갈등과 충돌이 따른다. 이러한 역사적 변혁기와 관련하여 영국의 역사가이자 문명평론가 토인비Arnold Toynbee는 역사를 도전과 응전의 마당으로 보았고, 독일의 철학자 헤겔Georg W. F. Hegel은 이데아의 정-반-합의 과정으로, 독일의 역사학자이자 철학자 마르크스Karl Marx는 계급 사이의 갈등의 마당으로, 독립 운동가이자 사학자 신채호는 '우리[我]'와 '저들[非我]'의 쟁투로 인식했다. 예수님은 거창한 철학적 담론이나 현학적인 역사적 이론이 아닌 상상력을 자극하는 간단명료한 말씀으로 새 시대에 합당한 정신과 마음가짐을 지닐 것을 다음과 같이 가르치셨다.

새 포도주는 새 부대에 넣어야 할 것이니라(눅 5:38).

▲ 구약성서의 가장 중요한 헬라어 역본. 일흔 명의 학자들이 히브리어로 기록된 구약성서를 헬라어로 번역했다는 전설에 근거하여 '70'을 뜻하는 라틴어 '셉투아진타septuaginta'/영어 '셉투어진트 Septuagint'로 불린다.

새 포도주*는 새 가죽 부대**에 담아야 하는데 여전히 낡은 가죽 부대***에 담으려 한다면, 여러 조각으로 기운 그 헌 가죽 부대는 안에 든 포도주의 발효로 부풀어 올라 터지고 말 것이다(마 9:16-17; 막 2:21-22; 눅 5:37-38). 낡은 전통과 습관과 행동을 비우기 전에는 정신과 마음의 그릇에 그리스도의 새로운 가르침을 받아들일 여지는 없지 않은가? 예수님의 역사적 등장은 새로운 시대의 개막을 알리는 사건이었다. 새 시대는 새로운 사상과 가르침을 필요로 하고, 그것을 수용할 새로운 마음가짐을 요구한다. 아간의 이야기가 새 땅인 가나안의 진입을 앞둔 이스라엘 민족을 일깨우는 이야기이듯, 아나니아와 삽비라의 부정 행위에 대한 하나님의 심판은 새 시대를 맞이한 초대교회와 그 시대를 살아가는 현대 교회를 일깨우는 이야기가 아니겠는가? 새 포도주는 새 가죽 부대에 담아야 한다는 거룩하고 엄중한 요청 말이다.

▲ 예수님과 그분의 가르침.
▲▲ 새로운 마음과 정신.
▲▲▲ 형식적인 종교 행태와 율법적인 신앙.

40

으뜸 되려는 마음으로 영적 권위에 도전한 자

디오드레베

본문   요한3서 1:1-15
이름의 뜻   양육 받음

• 고대 사회의 가장 기본적인 덕목, 환대

초기 교회에는 두 그룹이 공존하고 있었다. 한 그룹은 방랑하며 복음을 전한 전도자들이고, 또 한 그룹은 정착하여 집을 소유하고 있으며 전도자들에게 숙식을 제공하고 재정을 지원한 이들이다.▲ 당시 전도자들은 각 지역을 순회하며 그곳에 마련된 가정교회를 중심으로 복음을 전했기 때문에 이들에게 숙식 문제는 사역을 위해 선결되어야 할 과제였다. 지역의 가정교회가 이들을 돌보아 주지 않으면 순회전도는 사실상 불가능했던 것이다. 가정교회 지도자들은 이들을 집안으로 맞아들여 숙식을 제공했으며, 병들거나 부상당하면 치료해 주었고, 다음 사역지로 갈 때 노자를 주어 그들의 복음 전도 사역을 도왔다.

전도자들이 효율적으로 복음을 전할 수 있도록 자신들의 가정을 교회의 모임 장소로 제공한 초기 교회 성도들의 이름을 열거하면 다

▲ 초기 교회의 회합은 '도무스domus' 형태의 주거 공간인 가정교회에서 이루어졌다. 참조. 302쪽.

음과 같다. 그리스보(행 18:8), 디도 유스도(행 18:7),[▲] 루디아(행 16:14), 스데바나(고전 1:16; 16:15), 뵈뵈(롬 16:1-2), 빌레몬(몬 1:1-2), 아굴라와 브리스길라/브리스가(행 18; 롬 16:3; 고전 16:19; 딤후 4:19). 이들 외에도 계시록의 저자 요한은 자신을 특정 지역에서만 활동한 예언자가 아니라 소아시아 일곱 교회를 순회하며 말씀을 전한 예언자wandering prophet로 소개한다(계 1:3, 10-11; 22:9-10, 18-19).

신약학자 맬러비는 이방인뿐 아니라 유대인도 '환대(혹은 접대)'를 사회적 덕목으로 여겼기 때문에 초기 그리스도인들이 이런 환경 속에서 당시 사회적으로 관례화된 환대를 복음 운동을 위한 사역 원칙으로 채택하여 기독교화할 만큼 다른 종교에 비해 환대라는 덕목을 적극 활용했다고 주장했다.[▲▲] 리들은 "초기 기독교 접대: 복음 전달의 한 요인"[▲▲▲]이라는 논문에서 환대를 복음 전도의 중요한 요인이자 초기 기독교의 가장 매력적인 특징 가운데 하나라고 지적했다.

이렇듯 '환대'는 고대 사회에서 인간의 가장 기본적인 덕목이었다. 소돔과 고모라가 유황과 불로 심판을 받은 것도(창 19:1-29), 트로이와 전쟁 후 10년간의 갖은 모험 끝에 자신의 소왕국 이타카로 돌아온 오디세우스가 정숙한 부인 페넬로페의 구혼자들을 화살을 쏘아 살해한

[▲] 로마서 16장 23절에 언급된 가이오Gaius는 디도 유스도와 동일인으로, 가이오는 그의 첫째 이름praenomen이었을 것으로 추정됨.

[▲▲] Abraham J. Malherbe, *Social Aspects of Early Christianity* (Louisiana State University, 1977).

[▲▲▲] D.W. Riddle, "Early Christian Hospitality: A Factor in the Gospel Transmission", *Journal of Biblical Literature* 57 (1938).

것도 환대 거부와 관련된 고대의 전승을 담고 있다.▲ 바나바와 바울이 루스드라에서 태어날 때부터 걷지 못하는 한 사람을 걷게 하는 기적을 행하자 그들을 각각 제우스와 헤르메스라 부르며 제물을 바치려 한 것도, 신들이 가끔 인간 세계로 내려와 환대를 행하는지 여부를 시험한다고 믿었던 당대의 오랜 민간 신앙과 관련이 있다(행 14:8-18). 한마디로, 고대 사회가 오랫동안 고귀한 덕목으로 간직해 온 이러한 '환대'를 교회가 받아들여 순회하는 복음전도자들을 위해 기꺼이 실천했던 것이다.

• 디오드레베, 매사 으뜸 되려는 마음으로 영적 권위에 도전하다

주후 1세기에 장로 요한은 그의 교회에 환대와 관련하여 다음과 같이 가르쳤다.

사랑하는 자여 네가 무엇이든지 형제 곧 나그네 된 자들에게 행하는 것은 신실한 일이니 그들이 교회 앞에서 너의 사랑을 증언하였느니라 네가 하나님께 합당하게 그들을 전송하면 좋으리로다(요삼 1:5-6).

그러나 그의 교회에는 복음 전도자들에게 베풀어야 할 이런 환대를 거부하고 박대한 독선적 성격을 지닌 사람이 있었다. 나아가 그는 이들을 환대하려는 다른 교인들에게 으름장을 놓고 가정교회 바깥으

▲ 호메로스의 서사시 《오디세이Odyssey》에 따르면, 잔치가 열린 날 구혼자들은 늙고 추한 걸인으로 변신한 오디세우스를 문전박대했다.

로 쫓아 내려까지 했다(요삼 1:10). 이렇게 놀부 심사인 그는 찌르는 가시처럼 좌충우돌하며 분란을 일으켰으니, 교회는 그로 말미암아 바람 잘 날이 없었다. 그는 매사 으뜸 되기를 좋아하는 디오드레베라는 사람이다(요삼 1:9). 그의 이름 디오드레베는 '제우스에게서'를 뜻하는 '디오스Διός'와 '양육하다'는 뜻의 '트레포τρέφω'라는 단어가 합쳐진 이름으로, 풀이하면 '제우스에게서 양육된 자'라는 뜻이다. 초기 성도들이 침례를 받으면 그리스도인으로서의 신분 변화에 걸맞은 새 이름을 지은 것과 달리 그는 자신의 이전 이교도적인 이름을 버리지 않은 것으로 추정된다. 이것은 그의 고집스런 성격과 이교적 가치에서 벗어나지 않으려는 단면을 엿볼 수 있는 대목이다.

이러한 디오드레베의 유아독존적인 기질은 교회를 혼란에 빠뜨리며 초기 교회의 복음전도에 차질을 빚게 했다. 요한3서는 디오드레베의 오만불손한 악행을 다음과 같이 기술했다.

내가 두어 자를 교회에 썼으나 그들 중에 으뜸되기를 좋아하는 디오드레베가 우리를 맞아들이지 아니하니 그러므로 내가 가면 그 행한 일을 잊지 아니하리라 그가 악한 말로 우리를 비방하고도 오히려 부족하여 형제들을 맞아들이지도 아니하고 맞아들이고자 하는 자를 금하여 교회에서 내쫓는도다(1:9-10).

그때까지만 해도 교회는 직제▲를 갖춘 조직적 형태의 교회가 아니

▲ 예를 들어 감독, 장로, 집사. 참조. 빌 1:1; 딤전 3; 딛 1:7-9.

어서 질서나 체계적인 권위가 세워져 있지 않았다. 다만 사도의 지도를 받는 자치적 교회의 형태를 유지했기에 교회에서 이런 문제가 발생했을 경우 속수무책이었던 것이다. 그러나 교회를 자신의 소유물로 생각하고 독재를 행사하던 디오드레베와 같은 인물로 인해 교회는 좀더 체계적이고 직제를 갖춘 제도화되고 조직적인 교회 형태를 취해 가게 되었다.

• 교회의 직제, 기능일 뿐 계급이나 서열이 아니다!

주간 잡지 〈시사IN〉(2009년 8월 10일자)은 100호 발행 기념 여론 조사를 했는데, 설문 가운데 종교 선호도에 대한 항목도 있었다. 가장 신뢰하는 종교를 묻는 질문에 응답자들은 천주교 66.6퍼센트, 불교 59.8퍼센트, 그리고 개신교 26.9퍼센트 순으로 답했다. 이러한 수치는 한국 개신교의 현주소를 보여 주는 중요한 지표 가운데 하나다.

개신교에 대한 신뢰가 이처럼 추락한 데는 여러 가지 이유가 있지만, 가장 큰 이유 가운데 하나는 교권주의 혹은 성직주의가 아닌가 생각한다. 언제부터인가 한국 교회 안에서 교회의 직제가 서열과 계급으로 치환되었다. 성직주의가 당연시되면서 가장 민주적이어야 할 교회가 계급화와 권력화의 현장이요 비민주적인 공동체가 되어 버렸다. 종교개혁자들은 전문사역자들이 성직자 계급을 형성해 교회의 치리와 교육, 양육을 독점하는 것을 비판했다. 왕의 권력은 신에게서 나왔다는 왕권신수설처럼 목회자를 하나님의 지상 대리인이라고 여기는 교권정치는 교회를 독재와 전횡이 난무하는 삭막한 공간으로 만들어 버린다.

교회가 필요로 하는 것은 위계나 계급이 아니라 질서다. 가톨릭의 수직적인 권위주의에 대항하여 개혁의 기치를 든 종교개혁자들이 해체하려 했던 가톨릭의 성직주의를 그 후손들이 다시 교회 안으로 슬며시 끌어들이고 있다. 종교개혁자들은 성직자들이 사회 전 영역에 전능한 권력을 행사하는 것을 반대했다. 이것은 후일 정교 분리의 원칙을 법제화하게 했고, 나아가 근대 민주주의의 토대를 놓게 했다. 종교개혁자들은 성직자와 평신도의 신분과 역할을 구분하여 성직자를 특권적 지위에 놓는 것도 배격했다. 직제는 가톨릭이 주장하는 것처럼 교회 본질의 일부가 아니라, 교회의 본질과 사명을 이루기 위한 도구일 뿐이다. 존재론적 차별이 아니라 기능론적 차이다. 초기 교회의 직제가 지닌 유기적이고 상보적인 직제의 성격을 잃고 권위적이고 경직된 계급으로 전락할 때, 교회는 복음의 순수성과 영적인 탄력을 급속히 잃게 된다. 교회의 직제는 그리스도의 몸 된 교회와 성도를 섬기기 위한 봉사의 직분이다. 직제를 감투나 계급으로 인식하는 한 교회는 교회다워질 수 없고, 그리스도의 온전한 몸을 세울 수도 없다.

초기 교회는 카리스마적인 지도자들이 이끈 평등지향적인 공동체였다. 그러다가 거짓 교사들의 준동과 이단의 발호와 외부의 박해를 경험하면서 이러한 문제들에 조직적으로 대응하기 위해 체계적인 직제를 갖춘 교회로 서서히 나아가게 되었다. 그러나 초기 교회의 직제는 기능에 따른 분화였지 당대 사회 현실에서 볼 수 있는 계층적 위계나 서열이 아니었다. 직제는 본질상 동등하나 기능상의 차이를 통해 그리스도의 몸(고전 12:27)인 교회를 튼실하게 세우기 위한 도구일 뿐이었던 것이다.

그가 어떤 사람은 사도로, 어떤 사람은 선지자로, 어떤 사람은 복음 전하는 자로, 어떤 사람은 목사와 교사로 삼으셨으니 이는 성도를 온전하게 하여 봉사의 일을 하게 하며 그리스도의 몸을 세우려 하심이라(엡 4:11-12).

그러나 한국 교회의 심각한 병폐 가운데 하나가 교권주의로 인식될 만큼 직제는 섬김을 위한 도구가 아니라 자신의 권위와 명예를 드러내기 위한 수단이 되고 있다. 권위주의, 성직주의, 성장주의는 모두 교권주의와 짝하며 파생된 것이다. 성직자들이 삶의 전 영역에서 무소불위의 권력을 행사하는 것을 반대한 종교개혁의 전통에 역행하기라도 하듯, 교회는 계층적 카스트 제도가 횡행하는 현장이 되었다. 성직주의는 교회 안으로 들어온 일종의 카스트 제도다. 카스트 제도가 있는 사회에는 늘 갈등과 대립과 분열이 있고, 섬김과 일치와 조화는 뿌리내리기 힘들다. 종교개혁자들이 버린 교권주의를 한국 교회는 다시 가져와 부활시킨 셈이다.

이렇게 볼 때, 교회의 직제 자체를 지상에서의 그리스도의 대리자로 인식하는 직제 절대론도, 직제를 경시하거나 무시하는 무용론도 올바른 가르침이 아니다. 사제에게 하나님과 인간의 매개자로서 배타적지위를 허락한 중세 교회와 달리 루터와 칼뱅 같은 종교개혁자들은 어떤 매개자도 인정하지 않았다. 모든 신자는 예수 그리스도를 믿음으로 각자가 제사장적 존재가 되어 하나님 앞에 나아갈 수 있다.

그러나 너희는 택하신 족속이요 왕 같은 제사장들이요 거룩한 나라요 그의 소유가 된 백성이니 이는 너희를 어두운 데서 불러내어 그의 기이한 빛에 들어가게 하신 이의 아름다운 덕을 선포하게 하려 하심이라(벧전 2:9).

교회의 직제는 질서 잡힌 좋은 교회를 형성하기 위한 도구로서 필요한 것이다. 디오드레베는 바로 이러한 직제를 교회가 구축하도록 촉발시킨 장본인이 되었다. 디오드레베는 아직 직제를 제대로 갖추지 못한 초기 교회에서 이미 감독이라도 된 듯 주도권 장악에 혈안이 되었다. 장로 요한의 지도와 지시를 깡그리 무시하는 그의 작태에는 이러한 권위주의가 짙게 배어 있다. 그런 점에서 그는 비조직적 교회에서 으뜸 되기를 좋아한 권위주의자가 아니었을까 짐작해 본다. 그가 휘두른 잘못된 권위의식으로 교회는 크게 몸살을 앓아야 했다.

교회 바깥에서 경험하는 억눌린 정서를 교회 안에서 독선적 언행으로 해소하려는 디오드레베와 같은 이들이 현대 교회 안에도 늘 있기 마련이다. 예수 그리스도께서 몸소 보여 주신 '자기 비움'의 정신을 잃은 교회는 더 이상 그분의 교회가 아니다. '으뜸'보다는 '낮아짐'으로 섬기는 교회가 종의 형체로 이 땅에 내려오신 예수 그리스도가 원하시는 진정한 교회가 아니겠는가?

7부
탐욕

| 진리를 백안시하다 |

41

폭정과 탐미, 두 얼굴의 통치자
헤롯 대왕

본문　　마태복음 2:1-18
이름의 뜻　영웅의 아들

• 페르소나 뒤에 감춰진 폭군의 불안한 초상

　　미국 언론인 겸 만평가로서 코믹 저널리즘이란 새로운 장르를 개척한 조 사코의 《팔레스타인 가자 지구 비망록*Footnotes in Gaza*》(글논그림밭, 2012)은 팔레스타인 가자 지구의 비극적인 현실을 생생히 그린 만화다. 그는 이 만화를 통해 폭 11킬로미터, 길이 45킬로미터의 길고 비좁은 모래땅 팔레스타인 가자 지구에 갇혀 사는 팔레스타인 난민들의 비극적인 과거와 현재를 적나라하게 그렸다. 가자는 2천여 년을 나라 없이 떠돌던 유대인들이 1948년 팔레스타인에 이스라엘을 건국하면서 총칼로 내본 팔레스타인 난민 165만 명이 발붙이고 사는 곳이자, 지금도 이스라엘군의 무자비하고 반인륜적인 범죄가 자행되고 있는 곳이다. 1967년, 아랍 연합군을 상대로 싸운 6일 전쟁을 승리로 이끈 이스라엘군 참모총장 모세 다얀Moshe Dayan은 이렇게 연설한 바 있다.

　　우리가 이스라엘을 건국하면서 총칼로 몰아낸 팔레스타인 난민들에게는 다른 선택이 없다. 고향을 강제로 빼앗기고 부모 형제가 죽임 당한 팔레스타인인들의 증오를 우리는 직시해야 한다. 우리가 한눈팔고 마음을 놓는 순간, 팔레스타인들은 우리가 만든 증오에 불타 우리를 죽이고 말 것이다. 그들의 증오와 복수를 억누르고 우리의 생존을 지키기 위해, 우리는 더욱 강한 무력으로 팔레스타인 사람들을 짓눌러야 한다.▲

21세기의 팔레스타인은 야만과 폭력의 현장이다. 이스라엘의 폭력적 약탈과 살해, 땅과 재산을 빼앗긴 팔레스타인 난민들의 증오와 복수, 그리고 서방 제국을 등에 업은 이스라엘의 더 강력한 폭압이 서로 맞물려 확대 재생산되는 비극이 소용돌이치는 곳이 팔레스타인이다. 작금의 팔레스타인의 이런 비극적 현실은 1세기를 전후한 팔레스타인의 상황과 크게 다를 바 없다. 다만 바뀐 것은 1세기의 피지배자가 이스라엘 백성이었다면, 21세기의 피지배자는 그 땅의 주인 행세하는 이스라엘의 압제를 받고 있는 팔레스타인 난민들이라는 사실이다. 지배자와 피지배자는 바뀌었지만 팔레스타인은 여전히 야만과 비극의 현장으로 남아 있다.

현대의 팔레스타인 사람들이 민족의 이름으로 자행되는 이스라엘의 만행과 폭압에 시달리고 있다면, 서기 1세기 이전의 이스라엘 백성은 로마 제국을 등에 업고 권력의 정점에 선 헤롯 대왕의 압제에 눌려 있었다. 이두매(혹은 에돔) 출신인 헤롯 대왕이 선민의식으로 가득한 이스라엘 백성을 다스린다는 것은 장차 그 땅에 야기될 소요와 갈등

▲ 조 사코Joe Sacco의 위의 책에서 인용.

을 예고하는 것이었다.

사람은 누구나 폭군의 모습이 있다. 맹수가 숨긴 발톱을 드러내는 것처럼 그런 속성은 부지불식간에 마수를 드러내어 타인을 괴롭히고 해치는 법이다. 폭군은 실제로 강한 자라기보다는 자신의 연약함을 감추기 위해 페르소나*의 거짓 가면을 쓰고서 강한 체할 뿐이다. 자신이 쓰고 있는 페르소나를 떨어뜨렸을 때, 폭군은 그 뒤에 감추고 있던 자신의 부조리와 연약함이 드러날까 봐 심히 두려워한다. 그러한 두려움에서 신경증이 발병할 수 있고, 더욱 가학적이고 폭력적이 된다. 지도자의 자리에 오른 사람이 남들의 관심과 사랑을 독차지하려 하고 자신의 힘을 과시하려 할 때, 그는 폭군이 될 수 있다. 폭군은 대중의 마음이 다른 곳에 쏠리는 것을 참지 못한다.

잔혹한 공포 영화 중에 소름 돋는 페르소나를 쓴 살인마 캐릭터가 등장하는 영화들이 있다.** 영화뿐 아니다. 인류 역사를 비극으로 물들인 독재자들은 대중의 마음을 빼앗기 위해 페르소나를 썼다. '20세기의 쌍둥이 악마'로 불리는 히틀러와 스탈린은 그들이 쓴 페르소나에 열광한 수많은 독일인과 러시아인의 지지를 등에 업고서 피에 굶주린 독재자로 등극했다. 히틀러는 강한 민족주의자의 페르소나를, 스탈린은 공산주의 사회 건설을 위한 혁명의 아들이라는 페르소나를 쓰고 대중들을 선동했다. 다양한 페르소나를 자유자재로 바꾸어 쓴 위장의 귀재 스탈린에 비해 히틀러는 한 수 아래여서 전쟁에서 패배했는지도

▲ '연극의 가면'을 뜻하는 라틴어에서 유래한 단어 '페르소나*persona*'는 인간이 집단 속에서 살아가기 위해 본래의 자기 얼굴 위에 덧씌우는 일종의 '사회적 가면'을 뜻한다.
▲▲ 예를 들면, Prom Night, My Bloody Valentine, The Collector, Jason, The Scream, The Texas Chain Saw Massacre 등.

모르겠다.

유대인들의 입장에서 이방인인 헤롯 대왕은 그들의 환심을 사기 위해 두 개의 다른 페르소나를 번갈아 쓰면서 그들을 통치했다. 때로는 그들의 환심을 사려는 탐미적 성향의 페르소나를 썼다가도 자기 주변에 조금이라도 불온한 기온이 감돌면 폭력적 성향의 페르소나로 교체했다. 유대 사회에서 이방인이자 비주류라고 스스로 인식한 자신의 출신과 정체성이 낳은 불안과 조바심은 그의 신경증을 더욱 악화시켰고, 그의 야만과 폭거는 팔레스타인 땅을 옭아매기에 이르렀다.

• 헤롯 대왕, 폭정과 탐미의 두 얼굴로 팔레스타인을 다스리다

헤롯 대왕이 신약성서의 무대에 등장하는 것은 마태복음에서 예수님의 탄생을 둘러싼 일련의 사건과 관련해서다. 한 별을 따라 동방에서 온 박사들이 '유대인의 왕'으로 태어나신 이에게 경배하러 왔다(마 2:2)고 하자 자신의 왕권을 잃을까 봐 헤롯은 두 살 이하의 유아들을 무참히 학살하라는 명령을 내렸다(마 2:16). 권력 투쟁의 광기에 사로잡힌 독재자들이 그러하듯 헤롯 대왕에게는 가족조차 의심의 대상이 되었다. 결국 그는 병적인 강박관념에 사로잡혀 가장 사랑했던 아내 미리암과 장모를 살해했고, 세 아들과 무수한 신하들을 처형했다. 헤롯 대왕에 대해 로마의 아우구스투스 황제가 "그의 아들들보다는 차라리 헤롯의 돼지들의 처지가 낫다"는 촌평을 했다고 하니, 그의 광기 서린 잔인함은 당시 제국에 널리 회자된 가십거리였던 모양이다.

헤롯 대왕은 이두매 출신인 안티파터와 나바테아 왕국 페트라의 공주 키프로스 사이에 태어난 둘째 아들이다. 아버지 안티파터가 로마의 유력자들과 친분을 유지한 덕에 헤롯 대왕은 25세 때 갈릴리 총독으로 임명되었다. 그후 로마 원로원의 지지로 유대인의 왕으로 등극하여 34년간▲을 다스렸다. 그는 정신적으로나 육체적으로 큰 고통 속에 살았으며 정서적으로 늘 불안해했다. 끊임없는 의심, 모함과 처형으로 얼룩진 헤롯 대왕의 가정사는 주전 4년 봄에 극심한 고통 속에서 그가 죽음으로써 일단락되었다. 헤롯 대왕은 유언을 통해 자기 영토를 살아남은 세 아들 아켈라우스,▲▲ 안티파스▲▲▲와 빌립▲▲▲▲에게 나누어 주었다.

헤롯 대왕은 뛰어난 외교술과 정치 감각으로 팔레스타인 지역을 둘러싼 격동의 정국을 헤쳐 나갔지만 자신의 통치에 반대하는 자들을 무참히 살해한 무자비한 정치가였다. 또한 그가 다스리던 전 영토를 로마의 건축술로 치장한 뛰어난 건축가였고, 농업을 장려하여 유대의 경제적 기반 확충에 힘쓴 선견적인 통치자였지만, 경찰국가를 조성하여 살벌한 공포정치를 일삼았다. 헤롯 대왕은 곳곳에 궁궐, 극장, 원형 경기장, 요새(특히 마사다)를 세웠는데, 솔로몬 시대의 영광을 추억하며 솔로몬 성전의 두 배 크기(길이 457m, 폭 297m)로 화려하게 지은 예루살렘 성전은 고대 세계에서 가장 놀라운 건축물 가운데 하나였다. 예루살렘 성전은 유대인들의 통치자로서 이방인이라는 태생적 한계를

▲ 주전 37년~4년까지 통치.
▲▲ Archelaus: 주전 23년~주후 18년경까지 유대, 사마리아, 이두매 지역을 통치한 분봉왕.
▲▲▲ Antipas: 주전 20년~주후 39년까지 갈릴리 지역을 통치한 분봉왕.
▲▲▲▲ Philip: 주전 4년~주후 34년까지 이두래와 드라고닛 지역을 통치한 분봉왕.

지오토, 〈영아 학살〉, 1304년경, 프레스코, 파도바, 스크로베니 예배당

극복하고 유대인들의 환심을 사려 한 헤롯의 정치적 야망이 깃든 원대한 건축 프로젝트였다.

마가복음에서 묘사된 예수님의 반反도시적 정서는▲ 헤롯 대왕이 광기와 야망으로 쌓아 올린 도시를 향한 부정적 시각이 반영된 예수님의 일종의 무언의 저항이었으리라.

▲ 마가는 '도시'라는 단어를 8회 사용한 데 비해, 마태는 27회나 사용했다.

• 거짓 페르소나를 벗고서 코람 데오

네덜란드 화가 빈센트 반 고흐는 평생 12점의 자화상을 그렸다. 그가 그린 자화상의 대부분은 권총으로 자살하기 3년 전에 시작해서 주로 정신병원에 입원해 있을 때 그린 작품이다. 그의 자화상에는 죽음에 이르기까지의 그의 표정이 낱낱이 담겨 있다. 자살로 생을 마감하는 날이 가까울수록 그의 모습은 점점 더 침울해지고 얼굴은 말라 가고 퀭한 두 눈은 광기에 젖어 가고 있다. 죽기 전 자화상을 완성하고 나서 고흐는 이렇게 말했다고 한다.

내 자화상은 그대로 하나의 거대한 거짓말이다.

고흐의 탄식처럼, 나라는 존재도 하나의 거대한 거짓말 그 자체다. 남에게 잘보이고 인정받기 위해 말과 행동을 꾸민다. 내가 하는 말과 행동은 모두 남에게 보이기 위한 것일 때가 많다. 그러나 그것은 실제의 내가 아니다. 인생 무대에서 관객을 향해 연기하는 배우처럼 나는 다양한 가면을 쓰고 나 아닌 나로 살아간다. 다양한 페르소나를 쓰고 연기하는 배우처럼.

'페르소나'는 위선과 같은 부정적인 뜻으로만 쓰이는 말은 아니다. 자신이 속한 집단이나 조직이 요구하는 태도와 생각, 행동 규범과 역할 등에 코드를 맞춘 '외적 인격'을 의미한다. 다시 말하면 사회적으로 드러나는 '표면자아'다. 우리나라 탈춤에서 각시탈을 쓰면 각시 노릇을 하고 양반탈을 쓰면 양반이 되는 것처럼, 사람은 살아가면서 여러 모습의 탈을 썼다 벗었다 하게 된다. 사회생활을 하면서 우리는 각자의 역할과 기능에 맞게 연극 무대에 선 배우와도 같이 살아간다. 속한 계층, 직업, 문화, 인종, 국적과 상황에 따라 각기 다른 페르소나를 쓰며 제 역할을 수행하는 것이다. 따라서 페르소나는 환경에 따라 다른 모습을 보이는 속성이 있다.

'페르소나'는 고대 그리스의 배우들이 쓰고 연기했던 '가면'을 가리키는 말로, 필요할 때 쓰고 벗어 버리면 되는데, 어떤 페르소나를 자신의 자아와 동일시함으로써 그 가면을 벗지 않을 때 문제가 생기게 된다.

페르소나는 내가 나로서 있는 것이 아니라, 다른 사람들에게 '보이는 나'를 더 중요하게 생각하는 특징이 있다. 페르소나에 따라 살아가는 것은 주변의 시선을 의식하며 타인의 기대에 맞추어 살아가는 것을 의미한다. 페르소나는 본질적으로 가상이며 진정한 자기는 아니기 때문에 페르소나에 대한 맹목적인 동일시는 심리적 문제를 낳는다.

서양 문화를 유죄와 무죄의 문화라 한다면, 동양 문화는 수치와 명예의 문화라 할 수 있다. 공적으로 옳고 그름을 따지는 서양의 문화에 비해 동양 문화는 개인이나 가문의 체면을 중시하는 경향이 있다. 우리말 가운데 페르소나에 해당하는 말로는 '체면', '낯/얼굴', '본분', '도리'가 있다. 체면 문화를 반영하는 이런 단어들은 '연극의 가면'을 뜻하는 페르소나와 쉽게 상응한다. '뵐 낯/면목이 없습니다'라든가, '제 체면을 생각해 주십시오'라든가, '도리를 다하지 못했습니다' 등과 같은 표현은 페르소나가 강조되는 한국 사회의 언어적 특징이다. 누군가가 체면과 도리를 들먹이며 도와달라고 청할 때, 우리는 쉬 뿌리치지 못하여 공적인 일에서 옳고 그름에 눈감아 버리고 만다. '우리가 남이

'가'라는 말에도 연줄로 통하는 한국 문화의 정서가 흠씬 묻어 있다.

한국 사회에서 페르소나를 가장 많이 강요당하는 사람들이 성직자가 아닌가 생각한다. 사람들은 자기 본연의 모습이 아니라 다른 여러 가지 페르소나를 각기 다른 상황에 따라 쓸 수 있는 목회자를 유능한 목회자로 여긴다. 페르소나가 바깥으로 드러난 외적 인격이라면 내면에 감추어진 내적 인격도 있을 것이다. 외적 인격에 의해 억압된 성격인 내적 인격은 당연히 외적 인격과 반대의 성향을 띤다. 자아와 페르소나를 동일시하면 자신의 내적 인격을 볼 수 없게 된다. 자신의 자아와 타인에 의해 길들여진 거짓 페르소나 사이에 동일시가 일어나면 목회자는 공허함과 허위의식에 사로잡혀 자칫 신경쇠약이나 과대망상증에 시달리게 된다. 보통은 페르소나와 내적 자아가 일치하지만, 이 둘 사이의 불일치가 일어날 경우 우리는 '가식'이라 부른다.

교회가 대형화하면 목회자가 주님 대신 교회의 주인 노릇 하려는 유혹에 쉽게 빠질 수 있다. 일부 목회자들은 '그리스도 안에서' 참된 자아를 세워 가기보다는 그런 대형 교회의 목회자를 흉내 내는 모방적 페르소나로 깊이 병들어 가고 있다. 섬김과 봉사의 위치에 있어야 할 목회자가 서서히 권력화, 관료화되어 변질할 수 있는 것도 거짓 페르소나를 자신의 자아와 동일시하는 어리석음이 낳은 결과다. 자아와 거짓 페르소나의 일치는 인격의 분열과 영성의 죽음을 가져온다.

건물 크기와 교인 수와 헌금 액수로 목회의 성공 여부를 가늠하는 목회 현장 이야기는 외식과 체면 문화에 물든 한국 교회의 고질적인 병폐다. 목회자이기 전에 '코람 데오_coram Deo_', 즉 '하나님 앞에' 선 것처럼, 진실한 한 인격이 되려고 자신의 내면을 늘 돌아보는 이들만이 성결함을 지키며 생명의 목회를 할 수 있다. 거짓의 페르소나를 벗어 버리고 '하나님 앞에' 선 거룩한 인격을 지닌 목회자들이 한국 교회의 희망이다.

42

위장된 평화를 가져온 로마 제국의 초대 황제

아우구스투스

본문　　누가복음 2:1
이름의 뜻　존엄한 자, 숭고한 자

• 로마 제국, 공화정에서 제정으로

주전 44년 3월 15일, 원로원에 등원하려던 율리우스 카이사르▲는 공화정을 지지하는 마르쿠스 브루투스Marcus Junius Brutus 일파에게 무참히 살해된다. 그날 법무관 브루투스는 집정관 카이사르(가이사)를 사택에서 원로원 회의장으로 데려오는 임무를 맡았다. 당일 아침 카이사르는 아내 칼푸르니아에게서 그녀가 꾼 불길한 꿈 이야기를 들었지만 무시하고, 그를 향해 한껏 살의를 품은 채 현장 안으로 들어가고야 말았다. 폼페이우스 대극장에서 원로원 회의가 시작되기 직전, 브루투스는 카이사르를 반대하는 열세 명과 함께 카이사르를 둘러싸고는 숨기고 간 단도로 마구 찔렀다. 카이사르는 자신의 비참한 최후를 의식한 듯 토가 자락을 몸에 감으면서 쓰러졌다. 그가 입은 상처는 모두 스물세 군데였다. 이들은 카이사르가 공화정을 뒤엎고 제정을 펼칠 것이

▲ Gaius Julius Caesar: 고대 로마의 정치가, 장군, 작가. 로마 공화정이 제정으로 바뀌는 데 중요한 역할을 했다.

라고 확신했기 때문에 살해한 것이다. 카이사르의 암살 후 로마는 극도의 혼란에 빠져들며 내전으로 치달았다. 독재자였으나 민중의 지지를 받는 개혁가이기도 했던 카이사르의 죽음으로 성난 시민들이 폭동을 일으킨 것이다. 결국 반反 카이사르 세력들은 로마를 탈출해 몰락하고 만다. 이 내전의 와중에서 서서히 부상하는 이가 있었으니, 카이사르의 조카로서 카이사르의 유언에 따라 양아들이 되었던 옥타비아누스다.

옥타비아누스는 로마 남동쪽 벨리트라이의 유서 깊고 부유한 집안에서 태어났다. 아버지는 옥타비아누스 집안에서 처음으로 로마 원로원의 의원이 된 인물이고, 어머니 아티아는 율리우스 카이사르의 누이 율리아의 딸이기에 어린 그가 로마에서 공직 생활을 시작할 수 있었던 것은 카이사르의 도움이 컸다. 카이사르와의 이런 관계 때문에 옥타비아누스는 그를 살해한 이들에 대한 복수를 결심했고, 동유럽에서 암살을 주도한 원로원의 군단과 맞붙은 두 번의 전투에서 승리했다.

정치권력의 분산을 원했던 원로원의 뜻에 따라 옥타비아누스는 마르쿠스 안토니우스Marcus Antonius, 마르쿠스 레피두스Marcus Aemilius Lepidus와 삼두정치 체제로 통치권을 나누어 가졌다.▲ 이후 옥타비아누스는 삼두정치를 파기하고 안토니우스와 레피두스와의 정치적 결투에서 승리한 후 권력을 독점하게 되었다. 특별히 옥타비아누스는 주전 31년 악티움 해전에서 이전에는 정치적 동료였지만 이제는 정적이 된

▲ 이를 제2차 삼두정치라 한다. 참고로 제1차 삼두정치는 그나이우스 폼페이우스 마그누스 Gnaeus Pompeius Magnus, 마르쿠스 리키니우스 크라수스Marcus Licinius Crassus와 가이우스 율리우스 카이사르가 맺은 비공식적인 협정이다.

안토니우스와 과거 카이사르의 연인이었지만 이제는 안토니우스와 혼인한 클레오파트라의 함대를 격퇴하면서 로마 권력의 정점에 서게 된다. 주전 27년 원로원은 그에게 '아우구스투스(아구스도)', 즉 '숭고한 자'라는 호칭을 부여했다.

아우구스투스의 출현으로 로마는 공화정에서 카이사르가 터 닦은 제정으로 넘어가게 되었고, 그는 명실공히 초대 황제가 되었다. 이후 아우구스투스는 로마사에서 가장 강력한 군사력과 풍부한 재원과 자원으로 40년간의 평화 시기를 이끌다 주후 14년 80세의 나이로 사망했다. 그가 통치한 시기를 우리는 '팍스 로마나', 즉 '로마의 평화 시대'라 부른다. 그는 역사상 가장 위대한 행정의 천재 가운데 한 사람이었다. 그가 행한 광범위한 개혁은 쇠퇴하고 있던 공화국을 왕정으로 탈바꿈시켜 이후 수세기 동안 로마 제국의 기틀을 마련했다. 초기 교회가 그리스도의 복음을 널리 전할 수 있었던 것도 아우구스투스 시대에 구축된 인프라 덕분이었다. 로마 제국 전역에 깔린 안전한 도로와 항로를 따라 복음의 길도 확장되었다. 그러나 아우구스투스가 이룩한 평화의 시대에 그와는 다른 방식으로 이 땅에 평화를 주시기 위해 왕으로 태어나신 분이 계셨다. 예수 그리스도의 도래는 공화정에서 제정으로 바뀌는 로마의 격동기와 맞물려 이후 세계사의 판도에 엄청난 변혁을 불러왔다.

• **아우구스투스, 로마 제국의 초대 황제로 위장된 평화를 가져오다**

소위 로마의 황금기를 연 황제 아우구스투스의 통치기에 베들레

헴 어느 말구유에서 무관無冠의 왕으로 한 아기가 태어나셨다. 제국 백성들에게 세금을 징수하기 위해 "천하로 다 호적하라"(눅 2:1)는 아우구스투스의 칙령에 따라 그의 부모 요셉과 마리아는 고향 베들레헴을 찾게 되었다. 이리하여 로마가 유례 없는 평화를 구가하던 역사의 현장에 새 시대를 열 아기 예수님이 태어나신 것이다. 로마 황제 아우구스투스가 실현한 '로마의 평화'와 당대 무명의 왕으로 이 땅에 오신 예수님으로 개방된 '하나님의 평화', 둘 중 어느 것이 인류에게 진정한 평화를 주는가? '팍스 로마나'는 무차별한 무력에 의해 피로 물든 평화요, 위로부터 규정되고 권력의 중심으로부터 설정된 거짓 평화였다. 당대 식민지 백성들을 로마의 막강한 군사력과 폭력 앞에 숨죽이게 하며 막대한 재산을 수탈하면서 이룬 위장된 평화였다. 그것을 위한 정치적 선전과 그에 따른 무자비한 실행의 자취가, 로마 제국 곳곳에 세워진 피로 물든 십자가였다. 바울은 피 묻은 검이 아닌 십자가에서 흘리신 그리스도의 피로 이룬 평화를 선포했다.

> 그분의 십자가의 피로 평화를 이루셔서, 그분으로 말미암아 만물을, 곧 땅에 있는 것들이나 하늘에 있는 것들이나 다, 자기와 기꺼이 화해시켰습니다(골 1:20, 새번역).

이 땅의 폭력을 종식시키고 진정한 평화를 가져오기 위해 장차 그 십자가에 달리실 한 아기의 탄생을 하늘은 다음과 같이 노래한다.

> 지극히 높은 곳에서는 하나님께 영광이요 땅에서는 기뻐하심을 입은 사

람들 중에 평화로다(눅 2:14).

• 검과 십자가, 세상을 통치하는 다른 두 가지 방식

아우구스투스와 카이사르 모두 어디까지나 권력을 위해 살고 죽은 사람들이다. 그들은 권력이라는 목표를 위해선 더없이 잔인하고 비도덕적으로 변할 수 있었고, 권력이라는 목표에 훼방이 되지 않는다 생각하면 한없이 인자하고 너그러울 수 있었다. 인간의 눈으로 보면 그들은 영웅이다. "로마는 하루아침에 이루어지지 않는다"는 말처럼, 아우구스투스와 같은 탁월한 왕들이 있었기에 로마는 패권을 쥘 수 있었다. 그러나 잔인한 정복 전쟁과 식민지 백성들의 희생에 바탕을 둔 팽창이었다.

검을 든 왕들이 제국의 영토를 확장하는 동안 그들의 검에 숱한 목숨들이 스러졌다. 그뿐인가, 로마에 반기를 든 이들을 제국 곳곳에 세운 잔인한 십자가 형틀에 달아 통치 권력에 저항하는 행위의 어리석음을 널리 선전하려 했다. 아우구스투스가 무력으로 이룩한 평화의 시기에 예수님은 이 땅에 왕으로 오셨지만 로마 제국의 잔인한 권력의 상징이던 바로 그 십자가에 스스로 달리셨다. 모순일 수밖에 없는 왕과 십자가의 조합을 몸소 삶으로 사신 분이 예수님이다. 왕이 십자가를 지는 이 역설이 세상을 바꾸어 놓았다. 가장 높으신 분이 가장 낮아져야 했던 복음의 비밀이 로마 황제의 길과 충돌했다. 세상 권력을 전복시켜 놓은 왕의 십자가가 복음의 비밀이다. 이 비밀과 관련하여 바울은 다음과 같이 선포했다.

십자가의 말씀이 멸망할 자들에게는 어리석은 것이지만, 구원을 받는 사람인 우리에게는 하나님의 능력입니다(고전 1:18, 새번역).

우리는 십자가에 달리신 그리스도를 전합니다. 그리스도가 십자가에 달리셨다는 것은 유대 사람에게는 거리낌이고, 이방 사람에게는 어리석은 일입니다(고전 1:23, 새번역).

왕이자 하나님의 아들이 십자가에 달리는 이 극적 모순에 일부는 걸려 넘어지고 일부는 그 십자가 사건을 어리석은 일로 치부했다.▲ 뉴욕 맨해튼 소재 리디머장로교회 담임목사이자 21세기의 C. S. 루이스라는 찬사를 받고 있는 팀 켈러Timothy J. Keller는《왕의 십자가King's Cross》(두란노, 2013)에서 선교 역사학자 앤드류 월스Andrew F. Walls의 말을 인용했다. 월스는 다른 종교들의 경우에는 하나같이 발생지가 지금까지 중심지로 남아 있지만, 기독교만은 예외라는 사실을 지적했다. 그는 "기독교의 중심지는 끊임없이 이동 혹은 순례하고 있다"고 하면서, 그 이유를 기독교의 중심에 있는 낮아짐, 즉 십자가의 낮아짐에서 찾았다. "기독교의 중심이 권력과 부를 떠나 끊임없이 이동한다"는 것이다. 팀 켈러는 앤드류 월스의 주장과 관련하여 낮아지는 왕의 십자가가 복음의 비밀이요 핵심임을 이야기한다. 켈러는 "예수님의 이야기를 통해 보면, 세상 전체의 이야기와 그 세상 속에서 우리 자신의 위치를 가장 분명하게 이해할 수 있다"고 주장했다.

▲ '거리낌'에 해당하는 헬라어 단어는 '스칸달론σκάνδαλον'으로 덫, 올가미, 유혹, 장애물을 뜻한다.

가롯 유다를 내세워 검과 몽치를 들고 예수님을 잡으러 온 무리들을 향해 예수님은 말씀하셨다. "칼을 가지는 자는 다 칼로 망하느니라"(마 26:52). 검을 들고 영토 확장 전쟁을 치른 정복자들은 망했지만, 십자가의 길을 걸은 순례자의 길은 지금까지 이어지고 있다. 인생 전체를 바쳐 제단에 드리는 삶이 십자가의 길이다. 검으로 이룬 군사적 정복을 통해 세상에 평화가 도래했다고 알린 것이 로마 황제가 전한 복음이라면, 십자가의 낮아짐과 희생을 통해 죄와 죽음을 극복하고 하나님의 통치가 가져온 평화를 선포하는 것이 예수 그리스도가 전한 복음이다. 검과 십자가는 세상을 통치하는 완전히 다른 두 가지 방식에 대한 상징이다.

그리스도인이 선택해야 할 길은 십자군의 길Way of the Crusaders이 아닌 십자가의 길Way of the Cross이다. 십자군의 길은 검을 든 로마 황제의 길과 같다. 그 길은 십자가에 자신을 다는 것이 아니라 사랑해야 할 원수를 다는 길이다. 역사를 돌아보면 기독교가 이러한 유혹을 강하게 받았을 때는 십자가가 아닌 권력과 부를 가까이할 때였다. 자신이 거둔 권력과 부에 반대하는 자들은 십자가 처형의 대상이었기 때문이다. 십자가가 정복을 상징하는 검과 같이 되는 순간, 기독교는 더 이상 그리스도의 종교가 아니다.

43

비정한 권력의 칼을 든 여인

헤로디아

본문　　마태복음 14:1-12; 마가복음 6:14-29
이름의 뜻　영웅의 딸

• 수치와 명예, 지중해 문화를 엿보는 창

2008년 12월 14일, 바그다드에 있는 이라크 정부 건물의 기자 회견장에서 연설을 마치던 조지 W. 부시 대통령에게 누군가가 "이 개야, 너를 위한 작별의 키스다"라고 외치면서 느닷없이 신발 한 짝을 벗어 냅다 던졌다. 신발을 벗어 던진 이는 이집트 알 바그다디아 TV의 문타다르 알 자이디 특파원이었다. 그는 곧바로 두 번째 신발을 집어던지면서 "이것은 (전쟁) 미망인과 고아들 및 이라크에서 살해된 이들이 주는 것"이라고 외쳤다. 아랍 문화에서는 사람에게 '개'라고 욕하며 신발을 던지는 것은 최대의 수치를 가하는 모욕적인 행동이다.

예나 지금이나 지중해를 끼고 있는 지역에서는 '수치와 명예'를 다양한 방식으로 표현했다. 자신이 당한 수치의 대가로 상대의 목숨을 빼앗는 일도 다반사다. 집안이나 가문의 명예를 더럽혔다는 이유로 가족 구성원들에게 살해당하는 '명예살인honor killing/murder'은 지금도 여전히 벌어지고 있다. 이러한 명예살인을 다룬 영화가 2008년 개봉되

385

어 세계적인 반향을 불러일으켰다. 이란의 한 작은 마을을 배경으로 일어난 실화를 다룬 〈소라야 M.의 더 스토닝The Stoning of Soraya M.〉은 이란계 미국인 사이러스 노라스테Cyrus Nowrasteh 감독이 영상화하여 서구 사회에 명예살인의 비인도적 잔인함에 대해 경종을 울린 수작이다. 줄거리는 대략 이렇다.

1986년, 프랑스의 저널리스트 사헤브잠의 차가 이란의 한 마을에서 고장난다. 그런데 어딘가로 황급히 발걸음을 옮겨 가던 마을 여인 자흐라는 사헤브잠을 발견하고 감시하는 마을 사람들의 시선을 피해 어제 발생한 조카 소라야의 비극적인 죽음에 대한 이야기를 들려준다. 사헤브잠이 그녀의 간곡한 목소리를 녹음기에 담는 것을 시작으로 소라야의 처참한 죽음을 둘러싼 영상이 비극적 클라이맥스를 향해 전개된다. 걸핏하면 폭력을 일삼는 남편 알리는 조강지처인 소라야를 버리고 열네 살 난 소녀와 결혼하려고 그녀가 부정을 저질렀다며 몰아세운다. 알리의 모함에 놀아난 동네 사람들은 소라야를 허리까지 땅 속에 묻고는 그녀를 향해 목숨이 끊어질 때까지 돌을 던진다. 무엇보다 끔찍하고 잔인하고 비인도적인 것은 소라야의 아버지가 딸에게 먼저 돌을 던지고, 뒤따라 아버지의 강요로 그녀의 어린 두 아들이 돌을 던지는 장면이다. 영상으로 처리된 마지막 장면이 너무나 끔찍하고 잔혹했지만, 실제의 투석형보다 잔인하지는 않을 듯하다.

2008년, 열세 살의 소말리아 소녀가 천여 명의 군중 앞에서 50명의 남자들에게 투석형을 당하는 사건이 발생했다. 소녀의 죄목은 강간을 당했다는 것이었다. BBC는 그 소녀가 매장되기 전에 "날 죽이지 마세요. 죽이지 마세요"라며 애원했다고 보도했다. BBC의 보도에 따르면 투석형을 집행하는 동안 간호사들은 소녀가 살아있는지 확인했다고 한다. 구덩이에서 꺼낸 소녀가 아직 옅은 숨을 쉬고 있다고 확인되자 다시 소녀를 구덩이에 넣고 숨이 끊어질 때까지 투석형을 계속했다고 한다.

파키스탄의 법학자이자 대표적인 인권 운동 지도자인 아스마 자한 기르Asma Jahangir에 따르면 매년 전 세계 여성 5천여 명이 명예를 이 유로 살해되고 있다. 그러나 공식적인 수치일 뿐, 자살이나 사고로 위 장된 것까지 포함하면 실제로는 그보다 더 많을 수 있다고 한다. 여성 에게 가해지는 최후의 형벌인 명예살인은 여성의 단정치 못한 행동 을 가문의 수치로 여긴 가족 구성원들이 자행하는 것으로, 지금도 이 슬람권 국가에서 행해지는 악습 중의 악습이다. 명예 특히 '이르드ird' 는 여성에게만 해당하는 명예로, 일반적으로 여성성, 여성의 성욕, 젊 은 여성의 혼전 순결, 배우자의 정절, 과부와 이혼한 여성의 정절까지 를 범위로 둔다. 명예살인 희생자의 절반 이상이 18세에서 29세 미만 의 젊은 여성으로 주로 아버지, 남자 형제, 남편에게 죽임을 당했다. 이 러한 명예살인은 명예를 절대적 가치로 여겨 명예를 더럽히는 수치에 대해서는 가차없이 응징하는 문화가 낳은 악습이기도 하다.

'수치와 명예'는 성서의 무대가 되는 지중해 지역의 문화를 이해할 수 있는 렌즈이자 코드인 셈이다. 복음서의 각 장을 장식하는 수많은 설전舌戰도, 형이 죽고 난 후 아래 형제가 그 형수를 아내로 맞이하는 시형제 결혼▲도 이러한 수치와 명예의 문화와 맞물려 있다 하겠다. 자

▲ 媤兄弟 結婚: '수혼법', '형사 취수제', '수숙혼'이라고도 한다. 참조. 신 25:5-10.

신과 자신이 속한 공동체가 당한 수치에 맞대응한 경우를 다윗과 골리앗의 이야기에서 볼 수 있다. 다윗은 물맷돌 하나로 블레셋의 거인 골리앗을 넘어뜨리고 그의 목을 벤다. 골리앗의 머리는 실추된 다윗과 이스라엘 민족과 하나님의 명예를 되찾았다는 공적인 상징 행위였으며, 다윗은 궁극적으로 그의 적 블레셋을 수치스럽게 함으로써 그와 민족의 승리를 확증했다(삼상 17:49-50).

세례자 요한에게 수치를 당한 후 마음속으로 비수를 갈다가 결국 그의 목을 친 비정한 여인이 있었다. 그녀는 세례자 요한이 자신과 헤롯 안디바의 불륜을 공개적으로 비난했을 때 수치를 느꼈을 것이다. 이후 그녀는 세례자 요한을 참수함으로써 자신이 당한 수치에 대해 잔인하게 복수한다. 이 잔인한 복수극에 남편과 딸까지 끌어들인 여인의 이름은 헤로디아다.

• 헤로디아, 비정한 권력의 칼을 들다

헤롯 안디바는 헤롯 대왕의 아들로, 갈릴리와 베뢰아 지역을 다스리는 분봉왕이었다. 다른 아들들에 비해 아버지 헤롯을 빼다 박은 그는 로마 당국의 비위를 적절히 맞추어가면서 그럭저럭 정치를 잘해 나갔다. 그는 갈릴리 서안에 로마 황제 디베료▲의 이름을 따서 디베랴 Tiberias라는 신도시를 건설하기도 했다. 헤롯 안디바는 재임 초기에 나바테안 왕 아레타스의 딸과 혼인하여 20년 넘게 결혼생활을 하다가

▲ 티베리우스Tiberius: 로마 제국의 제2대 황제.

고촐리, 〈헤로디아의 딸의 춤〉, 1461~62년, 유채, 워싱턴, 내셔널 갤러리

이복형 아리스토불루스의 딸이요, 이복동생(분봉왕 헤롯 빌립과는 다른) 헤롯 빌립의 아내 헤로디아에게 반하여 그녀를 빼앗아 아내로 삼아 버렸다.

당시 헤롯 안디바와 헤로디아의 애정 행각이 세인들의 입에 오르내릴 정도로 가십거리가 된 모양이었다. 이 잘못된 결혼을 강한 어조로 여러 차례 비판한 이가 있었으니, 그가 세례자 요한이다. 군중의 여론을 두려워한 나머지 헤롯 안디바는 세례자 요한을 처형하지 못하고 감옥에 가두어 버렸다. 헤로디아는 헤롯 안디바의 생일 연회가 있는 날, 세례자 요한의 목을 칠 기회를 엿보고 있었다. 연회가 무르익어 갈 즈음, 그 둘 사이에서 태어난 딸 살로메가 매혹적인 춤으로 좌중을 사로잡았다. 취기와 기쁨으로 한껏 고조된 헤롯 안디바는 살로메에게 소

원을 말하면 무엇이든 들어주겠다고 맹세했다. 귓속말로 헤로디아와
속삭이던 살로메는 헤롯 안디바에게 세례자 요한의 목을 요구했고, 그
것도 참수 후 쟁반에 담아 연회장에 모인 모든 무리들 앞에 가져오라
는 것이 아닌가. 시위를 떠난 화살처럼 자신이 한 말을 돌이킬 수 없
음을 안 헤롯 안디바는 살로메의 청을 들어줄 수밖에 없었다. 이렇게
하여 비정한 한 여인이 휘두른 권력의 칼에 여인이 낳은 자 중 가장
위대한 인물이 스러졌다.

• 숨은 부끄러움의 옷을 벗고서 빛의 갑옷을 입으라

우리나라는 예로부터 예의염치, 곧 예절과 의리와 청렴 그리고 수치
를 아는 태도를 중히 여겼다. 사람들이 어울려 함께 사는 데는 이 네
가지 덕이 꼭 필요하다고 하겠다. 그 가운데 '예禮'와 '의義'와 '염廉'은 긍
정적인 덕을, '치恥'는 부정적인 덕이라 할 수 있다. '치'는 이를테면 나
쁜 쪽으로 넘어가지 말고 좋은 쪽으로 매진하라고 하한선을 그어 주
는 덕이다. 그래서 '치'는 어떤 면에서 다른 덕들의 바탕 구실을 한다.
사실 사람들이 뻔뻔스러워서 부끄러움을 모르면 공동체가 바로 서지
못한다. 사회의 도덕 자체가 위협받게 된다. 그래서 영국의 평론가이자
역사가 토마스 칼라일은 "수치심은 모든 도덕의 원천이다"라고 말한
바 있다. 이 수치는 명예와 짝을 이루는 가치 체계다.

'명예'란 한 사람이 속한 사회에서 다른 사람들로부터 인정받는 긍
정적인 가치를 의미한다. 즉 타인에 의한 사회적 인정을 말한다. 명예
는 공적으로 승인된 가치에 대한 주장이다. '수치'는 명예의 반대어로

서 공적으로 부인되고 철폐된 가치에 대한 주장이다.▲ 따라서 수치는 한 인간의 개인적인 가치이기 이전에 그가 속한 사회나 문화의 가치 체계라는 넓은 영역에서 이해되어야 한다. 한 개인에게 수치감을 느끼게 하는 사회의 가치 체계로서의 수치가 과연 바르게 기능하고 있는지도 살펴보아야 한다.

어떤 사람이 그의 신분을 인정받지 못할 때, 그는 수치를 당하고 있는 것이다. 명예가 개인 자신의 내부에서 외부로 표출되는 것이라면, 수치란 외부에서 개개인의 내부로 향하는 특징이 있다. 즉 수치란 공중으로부터 인정받지 못하는 상황을 개인적으로 승인하는 것을 뜻한다. 주의할 것은, '수치를 당하다'라는 말은 항상 부정적이라는 점이다. 왜냐하면 부인否認당하거나 명예를 떨어뜨리는 것을 의미하기 때문이다. 다른 한편, '수치를 안다'는 말은 항상 긍정적인 의미. 어떤 사람이 자기 명예에 관심을 두고 있음을 뜻하기 때문이다. 즉 조금이라도 자존감이 있는 사람이라면 수치를 알아야 하며, 그렇다고 수치를 당하기를 바라지는 않는다.

따라서 수치가 무조건 나쁜 것은 아니다. 수치는 역기능뿐만 아니라 순기능도 있다. 적절하게 수치를 느낌으로써 개인은 사회의 구성원으로서 생활할 수 있다. 그러나 과도한 수치감은 정상적인 생활을 할 수 없게 하는 장애 요인이 된다.

예수님 당시 율법 준수는 하루 벌어 하루 연명하는 사람들에게는 버거운 짐이었을 것이다. 그들에게 율법 준수는 꿈같은 현실이었고, 율

▲ 브루스 말리나Bruce J. Malina의 《신약의 세계The New Testament World: Insights from Cultural Anthropology》(솔로몬, 2000) 참조.

법을 지키지 못하여 당하는 수치감과 하나님의 백성이 될 수 없다는 자괴감은 그들의 육체와 영혼을 병들게 했을 것이다. 이러한 현실 인식에 근거해 예수님은 "수고하고 무거운 짐 진 자들아 다 내게로 오라 내가 너희를 쉬게 하리라"(마 11:28)며 그들을 평안의 복음으로 초청하셨다. 예수님의 사역은 적절함과 부적절함을 율법의 잣대로 엄히 구분하는 유대 사회에서 수치 당하고 있는 사람들을 주위의 따가운 눈초리와 저주로부터 해방시키는 일이었다. 나병으로 사회에서 격리된 사람들을 제자리로 환원시켜 주셨다(눅 17:11-19). 길가에서 구걸하며 연명하던 맹인 바디매오의 시력을 회복시켜 주셨고, 그가 정상적인 생활을 할 수 있도록 도와주셨다(막 10:46-52). 로마 제국의 앞잡이가 되어 동족의 피를 빠는 매국노로 지탄의 대상이 된 세리장 삭개오에게 구원을 선포하셨다(눅 19:1-10). 간음하다 현장에서 잡힌 여인을 향해 투석하려고 모여든 군중의 즉결 재판으로부터 그녀를 구해 주셨다(요 8:3-11). 이 모든 일들이 수치의 음지에 있던 이들을 끌어내 명예의 자리로 회복시켜 주시는 사역이었다. 이렇듯 부끄러움 속에 자신을 감추고 사는 사람들을 방안시할 것이 아니라 그들로 하여금 빛의 자녀가 될 수 있도록 도와주는 것이 교회의 중요한 사명이다. "너희가 전에는 어둠이더니 이제는 주 안에서 빛이라 빛의 자녀들처럼 행하라"(엡 5:8).

신앙에 입문하는 것은 숨은 부끄러움의 옷을 벗어 버리고 빛의 갑옷을 입는 과정이다(참조. 고후 4:2; 롬 13:12). 심한 모멸감과 함께 수치를 경험한 사람은 다른 사람이나 집단들로부터의 인정과 위로를 통해 잃어버린 자아를 찾아야 한다. 그러나 그러한 수치로부터 건강한 삶을 영위할 수 있는 성숙된 자아는 하나님과의 진정한 만남을 통해 자란다. 수치스런 현실을 극복하는 것은 그가 속한 공동체의 끊임없는 관심과 사랑, 그리고 하나님의 은총을 경험함으로써 가능해진다. 그러나 죄악으로 인해 마음에 뿌리내린 수치로부터 자신을 회복하는 길은 참된 회개를 통해 죄악에서 돌아서는 것이다. 수치를 모를 때, 인간은 죄를 벗어나지 못한다(습 3:5).

헤로디아는 수치를 통해 회개에 이르기보다는 자신의 불륜을 공개적으로 비판한 세례자 요한을 향해 도리어 비정한 권력의 칼을 들었다. 자신이 느낀 수치를 보복으로 갚은 것은 그녀의 양심조차 죄악으로 깊이 병들었기 때문이다. 영혼의 법정과도 같은 양심조차 헤로디아의 악한 마음을 일깨우지 못했다. 세례자 요한의 목을 베어 그녀의 죄를 발고한 그의 입을 막으면 실추된 명예를 회복하리라고 생각했을 것이다. 십자가의 원수는 부끄러움을 영광으로 착각하는 자들이다(빌 3:19). 수치의 상징인 십자가가 우리에게 영광이 되는 것은 우리 대신 수치를 당하신 예수 그리스도의 피가 때 묻고 찌든 우리의 가슴을 말갛게 씻어 주기 때문이다. 예수님의 십자가는 우리를 죄와 죽음과 율법의 저주가 낳은 온갖 수치로부터 해방시켜 의와 생명과 영광으로 아로새겨진 명예의 전당으로 옮겨 놓으려는 하나님의 뜻이었다. 주님께서는 다시 오실 때 자기의 부끄러움을 보이지 않는 자에게 주실 복을 약속하셨다.

보라 내가 도둑같이 오리니 누구든지 깨어 자기 옷을 지켜 벌거벗고 다니지 아니하며 자기의 부끄러움을 보이지 아니하는 자는 복이 있도다(계 16:15).

44 | 포퓰리즘에 영합해 진리를 못 박은 총독
본디오 빌라도

본문　마태복음 27:1-2, 11-14, 19; 마가복음 15:15-16;
　　　누가복음 23:1-5; 요한복음 18:28-38
이름의 뜻　창을 가짐

• 포퓰리즘의 명암明暗

현대 정치판에서 자주 회자되는 단어 가운데 하나가 '포퓰리즘 populism'이다. 야당과 여당이, 좌익과 우익이 서로의 정책과 주장에 대해 주저 없이 '무책임한 포퓰리즘'이라고 쏘아붙이는 정견 발표를 자주 접하게 된다. 이 말은 선거용 선동이나 기회주의와 거의 동의어로 쓰이기도 하고, 정치적 경쟁자를 폄훼貶毁하기 위한 부정적인 욕설로 쓰이기도 한다. 상황이 이렇다 보니 포퓰리즘이라고 하면 '인기편승주의' 혹은 '대중영합주의'라는 부정적 의미가 대중에게 강하게 각인되었을 뿐만 아니라 단어가 지닌 좋은 의미마저 훼손되고 있다.

케임브리지 사전은 포퓰리즘을 "보통 사람들의 요구와 바람을 대변하려는 정치 사상과 활동"이라고 정의한다. 포퓰리즘은 라틴어 '포풀루스populus'에서 유래한 말로, 이는 '인민', '대중', '민중'이라는 뜻이며, 포퓰리즘은 '대중주의', '민중주의' 정도로 직역할 수 있는 말이다. 따라서 대중의 뜻을 따르는 정치 행태라는 점에서 부정적인 의미로만 몰아가는 것은 옳지 않다. 민주주의 국가에서 대중의 뜻을 받들고 다수 의견을 존중하는 것만큼 중요한 일이 어디 있는가? 민주주의democracy 의 유래가 되는 헬라어 '데모스δῆμος'는 '인민'을 뜻하는 말로, 포퓰리즘의 어원이 되는 '포풀루스'와 별 차이가 없다.

포퓰리즘의 기원을 놓고 의견이 분분하다. 고대 로마 시대에 정치가들은 인민들을 위해 공짜 빵과 서커스를 제공했다. 그 서커스에서 가장 인기 있는 것이 바로 콜로세움에서 벌어지는 사람과 맹수의 싸움이나 검투사들끼리의 생사를 건 결투였다. 개인적인 야망을 위해 이런 식으로 대중의 인기에 영합한 선동적인 정치가들을 '포퓰라레스 populares'라고 불렀다. 빵과 관련된 포퓰리즘의 예로는 주전 2세기 고대 로마 공화정 시대에 호민관 그라쿠스 형제Gracchi가 개혁을 위한 지지 확보를 위해 시민에게 땅을 나눠 주고 옥수수도 시가보다 싸게 판 사건을 들 수 있겠다.

어원으로 기원을 따지면 1891년 미국에서 결성된 인민당People's Party이 당원들을 포퓰리스트라고 부른 것이 뿌리가 됐다는 게 정설이다. 그들은 누진소득세, 상원의원 직선제, 교통 및 통신에 대한 정부 규제, 거대 기업간 담합 금지 등의 정책을 주장했다. 남부 농민들이 주축이 된 인민당은 기업가, 은행가, 대지주 등에 대항해 소농과 숙련 노동자들의 권익을 찾으려 했다. 인민당은 20년도 안 돼 해체되었지만 이들의 주장은 뒷날 민주당의 강령으로 흡수되어 거의 실현되었다.▲

포퓰리즘은 민주주의의 발전에 기여하기도 하지만, 대중의 인기에

▲ 위키백과Wikipedia, '포퓰리즘'에서

쉽게 영합할 수 있는 민주주의의 어두운 부산물이기도 하다. 대중인기영합주의라는 포퓰리즘에 대한 인식은 1940년대 아르헨티나의 페론▲ 정부 등 라틴아메리카에서 민주주의를 타락시킨 중우衆愚 정치의 결과를 바탕으로 생겨나고 통용된 개념에 기인한다. 페론 대통령의 대중인기영합주의 정책으로 아르헨티나 경제는 결국 파탄 나고 말았다. 바로 이 페론의 정책과 그 결과는 포퓰리즘이 오명을 쓰는 데 결정적인 역할을 했다. 그때부터 기성 질서 안에서 신분 상승을 꾀하는 정치지도자가 인민 주권 회복과 이를 위한 체제 개혁을 약속하며 감성을 자극하는 선동 전술을 바탕으로 전개하는 정치 운동의 이념으로 인식되었다.▲▲

현대 사회에는 소수의 권력 엘리트들이 언어 유희와 여론 조작을 통해 국민의 주권을 농락하는 일이 다반사로 일어나고 있다. 모든 정치 담론을 흑과 백, 좋거나 나쁜 것, 옳거나 그른 것으로 대립시키고 구획함으로써 전선을 명확히 하는 것도 불온한 포퓰리스트들이 곧잘 취하는 방식이다. 그들은 희생양과 원흉을 지목하여 적개심을 유발하는 선동도 일삼는다. 대중의 관심을 끌 수 있는 눈앞의 공약을 남발하지만 그것을 뒷받침하는 논리도 현실성도 결여하고 있다. 그들이 곧잘 떠벌리는 인민 혹은 대중도 실제로는 그들의 단기적 실리에 편승해 줄 '소모용 대중'일 뿐이다. 2천 년 전 유대 땅에 죄 없는 이를 희생양 삼아 자신이 직면한 정치적 위기를 모면하려 한 정치꾼이 있었다. 그는

▲ Juan Domingo Perón. 그의 두 번째 부인은 "Don't Cry for Me Argentina!"라는 유명한 유언을 남기고 떠난 에바 페론Eva Perón이다. 별칭은 '에비타Evita'.
▲▲ 서병훈의 《포퓰리즘: 현재 민주주의의 위기와 선택》(책세상, 2008)에서 발췌.

대중의 외침이 거짓임을 알았음에도 그들의 여론에 편승하여 진리이신 그분을 처형했다.

• 본디오 빌라도, 포퓰리즘에 영합해 진리를 못 박다

확고한 정치 철학 없이 잘못된 포퓰리즘에 영합하여 무죄한 의인을 십자가에 처형한 이가 있다. 본디오 빌라도다. 기독교 2천 년 역사에서 가룟 유다와 함께 빌라도는 두고두고 그리스도인들의 공공의 적으로 회자되었다. 유월절에 제사장들과 사두개인들▲의 사주를 받은 유대 군중은 한 남자를 빌라도 앞으로 끌고 와서 그를 십자가에 처형하라고 거칠게 몰아세웠다. 그들은 그에게 신성모독과 성전 파괴와 가이사에게 세금을 내지 말라고 선동했다는 죄목을 뒤집어씌웠다. 당시 제사장들과 사두개인들에게 놀아난 유대 군중과 그들의 거센 압력에 무릎 꿇은 빌라도의 정치적 결단으로 처참한 십자가 처형을 당하신 분은 예수님이다(마 27:26; 막 15:15; 눅 23:23-25; 요 19:16).

빌라도는 주후 26~36년 유대 지방(과 사마리아와 에돔 지역)의 총독을 지냈다. 로마 제국의 행정 구역의 하나로, 민족주의적 색채가 짙어 통치하기 힘들다고 로마 관료들이 부임하기를 꺼린 곳이다. 그는 예수님의 공적 활동과는 시·공간적으로 불가분의 관계를 맺을 수밖에 없던 인물인 셈이다. 그 까다로운 유대 지역에 총독으로 부임했다는 것은 빌라도가 군사·행정 분야에서 경험을 쌓은 관료였으며, 노회老獪한

▲ Sadducees: '사두개파'는 주전 2세기경부터 주후 66~70년 전쟁, 즉 제1차 유대-로마 전쟁 때까지 존재했던 제사장 중심의 유대주의의 한 종파.

스토메르, 〈손 씻는 빌라도〉, 1640년, 유채, 파리, 루브르 박물관

정치가임을 알 수 있다. 예수님과 동시대의 유대인 신학자 필로는 빌라도를 '거칠고 악의가 있으며 잔인한 인물'이었다고 평했다.[▲] 빌라도는 유대 지역을 관할하면서 여러 번 정치적 자충수自充手를 두기도 했다. 예를 들면, 그는 예루살렘으로 물을 끌어 들이는 수로 건설에 드는 비용을 마련하기 위해 성전 금고에서 돈을 탈취했다. 이에 유대인들은 격렬히 항의했고, 빌라도는 이를 진압하는 과정에서 수많은 유대인들의 목숨을 빼앗았다.

▲ 필로Philo Judaeus는 알렉산드리아 출신의 유대인 종교철학자 및 신학자로, 이후 기독교 신학자들의 사상에 영향을 미쳤다.

예수님을 심문하는 과정에서 빌라도는 예수님의 무죄함을 발견하여 그를 석방시키려고 여러 번 시도했지만, 거센 압박과 저항이 끊이지 않았고 협박성 짙은 주장까지 무리 가운데서 터져 나왔다. "이 사람을 놓으면 가이사의 충신이 아니니이다. 무릇 자기를 왕이라 하는 자는 가이사를 반역하는 것이니이다"(요 19:12).

빌라도는 결국 대세에 밀려 소위 '현실 정치'의 수순을 밟는 쪽으로 가닥을 잡고 말았다. 예수님과 빌라도 사이에 오간 그 유명한 대화(요한복음 18장)를 들어 보자.

> "내 나라는 이 세상에 속한 것이 아니니라. 만일 내 나라가 이 세상에 속한 것이었더라면 내 종들이 싸워 나로 유대인들에게 넘겨지지 않게 했으리라. 이제 내 나라는 여기에 속한 것이 아니니라."
>
> "그러면 네가 왕이 아니냐."
>
> "네 말과 같이 내가 왕이니라. 내가 이를 위하여 태어났으며 이를 위하여 세상에 왔나니 곧 진리에 대하여 증언하려 함이로라. 무릇 진리에 속한 자는 내 음성을 듣느니라."
>
> "진리가 무엇이냐τί ἐστιν ἀλήθεια."
>
> 이 질문을 하고서 빌라도는 성난 유대인들에게로 가서 말한다.
>
> "나는 그에게서 아무 죄도 찾지 못했노라."

그러나 빌라도는 식민지의 치안을 책임진 총독으로서 소요가 발생할 경우 자신의 정치적 생명이 끝날 수 있다는 판단 하에 성난 무리들을 진정시키기 위해 예수님을 희생양 삼았다. 예수께 "진리가 무엇이냐"는 질문을 해 놓고도 진리에 대한 진중한 탐색 없이 자신의 정치적 생명 연장을 위해 한 무고한 생명을 십자가 형장으로 보낸 것이다. 요한 문서에서 저자는 '진리'를 뜻하는 헬라어 '알레데이아ἀλήθεια'를 예수님을 가리키는 말과 동의어로 사용하였다.

> 우리 안에 거하여 영원히 우리와 함께할 진리로 말미암음이로다(요이 1:2).

고대의 한 정치꾼이 잘못된 포퓰리즘에 영합해 저지른 '진리 은폐'였다. 그는 진리를 은폐하기만 한 것이 아니라 진리 되시는 '하나님 살해자'가 되었다. 그러나 이후 결국 티베리우스 황제의 소환으로 빌라도는 실각하여 로마로 가는 도중 스스로 목숨을 끊었다 한다. 자신의 정치적 판단에 따른 그 희생이 어떤 희생이었는지 알았더라면 그는 무덤에서 벌떡 일어나지 않았을까? 아니면 그는 진리를 알았지만 진리의 무덤에 자신을 영원히 유폐시킨 진정한 악마였을까?

• 교회 안의 금송아지, 세속적 포퓰리즘

한국 교회와 사회의 다음 세대를 위한 인재발전소인 '청어람아카데미'의 대표 기획자 양희송은 작금의 한국 교회가 지닌 세 가지 병폐인 '성직주의', '성장주의', '승리주의'에 대해 예리하게 분석하면서 한국 교회의 회복을 위한 뼈아픈 성찰을 요구했다. 그는 특히 정치권력화하는 한국 교회를 다음과 같은 애정 어린 쓴소리로 일갈했다.

지금 한국 개신교를 둘러싼 정치적 스캔들은, 공적 영역을 지탱하는 가장 중요한 축 하나를 빼다가 권력 쟁탈의 한 이해관계자로 만들어 버리고 있다. 그리고 정치적 상대를 악마화하는 언어를 함부로 사용하면서 정치를 '영적 전쟁'의 장으로 만들어 버렸다. 급조한 기독교 정당으로 국회 의석을 노리거나, 선거법을 어겨 가면서 노골적으로 특정 후보를 지지하는 등 매우 저급한 방식으로 권력을 추구하는 세력이 되어 버렸다.
— 양희송의 《다시 프로테스탄트》(복있는사람, 2012)에서.

국회의원 가운데 약 40퍼센트가 그리스도인인데도 한국 사회의 모든 엘리트 집단 가운데 가장 낙후성을 면치 못하는 곳이 정치판이다. 정치판을 질타하기 전에 교회가 정치 집단으로 전락하여 파생된 문제는 아닌지 뼈아픈 자성과 숙고가 있어야겠다. 더 늦지 않도록 교회의 세속화를 추동하는 잘못된 포퓰리즘을 심각히 진단해야 할 때다.

잘못된 포퓰리즘에 빠지는 것은 교회 타락의 본질이다. 성서의 가르침에 위배되지 않을 때만 대중 혹은 회중의 요구는 정당성을 갖는다. 대중의 인기를 위한 방책으로 성서의 가르침을 떠나는 것이 세속적 인본주의다. 모세가 시내산에 머무는 동안 산 아래서 아론은 다음과 같은 이스라엘 백성의 선동에 영합해 야훼 하나님을 능욕했다. "일어나라 우리를 위하여 우리를 인도할 신을 만들라 이 모세 곧 우리를 애굽 땅에서 인도하여 낸 사람은 어찌 되었는지 알지 못함이니라"(출 32:1).

대중들이 좋아하는 금송아지 우상을 내세우는 것이 포퓰리즘이다. 하나님의 영광 대신 인간의 영광을 드러내고, 하나님의 권위 대신 인간 본위의 권위를 주창하는 모든 것이 복음의 정신으로 척결해야 할 금송아지이고 포퓰리즘이다.

기독교가 포퓰리즘을 지향하는 권력 집단으로 서서히 변질된 것은 콘스탄티누스 1세 황제 때부터일 것이다. 그의 기독교 승인 이후, 기독교는 점차 로마 제국의 국교가 되었고 교회는 지배자와 박해자의 위치에 서게 되었다. 그때부터 기독교가 정치권력과 야합하면서 자기비움과 자기희생이라는 십자가의 상징성은 본래의 의미를 잃고, 정복과 지배와 통치와 권력의 상징으로 굳어 버린 '십자군' 군기의 표식으로 변해 갔다.

한국 교회는 여전히 목회 세습과 금권선거와 교권주의로 요동치고 있고, 상품화된 설교와 복음이 대중의 인기몰이에 영합하고 있다. 목회자들이 대중이 원하는 신학을 조성하고 대중이 좋아하는 이벤트를 끊임없이 개발하고 대중의 감성을 자극하는 설교를 강단에서 외치는 동안 교회는 복음의 정신에서 점점 멀어지고 있다. 허장성세한 교회의 외침은 깡통소리보다 요란하고, 그 선포(설교)는 더욱 공허하다. 대중적 가치를 추구하는 그 요란함 때문에 오히려 대중으로부터 외면당하고 있다. 복음의 본질에서 떠난 교회의 행태는 추한 법이다. 세속적 가치를 추구하는 대중을 복음으로 깨우쳐 하나님의 나라와 그 가치를 지향하도록 인도해야 함에도 목회자 자신이 대중을 이끌고 세속주의에 항복해 버리는 영적 스캔들이 도처에서 일어나고 있다. 좌우를 헤아리지도 않은 채 자신의 신앙과 다르면 무조건 지옥불에 떨어질 원흉으로 몰아붙이는 일부 몰지각한 목회자의 마녀사냥식 여론몰이도 정치판의 포퓰리스트들이 일삼는 선동의 정치술을 빼다 박았다. 소위

'강남스타일'의 교회가 대세인 지금, 온갖 스캔들 속에서도 성장만 하면 하나님의 뜻이라고 치부하는 동안 교회의 기초석(모퉁잇돌)은 송두리째 무너지고 있다.

> 이 예수는 너희 건축자들의 버린 돌로서 집 모퉁이의 머릿돌이 되었느니라(행 4:11).

교회가 그리스도의 정신이 죽은 무덤이 되고 있다. 교회는 어느새 사회를 변혁하는 주체가 아니라 사회에 의해 변혁되어야 할 대상으로 전락하고 말았다. 공룡이 되려 한 한국 교회가 거대한 몸통과 작은 두뇌로 기후 변화에 취약해 멸종했던 공룡의 전철을 밟을 수 있음을 경고하는 양희송과 같은 이들의 소리가 예언자들의 소리처럼 오늘따라 더욱 쟁쟁하게 들린다.

45

레지스탕스 운동을 이끈 유대 지도자
바라바

본문   마태복음 27:15-26; 마가복음 15:6-15; 누가복음 23:13-25;
            요한복음 18:38-40
이름의 뜻   아버지의 아들

• 바라바와 체 게바라

김동리가 1955년에 발표한 소설 《사반의 십자가》에는 현실 인식과 삶의 궤적이 다른 두 인물이 등장한다. 로마 제국 치하에서 신음하는 민초들을 향해 하나님나라 복음을 외치면서 신정神政에 근거한 비폭력 운동의 이상적인 가치관을 지닌 예수님과, 유혈 투쟁을 통해 로마 제국을 몰아내고 야훼를 믿는 유대 공동체를 건설하려 한 현실적인 가치관을 지닌 사반이 그들이다. 이 소설에서 김동리는 신약성서의 내용을 얼개 삼아 사반이라는 허구적 인물을 등장시키고 상상력을 가미하여 참된 인간 구원과 휴머니즘을 화두로 삼았다. 그는 현실과 이상, 현세와 초월 세계, 지상 왕국과 하늘 왕국의 대비를 통해 무엇이 진정한 구원인지를 묻고 있다. 결국 사반과 예수님은 어떤 합의점도 찾지 못한 채 같은 날 십자가에 달리는 것으로 소설은 끝난다. 로마의 학정으로부터 무력 투쟁이라는 방법으로 민족을 구하려 한 혈맹단血盟團의 두목인 사반은 복음서의 바라바를 연상케 한다.

1951년 스웨덴의 작가 페르 라게르크비스트Pär Lagerkvist는《바라바 Barabba》라는 소설로 바라바를 창조적으로 입체화시킨다. 이 작품은 그에게 세계적인 명성과 노벨 문학상을 안겨 주었고 영화로 제작되어 보는 이들에게 깊은 감명을 주기도 했다. 소설의 내용은 이렇다. 예수 대신 유월절 특사로 방면된 도적 바라바는 해방과 자유를 얻었으나, 나사렛 출신 예수가 왜 자기 대신 십자가를 지고 죽게 되었는지 이유를 알 수 없었다. 바라바는 도적질과 폭력으로 점철된 이전의 삶으로 돌아갔지만 이상하게도 잘 적응하지 못했다. 그는 다시 체포되어 종신토록 해야 하는 광산 노역을 선고받았다. 바라바는 광산에서 기독교도인 사하크를 만났고, 그를 알아본 사하크는 그를 공격하려 들지만 둘은 이내 친구가 되었다. 바라바는 광산에서 20년을 일하며 죽음을 선고받았을 때의 고통과 예수의 희생에 대한 기억으로 번뇌했다. 광산이 매몰될 때 그 둘은 살아남아 로마의 콜로세움으로 가게 되는 것으로 영화는 끝난다.

복음서에 반영된 실제 바라바의 모습은 김동리가 쓴 소설의 주인공 사반에 가깝다. 바라바의 이미지에 아르헨티나 출신 사회주의 혁명가, 정치가, 의사, 저술가, 쿠바의 게릴라 지도자였던 체 게바라의 모습이 투영되어 아른거린다. 예수께서 활동하시던 당시 식민지 유대의 상황과 체가 혁명가로 활동할 당시의 라틴 아메리카의 상황은 많은 유사성이 있다. 체는 독재 정권과 지배 계층의 압제와 착취로 인한 가난, 영양실조, 주택난, 알코올중독, 유아 사망, 문맹, 매춘, 빈부간의 불평등, 문화적 종속과 차별에 찌든 민중의 척박한 현실을 마주하고 그들의 진정한 자유와 독립을 위한 혁명가의 길로 뛰어든다. "진정한 혁명은 자기 자신에 대한 혁명이며, 어떠한 물질적 보상도 생각지 않는 다"는 그의 말에 혁명가의 결기를 느낄 수 있다. 해방을 위해 체가 취한 방식은 예수님의 방식과는 달랐다. 체가 인간에 의한 인간의 해방을 꿈꾸었다면 예수님은 하나님의 뜻에 따라 인간 역사 안에서 섬김과 희생을 통해 세상을 구원하려 하셨다. 체는 해방의 주체를 하나님이 아닌 민중으로 세웠고, 예수님이 취하신 비폭력 무저항 운동 대신 혁명대원들을 이끌고 직접 무기를 들고서 세계 여러 전선에서 싸웠다.

> 저는 예수와 전혀 다른 길을 걷고 있습니다. 저는 힘이 닿는 한 모든 무기를 동원하여 싸울 겁니다. 저들이 나를 십자가에 매달아 두게도 하지 않을 것이며 어머니가 바라시는 방식대로도 하지 않을 겁니다.
> – 장 꼬르미에Jean Cormier의 《체 게바라 평전*Che Guevara*》(실천문학사, 2000)에서.

이쯤에서 스스로 물어보자! 바라바나 체 게바라의 길과 예수님의 길 가운데 우리가 취해야 할 길은 무엇일까? 참된 해방과 진정한 구원은 우리 안에 있을까 아니면 우리 바깥 하나님의 손길에 있을까? 피 흘리는 투쟁과 겨룸을 통해 이 세상에 진정 유토피아가 올 수 있을까? 폭력과 유혈의 악순환 속에서 악은 복수와 원한의 피를 먹고 이 땅에 더 깊이 뿌리 내리는 것은 아닐까? 이런 질문들이 꼬리에 꼬리를 물면서 떠오를 때 예수님의 음성이 쟁쟁하게 내 폐부를 파고든다. "나를 따라오려고 하는 사람은, 자기를 부인하고, 자기 십자가를 지고, 나를 따라오너라"(막 8:34, 새번역)

• 바라바, 유대 지도자로 레지스탕스 운동을 일으키다

신약성서의 복음서에서 바라바는 '소문난 죄수'(마 27:16), '강도'(요 18:40) 혹은 "폭동 때에 살인을 한 폭도들과 함께"(새번역) 체포된 자(막 15:7. 참고. 눅 23:19; 행 3:14)로 묘사되어 있다. 예수님과 함께 십자가에 못 박힌 다른 두 명도 강도로 불렸다(막 15:27). 당시 강도는 이스라엘 사회의 부유층과 로마 정부에 대적하여 봉기(민란)를 일으킨 자들이다.

여기서 '폭도'로 번역된 헬라어 '스타시아스테스στασιαστής'는 '반역자', '모반자', '혁명가'를 뜻하고, '강도'로 번역된 '레스테스λῃστής'는 로마인들이 열심당원들을 가리킬 때 사용하던 용어다. '폭동'을 뜻하는 헬라어 '스타시스στάσις'는 '반란', '봉기', '투쟁'을 의미하기도 한다. 이런 맥락에서 본다면 바라바는 단순한 강도나 살인자가 아니라, 점령군 로마의 입장에서는 식민지가 된 유대의 독립을 위해 봉기를 일으키는 사람이거나 로마의 지휘관, 앞잡이와 매국노를 살해하는 '시카리sicarii' 같은 사람이었다. 이렇듯 바라바는 로마 제국에 대항하여 유대 민족의 독립을 위해 무력으로 투쟁한 지도자였음이 분명하다. 추측컨대 열심당이라는 유대의 한 파당을 이끈 민족주의적 성향이 강한 지도자였으리라. 외세인 로마 군인들의 칼리가▲에 짓이겨진 팔레스타인 땅과 빼앗긴 주권을 레지스탕스 운동을 통해 회복하고 그들을 무력으로 쫓아내는 것이 열심당의 행동 강령이었다. 결국 로마 권력에 의해 사로잡힌 그는 빌라도의 옥에 수감되었다.

당시 유대의 풍속을 따라 무리의 청원대로 (우리나라의 광복절에 해

▲ caligae: 악명 높은 황제 칼리굴라Caligula가 처음으로 신은 것에서 유래한 샌들로, 로마 병사들이 오랫동안 걸어도 해지지 않도록 밑창에 쇠 징을 박아 만들었다.

당하는) 유월절에 죄수들 가운데 한 사람을 석방하는 전례가 있었다. 그 전례에 따라 바라바는 예수님과 같은 재판정에 서게 되었다. 이때 로마 총독 빌라도는 민중에게 "너희는 내가 누구를 너희에게 놓아 주기를 원하느냐 바라바냐 그리스도라 하는 예수냐"(마 27:17)라고 물으면서 양자택일을 종용한다. 이때 민중이 현실 참여적인 무력 항쟁을 펼쳐 온 민족주의자 바라바를 석방해 달라고 외치자, 빌라도는 예수님의 무죄함을 알았지만 정치적 판단을 하고 말았다.

이렇게 하여 바라바는 석방되었고 예수님은 두 명의 강도와 함께 십자가형을 당했다. 그로부터 36여 년 후 열심당원들의 무력항쟁은 제1차 유대-로마 전쟁(A.D. 66~73년)의 도화선이 되었고, 팔레스타인 전역과 예루살렘 성과 성전은 그 전쟁의 여파로 막강한 로마의 군사력에 의해 철저히 파괴되었다. 유대 역사가 요세푸스에 따르면 이 전쟁으로 110만 명이 사망했고, 9만 7천 명이 붙잡혀 노예로 팔려 나갔다. 누가 냉정한 현실을 인식했던가? 예수님인가 바라바인가? 폭력과 전쟁의 악순환이 되풀이되는 현실 앞에서 우리는 바라바와 예수라는 두 선택의 갈림길에 늘 서 있다.

• 교회와 사회, 소통과 상생의 관계

교회와 사회의 관계에 대한 논의는 교회의 역사에서 끊임없이 논쟁해 온 주제였다. 그 주제를 다루기 전에 마르틴 부버▲와 함께 20세기

▲ Martin Buber: 1878~1965년. 오스트리아 출신의 유대계 종교철학자.

유대 하시디즘▲ 최고의 사상가이자 마틴 루터 킹과 함께 흑인 민권 운동과 반전 운동을 이끈 유대인 신학자 아브라함 요수아 헤셸Abraham Joshua Heschel은 이런 말을 했다.

> 인간이 된다는 것은 얽혀 들어가는 것, 행동하고 반응하는 것, 놀라고 응답하는 것이다. 인간에게 있어 존재한다는 것은 그가 알거나 모르거나 우주의 드라마의 한 배역을 맡는 것이다.
> – 아브라함 요수아 헤셸의 《어둠 속에 갇힌 불꽃A Passion for Truth》(한국기독교연구소, 2008)에서.

전체와의 관련성을 잃어버린 채 자기 일에만 미친 듯 몰두하는 현대인들은 참사람의 길에서 벗어난 것인지도 모르겠다. 어디 세상 사람들만 그러한가? 거룩한 소임을 맡겨 이 땅으로 우리를 보내신 하나님을 잊은 채 살아가는 그리스도인들 또한 자신을 우연히 세상에 던져진 존재로 인식하며 살아가는 무신론자들과 다름없다. 현시대는 어느 때보다도 그리스도인들이 사회에서 책임감 있는 존재로 살아갈 것을 요구 받고 있다.

교회 역사 속에서 교회와 사회의 관계를 바라보는 다양한 입장들이 소개되었다. 다섯 가지 입장을 간략하게 소개하고 각 입장이 지닌 한계와 모순을 살펴보자.

▲ Hasidism: 18세기 동구 유럽의 유대인 사회에서 일어난 경건주의적 종교 운동. 하시딤 Hasidim은 주전 2~3세기경 이스라엘에 만연된 헬레니즘으로 인한 세속화에 반대하여 유대교를 엄격히 신봉하고자 하는 경건주의자들을 가리킴.

첫 번째 입장은 그 둘의 관계를 대립적으로 보아 양자택일을 요청한다. 이러한 이원론적 자세로는 점점 다원화되어 가는 사회를 복음으로 소통할 수도 변화시킬 수도 없다.

두 번째 입장은 교회를 세상의 일부로 여기는 자세다. 교회와 그리스도가 문화의 일부요 그것에 예속되어 있다는 이러한 입장은 우주 전체를 그리스도의 몸으로 인식한 성서의 가르침과 상충된다. 교회는 하나님의 성전이 된 대우주를 위한 역사적 소우주다(고전 15:27; 엡 1:10, 22-23; 골 1:15-17). 이런 입장은 사회와 문화에 깊이 내재한 악의 힘과 실체를 순진하게 이해한 것이다.

세 번째는 중세 가톨릭교회의 입장으로, 교권이 정치 제도에 대해 도덕적 권위를 지닌다고 보아 교회가 사회 위에 존재한다고 주장한다. 그러나 교회와 사회 모두 하나님의 통치 대상이고, 예수 그리스도의 자기 비움의 정신, 즉 케노시스 사상에도 위배되며, 교권주의의 위험성은 역사가 이미 증언하고 있다.

네 번째는 그 둘의 관계를 역설적으로 보는 입장이다. 이런 견해는 서로 일치하지 않는 두 체계인 교회와 사회의 역설적 관계에서 역사 너머의 구원만을 바라보고 현재를 인내하는 자세다. 이런 입장은 자칫 그리스도인의 책임 영역을 교회 안으로 가두고 그리스도인의 사회적 책임을 약화시키는 결과를 초래할 수 있다.

다섯 번째 입장은 타락한 인간 본성이 반영된 사회와 문화에서 탈출해야 한다든지(첫 번째 입장) 그저 초역사적 구원만을 바라고 인내하는 것(네 번째 입장)이 아니라, 교회가 사회와 문화에 뿌리내린 악의 요소를 복음의 정신으로 기경起耕하는 자세다. 미래적 구원도 중요하지만 당장 현재적 갱신이 더 시급하다고 보는 입장이다.

교회와 사회의 관계에 대한 복음주의자들의 입장을 담은 휘튼 선언Wheaton Declaration, 로잔 언약Lausanne Covenant, 그리고 그랜드래피즈 보고서Grand Rapids Report는 교회의 사회적 책임에 대해 한결같이 밝히고 있다.

21세기는 가속화된 사회 변동으로 예측하기 힘든 불확실한 시대다. 교회 안팎의 도전은 갈수록 거세지고 있다. 교회와 세상을 구분하는 경계는 건물과 그 담장에 있지 않다. 하나님의 거룩한 백성이요 예수 그리스도의 제자라는 정체성을 갖고 실천하는 것에 있다. 교회가 열린 마음으로 세상과 소통하고 상생하되 복음의 정신에서 멀어지지 않도록 경계하면서 헛된 세속적 가치를 혁파하고 예수님의 가르침으로 변혁하는 자세가 요구된다. 복음의 정신이 무엇이냐는 개인마다 교파마다 약간의 편차는 있겠지만 세상을 사랑하셔서 이 땅으로 내려오신 예수 그리스도의 자기 비움의 정신과 섬김의 태도가 아닌가 생각한다.

세상은 권력과 이윤과 쾌락이라는 세속적 가치를 위한 전쟁터가 되어 가고 있다. 우리 사회에는 그것을 규제하고 통제하고 새로운 방향을 제시하는 초월적 가치의 영역은 거의 존재하지 않는다. 초월적 영역을 잃어버린 교회는 세상에 쉽게 동화되어 덩달아 세속적 가치를 추구하게 된다. 나눔, 돌봄, 섬김, 생명, 평화 그리고 구원을 선포하고 그것들을 복음의 정신에 담아 실천해야 할 사명이 교회에 있다. 초월적 영역에 서서 묵시적 비전으로 잘못된 문화를 갈아엎고 불의와 반복음적 풍조를 추방시켜 나가야 한다.

남아프리카의 신학자 앨런 뵈삭Allan Boesak은 교회가 잃어버린 것은,

불의가 자행되고 거짓이 횡행하는 세상에 살면서 마땅히 표현해야 할 '거룩한 분노'라고 말했다. 하나님은 교회를 통해 이 땅에 공의와 사랑이 실현되기를 원하신다. 교회는 잘못된 사회 질서를 하나님의 의로 바로잡아야 할 사명이 있다. 세상의 빛과 소금이 되어 사회를 새롭게 변화시킬 책임이 교회에 있다.

교회가 세속화되면 세상은 동료 의식을 느껴 교회를 무척 반길 것 같지만, 실상 그렇지 않다. 이미 예수님은 2천여 년 전에 세속화된 교회의 말로가 얼마나 비참한지를 경고하셨다.

> 너희는 세상의 소금이니 소금이 만일 그 맛을 잃으면 무엇으로 짜게 하리요 후에는 아무 쓸 데 없어 다만 밖에 버려져 사람에게 밟힐 뿐이니라 (마 5:13).

교회가 세속적이고 악한 가치를 변혁시키지 않으면 결국 세속적 가치에 물들어 그 속에 함몰하고 말 것이다.

46

노예의 마음을 가진 타락한 세도가

벨릭스

본문　　사도행전 23:24-24:27
이름의 뜻　즐겁다

• 총독, 권력의 대리자

　　일제 강점기 조선 총독들은 일왕日王의 대리권자로서 조선의 제반 통치 행정을 책임지던 관리들이었다. 그들은 조선의 역사를 왜곡했고 그 정기를 말살하려 했다. 이를 본격적으로 시행하기 위해 총독 사이토 마코토▲는 1922년에 '조선교육조서'에서 다음과 같은 섬뜩한 지침을 내렸다.

　　먼저 조선 사람들이 자신의 일, 역사, 전통을 알지 못하게 하라. 그럼으로써 민족혼, 민족문화를 상실하게 하고 그들의 조상과 선인先人들의 무위無爲, 무능無能, 악행惡行을 들추어내, 그것을 과장하여 조선의 후손들에게 가르쳐라. 조선의 청소년들이 그들의 부모와 조상을 경시하고 멸시하는 감정을 일으키게 하여 하나의 기풍으로 만들라. 그러면 조선의 청

▲ 齋藤實: 1919년 9월 2일 부임한 제3대 조선 총독으로, 3·1 독립운동 이후 무단 통치에서 문화 통치로 전환하여 식민지 반발을 무마하려 했다.

소년들이 자국의 모든 인물과 사적史蹟에 대하여 부정적인 지식을 얻게 될 것이며 반드시 실망과 허무감에 빠지게 될 것이다. 그때 일본의 사적, 일본의 문화, 일본의 위대한 인물들을 소개하면 동화의 효과가 지대할 것이다. 이것이 제국일본帝國日本이 조선인을 '반半 일본인'으로 만드는 요결일 것이다. – 김진명의 《가즈오의 나라 2》(해냄, 2003)에서.

사이토가 한민족을 향해 내건 강력한 망령의 주술은 한민족 말살의 서막을 알리는 전주곡이었다. 이러한 지침은 점차 조직적이고 전면적으로 시행되어 한민족의 역사와 조상과 문화를 비하하는 풍조를 조장했다. 80년이 지난 지금까지도 격랑을 헤치며 일궈 온 우리 민족의 현대사 도처에 총독 정치의 잔재와 폐해가 흉물스럽게 남아 있다. 로마 제국의 통치를 받았던 유대 민족의 역사에서도 그 야만의 흔적을 볼 수 있다.

신약 시대 로마 제국은 분봉왕▲을 세워 대리 통치하거나 총독을 파견하는 방식으로 식민지 유대 사회를 통치했다. 유대 사회를 통치한 총독은 모두 13명인데, 그 가운데 신약성서가 이름을 언급하는 총독은 빌라도, 벨릭스, 베스도다. 로마의 초대 황제(가이사) 아우구스투스는 유대와 사마리아와 에돔 지역을 통치하기 위해 분봉왕을 세웠다. 분봉왕은 로마에 아첨하여 권력을 차지한 일종의 고용제 왕이다. 로마는 골치 아픈 유대 민족을 다스리기 위해 분봉왕을 내세웠지만 그들을 전적으로 신뢰하지는 않았다.

▲ '분봉왕'은 영어로 'tetrarch'이며 '¼ 지역의 통치자'라는 의미로, 로마 정권에 의해 임명되지만 유대인들은 관례적으로 '왕'이라 불렀다.

초대 분봉왕인 이두매 출신의 헤롯 대왕이 이스라엘 역사의 전면에 나타난 것은 주전 37년 로마의 권력을 등에 업고 유대인의 왕으로 등극한 때부터다. 헤롯 대왕의 사후 그의 뒤를 이어 유대 땅을 다스리던 세 명의 분봉왕 가운데 하나인 헤롯 아켈라오가 학정을 펴 로마에게 폐위당했다. 아켈라오가 파면될 당시 시리아 지방의 총독은 술피우스 퀴리니우스▲였는데, 그는 아켈라오의 재산을 정리하면서 새로운 속국의 조공 액수를 정하기 위해 인구 조사를 단행했다. 당시 인구 조사는 정복지 남자들의 군대 징집이나 노역 및 세금 징수를 위한 조처였다. 이러한 인구 조사와 등록은 14년마다 정기적으로 실시되었다고 한다. 유대 사회는 로마 황제에 대한 충성의 표현인 인구 조사를 순순히 받아들일 수 없었다.

외세의 통치를 위한 굴욕적인 인구 조사뿐만 아니라 분봉왕들의 실정에 신물 난 유대 지역 백성들은 수시로 소요와 폭동을 일으켰다. 이러한 정치적 혼란기에 유대 지역 백성들은 헤롯 가문의 통치를 받는 대신 로마의 직접적인 통치를 받게 해달라고 가이사에게 호소했다. 이후 아켈라오의 폐위와 함께 일부(갈릴리)를 제외한 나머지 지역은 로마가 파송한 총독이 통치하게 되었다. 총독은 로마가 유대 사회에 정치적 입김을 불어넣기 위해 파견한 관리인 일종의 행정 장관이다.

이러한 총독 정치는 주후 41년부터 44년까지 일시 중단된 시기 외에 주후 6년부터 66년까지 계속되었다. 이것은 유대 땅이 총독에 의해 통치 받음으로써 자치권이 더욱 제한된 것을 의미했다. 유대 속주를

▲ Publius Sulpicius Quirinius: 한글역 누가복음은 구레뇨로 표기. 참고. 눅 2:2.

다스린 로마 총독들은 대개 유대인의 독특한 종교와 생활 방식을 이
해하지 못하거나 아예 무시하고 자기 멋대로 철권을 휘두르며 통치하
기 일쑤였다. 유대 사회를 통치한 총독들 가운데 벨릭스가 가장 전형
적인 탐관오리였음을 역사는 증언하고 있다.

• 벨릭스, 노예의 마음으로 권세를 휘두르다

본디 노예 출신인 벨릭스는 자유민의 신분을 얻은 후 유대의 총독
자리까지 올랐다. 벨릭스가 출세 가도를 달릴 수 있었던 것은 클라우
디우스▲ 황제와 친분 관계를 맺고 있던 그의 형 팔라스Pallas의 정치적
지원 덕이었다. 유대 역사가 요세푸스에 따르면 벨릭스는 자신의 비위
에 거슬리는 인물을 제거하기 위해 암살자를 고용할 정도로 잔인했
다. 또한 총독의 지위를 이용하여 뇌물과 여자를 취한 탐욕스런 인물
이었다. 벨릭스 이후 몇 년 뒤 유대 지역 총독을 지낸 알비누스Lucceins
Albinus는 벨릭스가 뇌물을 받고 반란에 가담했던 죄수들까지 풀어 주
었다며 불평을 늘어놓았다.

가난한 예루살렘 교회 성도들을 돕기 위해 이방 교회로부터 모금한
헌금을 들고 예루살렘을 방문한(행 24:17. 참조. 롬 15:25-26) 사도 바울
이 유대인들의 고소(행 23:28)로 체포된 사건이 있다. 로마 시민권자였
던 바울은 재판을 받기 위해 로마로 압송되기 전에 가이사랴 빌립보
에 이송되어 그곳에서 총독 벨릭스와 대면하게 되었다. 바울이 모금한

▲ Claudius: 로마 제국의 제4대 황제.

돈을 취할 수도 있으리라 생각했고, 바울을 고소한 유대인의 환심을 사려던 벨릭스가 그를 구류해 두었다고 한 누가의 진술은 정확하다 하겠다(행 24:26-27). 이러한 누가의 증언을 뒷받침하듯 로마의 역사가 타키투스Publius Cornelius Tacitus는 벨릭스가 '노예의 마음을 가지고 왕의 권세를 휘두른 인물'이라고 악평했다.

비천한 출신 성분임에도 왕실 출신 아내를 세 명이나 차례로 거느린 벨릭스는 결혼도 정략적으로 이용할 만큼 탐욕이 그칠 줄 몰랐다. 개중 헤롯 대왕의 손자인 헤롯 아그립바 1세의 막내딸이자 헤롯 아그립바 2세의 누이동생인 드루실라는 매혹적이고 미모가 뛰어난 여인이었다. '피의 대학살'을 자행하여 유대인들의 폭동을 잔인하게 진압했던 벨릭스는 유대인들이 황제에게 제소함으로써 로마로 소환되어 결국 정치적 생명도 끝나고 말았다. 벨릭스 앞에서 의와 절제와 다가올 심판에 대해 설교한 바울의 외침이 그의 종국과 오버랩 되면서 묘한 여운을 남긴다(행 24:25). 그러나 이러한 파멸이 어디 벨릭스만의 경우일까? 누구나 언젠가는 하나님의 최후 심판대 앞에 설 오메가 포인트Omega point, 즉 종말이 기다리고 있음을 상기해야 하지 않을까?

• 욕심은 욕심으로 채울 수 없다

그동안 저는 가질 줄만 알았지 비울 줄은 몰랐습니다. 오직 더 가지기 위해 노력해 왔을 뿐입니다. 너무 없다고 더 갖게 해달라고 기도할 수는 있었지만, 이미 가진 것을 버리게 해달라고 기도할 수는 없었습니다. 그러나 연꽃은 그렇지 않았습니다. 모이면 모일수록 많아지면 많아질수록 영혼과 육체를 무겁게 짓누르는 물방울을 가볍게 비워버렸습니다.

감당할 수 있을 만큼만 가져라!

보면 볼수록 연꽃은 저에게 그렇게 속삭였습니다.

(중략)

그리고 비록 빗방울은 버리지만 자기 자신을 버리지 않은 것처럼 주변의 모든 것을 다 버리더라도 자기 자신만은 버려서는 안 된다고 일러주는 것 같았습니다.

– 정호승 산문집《내 인생에 힘이 되어준 한 마디》(비채, 2012)에서.

또르르 굴러들어 온 빗방울이 어느 정도 모이면 꽃대를 기울여 쏟아 버리는 연꽃이 부럽다. 그 비워 냄이 이 땅에 자기를 비우고 종의 형체를 지녀 우리와 같이 되신 예수 그리스도(빌 2:6-7)의 마음을 닮은 듯하다. 욕심을 욕심으로 채울 수는 없는 법이다. 돈과 권력은 바닷물과 같아서 마시면 마실수록 목마르게 한다. 탐욕은 갈증으로 죽어 가는 사람이 소금을 찾아 헤매는 격이다. 밑 빠진 독에 물을 붓는 것처럼, 욕심의 끝자락은 그 모습을 드러내지 않는다. 오히려 밑 빠진 마음의 독에 불안과 초조와 두려움만 차올라 인생을 망치는 독소가 될 뿐이다.

벨릭스는 바울의 설교로 잠시 두려움을 느꼈지만 돈과 권력에 눈멀고 그 맛에 길들여져 그것을 떨쳐 버릴 수 없었다.

바울이 의와 절제와 장차 오는 심판을 강론하니 벨릭스가 두려워하여 대답하되 지금은 가라 내가 틈이 있으면 너를 부르리라 하고 동시에 또 바울에게서 돈을 받을까 바라는 고로 더 자주 불러 같이 이야기하더라(행 24:25-26).

돈과 권력을 향한 탐심이 진리를 보아야 할 그의 눈을 가려 버렸다. 연잎이 욕심을 내어 빗방울을 버리지 않으면 결국 꽃대가 부러지는 것처럼, 벨릭스는 자신이 채우려 한 돈과 권력의 무게를 견디지 못하여 결국 자기마저 버려야 했다. 그것은 스스로 자초한 인격의 말살이고 인간다움의 포기다. 일상 속에서 준엄한 하나님의 심판이 가까움을 깨닫지 못하는 자의 가련한 말로다.

47

용암 속에 매몰된 절세의 미인

드루실라

본문　　　사도행전 24:10-27
이름의 뜻　이슬에 젖다

• 시간이 멈춘 고대 도시, 폼페이

　주후 79년 8월 24일 아침, 폼페이는 활기에 넘쳐 있었다. 나폴리에서 12킬로미터 떨어진 베수비오산 기슭 사루누스강 어귀의 항구 도시 폼페이는 로마 제국의 화려함을 잘 드러내는 사치스러운 도시였다. 비옥한 평야를 끼고 있어서 일찍부터 농산물의 집산지로도 유명했으며, 지체 높은 로마 시민들의 여름철 휴양 도시이자 지중해 전역으로 상품을 수출하던 곳이다. 베수비오산은 이따금 연기를 내뿜었지만 16년 전 폭발한 뒤로는 아무 일도 없었다. 사람들은 가끔 연기를 뿜는 모습이 오히려 폼페이의 경관을 더욱 멋지게 꾸며 주고 있다고 생각했다.

　그날 정오쯤, 며칠째 계속되던 땅의 흔들림이 갑자기 거세지더니 곧 베수비오산에서 하늘을 뒤덮는 버섯구름이 솟아올랐다. 그리고 사람들이 미처 몸을 피할 사이도 없이 엄청난 폭발음과 함께 산꼭대기가 갈라지면서 뜨거운 화산재와 용암이 비 오듯 쏟아졌다. 바람이 연기를 폼페이 쪽으로 밀어내면서 폭발과 함께 분출한 크고 작은 수많은 돌멩이들이 비처럼 쏟아져 내렸다. 화산가스 때문에 주민들은 호흡조차 힘들게 되었다. 연 사흘을 용암을 토해 내어 산 밑의 폼페이를 삼켜버렸고 2만여 명의 주민 가운데 2천여 명이 목숨을 잃었다. 폼페이 옆에 있던 또 다른 도시 헤르쿨라네움도 20미터의 잿더미에 덮여 지하에 묻혔다. 폭발 당시 화산재는 멀리 아프리카까지 바람을 타고 날아갔다고 전해진다. 새들은 날다가 낙엽처럼 떨어졌고, 사람들은 혼비백산하여 이리 뛰고 저리 뛰었다. 짐승들도 숨을 곳을 찾아 갈팡질팡했다. 화산은 쉴 새 없이 터졌고, 검은 연기와 불꽃이 하늘을 완전히 가렸다. 베수비오 화산이 폭발하면서 500년 동안 영화를 누려 온 도시는 용암과 화산재에 덮였다.

현재까지 옛 시가지의 절반만 발굴된 폼페이 유적지에서 세인의 주목을 끈 곳은 '베티의 집'이라는 술집이다. 당시 폼페이에서 가장 부자였던 이 집은 술과 여자를 팔던 색주가色酒家였는데, 집 입구에는 거대한 성기를 드러낸 남자가 자신의 성기와 황금을 저울에 올려놓고는 어느 쪽이 더 무거운지 저울질하고 있었으며, 방안 곳곳에 춘화가 새겨져 있었다. 폼페이는 먹고 마시고 춤추는 쾌락의 도시였는데, 어떤 이들은 이 도시가 하루아침에 멸망한 것은 화산 폭발 때문이 아니라 엄청난 향락과 쾌락의 독소 때문이라고 말하기도 한다.

아름다운 자연 경관과 위락 시설로 로마 귀족들 사이에서 인기 높은 휴양 도시가 한순간에 초토화될 때 흘러내리는 용암 속에 2천여 명과 함께 매몰된 성서의 여인이 있다. 이 여인의 비극적 죽음은 그녀의 자유분방하고 화려한 이력과 묘한 대비를 이룬다. 그녀의 이름은 드루실라다.

• 드루실라, 욕정과 함께 용암 속에 잠들다

유대 역사가 요세푸스Flavius Josephus의 기록에 따르면 드루실라는 요한의 형제인 야고보 사도를 살해한 후(A.D. 44년) 비명횡사한 헤롯 아그립바 1세Herod Agrippa 1의 막내딸이자 아그립바 2세의 누이다. 아버지 헤롯 아그립바 1세가 죽었을 때, 드루실라의 나이는 불과 여섯 살이었다.

드루실라의 부친은 다른 자매들에 비해 용모가 출중한 여섯 살의 드루실라를 동부 소아시아에 위치한 코마게네 태자 에피파네스라는 사람과 약혼시켰지만 그가 유대교 입교를 거부하자 파혼시켜 버렸다. 드루실라가 16세 되던 해, 아그립바 2세는 그녀를 시리아의 작은 분봉국 에메사의 아지스Azizus 왕에게 시집 보냈다. 드루실라는 결혼한 지 일 년 후 그녀의 미모에 매혹된 유대 총독 벨릭스의 꾐에 빠져 유대교의 율법을 무시한 채 남편 아지스와 이혼하고 벨릭스의 세 번째 아내가 되었다.

노예 출신인 벨릭스는 자유민의 신분을 얻어 유대 총독 자리에까지 오른 전형적인 권력지향적 야심가요, 뇌물과 여자를 탐한 인물이다. 부창부수夫唱婦隨라 했던가, 두 번이나 부당하게 이혼한 경력이 있는 드루실라는 세 번째 남편 벨릭스 못지않게 권력을 탐하는 여인이었던 것 같다.

벨릭스가 유대 지역 총독으로 있을 때, 바울은 유대인들의 고소로 체포되어 가이사랴 빌립보▲로 이송되어 그곳에서 그를 대면하게 되었

▲ Caesarea Philippi: 갈릴리 호수 북쪽 40킬로미터, 헤르몬 산의 서남쪽 기슭, 요단강의 수원 가까이 있던 성읍.

422

다. 그때 드루실라는 새로운 종교의 전도자인 바울에 대한 호기심이 발동하여 그가 전하려는 메시지를 듣고자 했다. 드루실라가 바울을 심문하는 법정에 남편 벨릭스와 함께 나왔을 때, 의와 절제와 장차 오는 심판에 관하여 바울이 전하는 강론을 듣고서 두 사람은 무슨 생각을 했을까? 내심 두려워하며 양심의 찔림을 받았을 것이다. 그러나 그것도 잠시뿐, 죄와 부정으로 찌들대로 찌든 자신의 과거가 주마등처럼 지나가면서 뉘우치기보다는 오히려 그것이 드러날까 봐 일말의 양심의 가책마저 짓밟아 버렸을 것이다. 결국 드루실라는 바울의 설교를 가로막고서 바울을 감옥으로 돌려보내고 말았다. 바울이 가난한 예루살렘 교회 성도들을 돕기 위해 이방 교회로부터 모금한 돈을 들고 왔다는 사실(행 24:17, 26. 참조: 롬 15:25-26)을 안 벨릭스는 은근히 뇌물을 기대했지만 바울은 미동조차 하지 않았다.

이후 벨릭스의 학정에 신물 난 유대인들이 그의 부정과 부패를 당시 로마 황제였던 네로에게 고소했고, 이로써 그의 정치 생명도 끝장나고 말았다. 간신히 형벌은 면했지만 폼페이로 추방된 벨릭스와 함께 드루실라는 그곳에서 머물다가 화산 폭발로 흘러내린 용암에 아들과 함께 매몰되고 말았다. 절세 미인이지만 방자하고 권력 지향적이던 드루실라는 새로운 삶을 살 수 있는 절호의 기회를 놓친 채 자신의 죄악과 함께 굳어진 용암 속에 영원히 박제되고 말았다.

• 하나님이 주신 기회를 놓치지 말라!

"인간이 이용할 수 있는 모든 자원 가운데 가장 강력한 자원은 기회라는 자원이다." 프랑스의 시인이자 소설가 빅토르 위고의 말이다. 우리 일상에서 가장 귀하고 강력한 자원은 하나님이 주신 기회다.

바울은 은혜와 구원은 전적으로 하나님의 시간에 속한 '때'라고 말한다. "이르시되 내가 은혜 베풀 때에 너에게 듣고 구원의 날에 너를 도왔다 하셨으니 보라 지금은 은혜 받을 만한 때요 보라 지금은 구원의 날이로다"(고후 6:2). 이 구절에서 "은혜 받을 만한 때"라고 했을 때, 바울이 사용한 헬라어 단어는 '카이로스'다.

헬라어에는 시간을 뜻하는 두 가지 단어가 있다. '카이로스καιρός'와 '크로노스χρόνος'다. 이 둘은 그리스 신화에 나오는 유명한 신들의 이름이기도 하다. 크로노스는 제우스의 아버지이고, 카이로스는 제우스의 아들이자 '기회'의 신이다. 파생된 단어들인 '연대표chronology', '연대기chronicle', '역대기Chronicles'가 의미하듯 크로노스는 자연의 순환에 따른 연대기적 시간이다. 또한 세슘cesium 원자의 92억 번의 진동을 1초로 정한 사회적 약속으로, 측정 가능한 양적이고 물리적인 시간이다. 따라서 크로노스의 시간은 환경과 논리와 물질의 지배를 받는다. 그러나 카이로스의 시간은 이것들로부터 자유롭다. 카이로스의 시간은 하나님이 정하시고 허락하시는 시간이다. 그 시간에 우리는 믿음으로 결단할 기회가 주어진다.

이탈리아 토리노 박물관에 카이로스의 석상이 있는데, 그 조각상 밑에는 이런 문구가 있다. "내 앞머리가 무성한 이유는 사람들이 나를 쉽게 붙잡을 수 있게 하기 위함이고, 뒷머리가 대머리인 이유는 내가 지나가면 다시 붙잡지 못하게 하기 위함이며, 어깨와 발뒤꿈치에 날개가 달려 있는 이유는 최대한 빨리 사라지기 위함이다. 내 이름은 카이로스……바로 기회다!"

어깨와 발에 날개를 단 채, 앞머리가 길고 뒷머리가 없다는 것은 '기회'의 성격을 말한다. 기회가 왔을 때 앞머리를 붙잡아야지, 지나고 난 다음에 뒷머리를 잡으려고 해보았자 날개를 단 카이로스는 재빨리 사라진다. 카이로스의 특이한 생김새는 한 번 기회를 놓치면 다시 붙잡을 수 없는 냉정한 현실을 반영한다. 로마에서는 이 신의 이름을 '기회occasion'라는 뜻의 '오카시오Occasio'라고 부르기도 했다. 고대 수사학에서 카이로스는 설득하기에 완벽한 기회를 포착하는 능력을 뜻하기도 했다.

바울이라는 걸출한 사도를 대면했지만, 드루실라는 물질에 눈멀어 하나님이 주신 은혜의 때, 구원의 기회를 놓치고 말았다. 용암에 갇힌 폼페이에서 그녀는 구원의 때(카이로스)가 지나간 허허로운 크로노스 속에서 고스란히 박제되었다.

8부
용기

| 불의한 세상에 저항하다 |

48

유대교의 심장에서 복음을 외친 첫 순교자

스데반

본문　　사도행전 6:5-8:1
이름의 뜻　면류관

• 예루살렘교회의 신학적 지형도

성서의 도시 예루살렘에 인간이 최초로 흔적을 남긴 것은 후기 동석기 시대Chalcolithic period에서 초기 청동기 시대(주전 3000년)까지로 거슬러 올라간다. 예루살렘은 그처럼 오랜 역사를 간직한 고도古都다. '평화의 도시'라는 이름의 뜻에 어울리지 않게 예루살렘은 숱한 전쟁을 겪으면서 주인이 바뀌고 또 바뀌는 비극의 현장이었다. 예루살렘은 고대 이집트의 지배하에 있다가, 이후 바빌로니아, 페르시아, 그리스가 차례로 주인 행세를 하면서 수탈했다. 예수님 당시 예루살렘은, 그리스를 무너뜨리고 세계의 패권을 거머쥔 로마 제국의 식민 통치를 받던 유대인들의 종교 센터였다. 그뿐인가. 예루살렘은 유대인들의 의식 속에서 우주의 중심omphalos이자 유대교의 심장부였고, 정치와 경제와 군사상 요충지였다.

예수운동으로 촉발된 기독교 복음의 확산은 예루살렘을 모교회로 하여 전개되었다. 교권教權은 베드로로부터 예수님의 동생 야고보로 서서히 이양되어 야고보가 예루살렘 교회의 실질적인 수장이 되었다. 예루살렘 교회는 다양한 신학적 목소리를 간직한 그리스도인들로 구성되었다. 유대교의 심장부인 예루살렘에서 교회를 이끌어야 했던 야고보는 예수님이 가르치신 복음을 어느 정도 율법에 기대어 조율한 신학적 입장을 견지했다. 반면 소아시아와 그리스를 무대 삼아 이방 선교를 주도했던 바울은 율법에서 자유로운 복음을 외쳤다. 이 두 개의 다른 신학적 입장은 서로 절충점을 찾아야 했다.▲

유대 특수주의particularism와 세계 보편주의universalism라는 두 사조는 구약성서의 예언 문학에서 발원하여 예루살렘 교회에도 흘러 들어왔다. 유대 특수주의는 유대인의 선민의식과 유대 민족만 구원의 대상이 된다는 배타주의에 근거한다. 예를 들면, 에스라와 느헤미야가 유배지 페르시아에서 예루살렘에 귀환하여 취한 일련의 개혁은 유대 특수주의의 신학적 입장을 반영한다. 반면 세계 보편주의는 유대 민족이 바빌로니아 제국의 포로로 유배 생활을 하던 시기에 나타난 이사야(소위 제2이사야)가 하나님의 구원사에 대한 예언에서 하나님이 이스라엘을 '이방의 빛'으로 삼아 세계를 구원하려 하신다는 사상이다.

> ……내가 또 너를 이방의 빛으로 삼아 나의 구원을 베풀어서 땅 끝까지 이르게 하리라(사 49:6).

▲ 그 둘 사이의 절충안은 사도행전 15장에 기록된 예루살렘 회의에서 도출되었다. 이 회의에서 우상의 더러운 것과 음행과 목매어 죽인 것과 피를 멀리하는 것 외에는 다른 짐을 이방인들에게 지우지 않기로 했다.

이후 율법과 성전 의식의 준수를 강조하는 유대 특수주의의 지배적 풍토 속에서도 이방인의 생활양식과 개종에 개방적인 세계 보편주의가 병존해 왔다. 야고보가 다분히 특수주의 경향에 치우친 반면 바울은 보편주의의 가장 강력한 대변자였다. 베드로는 이 둘 사이를 중재하고 절충하는 입장을 취했을 것이다.

사도행전 6장에 반영된 예루살렘 교회의 모습에서 유대 특수주의와 세계 보편주의 사이에 신학적 갈등이 재연되고 있음을 본다. 히브리파 그리스도인들과 헬라파 그리스도인들의 갈등은 바로 이 두 개의 다른 신학적 사조에 근거함을 알 수 있다. 야고보의 신학적 입장을 지지하던 히브리파 그리스도인 그룹과, 바울과 같은 디아스포라 유대인으로서 그의 신학적 입장과 궤를 같이하는 헬라파 그리스도인 그룹의 갈등이었다. 그러한 논쟁의 중심에는 헬라파 그리스도인 그룹을 대표하는 스데반이 있었다. 결국 스데반은 설교 후, 유대 특수주의에 대해서는 어느 정도 관용하지만 세계 보편주의를 적대시했던 동족 유대인들이 던진 돌에 스러지고 말았다. 예루살렘 교회의 수장 야고보도 62년경 예수를 그리스도라 하여 백성을 미혹시켰다는 이유로 공회에 넘겨져 석형石刑을 당해 순교했다.▲ 신학적으로 복잡한 예루살렘 지형도 안에서 일어난 이러한 일련의 사건은 복음이 예루살렘을 벗어나 이방 지역으로 확산되는 전기를 마련했다. 예루살렘 교회 안팎을 둘러싼 이러한 신학적 지형도 위에서 스데반에 관한 이야기를 살펴보자!

▲ 세베대의 아들이자 요한의 형제인 사도 야고보는 44년 헤롯 아그립바 1세에 의해 참수형으로 순교했다.

• 스데반, 유대교의 심장에서 복음을 외치다 돌에 스러지다

스데반은 주후 30년경 유대교 본산지인 예루살렘 한복판에서 복음을 외치다 그를 둘러싼 유대 동족들이 던진 돌에 맞아 현장에서 죽었다. 죽기 전에 그가 남긴 말은 예수께서 십자가에 처형되기 전에 하신 말씀을 연상케 한다. "주 예수여 내 영혼을 받으시옵소서. ……주여 이 죄를 그들에게 돌리지 마옵소서"(행 7:59-60). 조상들의 유전과 전통에 강한 민족적 자긍심을 지녔지만 허울뿐인 동족들을 향해 스데반은 거침없이 "목이 곧고 마음과 귀에 할례 받지 못한 사람들"(행 7:51)이라며 그들의 완악함을 고발했다. 유대교를 떠받치는 두 기둥에 해당하는 성전과 율법을 폄하하는 것으로 비친 스데반의 설교에 분기탱천한 그들은 그를 석형했으니, 당시 어느 민족도 흉내 낼 수 없는 그들의 독특한 종교적 정서를 감안하면 그들의 잔혹한 처형을 십분 이해할 수 있겠다.

스데반은 이방 출신의 헬라파 유대인으로서 오순절 성령 강림 후 사도들의 가르침에 크게 변화를 받은 초대교회 일곱 집사 가운데 대표적인 사람이다. 사도들이 기도와 말씀 사역에 전념하기 위해 그들이 이제까지 해왔던 구제와 봉사 사역을 맡길 성령과 지혜가 충만한 일곱 집사를 선출했는데, 그들 가운데 한 명이 스데반이었다. 헬라파 유대인 그리스도인들은 디아스포라 유대인들로서 이방 지역에서 생활하다 최근 예루살렘으로 역이민 온 사람들이었다. 따라서 그들의 신학적 정서는 예루살렘 본토박이 유대인 그리스도인들과는 맥을 달리할 수밖에 없었다. 나아가 그들의 신학적 사상과 주장은 태생적으로 예루살렘 교회에 박해를 가져올 수 있는 요소를 다분히 내포하고 있었던 것

렘브란트, 〈돌팔매를 당하는 스데반〉(부분), 17세기 중반, 유채, 프랑스 리옹 미술관

이다.▲ 아니나 다를까, 헬라파 유대인 그리스도인들의 대표자였던 스데
반의 설교는 동족들의 분노를 사게 되어 그를 죽음으로 이끌었고, 결
국 예루살렘 교회 구성원들 가운데 헬라파 그리스도인들이 박해를 당

▲ 사도행전 7장에 기록된 스데반의 설교는 반-율법, 반-성전, 반-제사 신학을 표방한다.

하는 결과를 초래했다(행 8:1-3).

동족들의 죄악을 낱낱이 고발하면서 그들이 십자가에 처형시킨 예수님이 그리스도요 하나님의 아들임을 거침없이 설파한 스데반 같은 이들의 기개와 열정과 희생은 사실 초대교회를 생존케 한 맥박과도 같았다. 스데반의 선포로 드러난 자신들의 치부와 죄악을 은폐하기 위해 유대인 동족들은 돌로 쳐서 그의 입을 막았지만, 오히려 그 사건은 복음이 들불처럼 번지는 서곡이 되었다(행 8:4). 교회 박해의 신호탄이 된 스데반의 순교로 인해 사도행전 1장 8절에서 예고한 것처럼 복음은 이제 예루살렘 너머 유대와 사마리아와 땅 끝까지▲ 확산되었으니, 하나님의 구원은 핍박과 박해를 거름 삼아 만개하는 꽃과 같다 하겠다. 스데반 순교의 후일담은 그의 순교 현장을 목도한 바울의 회심과 선교 이야기(행 9장 이하)로 이어지게 되었으니, 한 희생 속에 담긴 그 의미는 때로 우리 눈에 포착되지 않은 신비로 가득 차 있지 않은가?

• 희생 없는 자유가 있던가?

인도의 성인 간디는 이런 말을 남겼다. "나는 예수는 존경하지만, 기독교 교인은 싫다. 기독교 교인들은 예수처럼 살지 않는다." 인도를 지배한 영국이 기독교 국가인 점을 감안하면 간디가 한 말의 진의를 알 수 있을 것이다. 간디의 눈에는 식민지 국가를 탄압하고 착취한 영국이 기독교 국가지만 사랑과 희생에 근거한 예수의 가르침에서 떠난

▲ in Jerusalem, and in all Judea and Samaria, and to the ends of the earth.

것으로 보였기 때문이다.

반독재 민주화 투쟁에 앞장서다 투옥되었던 시인 김남주의 '자유'라는 시에는 시인이라기보다 자유를 위해 싸우는 전사의 면모가 드러난다. 그는 자유가 피와 땀과 눈물을 흘리지 않고는 주어지지 않는다고 외친다.

> 만인을 위해 내가 노력할 때
> 나는 자유이다
> 땀 흘려 힘껏 일하지 않고서야 어찌 나는 자유이다라고 말할 수 있으랴
> 만인을 위해 싸울 때 나는 자유이다
> 피 흘려 함께 싸우지 않고서야 어찌 나는 자유이다라고 말할 수 있으랴
> 만인을 위해 내가 몸부림칠 때 나는 자유이다
> 피와 땀과 눈물을 나눠 흘리지 않고서야 어찌 나는 자유이다라고 말할
> 수 있으랴
> 사람들은 맨날
> 밖으로는 자유여, 동포여, 형제여! 외쳐대면서도
> 안으로는 제 잇속만 차리고들 있으니
> 도대체 무엇을 할 수 있단 말인가
> 도대체 무엇이 될 수 있단 말인가
> 제 자신을 속이고서
> ─ 김남주의《나의 칼 나의 피》(실천문학사, 2001)에서.

시인은 자유가 되기를 원한다. 그러나 그 자유는 그냥 오지 않는다.

그리고 혼자만의 자유가 아닌 모두를 위한 자유를 얻기 위해 시인은 노래한다. 자유의 나무는 '피'를 먹고 자라며, 진정한 자유의 열매는 '만인'이 함께 나누는 것임을 시인은 깊이 인식하고 있다.

예수님은 왜 죽으셔야 했는가? 자유를 위함이다. 예수님이 선택하신 자유는 "양들이 생명을 얻고 또 더 넘치게 얻게 하려고"(요한 10:10, 새번역) 양들을 위하여 목숨을 바치는(요한 10:15) 자유였다. 만인에게 자유를 주기 위해 스스로 피와 땀과 눈물을 흘리셨다. 예수님은 진리로 인해 자유롭게 될 것을 말씀하셨다.

> ……너희가 나의 말에 머물러 있으면, 너희는 참으로 나의 제자들이다. 그리고 너희는 진리를 알게 될 것이며, 진리가 너희를 자유롭게 할 것이다(요 8:31-32, 새번역).

예수님이 말씀하신 진리는 단순한 관념이 아니라 실천이다. 예수님은 인간을 구속하는 모든 족쇄를 깨뜨리고 만인의 자유를 위한 실천적 삶을 살게 될 때 경험할 수 있는 진리의 차원에까지 이를 것을 요청하신다. 갈릴리 민중을 포함한 만인이 사람답게 살고 하나님의 나라의 온전한 백성이 될 수 있도록 몸부림치다 죽으신 예수님이 자유의 주체였다. 관념적 사변이 아닌 자유와 해방을 실천하는 몸짓이 예수님의 제자로 살아가는 이들의 행동 방식이다.

스데반은 유대교의 심장이 펄떡펄떡 뛰고 있는 예루살렘 한복판에서 인간을 구속하는 율법 종교로부터의 자유를 외쳤다. 동족 유대인들의 관례화되고 형식화된 종교적 관습과 의식을 질타했다. 만인을 위해 싸우지 않고서 말로만 자유와 구원을 외치는 것은 세상을 변화시키지 못하는 관념일 뿐이다. 자유와 인간다운 삶의 회복을 위해 피와 땀과 눈물을 흘리지 않는 교회는 예수 정신이 죽은 교회다. 자유를 선전하고 자유를 위해 살아야 할 교회가 도리어 자유로 향한 길에 걸림돌이 되지는 않았는지 진지하게 물어야 할 때다.

제국주의 종교에 저항한 순교자

안디바

본문　　계시록 2:13
이름의 뜻　모든 것을 반대하는

• '벤세레모스' 노래에 깃든 저항 정신

1973년 9월 칠레에 군부 쿠데타가 발발했다. 아우구스토 피노체트 육군 사령관은 살바도르 아옌데 대통령을 시해하고 군부 독재 정권을 세웠다. 그 쿠데타 중, '새로운 노래'라는 뜻의 '누에바 깐시온Nueva Cancion' 운동을 벌이던 민중 가수 빅토르 하라Victor Jara는 임시 정치범 수용소로 변해 버린 칠레 스타디움으로 연행되었다. 그곳으로 끌려온 사람들을 격려하기 위해 기타를 집어 들고 인민 연합 찬가 '벤세레모스▲'를 부르기 시작했다. 그것에 크게 화난 군인들은 소총 개머리판으로 그의 두 팔을 짓이겼다. 그래도 그가 계속 노래 부르자 그를 향해 연거푸 총을 쏘았다. 그가 되살아날까 두려워하기라도 하듯. 수십 발의 총탄이 그의 몸 곳곳에 박혔다. 그때 한 군인이 이렇게 말했다고 한다. "어디 한번 계속 불러 봐. 이래도 부를 수 있다면 말이지." 하라는

▲ Venseremos: '우리 승리하리라'라는 뜻.

기타와 노래로 독재 정권에 저항했다. 그의 노래는 지금도 끝나지 않았다. 신학교와 군대를 마치고 연극과 노래로 독재 정권에 맞서 싸운 하라는 이 시대의 순교자였다. 당시 스타디움에 수용된 사람들의 입에서 입으로 전해져 세상 바깥으로 흘러나온 빅토르 하라의 마지막 시 '칠레 스타디움Estadio Chile'을 옮겨 본다.

> 신이시여,
> 이것이 당신이 창조하신 세계란 말입니까?
> 저 놀라운 천지창조의 일주일이
> 고작 이런 세상을 창조하기 위한 것이었단 말입니까?
> 사방에 둘러쳐진 이 벽 안에는
> 더 이상 앞으로 나아갈 곳이 없이
> 그저 천천히 죽음을 기다리는 번호뿐인 것을.
> – 서경석의 《사라지지 않는 사람들: 20세기를 온몸으로 살아간 49인의 초상》(돌베개, 2007)에서.

제국주의나 독재 정권에 맞서 몸으로 항거한 이들의 희생 때문에 역사는 새로운 전기를 마련했다. 신약성서 시대에 하나님을 향한 신앙의 지조와 절개를 지키기 위해 제국주의 체제에 온몸으로 저항한 이가 있다. 결국 그는 순교의 제물이 되었다. 그의 이름은 안디바다.

• 안디바, 제국주의 종교에 저항하다 죽임을 당하다

주후 1세기 로마 제국은 다인종, 다문화, 다종교 사회였다. 로마 제국의 광활한 영토는 영국에서 유프라테스, 다뉴브 강에서 북아프리카에 이르렀다. 로마 제국은 이러한 다양성과 광활한 영토를 하나로 묶는 정치·종교적 이념이 필요했다. 이러한 통치 이념을 위해 로마 제국은 '왕은 신성하다'는 사상을 동방의 전제적 군주주의로부터 도입한 후 신민臣民들에게 황제를 신격화하여 그를 숭배하는 황제 숭배 의식 Imperial cult을 행했다. 특히 소아시아 지역(지금의 터키)은 로마 황제▲를 향한 총독들의 충성 경쟁이 치열한 나머지 주민들을 황제 숭배 의식에 최대한 동원하려고 혈안이 되어 있었다. 이 의식에서 주민들은 "가이사(황제)는 주님이시다!"라고 외치고, 황제의 신상 앞에 포도주와 향을 바쳐야 했다. 이러한 황제 신전은 에베소, 서머나, 버가모에 세워졌다(계 2:6, 9, 13).

서머나가 황제 숭배의 씨를 뿌려 싹을 틔운 도시라면 버가모는 그것의 꽃을 피운 도시다. 당시 로마 제국의 행정 수도였을 만큼 버가모는 소아시아에서 로마 제국의 통치를 효과적으로 행사하기 위한 교두보였으며, 초대 황제 아우구스투스를 위해 신전을 지은 최초의 도시이기도 했다. 버가모는 에게 해안에서 내륙으로 24킬로미터쯤 떨어진, 카이쿠스 골짜기의 두 시내가 합류하는 곳에 축조된 도시였다. 알렉산더 시대부터 역사 기록에 등장하기 시작한 버가모는 탁월한 도시 계획으로 소아시아에서 가장 돋보이는 헬라풍의 도시가 되었다. 로마 시대

▲ 계시록이 기록될 당시의 로마 황제는 제11대 황제 도미티안Domitian.

를 거쳐 비잔틴 시대에 이르기까지 버가모는 로마와 소아시아를 잇는 교통의 요지이자 산업과 무역의 중심지였다.

버가모는 알렉산드리아 도서관에 이어 두 번째로 큰 도서관이 있던 문화 도시이기도 했다. 그뿐 아니라 주전 4세기 초부터 의술의 신 아스클레피오스를 숭배하는 신전과 병원이 세워지면서 많은 사람들이 질병 치유를 위해 이 도시를 찾았다.▲ 앰뷸런스에서 보는, 지팡이를 휘감고 올라가는 뱀으로 형상화된 아스클레피오스의 지팡이는 세계보건기구의 상징이며 병원과 군대 의무병과의 표지로 쓰이고 있다. 버가모의 부의 근원은 농업과 은광, 가축, 양털 직조와 양피지 생산이었다.▲▲

특히 버가모는 신전의 도시라 해도 과언이 아닐 만큼 다양한 신들과 이교적 숭배 의식의 중심지였다. 아스클레피오스뿐만 아니라 제우스, 지혜와 예술의 신 아테네, 농업과 풍요와 결혼의 신 데메테르, 그리고 술의 신 디오니소스가 이 도시에서 중요한 숭배 대상으로 자리 잡았다. 이러한 신들을 기리는 신전 가운데 제우스 제단은 넓이 30제곱미터, 높이 12미터나 되는 거대한 것으로, 계시록이 언급한 사단의 권좌를 대표한다.

이러한 정치 종교적 상황으로 인해 버가모에 위치한 교회는 다른 어떤 지역보다도 심한 정치적 탄압과 이교적 유혹에 노출되었다. 더군

▲ 아스클레피오스 신전에서는 뱀 형상을 만들어 숭배했는데, 이 신전 예식에 참여하는 이들은 뱀이 껍질을 벗고 새롭게 변화하듯 질병에서 벗어나 새 생명을 얻는다고 믿었다.
▲▲ 당시 버가모 사람들은 알렉산드리아의 파피루스papyrus를 공급받는 게 어렵게 되자 그것을 대체할 재료로 양피지를 만들었다. 이러한 연유로 '양피지'는 버가모라는 이름에서 유래한 라틴어 '페르가몬pergamon'을 거쳐 영어의 '파치먼트parchment'로 불리게 되었다.

다나 황제 숭배 의식을 거부하는 것은 반역 행위로 간주되어 갖은 핍박을 당해야 했다. 이런 상황에서 오직 예수 그리스도만이 주님이심을 믿고 고백한 그리스도인들은 황제 숭배 의식을 거부했다. 결국 제국의 정치·종교적 이념의 칼은 이에 맞선 한 사람을 처단했다. '사탄의 권좌'[▲]가 있던 버가모 교회(계 2:12-17)의 교인 안디바가 그 첫 희생자가 되었다. 계시록은 이 사건을 다음과 같이 아주 짧게 기록해 놓았다.

> 네가 어디에 사는지를 내가 아노니 거기는 사탄의 권좌가 있는 데라 네가 내 이름을 굳게 잡아서 내 충성된 증인 안디바가 너희 가운데 곧 사탄이 사는 곳에서 죽임을 당할 때에도 나를 믿는 믿음을 저버리지 아니하였도 다(계 2:13).

안디바의 순교는 다가올 큰 환란의 서곡이었다. 안디바는 그의 이름 뜻대로 하나님께 대항하는 것이면 그것이 무엇이든 반대(저항)하는 충성된 증인[▲▲]이었다. 그 저항은 하나님을 향한 순전한 마음의 발로였고, 무자비한 군사력으로 이룬 거짓 평화[▲▲▲]를 선전하는 제국의 통치 질서에 대한 저항이었다. 안디바는 결국 그의 피로써 로마 제국의 악마적 본성을 증명한 셈이다. 로마 제국이 자신의 속주를 복속시키기 위해 곳곳에 세워 정치적으로 이용한 최악의 고문 도구인 십자가에 예수께서 친히 달리신 것처럼 말이다.

▲ 황제 신전. 참조. 계 2:13.
▲▲ '순교자'는 '증인'이라는 뜻.
▲▲▲ 소위 '팍스 로마나 *Pax Romana*'.

• 우리 시대의 우상들

서슬 퍼런 군부 독재 정권 앞에서 벤세레모스를 부르다 살해당한 빅토르 하라의 저항 정신은 하나님께 대항하는 모든 것에 저항한 안디바의 순교 신앙에서 그리 멀지 않다. 인권을 무참히 짓밟고 무고한 생명을 앗아가는 지상의 권력자들은 세상을 사랑하사 독생자를 내어주신 하나님께 대항하는 사탄의 하수인들이다. 천상에서 벌어지는 하나님과 사탄의 대결은 지상에서 하나님께 속한 성도들과 그 성도들을 탄압하고 박해하는 지상의 권력의 대결과 관련된다. 그리스도인이라면 천상의 하나님을 대신하려 드는 지상의 모든 우상들에 저항해야 한다. 단테는 "지옥의 가장 뜨거운 곳은 도덕적 위기 시에 중립에 머문 자들을 위해 준비되어 있다"라는 말을 했다. 지상과 천상에서 동시에 펼쳐지는 하나님과 사탄의 싸움에서 중립이란 있을 수 없다.

초기 300년 동안 그리스도인들은 로마 제국을 위한 군복무를 반대했다. 그것은 로마 군대 안의 이교적 우상 숭배 때문이기도 했으나, 황제 숭배에 대한 거부이기도 했다. 당시 지중해 세계를 정복한 로마는 제국을 통합할 공통의 정체성이 필요했고, 그것을 위해 황제 숭배 이데올로기를 내세웠다. 즉 황제 숭배는 제국주의를 신봉하고 따르겠다는 고백과도 같았다. 그러나 황제 숭배 의식에 직면한 초대교회는 세상의 '주인Lord'이 누구인지 다시 한 번 진지하게 물어야 했다. 신실한 그리스도인들에게 분명한 것은 자신들의 '주인'은 황제가 아니라 예수 그리스도라는 사실이었다. 따라서 그들은 황제를 '주인'으로 섬기기를 거부했다. 결국 초기 그리스도인들은 황제를 포함하여 하나님을 대신하려 드는 모든 우상을 거부한 것이다.

우리 시대의 우상들은 무엇인가? 영국의 고전경험론의 창시자인 프랜시스 베이컨은 관찰이나 실험을 기반으로 하지 않은 명제에 대해서는 우상으로 지목했는데, "우상은 참된 지식에 접근하는 길을 가로막는 편견이자 선입견"이라고 했다. 그에 따르면 우상의 유형은 네 가지가 있다. '종족의 우상idola tribus'은 인류의 본성에 뿌리 박고 있는 우상으로 자연을 사람에 빗대어 생각하는 것, 즉 의인화시켜 설명하려는 경향을 말한다. '동굴의 우상idola specus'은 개인의 특성이나 성질, 습관, 교육 등에 영향을 받아 자기만의 동굴에 갇혀 제대로 보지 못하는 것을, '시장의 우상idola fori'은 직접적인 관찰이나 경험 없이 다른 사람의 말만 듣고 그럴 것이라고 착각하는 데서 오는 소통의 오류를 이른다. 그리고 '극장의 우상idola theatri'은 권위나 전통을 맹목적으로 믿고 그것에 의지하는 데서 비롯되는 우상이다.▲

우상 숭배는 상대적 가치를 지닌 대상에 절대적 가치를 부여하는 행위이다. 목회자 트레빈 왁스Trevin Wax는 현시대의 문화에서 그리스도인들을 위협하거나 심지어 열광하게 만들기도 하는 여섯 가지 우상들을 지적했다. 그 여섯 가지 우상이란 '나 자신', '성공', '돈', '레저', '성', '권력'이다.▲▲ 이 여섯 가지 우상들은 결코 만만한 대상들이 아니다. 우리가 숨 쉬며 살아가고 있는 자본주의 사회에 편만한 우상들이기에 신앙의 근간을 흔들 만큼 강력하고 치명적이다. 이것들이 다른 가치를 평가하는 기준이 되고 우리의 주인으로 군림한다면 어찌 되겠는가?

▲ 스털링 렘프레히트Sterling P. Lamprecht의 《서양철학사Our Philosophical Traditions: A Brief History of Philosophy in Western Civilization》(을유문화사, 2000)에서 발췌.
▲▲ 트레빈 왁스의 《우리 시대의 6가지 우상Holy Subversion》(부흥과개혁사, 2011)에서.

이러한 우상들이 우리의 삶을 정당화하고 우리의 영혼을 구원해 주기를 기대하는 것은 너무나 어리석은 일이다.

우상과 관련하여 교회는 이제껏 두 종류의 전쟁을 치러 왔다. '고강도 전쟁high intensive war'과 '저강도 전쟁low intensive war'이다. 고강도 전쟁은 복음 때문에 교회가 박해와 순교라는 도전에 맞서 우상과 싸운 전쟁이다. 또 다른 전쟁인 저강도 전쟁은 저급한 세속 문화와 반反 복음적 풍조에 교회가 서서히 병들어 결국 자신의 정체성을 잃게 되는 전쟁이다. 교회는 고강도 전쟁을 치를 때, 복음과 신앙의 순수성을 잃지 않기 위해 우상에 저항하여 순교를 선택했고, 그들의 숭고한 희생 위에서 하나님 나라를 지상에서 확장해 갈 수 있었다. 그러나 저강도 전쟁의 강력한 수단인 거짓 종교와 저급한 문화를 통해 파고드는, 세상의 우상이 미치는 보이지 않는 독소에 노출되어 영성과 신앙이 서서히 죽게 되는 저강도 전쟁을 치를 때 교회는 돌이킬 수 없는 치명적인 상처를 입게 된다. 어떤 의미에서 현대 교회는 이 두 종류의 전쟁을 동시에 치르고 있지만, 초기 교회와 비교할 때 이미 기독교화된 서구 문화 속에 있는 현대 교회는 고강도 전쟁보다는 여러 다양한 형태의 저강도 전쟁에 놓여 있다. 어쩌면 1세기 그리스도인들을 도전한 우상들보다는 21세기의 현대 문화를 업고서 우리 삶의 공간으로 깊숙이 들어온 우상들이 더욱 교묘하고 간교하다. 싸움의 양상이 달라졌다면 전략도 달라져야 한다. 어찌할 것인가?

50

하늘의 묵시를 땅에 쓰다
선견자 요한

본문　　요한계시록 1–22장
이름의 뜻　하나님은 은혜로우시다

• 그리스의 영웅 숭배와 로마의 황제 숭배

인류 역사에서 고대 그리스처럼 신들과 영웅들과 인간들이 공존하며 다채로운 이야깃거리를 제공한 무대가 있었나 싶다. 근대 문명의 여명인 르네상스▲를 촉발케 한, 고전으로 복고하는 운동의 여파로 다시 한 번 전성기를 맞은 그리스-로마 신화는 끊임없이 인간의 상상력을 자극하고 영감을 주는 인류 역사의 보고였다. 고대 그리스인들은 지구 중심의 우주geocentric universe가 주전 3세기 그리스 철학자(과학자)들에 의해 구상되기까지는 적어도 자신들이 하늘과 땅과 지하세계로 구성된 3층 세계의 우주에 살고 있는 것으로 믿었다. 하늘은 신들의 제왕인 제우스가, 바다는 바다의 신 포세이돈이, 지하세계는 음부陰府의 신 하데스가 각각 지배하는 세상에서, 지상의 인간과, 신과 인간 사이에 태어난 수많은 영웅들이 어우러져 변화무쌍하게 전개되는 한 편의

▲ Renaissance: '재생'을 뜻하는 르네상스는 유럽 문명사에서 14세기부터 16세기 사이에 일어난 문예부흥 운동을 말한다.

드라마가 고대 그리스인들의 의식 공간을 가득 메웠다. 어디 고대 그리스인뿐인가? 현대인들도 신화의 세계에 대한 막연한 동경으로 설레는 마음으로 그곳을 기웃거리지 않는가?

고대 그리스의 역사가이자 전기 작가 플루타르크에 따르면 그보다 800년 이전에 살았던 그리스의 시인 헤시오도스는 존재를 다섯 그룹, 즉 신, 다이몬δαίμων, 영웅, 인간 그리고 동물로 분류한 최초의 그리스인이다.▲ 그는 그룹 사이에 서로 넘나들 수 있는 유동성이 있음을 인지했다. 특별히 그들 가운데 한 부류인 영웅은 신과 인간 사이에 태어난 반신반인적半神半人的 존재, 즉 헤미데오이ἡμίθεοι였다. 신과 인간의 경계를 넘나들면서 오르락내리락할 수 있는 영웅의 존재는 장차 로마가 국익을 위해 황제 숭배를 도입할 수 있는 정치·종교적 발판을 제공했다. 그리스 영웅들은 지상의 사역을 마감한 후 죽으면 승천하여 불사不死의 신으로 승격되었다. 그러한 영웅으로는 아킬레우스, 오르페우스, 테세우스, 디오니소스, 헤라클레스 등이 있다. 영웅 숭배가 시작된 이후, 영웅들은 신들만이 차지했던 신성한 영역에 가세하여 맹세와 기원의 대상으로 추앙되었으며, 신들의 반열에 올라 그들의 이름이 함께 언급되었다.

1세기 소아시아 지역에 거주하던 그리스도인들에게 위기가 된 가장 큰 문제는 황제 숭배였다(계 13:4, 14-17; 14:9; 15:2; 16:2; 19:20; 20:4). 막강한 군사력으로 세계의 패권을 거머쥔 로마는 정치 체제를 공화

▲ '다이몬'은 후대에 '귀신' 혹은 '사신邪神'으로 번역된 demon에 해당하나, 고대 그리스인들은 다이몬을 인간의 인도자로서 중립적인 존재로 인식했다. 소크라테스에 따르면 다이몬은 인간을 인도하고 보호해 주는 수호신이었으며 그에게 영감을 불어넣어 주는 존재였다. 참조. 플루타르크 Plutarch의 《신탁의 퇴조De defectu oraculorum》.

정에서 제정으로 바꾼 후, 그 영역을 확장해 가면서 광활한 영토에 문화적·종교적 배경이 다양한 거주민들을 하나로 결속시킬 정치·종교적 이념이 필요했다. 그것은 로마가 정복한 그리스에서 도입한 영웅 숭배hero cult를 죽은 황제를 신격화하는 의식으로 바꾸는 것이었다. 초대 황제 옥타비아누스는 재임 기간 중에 뛰어난 업적을 쌓아 황제 숭배의 기초를 놓았으며, 수십 년간 계속된 내전을 종식시켜 모든 주州에 안전과 풍요를 가져다주었다. 소위 무력에 의한 로마의 평화, 즉 팍스 로마나 시대를 연 것이다. 동부의 주들은 그를 구원자로 경배했고 신에 버금가는 찬사를 올렸다. 심지어 로마에서도 그에게 아주 특별한 칭송을 올렸다. 원로원은 주전 27년 그에게 '숭고한'이라는 뜻의 '아우구스투스'라는 이름을 붙여 주었고, 인간보다는 높고 신보다는 모자라는 신분을 부여했다. 온갖 맹세와 제물들이 제국의 머리이자 "하늘이 내린 아우구스투스"에게 바쳐졌다. 그는 자신의 이름을 높이는 축제와 경기를 주관했다. 주후 14년에 그가 죽자 원로원은 그를 신으로 명명했다. 아우구스투스를 시작으로 하여, 후임 황제는 전임 황제가 죽으면 그를 신격화하는 황제 숭배 전통이 국가의 의식으로 서서히 자리 잡게 되었다.

이렇듯 로마는 그리스의 영웅 숭배를 수용하여 로마 황제를 로마 신들을 대신하는 지상의 대리 통치자나 신들과 인간 사이의 중개자로 숭배하도록 강요했다. 이제 로마 황제는 사후 다른 신들과 함께 로마를 수호하는 신으로 격상되어 곳곳에서 예배의 대상이 되었다. 특별히 로마 황제를 향한 총독들과 지방 관리들의 충성 경쟁이 어느 지역보다 뜨거웠던 소아시아는 황제 숭배가 철저히 행해지던 곳이었다. 이러한 움직임은 황제를 포함한 다른 신을 경배의 대상으로 삼을 수 없었던 지역의 그리스도인들을 위협하는 요인이었다. 이 무렵, 장차 천상과 지상에서 동시에 펼쳐질 하나님의 심판과 구원에 관한 묵시적 메시지를 한 편의 웅장한 우주적 드라마에 담아 지상에 전한 이가 있었다.

• 요한, 하늘의 묵시를 땅에 쓰다

2012년 12월 21일, 지구의 종말이 온다고 온 세상이 들썩거렸다. 지금은 유적으로 남은 마야 문명이 남긴 달력에 따르면 신의 정화 차원에서 인류는 세 번 멸망하는데, 마지막 정화는 인간이 만들어 낸 오만한 과학(기계) 문명의 결과 지구의 자연 파괴로 인한 멸망이라고 한다. 그러나 마야의 종말 예언은 한낱 기우에 불과한 해프닝으로 끝났고, 이 과정에서 빗발치는 문의 전화와 이메일로 미항공우주국 나사NASA는 한동안 홍역을 치러야 했다. 마야의 예언에 근거하여 만든 재난 블록버스터 영화 〈2012〉▲는 최첨단 컴퓨터그래픽을 동원하여 전 지구적 재난이 펼쳐지는 전율할 화면 앞에서 보는 이를 압도당하게 만들었다. 그러한 묵시적 영상 메시지 대신 주후 1세기에 천상의 묵시를 보고 서신 양식에 담아 지상으로 전한 이가 있었으니, 요한이다. 요한은 계시록 서두에서 하늘로부터 받은 계시의 전달 경로를 다음과 같이 전한다.

▲ 인류의 멸망을 다룬 초超대작 재난 영화. 롤랜드 에머리히Roland Emmerich가 감독하고 존 쿠색John Cusack과 아만다 피트Amanda Peet가 주연했다.

예수 그리스도의 계시라 이는 하나님이 그에게 주사 반드시 속히 일어날 일들을 그 종들에게 보이시려고 그의 천사를 그 종 요한에게 보내어 알 게 하신 것이라(계 1:1).

소아시아 지역의 교회를 순회하며 예언 활동(계 1:3, 10-11; 22:10, 18-19)을 했던 요한은 비록 현대 최첨단 컴퓨터 그래픽이 동원된 한 편의 영화는 아니지만, 온갖 소리와 다채로운 색감이 어우러지고 다양한 인물이 등장하는 우주적 스케일의 묵시적 드라마를 인류 앞에 내보였다. 색채의 마술사로 불리는 화가 샤갈Marc Chagall의 그림이나, 강렬한 색채 미학이 돋보이는 장이머우▲ 감독이 만든 어떤 영화나 미국의 어떤 할리우드식 영화도 계시록의 드라마에 비할 바가 못 된다. 그 스토리텔링식 드라마는 한 내레이터가 회중을 위해 읽어 줄 때 청각을 자극하여 시각적으로 이미지화 하는 뛰어난 작품이다. 그 작품을 우리는 묵시록黙示錄이라 한다. '묵시'를 뜻하는 헬라어 단어인 '아포칼립시스ἀποκάλυψις'는 하나님이 감추어 두신 어떤 것을 드러내는 행위를 의미한다. 감추어진 것은 대개 악인의 심판과 멸망, 그리고 의인의 박해와 구원에 관한 것이다.

로마 황제 도미티안▲▲ 치하에서 간헐적이지만 격렬한 기독교 박해가 일어났다. 그때 요한은 죄수로서 소아시아 남단에 위치한 밧모섬 Patmos에서 약 18개월을 사는 동안 하늘의 묵시를 기록하게 되었다. 당

▲ 張藝謀: 중국의 대표적인 영화감독. 〈붉은 수수밭〉, 〈귀주 이야기〉, 〈영웅〉 등 다수의 작품으로 국제적으로 널리 알려져 있다.
▲▲ Domitian: 주후 81~96년 재위한 로마 제국의 제11대 황제.

히에로니무스 보스, 〈밧모 섬의 복음서 기자 성 요한〉, 1504~05년, 유채, 베를린, 국립회화관

시 로마는 다양한 인종과 종교와 문화가 뒤섞인 방대한 영토를 하나의 정치·종교적 이념으로 묶으려 했으니, 이것이 황제 숭배로 집약된 제국주의 종교 의식이었다. 당시 소아시아 곳곳에는 황제 숭배와 관련된 수많은 제단과 신전들이 건립되었다. 도시마다 작은 사당들이 여러 개 있었고, 각 주의 의회는 큰 신전을 건축해 관리했다. 더불어 모든 시민에게 제국주의 종교의식에 참여하라는 엄청난 압력이 가해졌다. 모든 삶의 영역이 황제 숭배 사상의 영향을 받게 되어, 로마 황제 숭배 의식은 그리스도인들에게는 믿음을 시험하는 시련의 도구였다. 황제 숭배에 저항하는 그리스도인들에게 엄청난 핍박과 박해가 있었다. 그러나 국가가 나서는 조직적인 박해라기보다는 황제 숭배 의식에 참여하기를 거부할 때 당하는 일상의 경제적 압박과 사회적 고립이 가중되는 것이었다. 지상을 걸어 다니는 황제를 신격화하는 의식에 강제 동원되어 예배하게 하는 일에 강력히 저항한 이들이 있었으니, 그리스도인들이었다.

이러한 참담한 상황에서 요한은 오만한 로마 제국을 하나님이 심판하시고 그분의 질서로 새로운 시대가 재편되리라는 하늘의 묵시를 땅의 언어로 기록했으니, 묵시는 절망이 아닌 희망의 메시지다. 희망이 없는 묵시는 더 이상 묵시가 아니다. 그러기에 묵시는 암담한 지상의 현실을 극복케 하는 천상의 울림이다. 그 울림에 누가 응답할 것인가?

• 일상 속, 묵시적 비전으로 살아가기

이탈리아 르네상스 미술을 대표하는 조각가이자 화가 미켈란젤로가 바티칸 궁의 시스티나 성당에 그린 〈최후의 심판The Last Judgment〉에는 391명의 인물들이 등장한다. 예수님 오른편에는 천국으로 오르는 영혼이, 왼쪽으로는 지옥의 나락으로 떨어지는 영혼이 묘사되어 있다. 아래쪽 중앙에는 여러 명의 천사들이 나팔을 불면서 '최후의 날'이 도래했음을 알려 주고 있다. 죽었던 사람들이 부활하여 의인들은 그리스도 곁으로 올라가고 있으며, 죄인들은 악마들에 의해 지옥으로 끌어내려지고 있다.

그런데 단 한 사람이 어느 쪽에도 속하지 않은 채 앉아 있다. 바로 '절망에 빠진 남자'다. 천사들과 죄인들 사이에서 왼손으로 얼굴을 가리고 있는 그는 아직 심판 받지 않은 가운데 고뇌하고 있다. 그리스도의 오른편에 올라가 영원한 생명의 나라로 들어갈 것인가, 아니면 그리스도의 왼편으로 떨어져 영원히 벌 받는 곳으로 쫓겨나는 죄인이 될 것인가.

구원론적 결정론이 지배하던 중세 시대와 달리 르네상스 시대를 연 미켈란젤로는 이 '고뇌하는 인간'을 통해 인간의 자율성에 대한 믿음을 드러내 주었다. 이러한 고뇌하는 자세가 묵시가 사라진 시대에 그리스도인들에게 필요하다. 그리스도인들조차 돈·명예·권력을 위해 혈안이 되어 살아가는 동안 치열해야 할 신앙적 고뇌를 잃어 가고 있다. 묵시적 긴장이 없다. 부조리한 현실을 개혁하기는커녕 그것에 동화되어 자기 신앙 하나 반듯하게 간수하기도 벅차다.

계시록의 저자 요한이 경계하고 우려한 것은 제국주의 종교 의식의 강요와 그로 인한 박해의 조짐이기도 했지만, 그보다도 당대의 저급한 문화와 종교에 동화되어 영적으로 무기력해지고 나태해진 그리스도인들의 삶의 모습이었다. 계시록과 거의 동시대에 기록된 《헤르마스의 목자서Shepherd of Hermas》에서 우리는 1세기 말에 이미 세속화된 로마 그리스도인들의 삶의 단면을 엿볼 수 있다.

> 많은 그리스도인들이 경제적으로 더 여유가 생기고 편안한 상류층으로 바뀌면서……삶의 질이 퇴폐해 가고 있었다. ……이들은 이 세상의 우주적 사건에 관심을 가진 것이 아니라, 로마의 거리에서 매일매일 하는 사업에 집착하는 자들이었다("환상Visions"에서).

일상 속에서 묵시적 비전을 잃어버린 채 역사의 주인이신 하나님을 망각한 것이 더 큰 위기였다. 17세기 스코틀랜드 장로교 신학자이자 개혁주의자 사무엘 러더포드Samuel Rutherford는 이렇게 말했다.

> 내가 보기에, 지옥에서 오는 가장 큰 유혹은 유혹 없이 살려는 것임에 틀림없다. 물이 그냥 고여 있으면 반드시 썩고 말 것이다. 믿음은 사방이 탁 트인 곳에서 정면으로 매서운 겨울 폭풍을 받을 때 더 강해진다. 역경이 없으면 은혜는 시들고 만다. 마귀는 우리에게 무기 다루는 법을 가르쳐 주는 하나님의 뛰어난 검객일 뿐이다.
> – 유진 피터슨의 《묵시: 현실을 새롭게 하는 영성Reversed Thunder: The Revelation of the Praying Imagination》(IVP, 2002)에서.

노련한 뱃사공은 험난한 파도 속에서 탄생한다. 잔잔한 바다는 노련한 뱃사공을 길러 낼 수 없다. 시련과 역경을 극복한 사람만이 아름다운 영성의 무늬를 만들어 갈 수 있다. 더욱 치열한 전쟁은 외부로 드러난 전쟁이 아니라 우리 마음속에서 날마다 일어나는 내밀한 전쟁이다. 유혹 없는 진공 상태에서 안일하게 살려는 자세와 매서운 겨울 폭풍과도 같은 신앙의 시련을 피하려고만 하는 태도로 살아가는 자에게는 믿음은 자라지 않는다. 그 믿음이 도전 받을 때가 우리가 묵시적 영성에 눈 뜨는 시간이다. 믿음의 눈이 멀지 않도록 묵시적 비전을 견지해야 한다. 하나님이 우리 일상과 역사의 참된 주인임을 일깨우는 묵시적 비전을 잃어버릴 때, 우리는 허무주의나 패배주의의 늪에 빠져 허우적거리게 된다. 묵시적 비전으로 수놓은 신앙은 우리가 평온한 일상 속에서 영적 무기력증에 빠지지 않기 위해서나 혹독한 시련의 시간 속에서 부릅뜬 영안靈眼으로 역사를 이끄시는 하나님의 의로우신 손길을 보기 위해 필히 간직해야 할 신앙이다.

　기독교가 세계 종교로 부상한 이후, 지금처럼 기독교적 가치가 도전 받은 때가 있었던가 싶습니다. 21세기는 총성이 울리지 않는 거대한 가치 전쟁터입니다. 거친 반反복음적 풍조 속에서 복음적 가치가 도전 받고 있습니다. 기독교적 가치를 다시 꺼낸 이유는 그것이 서구 사회의 정신적 주춧돌 역할을 하던 때를 막연히 그리워해서가 아닙니다. 방향을 잃고 표류하는 배를 타고 망망대해를 헤매는 표류자의 심정에서 하는 말입니다. 복음적 가치를 동력으로 하여 항해하던 배가 갑자기 거친 세속의 난류亂流를 만나 표류하게 되었고, 심지어 동력도 나가 버린 상황이 된 듯 혼란스럽습니다. 그것을 거슬러 순항하지 못하면 결국 목적지에서 점점 멀어질 터입니다. 상황이 이러한데도 절박해 하지 않습니다. 오히려 느긋합니다. 이 느긋함이 불안합니다. 다만 이 불안함을 의연히 떨쳐 버리지 못하는 믿음의 부족을 탓해야 할까요, 아니면 복음적 가치를 뭉갤 듯 돌아가는 악한 역사의 맷돌이 너무나 천천히 돌아가기 때문에 그것을 느끼지 못함일까요? 이런 때 인생이 거친 세속의 파고波高에 좌초하지 않으려면 참된 길로 이끄는 나침반이 필요합니다. 우리보다 앞서 살다 간 성서 속 인물들의 행보를 깊이 음미해 보는 것은 인생의 항해를 위한 나침반을 준비하는 일일 것입니다.

　과거의 인물들을 반추하는 것은 그들을 잊혀진 시간으로부터 불러내어 그들의 내밀內密한 삶의 흔적을 더듬어 보고 교감하며 그들을 우리의 의식 공간에서 되살려 내는 행위입니다. 성서의 인물들을 과거라는 시간의 집적물 안에 방치해 두는 것은 적어도 그들의 삶 속에 고스란히 온축蘊蓄되어 있을 소중한 신앙적 유산들을 팽개치는 행위입니다. 그들이 남긴 유산 가운데는 우리를 속속들이 비추는 영혼의 거울이 있습니다. 그 거울에 비춰진 부박浮薄한 나의 모습에 절망하기도 하고, 인간 역사 속 깊이 뿌리내린 악의 실체 앞에 전율하기도 합니다. 인간의 죄악으로 밑동 잘려 그루터기처럼 된 역사의 현장에서 희망과 구원의 싹을 틔우시는 하나님을 만나게 되는 것도 성서의 인물들이 남긴 영혼의 거울을 통해서입니다.

사람처럼 추한 것도 없고 사람처럼 독한 것도 없고 사람처럼 불쌍한 것이 없고, 그리고 사람처럼 예쁜 것이 없다. 사람 속엔 무엇보다 사랑의 감정이 깃들어 있으니 그럴 터이고, 사람만이 유한하다는 것을 알고 있기 때문에 그럴 터이다. 모든 게 영원하다면 무엇이 예쁘고 무엇이 또 눈물 겹겠는가. - 박범신의 에세이집 《산다는 것은》(한겨레출판, 2012)에서.

소설가 박범신이 세상 만물 가운데 예쁜 것의 으뜸이 사람이라면서 한 말입니다. 삿된 욕정과 헛된 안락에 취해 비틀거리는 세상을 보고 있노라면 사람이 문제인 것 같습니다. 그러나 온갖 문젯거리의 주범이 사람이더라도 그가 희망입니다. 아니, 사람을 찾으시고 붙들고 계시는 하나님이 계시는 한 여전히 우리 가운데 희망이 있습니다. 하나님의 현존 앞에서 그분의 손과 발이 되기 위해 고투하는 사람들이 있는 곳에서 희망은 그렇게 조금씩 자랍니다. 지상과 하늘로 추락과 상승을 반복하며 살아가는 우리가 희망의 텃밭을 일구며 살아가기 위해서는 앞서 살다간 성서 인물들의 삶의 궤적을 추적하는 것도 의미 있는 일일 것입니다.

성서 인물들이 켜켜이 간직한 삶의 단층들을 들여다보면 그곳에 생生이 지니고 온 지도가 혈류처럼 간직되어 있습니다. 그들의 생의 지도를 펼쳐 들고 나는 참나를 찾아가는 여행을 떠납니다. 지도는 성서의 인물들만큼 여러 장이지만, 하나의 이정표만 제시합니다. 그 이정표는 '하나님의 형상 회복'이라는 목표 지점을 가리키고 있습니다. 어쩌면 이것이 성서가 기록된 주된 목적 가운데 하나겠지요.

성서는 성서 인물들의 삶으로 기록된 하나님의 언어입니다. 그러하기에 과거를 살다 간 성서 인물들을 끊임없이 현재로 불러내어 대화를 시도하는 것은 성스러운 신앙 행위입니다. 인간의 이성이나 감각으로 포착되지 않는 초월적인 하나님을 신앙의 눈으로 만나고 온몸으로 경험했던 성서 인물들의 이야기는 인간뿐만 아니라 하나님을 이해하기 위한 생생한 기호이고 단서입니다. 물론 하나님의 뜻을 거스르고 그것에 대항했던 인물들의 이야기도 나를 일깨우는 영혼의 울림이 됩니다. 때로는 그들이 아닌 나 자신의 은밀한 부분이 들킨 듯 화들짝 놀라기도 합니다.

'복차지계覆車之戒'란 말이 있습니다. 먼저 간 수레가 엎어진 것을 보고 경계警戒한다는 말입니다. 앞 사람의 실패를 거울삼아 뒷사람은 조심하여 실패가 없도록 하라는 말입니다. 선인이든 악인이든 성서 인물들과의 만남과 교감은 언제나 가슴이 두방망이질하는 영적인 체험입니다. 하나님의 숨결과 손길을 아주 가깝게 느끼는 순간이기 때문입니다.

《성서 인물에게서 듣다: 구약》의 후속편인《성서 인물에게서 듣다: 신약》
은 신약성서 시대의 무대를 살다가 명멸한 50명의 인물을 다루었습니다.
장구한 시간대를 군데군데 살다 간 인물들에 대한 기록인 구약편과 달리
신약편은 100년 남짓 되지 않는 비교적 짧은 시간대를 앞서거니 뒤서거니
살았던 인물들에 대한 기록입니다. 50명의 신약의 인물들에 대한 기록이
77명의 구약 인물들만큼의 분량으로 출간된 것은 필자의 전공이 신약학이
라는 어쭙잖은 이유도 있습니다만, 또 다른 이유도 있습니다. 성서 이야기
의 클라이맥스가 되는 예수 사건이 역사의 무대에서 긴박하게 펼쳐지고,
이후 교회가 태동되는 극적 장면들에서 선 굵게 등장하는 인물들의 이야기
이기 때문입니다. 옛 시대와 새 시대, 옛 계약과 새 계약을 가름하는 예수님
의 도래와 그분의 뒤를 이은 베드로와 바울과 같은 걸출한 사도들이 활동
했던 신약성서의 무대는 구원의 새로운 여명이 동트는 격동의 현장이었습
니다. 그 무대 위에서는 복음이 된 예수님의 말씀과 행적을 가슴에 품고 그
복음을 전하고자 성서의 무대를 종횡으로 거닐었던 이들과 저급한 세속의
권력으로 그들의 걸음을 방해한 이들이 대립각을 이루어 한 편의 드라마가
펼쳐집니다. 50명의 인물들을 통해 우리는 그 구원의 역사歷史가 우리의 의
식과 삶 속에서 살아나 역사役事하는 것을 경험합니다.

구약편과 마찬가지로 독자들로 하여금 신약의 인물들과 교감을 나누고
그들의 삶이 던져주는 교훈을 이끌어내기 위해 여러 분야의 단편적 지식

(역사, 신화, 문화, 시사, 철학, 신학, 종교, 영화, 문학 등)에 기대었습니다. 이 책은 인문학적 교양을 토대로 신약성서를 이해하려는 독자뿐만 아니라, 신학도와 목회자들도 연구 및 목회 자료로 활용할 수 있도록 구성되었습니다. 그들의 모습을 좀더 생생하고 세밀하게 살려내지 못한 것은 성서신학적 상상력의 부족과 문학적 재능의 한계 때문일 것입니다.

이런 부족함에도 불구하고 추천의 글을 써주신 은사님 김명용 총장님과 나성영락교회 은퇴목사로서 이민목회자들의 귀감이 되시는 박희민 목사님께 감사드립니다. 또한 열정적인 목회자요 문필가로 활동하고 계시는 새생명비전교회 강준민 목사님과 미국의 대표적인 한인 신학자로서 후학들에게 바른 신학의 이정표를 제시해 주시는 United Theological Seminary의 박승호 교수님께 감사드립니다. 그리고 구약편에 이어 신약편을 위해서도 논평과 교정으로 원고의 격을 끌어올려 주신 윤명희 권사님과 김수정 교수님에게도 감사드립니다. 아울러 구약편을 읽고 적절한 논평과 힘찬 격려를 해주신 모든 독자들과, 구약편과 아울러 신약편도 기꺼이 출간해 주신 홍성사에 특별한 감사를 드립니다. 구약편의 출간을 누구보다 기뻐하시던 부모님과 가족들에게 이 책을 바칩니다.

이전보다 더욱 거칠어진 21세기의 격랑의 파고를 넘고자 하는 독자라면 성서 인물의 흔적들을 살펴봄으로써 오늘을 사는 지혜와 미래를 여는 신앙에 한 걸음 더 다가갈 수 있을 것입니다. 《성서 인물에게서 듣다: 신약》이 과거 어느 때보다도 복음적 가치가 도전 당하고 있는 21세기를 사는 그리스도인들과, 비록 기독교인은 아니지만 성서 인물들을 통해 성서를 이해하려는 모든 독자들께 진리로 가는 길에 좋은 길벗이 되기를 기원합니다.

2013년 봄
캘리포니아 산타페스프링스 연구실에서

이상명

| 인명 색인 |

성서 인물에게서 듣다
: 신약

Listening to the People of the Bible
: New Testament

2013. 8. 10. 초판 발행
2018. 4. 11. 2쇄 발행

지은이 이상명
펴낸이 정애주
국효숙 김기민 김의연 김준표 김진원 박세정
송승호 오민택 오형탁 윤진숙 임승철 임진아
정성혜 차길환 최선경 한미영 허은
펴낸곳 주식회사 홍성사
등록번호 제1-499호 1977. 8. 1.
주소 (04084) 서울시 마포구 양화진4길 3
전화 02) 333-5161
팩스 02) 333-5165
홈페이지 www.hsbooks.com
이메일 hsbooks@hsbooks.com
페이스북 facebook.com/hongsungsa
양화진책방 02) 333-5163

ISBN 978-89-365-0991-0 (03230)